高等学校新文科数字经济创新型人才培养系列教材

现代供应链管理

周兴建　艾　振◎主　编
泮家丽　明　惠　蔡丽华◎副主编

电子工业出版社
Publishing House of Electronics Industry
北京·BEIJING

内 容 简 介

数字化时代的到来和智能化技术的发展，进一步促进了现代供应链管理创新理念与模式的发展。本书共 12 章，结合当前供应链领域的热点和前沿，从现代供应链理念、现代供应链管理内容、现代供应链管理过程和现代供应链管理方法等方面，对数字供应链、全球供应链、智慧供应链等理念，供应链系统构建、管理技术等内容，供应链采购管理、生产管理、库存管理、物流管理等过程，供应链风险管理、绩效管理等方法进行了全面、深入的论述，力图将供应链领域的最新进展、学术前沿、应用实践展现给读者，激发和提升读者的创新思维与创新能力。

本书可作为高等院校物流管理、供应链管理、物流工程、电子商务、工商管理、市场营销等专业的本科教材，也可作为管理科学与工程、工商管理、物流工程与管理等专业硕士研究生的教材，以及供应链企业管理人员的参考资料。

未经许可，不得以任何方式复制或抄袭本书之部分或全部内容。
版权所有，侵权必究。

图书在版编目（CIP）数据

现代供应链管理 / 周兴建，艾振主编. —北京：电子工业出版社，2024.5
ISBN 978-7-121-47788-1

Ⅰ．①现… Ⅱ．①周… ②艾… Ⅲ．①供应链管理－高等学校－教材 Ⅳ．①F252.1

中国国家版本馆CIP数据核字（2024）第088742号

责任编辑：刘淑敏
印　　刷：天津嘉恒印务有限公司
装　　订：天津嘉恒印务有限公司
出版发行：电子工业出版社
　　　　　北京市海淀区万寿路 173 信箱　邮编：100036
开　　本：787×1 092　1/16　印张：18.5　字数：457 千字
版　　次：2024 年 5 月第 1 版
印　　次：2024 年 5 月第 1 次印刷
定　　价：65.00 元

凡所购买电子工业出版社图书有缺损问题，请向购买书店调换。若书店售缺，请与本社发行部联系，联系及邮购电话：(010) 88254888，88258888。
质量投诉请发邮件至 zlts@phei.com.cn，盗版侵权举报请发邮件至 dbqq@phei.com.cn。
本书咨询联系方式：(010) 88254199，sjb@phei.com.cn。

前　言

现代供应链是以客户需求为导向,以提高质量和效率为目标,以整合资源为手段,实现产品设计、采购、生产、销售、服务等全过程高效协同的组织形态。随着信息技术的发展,传统的供应链已发展到与互联网、物联网深度融合的智慧供应链新阶段。为此,习近平主席在博鳌亚洲论坛2021年年会开幕式上的主旨演讲中提到,要巩固供应链、产业链、数据链、人才链。在这样的背景下,理解并掌握供应链运营管理人才链的建构非常重要,并特别需要重视人才链与产业链、数据链的匹配、融合。

现代供应链与经济的发展紧密相关,数字供应链、全球供应链、服务供应链、供应链金融、供应链物流等创新形态和模式开始出现并应用,现有供应链管理教材里相对滞后的内容亟须"吐故纳新",以加强学习者对供应链管理理论与实践的更深层次理解,并最终转化为新的创新。这就需要一本全面论述现代供应链管理的教材,将当前出现的供应链管理创新理念、内容、案例纳入进来,促进学习者对现代供应链管理理论与实践的融会贯通。具体而言,本书主要有以下三个特点。

① 融入供应链发展前沿知识,紧密结合数字经济时代特征。强调数字化转型背景下的供应链管理的热点和模式,引入数字供应链、全球供应链、智慧供应链等创新理念。

② 融入课程思政,更好地培养学生的职业素养与职业道德。注重贴近实际工作应用,培养学生遵守职业道德与传承大国工匠的精神。

③ 配套教学资源丰富,有利于高效互动教学。每一章均将知识链接、阅读拓展、导入案例和案例讨论与专业知识点相结合,有利于教师引导教学和促进学生探索学习,形成高效互动。同时本书还提供教学课件、教学大纲、期末试卷及答案等教学资源。任课教师可到华信教育资源网(www.hxedu.com.cn)免费下载。

本书分为12章,由周兴建、艾振担任主编并负责构建全书的框架,泮家丽、明惠、蔡丽华担任副主编。具体编写分工如下:周兴建编写第1~8章,明惠编写第9章,泮家丽编写第10~12章,艾振编写案例,蔡丽华负责课程思政的编写和全书统稿。同时,本书还得到了隋东旭老师的认真审校及姜淑晶老师的指导。

在编写本书的过程中,编者参考了大量文献及论文,采用了互联网上的相关案例,在此对相关作者表示衷心的感谢。供应链的发展日新月异,各种创新模式处于不断的探索和尝试之中,加上编者水平有限,书中难免存在疏漏和谬误之处,恳请广大读者和专家同行批评指正。

编者

目 录

第1章 绪论 ………………………………1
1.1 供应链与供应链管理 ……………3
1.1.1 供应链的基本内涵 ………3
1.1.2 供应链管理的概念 ………5
1.1.3 供应链管理的特征 ………6
1.2 供应链管理的产生与发展 ………7
1.2.1 供应链管理的产生背景 …7
1.2.2 供应链管理的发展阶段 …9
1.2.3 供应链管理的目标 ………10
1.3 供应链管理的新理念 ……………12
1.3.1 数字供应链 ………………12
1.3.2 全球供应链 ………………14
1.3.3 智慧供应链 ………………15

第2章 数字供应链 …………………19
2.1 数字供应链概述 …………………22
2.1.1 数字供应链的概念 ………22
2.1.2 数字供应链的特点 ………23
2.1.3 数字供应链的功能 ………24
2.2 供应链数字化转型 ………………25
2.2.1 供应链数字化转型计划 …26
2.2.2 供应链数字化关键技术 …28
2.2.3 数字供应链构建 …………30
2.3 数字供应链的应用 ………………30
2.3.1 金融行业 …………………30
2.3.2 物流行业 …………………31
2.3.3 零食行业 …………………33
2.3.4 石化行业 …………………34
2.4 数字供应链的发展趋势 …………35
2.4.1 数字供应链融合 …………35
2.4.2 供应链数字孪生 …………35
2.4.3 数字供应链采购 …………36
2.4.4 数字供应链控制塔 ………36
2.4.5 5G与数字供应链 …………37

第3章 全球供应链 …………………42
3.1 全球供应链概述 …………………43
3.1.1 供应链全球化发展背景 …43
3.1.2 全球供应链的模式及特征 …………………………44
3.2 全球供应链管理 …………………45
3.2.1 全球供应链管理的特点 …45
3.2.2 全球供应链管理的基本职能 ………………………47
3.2.3 全球供应链管理的决策和战略选择 ………………48
3.3 中国与全球供应链 ………………50
3.3.1 中国在全球供应链体系中的地位 …………………50
3.3.2 中国面临的全球供应链挑战和风险 ………………51

第4章 智慧供应链 …………………56
4.1 智慧供应链概述 …………………59
4.1.1 智慧供应链的产生背景 …59
4.1.2 智慧供应链的概念 ………60
4.1.3 智慧供应链与传统供应链的差异 …………………62
4.1.4 智慧供应链的特点 ………63
4.2 智慧供应链的管理能力 …………64
4.3 智慧供应链的应用 ………………65
4.3.1 智慧供应链的应用场景 …65

4.3.2 智慧供应链的发展趋势…67

第5章 供应链系统构建…70

5.1 供应链的类型与结构…72
 5.1.1 供应链的类型…72
 5.1.2 供应链的结构…78
5.2 供应链系统的构建分析…79
 5.2.1 供应链系统构建的内容…79
 5.2.2 供应链系统构建的原则…79
 5.2.3 供应链系统构建的影响因素…81
 5.2.4 供应链系统构建的步骤…85
 5.2.5 供应链系统构建需考虑的主要问题…86
5.3 供应链系统的构建策略…87
 5.3.1 基于产品的供应链构建…87
 5.3.2 基于核心企业的供应链构建…89
 5.3.3 基于成本核算的供应链构建…90
 5.3.4 基于约束理论的供应链构建…92

第6章 供应链管理技术…97

6.1 快速反应…99
 6.1.1 快速反应的含义及产生背景…99
 6.1.2 QR 的实施步骤…100
 6.1.3 实施 QR 成功的前提…101
 6.1.4 QR 的应用案例…102
6.2 有效客户反应…103
 6.2.1 有效客户反应的含义、产生背景及特点…103
 6.2.2 ECR 系统的实施原则和阶段…105
 6.2.3 ECR 系统构建技术…106
 6.2.4 ECR 系统的应用案例…108
6.3 企业资源计划…109
 6.3.1 企业资源计划的管理理念…109
 6.3.2 ERP 系统的主要模块…111
 6.3.3 ERP 系统的实施…114
 6.3.4 ERP 系统的应用案例…115
6.4 配送需求计划…118
 6.4.1 配送需求计划的概念和基本原理…118
 6.4.2 物资资源配置系统 DRPII…119
 6.4.3 DRP 的应用案例…120
6.5 协同计划、预测和补货系统…121
 6.5.1 协同计划、预测和补货的含义及特点…121
 6.5.2 CPFR 供应链的实施…122
 6.5.3 CPFR 的运作模式…124
 6.5.4 CPFR 的应用案例…125
6.6 数字孪生技术…127
 6.6.1 数字孪生的定义…127
 6.6.2 数字孪生的技术体系…130
 6.6.3 数字孪生的创建…131
 6.6.4 数字孪生技术的应用案例…133

第7章 供应链采购管理…138

7.1 供应链下的采购管理概述…140
 7.1.1 采购与供应链采购…140
 7.1.2 供应链采购目标与关键要素…142
 7.1.3 供应链采购的一般程序…143
7.2 供应链采购模式…145
 7.2.1 整合采购模式…145
 7.2.2 JIT 采购模式…147
 7.2.3 多源组合采购模式…151
 7.2.4 第三方采购模式…152
7.3 供应商选择…153
 7.3.1 供应商选择流程…153
 7.3.2 供应商选择方法…154

     7.3.3 供应商后评估……………155
  7.4 供应商关系管理……………………156
     7.4.1 供应商分类管理……………157
     7.4.2 供应商关系模式……………157
     7.4.3 供应商关系管理策略………163

第8章 供应链生产管理……………169
  8.1 供应链下的生产管理概述…………170
     8.1.1 供应链生产计划……………170
     8.1.2 供应链生产控制……………174
  8.2 供应链生产系统协调机制…………175
     8.2.1 供应链协调控制机制………175
     8.2.2 供应链信息的跟踪和
           反馈机制………………………176
  8.3 延迟和大批量定制…………………179
     8.3.1 延迟的含义及主要形式……179
     8.3.2 延迟及其实施………………180
     8.3.3 延迟制造模式………………182
     8.3.4 大批量定制认知……………184

第9章 供应链库存管理……………189
  9.1 供应链下的库存管理概述…………191
     9.1.1 供应链库存问题分析………191
     9.1.2 "牛鞭效应"及库存
           波动……………………………193
     9.1.3 供应链中的不确定性与
           库存……………………………194
  9.2 供应链库存管理策略………………198
     9.2.1 供应商管理库存……………198
     9.2.2 联合库存管理………………201
     9.2.3 协同式供应链库存管理……205
  9.3 供应链多级库存优化与控制………206
     9.3.1 多级库存管理考虑的
           问题……………………………207
     9.3.2 多级库存管理的目标与
           关键指标………………………208
     9.3.3 影响多级库存管理的
           因素……………………………208

     9.3.4 多级库存控制中的几个
           主要问题………………………210

第10章 供应链物流管理…………215
  10.1 供应链下的物流管理概述…………216
     10.1.1 物流发展的新理念…………216
     10.1.2 供应链物流的内涵…………219
     10.1.3 供应链物流的特征…………220
  10.2 供应链物流战略……………………221
     10.2.1 供应链物流战略的地位
            与目标…………………………221
     10.2.2 供应链物流战略的环境
            分析……………………………221
     10.2.3 供应链物流战略计划………222
     10.2.4 基于时间的供应链物流
            战略……………………………223
  10.3 数字化物流与智慧物流……………225
     10.3.1 物流信息化的发展阶段
            …………………………………225
     10.3.2 数字化物流的概念与特点
            …………………………………226
     10.3.3 智慧物流的内涵和应用
            …………………………………230

第11章 供应链风险管理…………236
  11.1 供应链风险概述……………………238
     11.1.1 供应链风险的定义及
            特征……………………………238
     11.1.2 供应链风险的分类…………241
  11.2 供应链风险管理内容………………243
     11.2.1 供应链风险识别……………244
     11.2.2 供应链风险评估……………246
     11.2.3 实施有效的风险管理
            策略……………………………249
  11.3 弹性供应链构建……………………255
     11.3.1 弹性供应链需求分析………255
     11.3.2 弹性供应链设计原则与
            总体架构………………………257

11.3.3 弹性供应链集成模式··260

第12章 供应链绩效管理·················265

12.1 供应链绩效管理概述············267

　　12.1.1 供应链绩效管理的内涵
　　　　·································267

　　12.1.2 供应链绩效管理的内容
　　　　·································269

12.2 供应链绩效评价体系与方法···271

　　12.2.1 供应链绩效评价体系····271

　　12.2.2 供应链管理绩效评价方法
　　　　·································272

　　12.2.3 基于BSC的供应链绩效
　　　　评价·························274

　　12.2.4 基于SCOR的供应链绩效
　　　　评价·························276

参考文献················287

第 1 章
绪论

 **思政导学**

以科技报国、强我中华的情怀为课程思政目标,结合国家层面提出的优化和稳定产业链、供应链这一举措,将国家战略认同感、树立大局意识融入供应链发展背景、供应链管理特点等知识点中理解。

◇ **学习要点** ◇

- 掌握供应链和供应链管理的概念
- 熟悉供应链管理的产生背景和发展特点
- 理解数字供应链、全球供应链、智慧供应链等新理念

● **关键术语**

供应链,供应链管理,纵向一体化,横向一体化,数字供应链,
全球供应链,智慧供应链

京东物流供应链解决方案

京东物流不仅充分运用其自身强大的仓储物流体系来服务企业客户,同时近年来还致力于供应链管理的探索,通过数字化和智能化技术为企业客户提供供应链解决方案,从而实现"全渠道+全链条"的数字供应链价值增值服务。以承接某客户企业全国所有成品仓储物流业务为例,京东物流利用其在电商模式积累起来的丰富的需求预测、补货与库存管理经验,并结合京东物流的大数据智能算法能力,为该企业客户定制化开发销量预测与智能补货调拨系统(以下简称智能预测补调系统),并全面承接其供应链分销计划工作,协助做好工厂到仓、仓到仓及仓到店的补货和调拨工作。

1. 数字智能解决方案赋能

这里所说的数字智能解决方案并非单方面强调算法工具的先进性,而是大数据

算法的能力与商业逻辑的紧密结合。过去该企业客户的人工分销与补货管理背后蕴藏着其多年业务经验沉淀下来的管理逻辑，这部分需要提炼和保留。但过去人工分销与补货管理在速度、效率和精准度层面，渐渐无法适应电商场景下客户需求特征的多样化，特别是在面对复杂和快速变化的市场情况下，因此，大数据人工智能与商业逻辑的紧密结合才是符合企业变革解决方案的方向。京东物流在为该企业客户制订解决方案前先对其库存计划团队的人工补货逻辑及整体库存策略进行了详细调研分析，并通过算法模型初步佐证了通过数字化智能算法解决方案与该企业客户业务策略的结合将有效提升其供应链运营成效及效率。

2．整体解决方案的内容

京东物流提供的供应链整体解决方案主要包括商品布局、销量预测、智能补货、经营看板、库存仿真等。

（1）商品布局：通过销量预测、库存计划、运营模拟，基于时效、成本、服务水平等因素，提供商品入哪里（选仓）、入多少（库存）的最优供应链决策建议。

（2）销量预测：以京东物流大数据平台、算法平台、预测中心为基础，结合京东物流积累的行业数据，综合考虑品类、品牌、产品生命周期、价格、销售计划、营销计划、配额、节假日、市场环境等各种因素，输出销量预测。其销量预测的主要步骤有数据清洗、特征工程、分类选型、算法迭代。

① 数据清洗：对历史数据中的大单进行剔除，对因为缺货导致的销量损失进行数据回填，同时把异常的数据通过一定规则进行数据预处理。

② 特征工程：梳理数据层面的特征，以便于识别。

③ 分类选型：将数据特征与对应的算法模型进行匹配，输出对应的模型和权重后，选择结果最优的一个或几个组合模型，对存货单位（Stock Keeping Unit，SKU）进行预测。

④ 算法迭代：模型确认后进行训练和学习，算法模型持续调优的过程。

（3）智能补货：根据该企业客户业务特点提供多样化的补货策略，融合业务进行算法模型优化，系统会依据历史销量和销量波动程度两个因素输出 SKU 颗粒度的补货参数缺省值（也可根据业务需求自主设置）。同时系统会依据智能预测的结果，结合补货规则，指导每个 SKU 在仓库维度的采购建议量，协助计划人员进行补货决策，为计划人员输出智能化、自动化的补货建议，提高计划人员的决策能力，提升补货的精准度，缩短库存周转天数。

主要的补货策略有基于销量预测和库存策略计算下游的补货需求，工厂库存供应充足时，根据下游补货需求满足补货；工厂库存供应不足时，按照各仓由远及近优先级或需求比例的方式修正下游的补货需求，同时考虑总仓的可配出库存，启动总仓补货，将工厂无法满足的需求由总仓进行支援，如果总仓也不能够满足下游需求，那么系统还有最后的全国均衡的兜底策略进行补充。

（4）经营看板：对该企业供应链各环节、各部门的生产数据、业务数据、销售数据等进行 360° 全景展示，并根据数据分析后的结果进行方案优化。

（5）库存仿真：采用供应方、仓库和需求方三类基本逻辑单元建立库存系统的仿真模型，并定义各单元的属性参数，基于事件调度法，并借鉴进程交互的处理方法，实现库存系统仿真的算法，从而解决复杂模型的优先级处理、仿真运行状态存储及库存策略的实现等问题，实现正向的运营结果模拟和逆向的系统配置参数推荐。

3．转型成果与总结

经过京东物流的供应链分销计划团队与该企业客户的共同努力，从调研论证到解决方案设计，再到落地运营，其供应链转型成效已初步呈现，根据其经营绩效数据，成品物流费用节约10%以上，库存周转天数从75天下降至45天，现货率从原先的97%～98%提升并维持在99.5%及以上水平，分销计划人员较之前减少一半，并有望进一步减少。

该企业客户认为，其与京东物流供应链的这次合作是一个很好的标杆，为其电商渠道业务的供应链快速发展提供了强有力的支撑。而对京东物流而言，这个案例充分展示了京东物流在原有先进物流管理服务能力的基础上通过数字化和智能化技术为企业客户供应链管理赋能，助力客户实现数字化供应链转型，并创造更高业务价值的能力。

（资料来源：中国物流与采购网，有改动）

 思考

京东物流的供应链解决方案有何特点？

 解析

根据供应链的内涵和供应链管理的特征进行分析。

1.1 供应链与供应链管理

供应链是一个由生产设施和配送服务组成的网络，主要包括原材料采购、生产制造、储存运输、配送销售等方面的内容。由于供应链存在于各类企业运营管理中，所以生产型企业和服务型企业都面临供应链问题，问题的难易程度与行业特征和企业自身的特点紧密相关。

1.1.1 供应链的基本内涵

供应链的形成最早来源于彼得·德鲁克提出的"经济链"，后由迈克尔·波特发展成为"价值链"，最后经过发展演变为"供应链"。但对供应链尚未形成统一的定义，许多学者提出的大量定义也反映了供应链概念是管理实践在不同发展阶段的产物。一般可以把这些定义的发展归为三个过程：早期的观点认为供应链是制造企业中的一个内部过程，定义为从企业外部采购原材料和零部件，通过生产转换和销售等活动，再传递到零售商和用户的过程；后来开始注重供应链与其他企业的联系，认为它是一个"通过链中不同企业的制造、组装、分销、零售等过程将原材料转换成产品，再到最终用户的转换过程"，形成了一个更大范围、更为系统的概念；近期，供应链的概念更加注重围绕核心企业的网链关系，如核心企业与供应商、供应商的供应商乃至再向前推的关系，与用户（客户）、用户（客户）的用户（客户）及向后推的关系，形成核心网状的战略同盟，如图1-1所示。

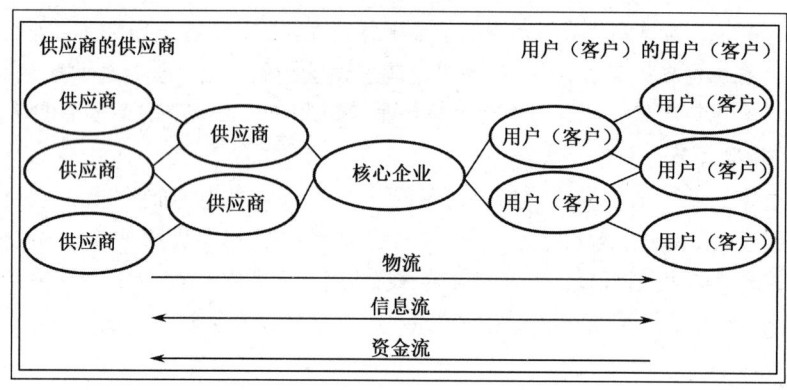

图 1-1 围绕核心企业形成的供应链

根据 GB/T 18354—2021《中华人民共和国国家标准·物流术语》的定义，供应链是指生产及流通过程中，围绕核心企业的核心产品或服务，由所涉及的原材料供应商、制造商、分销商、零售商直到最终用户等形成的网链结构。供应链不仅是一条连接供应商到用户的物料链、信息链、资金链，还是一条增值链，物料在供应链上因加工、包装、运输等过程而增加价值，给相关企业都带来收益。供应链主要具有以下 4 个特征。

1. 复杂性

因为供应链节点企业组成的跨度（层次）不同，供应链往往由多个、多类型甚至多国（地区）企业构成，所以供应链结构模式比一般单个企业的结构模式更为复杂。

2. 动态性

供应链管理因企业战略和适应市场需求变化的需要，其中节点企业需要动态地更新，这就使得供应链具有明显的动态性。

3. 面向用户需求

供应链的形成、存在、重构，是基于一定的市场需求而发生的，并且在供应链的运作过程中，用户的需求是供应链中信息流、产品/服务流、资金流运作的驱动源。

4. 交叉性

节点企业可以同时是多个供应链的成员，众多的供应链形成交叉结构，增加了协调管理的难度。

 知识链接

供应链的"链主"

（1）"链主"的认知

供应链的定义里有一个"核心企业"的概念，业界通常称之为"链主"，顾名思义，就是一链之主。更通俗些来讲，就是这条供应链上的"当家人"或"协调人"。

（2）"链主"的作用

供应链是由一个个独立的公司、上下游企业组合而成的网链结构。在如此纷繁复杂的体系里，若大家各自为政，各顾各的利益，这条供应链的效率显然不高。谁掌握了供应链的核心价值谁就最具有话语权，谁就是这条供应链当仁不让的"链主"。例如，在手机供应链里，苹果、三星、中华酷联、小米等是各自供应链的"链主"；在饮料供应链里，统一、可口可乐、百事可乐、娃哈哈等也是"链主"；在食品快餐供应链里，麦当劳、肯德基、真功夫等都是"链主"。在供应链的架构过程中，谁是"链主"，谁是"链属"，怎么当好"链主"或怎么配合好"链属"往往并没有想象中那么容易。

（3）"链主"的判别

认清谁是"链主"是供应链架构搭建的关键步骤。这一步错了，很有可能步步皆错，满盘皆输。那么怎样判断谁是"链主"呢？这里往往有一个误解，认为客户就是"链主"，其实不然。小米成立之初，话语权较弱，在高通这样强大的供应商面前，"链主"显然不是自己，而是对方。因此，小米放下姿态，主动和高通接洽，甚至派出工程师远赴高通总部跟踪芯片的研发进度，这就是认清"链主"。时至今日，小米已经远非当年之"小米"，已经成功地转变成真正的"一链之主"。因此，客户可能是"链主"，供应商也同样能成为"链主"。谁是"链主"，取决于它是否掌握了供应链的核心价值，而与其在供应链上的位置没有必然联系。

1.1.2 供应链管理的概念

供应链通过整合多个环节来提高整体效益，每个环节都不是孤立存在的，仅仅试图提高单个环节的效益，可能与企业的整体利益南辕北辙。从原材料供应、产品生产、库存管理、配送中心的配送直到进店销售，每个环节都会对企业效益产生影响。这些环节之间存在错综复杂的关系，形成网络系统。同时，这个系统也不是静止不变的，不仅网络间传输的数据不断变化，而且网络的构成模式也在实时调整。

对于供应链管理（Supply Chain Management，SCM），目前没有形成统一的定义，但人们普遍认为，供应链管理是一种新型的企业管理思想，其融合了现代管理的新思想、新技术，是一种系统化、集成化、敏捷的先进管理模式。国外学者对供应链管理的定义主要有：供应链管理是通过前馈的信息流和反馈的物料流、信息流，将供应商、制造商、分销商、零售商，直到最终用户连接成一个整体的管理模式；供应链管理借助信息技术和电子商务，将供应链上业务伙伴的业务流程相互集成，从而有效地管理从原材料采购、产品制造、分销，到交付给最终用户的全过程，在提高用户满意度的同时，降低成本、提高效率。这些定义指明了作为集成化的、流程式的供应链管理与信息化技术之间的重要依存关系。国内学者对供应链管理的定义主要有：供应链管理是人们在认识和掌握了供应链各个环节内在归类和相互联系的基础上，利用管理的计划、组织、控制和协调职能，对产品生产和流通过程中各个环节所涉及的物流、商流、信息流、资金流等进行合理的管控，以期达到最佳组合，以最小的成本为客户提供最大的附加值；供应链管理是在满足一定的客户服务水平的条件下，为使整个供应链系统成本达到最小而将供应商、制造商、仓库、配送中心和渠道商等有效地组织在一起来进行的产品制造、转运、分销及销售的管理方法。这些定义强调供应链环节上的管理及管理的职能。

根据 GB/T 18354—2021《中华人民共和国国家标准·物流术语》的定义，供应链管理是指从供应链整体目标出发，对供应链中采购、生产、销售各环节的商流、物流、信息流及资金流进行统一计划、组织、协调、控制的活动和过程。

综上所述，供应链管理是一种流程化的、集成化的管理思想，其管理的对象是供应链上互相作为合作伙伴的各个企业，这些企业构成了一条"链"、一个集成化的组织；管理的载体是贯穿于"链"条中的商流、物流、信息流、资金流等；采用的管理方法是管理学中的计划、组织、控制和协调等；采用的技术是信息技术和电子商务技术等；管理的目的是减少采购、库存、运输等环节的成本，提高供应链的整体竞争力。

1.1.3 供应链管理的特征

供应链管理是一种新型的管理模式、一种先进的管理理念，它的先进性体现在以满足客户需求为经营导向，其特征主要体现在以下 4 个方面。

1. 整体性

供应链管理是将供应链中所有节点企业看作一个整体，它要求供应链上的各个企业之间紧密合作实现共享信息、共担风险、共同经营和共享收益，要求企业从战略高度来认识供应链管理的重要性和必要性，从而实现整体的有效管理。

2. 集成化

供应链管理的关键体现了集成的管理思想和方法，它是一种从供应商开始，经由制造商、分销商、零售商，直到最终客户的全过程、全流程的集成化管理模式，展现出的是一种新的管理策略，它把供应链上的不同节点企业集成在一个流上，注重的是流上所有企业之间的效率、以增加整个供应链的效率，最终达到全局最优的效果。

3. 创新性

供应链管理提出了全新的采购、库存、运输等环节的管理理念。通过流程的设计、物流和信息系统的整合，实施准时供应与及时采购的策略，同时利用小批量、多批次进货等安排，减少库存的数量，节省仓库管理和运营成本；同样，供销双方共用仓储设备，减少运输环节，提高仓储使用率，节省仓储建设费用和运输成本。

4. 导向性

供应链管理的经营导向是最终客户，以客户为中心，以市场需求的拉动为原动力。供应链的起始动力以往来自制造环节，它们生产产品，再推入市场，利用从分销和零售环节接到的订单来预测最终客户的需求。现在，从生产商设计产品开始就需要客户的参与，使产品能真正符合客户的需求。

通过以上几点特征可以看出，相对于以前依赖自然资源、资金和新产品、新技术的传统管理模式，以最终客户为中心，将客户服务、客户满意、客户成功作为管理出发点的供应链管理具有多方面的优势。供应链管理的实行，可以大幅降低流程各个环节的成本，令企业可以通过更精细化的分工实现专业化的运作，使生产成本进一步降低，实现以更低成本、更高效率提供更符合客户需求的产品，进而实现企业和整个供应链竞争力的提升。

1.2 供应链管理的产生与发展

1.2.1 供应链管理的产生背景

任何一种新的管理模式的诞生、发展直到广泛应用都有其现实背景，供应链管理也不例外。供应链管理是在全球制造出现以后，在企业经营集团化和国际化的趋势下提出并形成的，是物流理论的延伸。供应链管理的产生需要有一定的基础条件和环境因素，其产生有以下 4 方面的背景。

1. 纵向一体化管理模式的弊端

从传统管理模式上看，企业出于管理和控制方面的目的，对为其提供原材料、半成品或零部件的其他企业一直采取投资自建、投资控股或兼并的纵向一体化管理模式，即某核心企业与其他企业是一种所有权关系。例如，在"大而全""小而全"[①]的思维方式下，制造业企业拥有毛坯铸造、零件加工、装配、包装、运输、销售等一整套设备、设施、人员及组织机构。推行核心企业纵向一体化的目的是为加强核心企业对原材料供应、产品制造、分销和运输全过程的控制，使企业能在市场竞争中掌握主动，从而增加各个业务活动阶段的利润。在市场环境相对稳定的条件下，采用纵向一体化战略是有效的，但是，在科技迅速发展、市场竞争日益激烈、客户需求不断变化的形势下，纵向一体化则暴露出种种弊端，主要体现在以下几方面：① 增加企业投资负担，无论是自建、控股还是兼并，企业都必须付出巨大的投资，而日益频繁的经济波动使企业难以承受过重的投资和过长的建设周期带来的风险；② 迫使企业从事不擅长的业务，使企业有限的资源消耗在众多的经营领域中，企业难以形成突出的核心优势；③ 对于复杂多变的市场需求，庞大的企业组织无法做出敏捷的响应；④ 增大企业的行业风险，如果整个行业不景气，采用纵向一体化模式的企业不仅会在最终客户市场遭受损失，而且会在各个纵向发展的市场遭受损失。

因此，纵向一体化战略已难以在当今市场竞争条件下获得所期望的利润。鉴于纵向一体化管理模式的种种弊端，越来越多的企业放弃了这种经营模式，随之而来的是横向一体化思想的兴起，即将原来由企业自己生产的零部件外包出去，充分利用外部资源，于是与这些企业形成了一种水平关系。

横向一体化形成了一条从供应商到制造商再到分销商的贯穿所有企业的"链"。由于这一庞大网络上的相邻节点（企业）都是一种供应与需求的关系，因此称之为供应链。为使加盟供应链的企业都能受益，并且要使每个企业都有比竞争对手更强的竞争实力，必须加强对供应链构成及运作的研究，由此形成了供应链管理这一新的经营与运作模式。

2. 市场环境的巨大转变产生的问题

在市场供不应求的阶段，企业面临的市场相对稳定，所以企业中各组织之间、各部门之间的协调问题相对比较容易。随着技术进步和需求多样化使产品生命周期不断缩短，客户对产品和服务的期望越来越高，企业面临的市场环境发生了巨大的转变，从过去以供应

[①] "大而全""小而全"是政治经济学中描述国民经济和国内各区域经济发展结构雷同的常用语，即从大的方面讲，每个省市的产业结构都类似，工业门类齐全，不考虑自身的资源禀赋优势，片面追求完整的工业体系；从小的方面讲，每个企业都产供销一体，完全没有发挥分工优势。这造成了国民经济的分散和割裂，严重影响了经济效率。

商为主导的、静态的、简单的卖方市场环境变成现在以客户为主导的、动态的、复杂的买方市场环境。在传统的企业管理思想指导下，采购、生产、销售等职能部门没有形成"链"，各自为政，相互脱节，片面追求本部门利益。企业和各供应商没有协调一致的计划，缺少有效的信息沟通与集成，其后果会出现需求变异加速放大现象，即当供应链上的各节点企业只根据来自其相邻的下级企业的需求信息进行生产和供应决策时，需求信息的不真实性会沿着供应链逐级放大。到达最源头的供应商时，其获得的需求信息和实际消费市场中客户的需求信息已发生了很大的偏差。由于这种需求放大效应的影响，上游供应商往往维持比下游供应商更高的库存水平。显然，这种现象将会给企业造成产品库存积压严重、服务水平不高、产品成本过高及质量低劣等问题，必然会使企业在市场竞争环境中处于不利的地位。因此，必须考虑对传统供应链的改进来缩小需求信息的失真程度，增强企业的敏捷性和响应性。

3. 采用制造资源计划出现的难题

以合理利用资源、改善计划和压缩库存为目标的制造资源计划（Manufacturing Resource Planning，MRPII）逐渐应用在企业的生产管理上。初期考虑 MRPII 的企业大多处于市场对产品种类的变化要求不大、产品结构基本稳定的情况，企业间不强调密切的协作关系，只是遵循一套规范的市场运作程序。随着全球供应链应用的展开，MRPII 在复杂的情况下不断显露出不足：① 生产流程不和谐，缺乏对生产流程之间依赖性的预见，零件或半成品不能同时到位；② 由于安全生产设置的固定提前期，使制造商增加安全库存，弥补了生产过程中的某些缺陷，还阻碍了生产周期的缩短，不利于柔性制造；③ 生产批量固定不变，造成经常性的过度生产；④ 只考虑企业内部资源的利用问题，一切优化工作均着眼于本企业资源的最优应用。为克服 MRPII 的不足，企业急需一种新型的管理思路来取代 MRPII，这种新型的管理思路应以管理的基本职能——合作协调为主导思想，保证供应链的紧密衔接，强调多方协调性生产，追求各节点的零库存。在这种背景下，满足这种管理思路要求的供应链管理应运而生。

4. 信息技术的飞速发展

随着计算机技术、信息技术的日益发展与融合，特别是在一系列技术突破支持下的广泛应用和日益完善，信息技术革命的影响已由纯科技领域向市场竞争和企业管理各领域全面转变。这一转变直接对企业管理中的传统观念和行为产生巨大的冲击。信息技术革命带来的信息传递和资源共享突破了原有的时间概念和空间界限，将原来的二维市场（即由时间与空间构成）变为没有地理约束和空间限制的三维市场（即在时间与空间维度上再增加一维）。信息技术实现了数据的快速、准确传递，提高了仓库管理、装卸运输、采购、配送、订单处理的自动化水平，使订货、包装、保管、运输、流通、加工实现一体化，企业间的协调与合作在短时间内迅速完成。这一切无疑有益于加强企业之间的合作，进而为供应链管理的提出创造良好的环境。

供应链管理利用现代信息技术，通过改造和集成业务流程、与供应商及客户建立协同的业务伙伴联盟、实施电子商务，大大提高了企业的竞争力。得益于供应链节点企业的相互合作、相互利用资源的经营策略，采用供应链管理模式，可以方便企业在较短时间内寻找到最优秀的合作伙伴，用较低的成本、较高的速度、良好的质量赢得市场，受益的不止一家企业，而是一个企业群体。

1.2.2 供应链管理的发展阶段

由企业内部的协调分工到企业间的协作与联盟，最后实现网络经营一体化，一般需要经过 5 个发展阶段。

1. 第一阶段：企业内部功能集成

本阶段的特点是企业关注内部部分功能、流程的改进与集成，例如，原材料采购与库存控制集成为物料管理功能，送货与分拣、拣选等集成为配送功能。许多企业采用"计划、采购、制造、运输"供应链运作参考模型（Supply Chain Operation Reference，SCOR）指导实践，在这一阶段，几乎所有的企业都将最初的焦点放在了原材料采购和物流配送两大功能上。然而，大多数企业在这一阶段不能实现整个企业的均衡发展，它们只满足于由部分功能集成化带来的少量利润，认识不到功能一体化能够给企业带来的益处。因此，它们反对各职能部门之间的协作，也就不会建设对整个公司有利的信息系统。

2. 第二阶段：企业一体化管理

本阶段的特点是企业内部物流一体化，整个企业供应链系统的优化把各项分散的物流功能集中起来作为一个系统管理。过去，企业多为分项管理，即将采购、运输、配送、储存、包装、库存控制等物流功能割裂开来，各自为战。各职能部门都力图使自己的运作成本最小化，却忽略了整个企业的总成本，忽视了各功能要素之间的相互作用。而事实上，各部门的优化并不能保证整个企业的最优化，因为企业的各功能要素之间存在冲突。在这一阶段，企业开始意识到企业实施供应链一体化管理所产生的利润，并且力求在这一进程中领先。原材料采购上升到了具有战略意义的地位，并且承担了决定第二阶段全部交易成败的责任。随着企业将注意力集中于最有战略意义的供应商，企业间的关系发展到更高级的买卖关系。同时，企业的物流部门开始关注资产的利用和配送系统的效率，关键在于寻求最好的物流服务供应商承担准确、及时的运输配送业务。交易活动的自动化与信息化使得各部门之间保持信息畅通，有助于装卸、搬运及仓库管理人员满足客户的需求。

此外，需求管理在这一阶段成为一个很重要的因素，原因是企业逐渐意识到需求预测的准确与否直接影响着生产和制造的准确性。大多数企业中存在一堵"文化墙"（意指企业内部由于管理者认知水平、经营理念、利益诉求等形成的无形屏障）妨碍其由第二阶段向第三阶段发展。这堵"文化墙"建立在这样一系列不完善的前提下：所有好的创意都来自企业内部；企业一般不会从外部寻求援助；如果确实要从外界获取信息，企业也不会与他人共享。常常是行业领导者率先越过这堵墙，然后带动其他企业。一旦企业越过这堵墙进入第三阶段的外部环境，就开始进行企业间协作，并且与其精心挑选的合作伙伴结成战略联盟。

3. 第三阶段：合作伙伴业务协同

企业逐渐意识到产品的竞争力并非由一个企业决定，而由产品的供应链决定，并开始与关系较近的合作伙伴实施一体化管理。过去，企业尽量将成本转嫁给供应链上、下游的企业，这样或许会降低某个企业的成本，但它好比把钱从一个口袋放入另一个口袋，钱的总数并没有发生变化。因此，成本的转移无法减少整个供应链的成本，最终仍要反映在产品售价上。

由于产品竞争力并未提高，最后受损失的仍将是供应链中的所有企业，所以牺牲供应链伙伴的利益以谋求自身利益的做法是不可取的。于是，有战略眼光的企业开始寻求一种变通方法，先与关系密切的合作伙伴协作，共同寻找降低成本、改善服务的途径。

从供应商的角度，随着企业与重点供应商结成利益同盟，供应商关系管理（Supplier Relationship Management，SRM）变得日益重要。企业经常邀请供应商参与其销售与运作计划（Sales & Operations Planning，S&OP）的筹划，提出能够更好地满足客户需求的解决方案。企业还引进了仓库管理系统和运输管理系统，加强它们与关键供应商的信息沟通。总之，企业与重点供应商在物流、运输和仓储等方面建立了长期的合作与战略伙伴关系。从客户的角度讲，企业对客户与市场需求能够做出快速响应，力求更好地理解和满足客户需求，提供更为贴切的服务和产品，客户关系管理（Customer Relationship Management，CRM）成为企业经营管理的重要内容。任何供应链都只有一个收入来源——客户。客户是供应链中唯一真正的资金流入点，其他所有的现金流动只不过是发生在供应链中的资金交换，这种资金交换增加了供应链的运作成本。因此，客户是核心，企业只有尽早、充分意识到这一点，加强与客户的联系，通过互联网等高新技术了解客户想要什么、什么时候想要，然后快速地交货，才能实现整条供应链企业的利润共赢。

在第三阶段，企业利用各种工具和技术与重点供应商和客户协作，能够缩短产品生命周期，更快地占领市场，更有效地利用资产，实现双赢。

4. 第四阶段：价值链[①]协作

本阶段的特点是企业不仅要与重点供应商和客户协作，而且需要整合企业的上下游企业，将上游供应商、下游客户及服务供应商、中间商等进行垂直一体化的整合，构成一个价值链网络，追求系统的整体最优化。这一阶段的协作被称为"价值链协作"。在这一阶段中，企业试图通过价值链中其他合作伙伴的帮助来建立其在行业中的支配地位。当每个价值链成员的活动都像乐队队员按同页乐谱那样演奏时，延误程度将降到最低。供应商知道何时增加生产，运输公司能够掌握何时提供额外的车辆，分销商也可以及时地进行调整。价值链成员之间利用网络共享信息，因此能够更加敏捷地发现机遇，达到更高的绩效水平。

在这个阶段，电子商务、网上交易和电子通信技术的应用对实现价值链的可视化是至关重要的。

5. 第五阶段：网络经营一体化

这是供应链发展的最高阶段。在这一阶段，所有供应链的成员能够实现有效沟通、密切合作及技术共享以获得市场的支配地位。迄今为止，只有少数企业达到这一阶段，原因是它们完全要求采用网络化经营、虚拟经营与动态联盟，实现信息的共享、交易的可视化及准确的供货。

1.2.3 供应链管理的目标

要比竞争对手更具优势，就必须通过有效管理，合理调度和控制供应链物流、信息流、资金流、商流，实现产品和服务的无缝对接，使供应链运营成本最小化、客户服务最优化、

[①] 哈佛大学商学院教授迈克尔·波特于1985年提出的概念，波特认为，"每个企业都是在设计、生产、销售、发送和辅助其产品的过程中进行种种活动的集合体。所有这些活动都可以用一个价值链来表明"。

产品质量最佳化和响应时间最快化。

1. 运营成本最小化

供应链运营成本包括采购成本、运输成本、库存成本、制造成本、销售成本及其他成本，寻求供应链运营成本最小化，可以帮助供应链相关实体为客户提供较竞争对手更低价格产品的同时，获得相对更高的利润。但各种运营成本项目是相互关联的，运营成本最小化不仅仅是追求单个成本项目的最小化，而是要将供应链各运营成本项目作为一个有机整体来考虑，通过有效供应链管理，使整个供应链运作与管理的运营成本的总和最小化。

2. 客户服务最优化

面对日益激烈的市场竞争，供应链必须通过有效管理为最终客户提供最优化的服务，留住老客户并吸引新客户。然而，客户服务水平和运营成本之间在一定程度上存在效益背反关系，这就客观要求在供应链管理过程中必须考虑两者的均衡性，通过各节点企业协调一致的运作，寻求以最小化的运营成本实现最优化的客户服务。

3. 产品质量最佳化

产品质量直接关系整个供应链的成败。如果在整个供应链业务及管理流程完成后，发现提供给最终客户的产品质量有缺陷，那么意味着所有供应链运营成本无法得到相应的价值补偿，从而使供应链所有业务管理流程非增值化。因此，供应链上所有节点实体必须将产品质量最佳化作为供应链管理的重要目标，追求整个供应链管理的产品质量的零缺陷。

4. 响应时间最快化

当今客户对产品交货期等时间要求越来越高，而市场竞争也已经由旧有的企业间竞争转化为供应链间的竞争。为达到响应时间最快化的目标，供应链需要通过信息共享等方式将不断变化的市场信息及时反馈给各节点企业，并促进各企业快速反应，最大限度缩短客户发出订单到收到产品的供应链作业时间周期。

以上供应链管理目标间均呈现一定的背反性，如提升客户服务水平、改善产品质量和缩短响应时间，必然会增加供应链整体运营成本。为此，必须注意通过供应链集成管理思想，推广功能核心化和关系合作化理念，追求多目标的综合优化。供应链管理目标间的关系如图 1-2 所示。

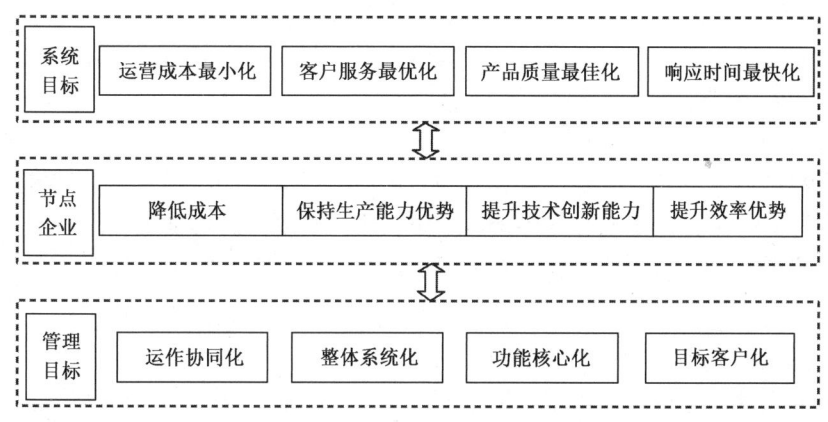

图 1-2 供应链管理目标间的关系

供应链各节点可以基于整体系统化、功能核心化和目标客户化管理思想，着眼于目标客户，将资源集中于核心业务，将非核心业务外包给更为专业的合作伙伴，寻求从原料采购到产品销售等整个供应链各业务的功能核心化，以充分发挥各节点实体的核心资源优势。此外，要特别注意运作协同化思想。一方面，通过提升信息收集及共享水平，以达到降低交易谈判费用、交易变更费用等各项成本，减少供应链整体库存的目的；另一方面，可以整合各节点企业相对技术和效率优势，提升整个供应链的技术创新能力和生产效率。

 阅读拓展

供应链管理实施中的问题

根据德勤（Deloitte）咨询公司的一项研究报告，虽然现在已有91%的北美制造企业将供应链管理列入关键或重要管理活动，但是，只有2%的企业达到世界级水平，差不多有75%的企业在平均及以下水平。主要原因是50%的企业说它们没有正规的供应链管理战略。其他原因还有：① 缺乏应用和集成技术的能力；② 协调企业资源的权重不高；③ 改革关键流程的阻力；④ 跨职能的障碍；⑤ 缺乏有效衡量供应链绩效的评价指标。

以上情况反映出一个问题，即供应链管理对提高企业竞争力的重要作用和它在实际运作中表现出的绩效不成比例。产生这些问题的原因并不是供应链管理理论本身有什么大问题，而是企业没有把它看成企业战略的一个组成部分。从德勤咨询公司揭示的影响供应链管理绩效的几个原因看，需要从全局的角度进行规划的战略性思考，才能彻底解决上述反映出的问题。

1.3 供应链管理的新理念

供应链管理是一种管理思想和管理理念，随着经济的发展和技术的进步，出现了数字供应链、全球供应链及智慧供应链等新的供应链管理理念。

1.3.1 数字供应链

数字供应链（Digital Supply Chain，DSC）是新的互联业务系统，它从孤立的、本地的和单个企业的应用扩展到供应链范围的系统智能实施。

企业内部和企业间的数字和自主联系已成为供应链管理的一个焦点，数字技术的应用代表了供应链管理发展的一个新理念，其中，供应链网络中的材料、信息和资金的流动及协调在很大程度上是自动化的，并渗透着数字技术。物联网、移动云计算、大数据技术、人工智能、区块链是数字化供应链的六大新技术支柱。数字供应链理念主要基于以下5个方面。

1. 以客户为中心

通过全渠道管理方法，利用创新制造技术，设计、生产和销售个性化产品。用户的定制需求和体验信息可以直达制造单元，实现用户对产品设计和品质的提前管控。例如，Nike

公司支持客户自行设计鞋子，客户的选择范围不再局限于颜色和各种预定的风格，还提供了鞋面、鞋舌和鞋底方面的选择，允许客户添加定制 logo，而因此产生的成本差异几乎可以忽略不计。

2. 相互关联

关联是实现数字化供应链的基础，客户、供应商和合作伙伴（如物流服务提供商）通过公司网络中的平台，基于共享和标准化数据进行实时沟通和协作。通过在业务流程中应用各种数字化技术，企业可以提高对各流程节点信息的可视度，与供应链合作伙伴进行更充分、及时的互动和协作，实现对供应链更强的掌控。

3. 自动化

数字技术支持自动数据采集和分析，消除或减少人工作业；通过机器人流程自动化（Robotic Process Automation，RPA）技术，取代人工操作；在仓库管理方面，则可以利用自动分拣技术实现批量的货物自动拣配。以 RK Logistics 为例，该公司将"无人驾驶移动单元"嵌入仓库管理流程中。机器人接替人工归置和拣配货物，利用物联网技术，根据交通模式和可用性检查等关键绩效指标，在仓库内标出最佳移动路线。这样不仅减轻了操作人员的繁重工作，也极大地提高了工作效率。

4. 透明性

全球定位系统和客户支持系统提高了对供应链不同方面（如产能瓶颈、运送延迟、供应商信息等）的可见性及产品的可追溯性（如材料位置、原产地证明、认证资料等）。企业可以实现从需求、订单、生产制造、质量管理、物流到财务结算等各个环节的实时信息管理，用户也可以通过手机终端实时获取订单的生产进度和物流配送情况等信息，如进行自助查询或接收多种方式的信息提醒（如短信、微信、邮件等）。

5. 前瞻性

数字化供应链提供 7×24 小时不间断的随时在线服务，自动收集与分析来自各种渠道的数据，进行事前预警、事中提醒和事后分析，并持续改进计算模型，为企业的前瞻性决策提供更好的支持。决策者基于实时数据分析、机器学习和人工智能，对不断变化的条件和意外事件做出预期反应。例如，通过对历史数据运用统计建模和数据挖掘产生的更准确前瞻洞察进行预测性分析，而不是对已发生的情况进行事后评估。这也可用于收集供应商信息，分析供应商的行为，进行风险预判和评估，预防供应中断和经济损失，保障供应链的持续性和稳定性。

 知识链接

大数据技术在供应链管理中的应用

1. 营销方面的应用

大数据技术在营销方面的应用主要处于供应链的销售阶段，帮助企业实现客户实际需求的精准分析。事实上，大数据技术已经被广泛应用于市场微观细分方面，它的出现使原本细分的市场变得更加精细化。应用大数据技术，企业可以及时挖掘用户的客观需求,将大数据技术和传统的市场研究工具结合起来,可以收集到很多有效的客户需求信息,这对企业调整经营战略具有很大的帮助。另外,大数据技术在营销中的价格优化方面也得到了广泛的应用,企业可以根据最新数据,实时地做出价格决策。

2. 采购方面的应用

在大多数企业中,采购往往在企业支出中占比很大。因此,企业有必要通过大数据技术的应用降低采购方面的成本。当前,很多企业利用大数据技术实时分析采购方式和采购渠道的优化,在很大程度上节约了企业采购的成本。例如,Amazon 便通过大数据技术来分析企业的采购策略。除此之外,Amazon 还利用大数据技术对企业的订单、采购、库存等方面进行了高级的分析,经济效益有了很大的提升,并且还降低了企业运营的成本。

3. 物流方面的应用

大数据技术在物流方面的应用不仅可以帮助企业优化库存管理,还可以帮助企业确定运输成本最小的运输路线,在很大程度上减少了企业的物流成本。不仅如此,大数据技术还被应用在优化燃油效率、规范司机行为等方面。在应用大数据技术的环境下,易腐物品运输变得更加便利,大数据技术可以根据易腐物品的数量,确定并优化运输的时间。通过应用大数据技术,企业的物流效率和质量有了很大程度的提升。

4. 制造方面的应用

大数据在制造方面的应用,主要是帮助企业实时地分析客户对产品的需求量,并根据产品的需求制定短期的制造目标。应用大数据技术,企业的制造有效地满足了客户的需求,在很大程度上也提升了客户的满意度。不仅如此,大数据技术还被应用在产品的质检方面,可以对产品的质量、合格率进行预估,从而帮助企业有效地提升产品质量。

1.3.2　全球供应链

全球供应链(Global Supply Chain)是国家层面的宏观战略,我国国家领导人多次提出构建中国的全球供应链,实施并不断优化全球供应链战略已经成为我国经济发展的必然选择。

全球供应链将一般供应链的范围扩展到全球,供应链中的企业、供应商、供应商的供应商、生产商、批发商、零售商、最终客户分布在世界各地,他们依靠现代网络信息技术支撑,实现供应链的一体化和快速反应运作,达到物流、价值流和信息流的协调及供应链系统的通畅。全球供应链整合全球范围内的资源,以满足全球客户的最终需求。全球供应链理念主要基于以下 3 个方面。

1. 资源范围全球化

以全球范围内的客户来驱动供应链,或者以全球范围内的供应资源来满足某一个国家(地区)的最终客户。这依赖于国际贸易的发展,反过来又促进了国际贸易的发展,增加发生国家(地区)的对外贸易量。最初,发达国家(地区)的生产成本日趋上升,于是它们考虑到发展中国家采购一些资源或成品来满足国内客户的需求,先是在拉丁美洲和南美洲,后来延伸至亚洲,中国、越南和印度等越来越多的国家被纳入发达国家的采购范围。随着中国制造业的崛起，中国的工厂开始面向全球范围内的客户，又由于电子商务的蓬勃兴起，全球供应链变得错综复杂起来。

2. 网络信息技术支撑

全球供应链中的企业比其他供应链中的企业都更依靠现代信息技术。企业间的日常沟通、订单的签订、信息流、物流、资金流，所有的经营活动都离不开现代网络的支撑。由于网络传输的速度很快，因此全球供应链中的企业虽然处于不同国家（地区），但是可以及时地了解彼此的动态。这在一定程度上节约了传统沟通中的成本，提高了全球供应链的效率。

3. 供应链的不稳定性

随着各种突发事件的发生，全球供应链的不稳定性也越来越被人们所关注，主要有如下 3 点。

① 产品供应的不稳定性。全球供应链面临着形形色色的突发事件，从大规模的地震、海啸等自然灾害到工厂着火、停电，以及运营方面的问题，一旦供应链上游企业由于某种原因导致无法供应产品，那么下游的企业将受到严重影响。

② 信息流的不稳定性。全球供应链严重依赖网络信息技术的发展，如果网络瘫痪，那么全球供应链中的信息沟通和交流就不可避免地发生中断。

③ 成本浮动的不稳定性。全球供应链因涉及不同的国家（地区），受制于来自不同国家（地区）的不稳定因素，包括不同的关税、不同的汇率、贸易壁垒、政治局势、政府的经济政策导向等。

1.3.3 智慧供应链

智慧供应链（Intelligent Supply Chain，ISC）将现代供应链的理论、管理方法及技术与物联网技术相结合，从而使供应链系统的管理与技术变得更加智能化、信息化、自动化。智慧供应链的核心在于将问题聚焦在为实现供应链中节点企业之间商流、物流、信息流和资金流的高效对接利用，最大限度地降低信息不对称带来的影响，从而在根源上解决供应链的效率问题。智慧供应链理念主要基于以下 5 个方面。

1. 管理技术变革

智慧供应链中的参与者和管理者会系统地利用物联网、大数据、云计算等现代科学技术，推动现代供应链中管理技术的变革。

2. 自动化、可视化

在智慧供应链的运作过程中，图表和视频将成为其重要的数据信息表现形式，供应链中的成员获取数据信息的方式也更智慧便捷。

3. 信息整合性

通过智能信息网络系统，供应链可以突破供应链信息系统中的信息壁垒，打通信息孤岛，实现供应链信息的网络化、集成化和透明化。

4. 协作性

供应链系统信息机制高效整合，供应链中的各个节点企业都能够及时有效地接收到彼此的数据信息，从而可以实时把握供应链内外部的环境变化，针对这些变化，整个供应链系统可以做出更好的应对措施，进而提升整个供应链的效率。

5. 可延展性

智慧供应链中智慧信息网络的应用，使供应链节点企业间信息共享，由此更先进的信息集成得以实现，供应链成员之间可以进行实时信息沟通，降低了由于层级递增而造成的绩效降低概率，使供应链的延展性得以增强。

本章小结

供应链是指生产及流通过程中，涉及将产品或服务提供给最终用户活动的上游与下游组织所形成的网链结构。供应链管理是指对供应链涉及的全部活动进行计划、组织、协调与控制。供应链管理的特征主要体现在整体性、集成化、创新性和导向性等方面。供应链管理一般经历5个发展阶段，由企业内部的协调分工到企业间的协作与联盟，最后实现网络经营一体化。发展供应链需要解决运营成本最小化、客户服务最优化、产品质量最佳化、响应时间最快化等关键问题。数字供应链指的是组织间的沟通和协调通过信息系统间的电子链接来实现，使供应链中的供应商和客户能够对从需求源头到支付的整个采购过程进行自动化和数字化处理。全球供应链将一般供应链的范围扩展到全球，供应链中的企业依靠现代网络信息技术支撑，实现供应链的一体化和快速反应运作，达到物流、价值流和信息流的协调及供应链系统的通畅。智慧供应链将现代供应链的理论、管理方法及技术与物联网技术相结合，从而使供应链系统的管理与技术变得更加智能化、信息化、自动化。

课后思考

1. 名词解释

供应链，供应链管理，数字供应链，全球供应链，智慧供应链

2. 简答题

（1）什么是供应链和供应链管理？
（2）什么是纵向一体化和横向一体化？
（3）简述供应链管理的特征。
（4）简述供应链管理的目标。

案例讨论

惠普的供应链管理模式

惠普的供应链管理模式是电子供应链模式、高端产品"纵向整合高速供应链"模式、增值系统解决方案模式、第三方物流服务的供应链模式和直销模式。在中国增加定制化生产线后，惠普得以完善其全程供应链，包括启动直接供应链上直面竞争，在直销模式上正面碰撞。

1. 电子供应链模式

电子供应链意味着降低成本。惠普在推广自己的电子供应链模式，通过电子化的供应链平台使供应商和惠普达到协同、高效、可控的供应链管理，信息化成为惠普考虑供应商合作的重要筹码。惠普希望在中国的供应商中输出惠普的供应链管理经验，最终让"供应链"发展成为"价值链"。惠普成功的经验是构架一个比较完整的供应链体系，从采购、下单、品质到存货处理、送到客户端，形成一个完整体系，能够给惠普提供很多的机会。

如何进一步降低成本是惠普在供应链方面面临的主要挑战。此外，减少存货是供应链管理的一个重要目标。这是几乎所有制造、产业流通企业都面临的问题，进一步加强及时供货的能力，加强可预测性也是惠普在供应链上面临的主要挑战。

惠普注重供应商的全球性供应能力，把能够将惠普的货物送到全世界各个角落作为惠普选择供应商的第一要点。另外，工程方面的能力、强大的管理阵容、成本控制能力、财务健全、社会和环境责任（如绿色、环保、劳工权益和工作环境等）、对惠普体系的了解从而实现良好合作，也是惠普选择供应商的重要因素。

2. 高端产品"纵向整合高速供应链"模式

在一些独家高端产品方面，惠普采用"纵向整合高速供应链"模式，从设计、制造到销售全部由惠普完成。比较典型的例子是惠普为证券交易所提供的高端的、大型的计算机，一台可能是数百万、数千万美元的价格。这种高端的计算机是一种无间断操作的、利用 Alpha 处理器的计算机。惠普的竞争对手不生产这样的产品，这是惠普的独家产品。

3. 增值系统解决方案模式

根据客户的具体订单专门制造一台或多台计算机，客户可以自己决定选用多大的硬盘、哪种处理器，惠普把这样的订单转交给协作伙伴，由协作伙伴根据客户的具体要求定制。具体的应用主要体现在包括台式计算机、笔记本电脑、有特殊任务的服务器、根据客户要求定制的大型数据存储装置。惠普通过增值服务为客户提供整体服务。

4. 第三方物流服务的供应链模式

Thomas National Transport（简称 TNT，是世界顶级的快递与物流公司，公司总部设在荷兰的阿姆斯特丹，其母公司 TPG 在纽约等证券交易市场上市，现已被 FedEx 收购）成为惠普的第三方物流提供者，负责管理零部件仓库和来自世界各地供应商货品的进口运输。TNT 管理着惠普的 11 座仓库，惠普位于罗斯威尔的工厂占地 80 万平方英尺，由于仓库和生产线在同一处，所以这种经营又称为"同址"运营。目前，其他很多公司的零部件还需要在仓库和工厂间运来运去，既耗时又费钱。而在罗斯威尔，配送零件通常只需一辆叉车跑一个来回。接到要求提取某一零部件的提货单后，一名 TNT 员工就会在排满了 8 000 种库存产品的巨大货架上找到所要的零部件，然后更改库存记录，最后将零件送到组装线上。通常只需要 30 分钟。但在过去，由于仓库和厂房遍布罗斯威尔全城，运送一趟需要 2~3 小时。现在，不仅节省了时间，而且减少了产品的损耗和破坏。

TNT 除了管理上千万美元的库存，还从惠普手中接管了运输管理业务。在 TNT 管理运输之前，惠普产品的国际空运需耗时 17 天，国内空运需耗时 7~8 天，供应商为赶上配送时间，通常要加夜班。如今，TNT 保证在美国境内的运送时间是 1~4 天，国外的运送时间是 4 天，99% 的产品运送都能按时送达。如果中间出现异常，惠普将和 TNT 一起解决，保证零部件按时送达。TNT 的运输经理就类似沟通惠普采购和供应商的桥梁。TNT 从惠普手中拿到订单后，联系供应商，确保零部件能及时送到惠普的工厂，中间具体的运输过程就是承运商的事了。TNT 每周都对每条产品线上的国内和国际运输费用开出清单，这在惠普历史上也是从未有过的。仅仅与惠普合作的头 6 个月，TNT 就通过减少加急运输为惠普节省了 250 万美元。另外，TNT 还通过减少运输商、改变运输方式，为惠普省下了 400 万美元。同时，TNT 还利用旧垫板，而不是像原来租用带垫板的面包车，这又为惠普在半年内省下了 50 万美元。过去，惠普要租赁大量飞机保证及时运输，但现在 TNT 只在为保证生产线继续运转的紧急情况下才使用空运，其余情况下都通过公路运输。

5. 直销模式

惠普的供应链模式不断演进。在全球，惠普将纷繁复杂的 17 种模式逐步统一成 5 种主要模式，这 5 种模式根据客户和产品的不同而各归其位。将惠普产品送到客户手中的第 5 种模式为"高速公路"直销的网站，让惠普与客户直接互动，进行销售。在中国设立定制工厂是惠普启动直销模式的开端。但是，直销并不是惠普的唯一选择。如果惠普只是一家北美的公司，或只是一家生产计算机的公司，直销将是最有效的模式。但惠普在全球的销售覆盖 170 多个国家（地区），产品从掌上型到大型不间断服务器，从计算机到打印机，再到服务，如果哪家跨越这么大范围、覆盖如此之广的公司，只依靠直销模式"那就太神奇了"。在中国和欧洲、亚洲的其他很多地方，很多客户不会仅仅看到产品目录册就会打电话购买。这是惠普不完全依靠直销这一种模式的最重要原因。

（资料来源：原创力文档网，有改动）

? 思考

1. 惠普的供应链管理模式各有何特点？
2. 惠普构建全球供应链主要考虑哪些因素？

第 2 章

数字供应链

思政导学

以勇于创新、科技报国的情怀为课程思政目标，结合国家层面提出的数字经济发展和数字化转型战略，将国家战略认同感、探索创新意识融入对数字供应链应用、数字供应链发展趋势等知识点的理解中。

◇ 学习要点 ◇

- 掌握数字供应链和数字供应链管理的概念
- 熟悉数字供应链的特点和功能
- 理解供应链数字化转型和数字供应链构建
- 了解数字供应链的行业应用和未来趋势

关键术语

数字供应链，企业资源计划，产销协同计划，物联网，大数据，人工智能，机器人流程自动化，供应链运作参与模型，数字孪生

导入案例

华能智链的供应链数字化转型之路

江苏华能智慧能源供应链科技有限公司（以下简称"华能智链"）出身于中国华能集团（以下简称"华能"）旗下的能源与交通公司，涵盖能源和交通，包括供煤供炭、钢材基建工程等业务。和其他行业一样，能源行业正从数字化、信息化走向智能化。早在 2008 年，华能即通过了《中国华能信息化规划》，华能智链见证了整个行业数字化转型的历程。

近年来，"数字华能""智慧华能"的提出目标都是提高华能的数字化水平。供应链也是需要被技术赋能的重要一环，华能智链的重要性不言自明。

1. 搭建平台"没有必要从头做"

华能智链所处行业主要有 3 类公司，其一是专做供应链环节类，金融、物流、贸易等各环节都可以成立单独公司；其二是专做供应链技术类，开发仓储软件、供应链

金融平台、物流软件的公司；其三是专做供应链管理类，打通整个供应链，从采购招标到物流配送、供应链金融、供应链跟踪管理、仓储管理，涉及供应链管理各环节的公司。华能智链做的就是第三种，准入门槛较高，也是实施操作较难的一种。然而想要"弯道超车"，华能智链须借助新技术改造旧业态，必须站在已有技术平台的肩膀上。单独比某一个环节，华能智链可能不如某一家，但华能智链做的不是一棵树上的细枝末节，而是一棵完整的树，同时还在沿着链条不断往前和往后延伸。

华能智链做成平台模式是自然而然的演进过程。例如，在做供应链金融或科技服务时，和别的公司不太一样，华能从业务端走到了供应链金融的科技端，构建了平台，不仅自己用还对外服务，继而促成了华能智链滚动向前发展的过程。华能智链的业务模型可以总结成"平台+生态"的运营模式（见图2-1），平台是能源及相关行业智慧供应链集成服务平台，生态是围绕能源行业构建的普惠生态圈。

图2-1　华能智链"平台+生态"的运营模式

三大服务平台分别是互联网交易平台、普惠供应链金融平台和智慧物流网络平台。六大核心产品分别是能招、能购、能售、能运、能融和能云。其中，"能招"是电子招投标交易平台，满足不同领域、国内国际招标采购的要求，实现采购过程数字化、全程可追溯、可管控；"能购"整合能源行业优质供应商资源，以电子商务手段为客户提供电力行业备品备件超市、电力物资在线集采、定制化采购、端到端采购供应链优化等综合采购服务解决方案；"能售"是集客户管理、需求管理、渠道管理、价格管理和结算管理于一体的平台服务体系，为电力行业上下游供应链提供煤炭、电力物资、钢材乃至电力等商品的分销渠道服务；"能运"主要用于解决电力行业燃料运输需求，通过"LES+TMS+运力交易与管理"①产品体系，为客户提供基于移动互联网、大数据、物联网等新技术的货源发布、运能交易、物流可视化跟踪、运输路线智能优化、厂内物流整体解决方案等综合物流服务；"能融"为上下游企业提供供应链金融服务，满足电力及相关行业客户在各种交易场景下的融资服务需求，实现"资产端"

---

① 物流执行系统（Logistics Execution System，LES），是以物料拉动为核心，统筹考虑物料在不同仓储单元的交互，实现物料从入库、库内管理、出库、拉动、转移到最终装配的物流管理系统。运输管理系统（Transportation Management System，TMS），能高效、合理分配资源并处理管控运输任务，是现代物流运输企业使用的核心系统。

和"资金端"的高效低成本匹配,从而促进供应链整体融资成本的降低;"能云"以SaaS①化方式帮助客户实现供应链可视化、提升供应链精细化管理程度、降低供应链运行风险、提升供应链运行效率。底层则是移动互联网、物联网、大数据、区块链、云计算和人工智能等先进技术。

华能智链认为,打造供应链管理平台没有必要从头做,物流做的是无车承运,供应链金融更不能从头做,所以链条上的各种合作非常多。华能智链做的是平台,优势在于对供应链业务的理解,所以华能智链没有重新打造技术的轮子,而是在已有的平台之上搭建自己的供应链技术平台。

2. 技术与需求的"齿轮式啮合"

华能智链中的"能运"和"能融"是供应链管理的两个重中之重,一个代表物流,一个代表资金流,旧需求与新技术如齿轮般啮合。"能信"是"能融"的核心产品,通过电子付款承诺进行信用的传递,是华能智链针对传统能源行业供应链各环节面临的融资难、融资贵等行业痛点,基于身份认证、数字加密、区块链等金融科技推出的普惠供应链金融产品,典型特点是拆分转让、兑付结算、融资管理等,解决供应链企业的资金压力。"能运"打造了"能源货运滴滴平台",移动互联网平台实现货与车的对接,物联网监管货车与司机的状态,大数据结合以往数据做预测,都是数字化技术对于传统物流的改造。

除了把云平台作为技术"底座",区块链是华能智链想要贯彻至全平台的"底盘"技术。区块链与供应链两者天然有互补空间,去中心化、开放性、自治性、信息不可篡改、可追溯性等特点,十分契合数字供应链对透明度、可扩展性、更好安全性的需求。华能智链使用了华为云区块链服务,这也是华为云区块链服务在能源行业落地的首个案例。

按照华能智链的设想,物流数据已经开始进行区块链重塑,未来会打包到总的供应链集成服务平台,平台的企业签约、合同订立等信息要放在区块链上进行流转,相当于将区块链应用到供应链管理的各个环节中。技术带来供应链价值和效率的释放,才是华能智链及更多的数字化转型企业拥抱新技术的根由。

(资料来源:快资讯,有改动)

 思考

华能智链的数字化转型有何特点?

 解析

根据数字供应链的特点和供应链数字化转型的内涵进行分析。

---

① SaaS 是 Software-as-a-Service(软件即服务)的简称,是一种通过 Internet 提供软件的模式。

2.1 数字供应链概述

作为推动经济社会转型升级、培育经济增长新动能和构筑国际竞争新优势的重要途径，数字经济（Digital Economy）将是"十四五"时期经济社会发展的重要推动力。国家发改委、中央网信办联合印发《关于推进"上云用数赋智"行动 培育新经济发展实施方案》，明确要大力培育数字经济新业态，深入推进企业数字化转型，打造数据供应链，以数据流引领物资流、人才流、技术流、资金流，形成产业链上下游和跨行业融合的数字化生态体系，构建设备数字化—生产线数字化—车间数字化—工厂数字化—企业数字化—产业链数字化—数字化生态的典型范式。数字经济与实体经济各领域的深度融合所带来的生产效率提升及生产模式改变，成为产业转型升级的重要驱动力。数字经济的价值，已经从提高交易效率转换至提升产业效率，促进产业数字化转型。而随着物联网、大数据、人工智能等现代技术驱动数字经济发展，数字供应链是未来的发展趋势已经越来越成为行业的共识。

2.1.1 数字供应链的概念

企业的交货期不断被压缩、产品设计环节的变量不断增加、客户需求随时都可能发生变化……这些市场现状给企业产品的全生命周期管理都带来了巨大的运营压力。传统供应链一般基于企业内部需求而建立，关注企业内部各部门（如计划部、采购部、仓库和财务部等）之间的数据流动，通常使用企业资源计划（Enterprise Resource Planning，ERP）作为供应链管理的核心系统。但ERP系统功能繁复且实施周期长，其覆盖整个企业的业务和资源，缺少针对性和专业性；同时，ERP系统一般在企业内部使用，并不欢迎外部成员企业的参与。对于数字经济下的供应链管理来说，与外部供应商的协作才是其工作的重点部分，构建高效的工具来支撑供应链上下游的协同工作，以数字化手段提升供应链的速度和效能，打造实时、智能和互联互通的数字供应链显得尤其重要。

目前，产业界对数字供应链没有一个公认的定义，从价值创造过程来看，数字供应链源于大数据、人工智能、区块链、移动互联网等新兴数字技术与供应链各个环节的融合创新，在多维应用场景中创造新的价值和增长点。从主要特征上看，数字供应链以数字化平台为支撑，以供应链上的物、人、信息的全连接为手段，构建一个产品设计、采购、生产、销售、物流等各环节高效协同、快速响应、敏捷柔性、动态智能的生态体系。从变革趋势上看，数字供应链顺应数字经济时代消费的个性化、高端化、多元化的发展趋势，适应客户更优体验、更高效率的要求，驱动生产以消费为中心，由大规模制造向柔性制造、准时制造和精益制造演化。一般而言，数字供应链具有以下4项属性。

1. 连接

连接是实现数字供应链的基础，借助各种数字化技术，供应链成员企业享有更出色的掌控力及更充分的互动。

2. 智能

供应链成员企业通过互联获得更多供应链数据，如何让这些数据实现价值，关键是要充分利用大数据、人工智能等技术进行数据分析，为企业决策提供支持。

3. 灵活

数字化技术使供应链具备了更高的互联与智能水平，供应链成员企业可以通过配置，更灵活地满足市场环境的变化。

4. 迅捷

供应链合作伙伴的加入可以实现"即插即用"，这样可以更快速地参与到供应链成员之间的协同共享。

数字供应链一般由两部分构成，一部分是基础供应链，按照美国营运管理协会（The Association for Operations Managements，APICS）的供应链运作参考模型（Supply Chain Operations Reference，SCOR），供应链活动分为研究与计划、寻源采购、生产制造、物流交付（仓储与运输）、售后与支持。另一部分是数字化应用，基于供应链各个运作环节作业数据被量化、验证、收集、预测、分析和优化，利用数字化技术进行智能调度和智慧决策。

数字供应链管理以核心企业为中心，通过与企业内外部的各种信息化系统进行对接，实现数据的实时获取和分享，并最大化利用数据，配以相应的业务处理，实现供应链企业绩效的提升。

2.1.2 数字供应链的特点

传统供应链正面临诸多不确定性带来的挑战。

① 需求的快速变化与不确定性。过去企业产品多以硬件为主，现在很多企业慢慢转向软件生产。哪怕有硬件产品，也不是以销售硬件为主。比如，思科软件公司以前做路由器、交换机等大型产品，都是按硬件卖的，现在越来越多的硬件设备或租或送，它只是每月按软件使用收费，这种产品架构的变化给传统供应链带来了很大挑战。

② 供应链的预测与响应能力受到考验。过去交货产品送出去就行，送得越早越好。而现在要求在一个时间段内产品必须送到，早了晚了都不行。这就考验了供应链的反应能力和柔性有多大，对企业来说是一个很大的挑战。

③ 企业成本与风险控制能力受到考验。对新零售企业来说，成本最高的地方是物流，尤其是"最后一公里"，发生盗窃、损毁、灭失的风险也最大。如何控制这种风险也是一个很大的挑战。

简而言之，供应链的不确定性所反映的并非简单的需求与供应之间关系的不稳定性，而是整个供应系统的不可靠。同一供应商往往要面对两个需求端，一个是企业端（to B），另一个是客户端（to C）。其中，任何一端发生变化，都会影响到另外两端。比如，客户端对某种产品需求变化的信息，会影响到供应商和企业端的生产决策。而三端之间信息无法及时相互关联，甚至形成"信息孤岛"，从而影响到整条供应链的运行效率。将传统供应链进行数字化升级，打造出数字供应链，或是应对良策。具体而言，数字供应链具有如下3个特点。

1. 体验至上

企业可以通过电商平台、移动端等数字化技术，省去商家与客户复杂的交易环节，简化交易形式，节省双方的时间成本和精力，保障了用户的体验。数字供应链平台也可以超越时间、地域的界限实时进行沟通、协商等互动，在提升体验的同时为交易提供便利。

2. 主动感知

数字化平台中蕴含大量的信息储备，可为供应商决策提供科学客观的指导性建议。数字供应链中认知技术和人工智能可以辅助经营商感知市场需求并调整经营策略，提升在同行业中的竞争力。此外，在企业内部建立跨部门的集成供应链机制与平台，对提升供应链的整体运作效能有重要意义。

3. 实时可视

企业可通过大数据、物联网等技术，构建具有实时可视、智能分析、决策执行三层架构能力的供应链"控制塔"模式，从共享服务中心的视角协调整个供应链，促进供应链完成从分散到集中的转型，实现整个供应链协同、敏捷、一致的智能运营。大数据与云存储技术可以帮助企业清晰、透明地勾勒出供应体系全景图，展现出与各个关键部件供应商的层级关系，从而识别出关键的供应路径。

2.1.3 数字供应链的功能

1. 需求预测

供应链需求预测和计划的目标是形成一个精确可靠的关于市场需求的认识。在数字供应链中，采用大数据预测和智能算法模型，通过趋势结合动态实时需求感知、预测市场和重塑市场，从而主动洞察需求。通过产品价值引导和有竞争力的订单响应周期承诺，完善企业的产销协同计划（Sales，Inventory，Operation and Planning，SIOP）系统提供支持，使得管理层能够以长远的全局战略洞察产销平衡，也能短期柔性应变产销的波动；同时，通过制造大数据部署预计库存计划，实时监控智能供应链过程中的差异，应对不确定性。

2. 预警管理

在传统供应链管理过程中，可能有偏差数据的统计和可视化通知，通知的对象是操作团队或者监控团队，但往往不能保证偏差数据抓取、通知的实时性和真实性，从而难以保证应对的及时性和有效性，导致供应链系统的累积误差。在数字供应链的预警管理中，通过智能化的数据抓取方式，直接通过系统传递给关联系统或智能设施，"看"偏差数据的可能不是人，而是整个供应链系统，实时进行有效反馈和处理。

3. 风险识别

在企业与多级供应商信息交互的过程中，对供应商的库存、产能、质量等信息进行监控，实现主动风险管理。同时，利用云、物联网、社交媒体等技术对全球事件进行扫描，结合认知技术识别相关风险事件，及时对风险做出响应，保证供应的连续性。

4. 精益管理

运用云存储与物联网等技术，不断优化产品质量和运营效率，实现制造和物流体系从自动化到智能化的转型，将成本效能最大化，加速产品不断创新。通过机器学习、大数据分析等技术构建以客户为中心的、动态弹性的生产和物流流程，深度挖掘出现质量问题的根本原因，用预测性分析主动管理设备维护，提高整个生产和物流的可靠性。

阅读拓展

数字供应链的构建要考虑哪些方面？

数字供应链发展的驱动力在哪里？一是客户主权时代的到来，以前是我们生产什么，就卖给客户什么；现在是客户想要什么，我们就生产什么。这种情况下就需要我们用数字供应链来提高供应链的柔性，即打造价值网和全渠道。价值网指的是网状智慧供应链，即从供应链到供应网。全渠道是指线上和线下全渠道的整合。二是技术条件的成熟，所有的模式创新，如果不是建立在技术创新基础上，就可能是昙花一现，正是因为技术的发展推动了数字供应链的发展。

数字供应链发展的新趋势，是从推式供应链转向拉式供应链，再到随需而动。因为拉式供应链不能满足现在客户及时满足的需求，而随需而动，就需要靠数字供应链解决，什么时候用推式，什么时候用拉式。数字供应链的数字化进化，分为4个阶段和6个层次。4个阶段，即信息化阶段——线下的工作线上化；互联化阶段——隐性的数据显性化；数字化阶段——数据共享容易化；智能化阶段——数据分析智能化。三一集团提出的数字化6个层次：第一步是数字化服务与营销，第二步是智慧供应链，再到智能设计、智能产品、数字化运营，最终达到智能生产。

推动数字供应链还得打造扁平化的生态组织，建立一个全网供应链服务的生态圈，目标是提高成本优势、提升服务价值。具体是14个"化"，即一致对外化、行为契约化、合作平等化、算账理性化、分手心疼化、优势互补化、沟通直接化、资源扩大化、作业数字化、经营在线化、管理扁平化、核算透明化、运营智慧化和分配合理化，而且必须在全链数字化基础上进行责任区分，在动作级核算的基础上结算和补偿。

同时，人力资源的灵活性是打造柔性数字供应链绕不过去的课题。不管是物流企业还是制造企业，要做数字化的供应链，必须有人力资源的柔性，通过人力资源的共享平台帮助更多的客户实现柔性供应链。这种平台主要优势有4点，一是服务外包：为需求方、人力公司、工作者等定制并提供最佳服务方案。二是异地转移共享：提供一条龙服务，把一、二线城市的工作岗位转移到三、四线城市，降低用工成本，共享办公。三是灵活用工：个体户、自然人、网络抢单等模式实现灵活用工，合规地降低成本。四是打造智慧人力产业园：落地孵化、园区政策、硬件场地、服务、客户资源等共享化。

最后，要打造数字供应链，物流整合是关键，这就需要物流产业互联网，包括物流一体化整合——仓运配、多式联运等，供应链垂直整合——酒类、纸类、汽配、装修材料等，功能性横向整合——整车运输、零担、仓储配送等，区域整合即整合物流枢纽，跨界整合——人力资源、金融等。

2.2 供应链数字化转型

据埃森哲发布的《中国企业数字化转型指数》，中国数字化市场只有7%的企业突破了业务转型困境，成为"转型领军者"，它们所处行业的数字化转型指数如图2-2所示。

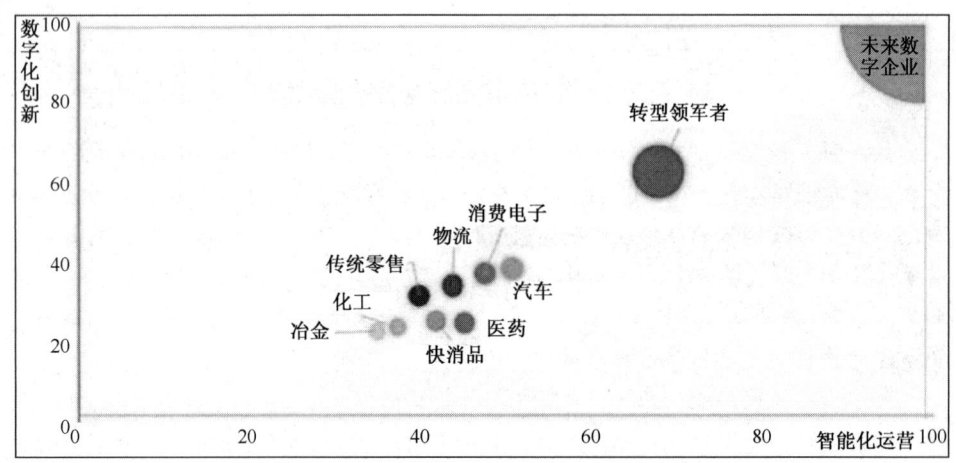

图 2-2　部分行业的数字化转型指数

埃森哲的报告还指出，尽管存在行业差别，但是在每个行业中均有"领军企业"脱颖而出。其中，汽车和消费电子行业中领军者的占比最高，如图 2-3 所示。

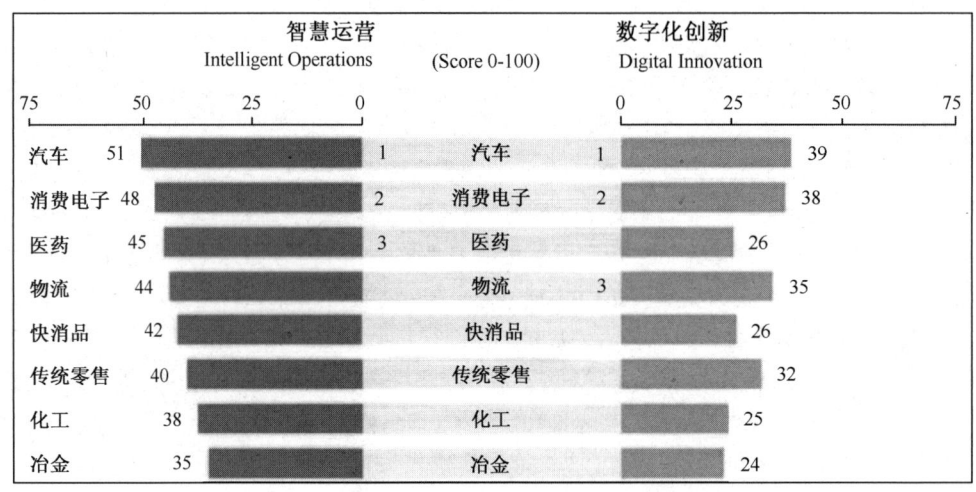

图 2-3　排名前列的数字化转型行业

这说明数字化转型并不存在行业、地域、商业模式等壁垒，只有不断改善渠道及客户体验，提升制造与生产能力，打造智能化运营，才能有效强化核心业务。当前，数字化革命正从经济、信息交流、生活方式等多个方面改变人类社会进程，社会一切信息数字化及企业运营管理数字化转型是大势所趋，供应链数字化转型也是其中之一。

2.2.1　供应链数字化转型计划

供应链数字化转型，从一定意义上讲，就是要增强企业的数字化存在感。存在感的强弱，将决定在供应链重构的过程中企业能否借助匹配数据，快速重构自己的供应源头，或是在供应链的重构中迅速找准自己的位置，获得新的发展机遇。因此，在制订供应链数字化转型计划前，需要从以下 4 个方面进行考虑。

1. 数字化转型的目的

除去以形象提升为目的的一些示范项目，企业在推进供应链数字化的过程中还是越来越多地追求经济效益，注重投资回报。这也是供应链数字化转型计划的第一步：确定业务目标。这个目标应该与企业的整体战略相结合，至少可以分为开源（更好地触及客户、增加收入等）、节流（节省运营成本、采购成本等）、增效（提升协作效率及提高系统安全性等）三大方面。在计划之初应该明确数字化转型的主要目的、所需资源及项目投入过程中的可能风险等。数字化转型本身并不是目的，而它们带来的业务绩效提升、决策质量提高等才是意义。

2. 数字化"木桶效应"

供应链运行往往是多个环节环环相扣的结果，包括生产、采购、物流等环节（当然，其中还有更为细分的环节）。在协作过程中，任何一个领域出现问题都可能导致链条运行不畅，所以数字化转型的单点突破往往并不能带来整体的提升。很多时候，更需要关注目前最大的短板（瓶颈）在哪里。其他领域的生产也存在和供应链运作类似的现象，如在软件开发的过程中，产品设计、开发、测试等环节如果不能做好相互衔接，则可能出现每个环节都忙忙碌碌，但整体效率仍然十分低下的情况，即所谓的"效率竖井"。应对这种情况同样需要具有供应链数字化转型的整体思维，找到供应链企业协作过程中的关键瓶颈。

3. 数字化转型阶段

数字化转型不能"一步登天"，而是需要按照标准化、数字化、智能化等步骤循序渐进地推进。数字化的过程也分为不同的层次，从企业内部信息系统覆盖，到打通企业内各个不同部门的"孤岛"，再到上下游企业彼此之间数据打通。各个层次难度逐步增加，能给企业带来的效益也是截然不同的。供应链数字化转型中往往出现"线上线下两张皮"的情况，即企业投入很高成本搞信息化建设，实际的系统利用率却很低。甚至斥巨资购置的专业软件只是沦为"数据记录本"，实际运行过程中仍然高度依赖于手工（纸面）和 Excel 等工具。为了解决此问题，可以增加自动化采集数据的比例，如应用物联网传感器来自动取数。自动收集到的数据也可以用来校验/监督人工操作，如在物流运输的过程中监控卡车车门打开的次数，以防止货物被"调包"转运的情况。

4. "刚性"和"柔性"相结合

供应链数字化转型进程中，信息系统的应用一般以流程标准化为前提，这意味着对流程的强管控，IT 流程中的每个步骤都需要按照预先设定的方式来运行。然而，实体供应链运作环节众多，如果对每个细小环节都加以强管控，成本会令很多企业难以承受。因此，在数字化过程中需要有的放矢：对一些关键步骤、瓶颈步骤，需要大力投入，从更细致的颗粒度加以管控；而对非关键环节，则留有一些余地和灵活性，甚至采用外包等方式，不把所有的控制权都把握在自己手里。当然，这种取舍也很考验管理者的战略规划思维。

综上所述，供应链数字化转型计划可以按照短、中、长期进行制订。

1. 短期计划

企业内部及与供应商的数字化连接。实现企业内部各部门及与供应商连接最核心的系统是 SRM 系统，用户通过浏览器登录、接收和处理各种业务数据。系统提供即时的消息提醒，并可与微信关联，使用户随时随地都能查看和处理业务。SRM 系统主要处理供应商的管理（如引入、评级、退出、供应商企业信息管理）和采购业务管理（从采购寻源到采购结算），系统轻量、操作友好、实施周期短、成本也较低。通过实施 SRM 系统，企业可以实现采购相关数据的可视化，整个供应链网络上的所有参与者都相互可视并实时协作。

2. 中期计划

供应链全流程的可视与协作共享。在实现内部与外部、上下游各成员企业连接的基础上，将采购的上下游活动，如销售管理、产品研发、生产计划、质量管理、库存管理、物流管理等数据，通过 SRM 系统对供应商进行分发，扩大数字供应链管理的范围，实现全流程可视和共享。通过打通企业内部各信息化系统，并连接供应商，企业能够建成全网络化的供应链管理，将计划工作前置及将部分管理活动向外转移，数字功能的出发点延伸到客户端。

3. 长期计划

全面数字化的供应链管理。企业在已实现供应链管理中信息流和物流共享的前提下，可以接入资金流共享。对接金税系统、资金计划系统和支付系统等，无缝衔接供应链管理最末端的采购结算，实现资金和成本数据与业务数据相互关联。企业可对供应链中的数据向上或向下追溯，设置预警条件，将检查和拦截工作前置且自动化，给上下游企业之间进行的供应链活动提供全面、及时、准确的数据支撑。

2.2.2 供应链数字化关键技术

供应链数字化技术的应用与企业数字化转型的目标相关，对于企业而言，希望通过数字化投入带来节流、增效和开源。

1. "节流"（降低成本）

在供应链运作成本中，人力成本往往占据非常大的比重；而且考虑到人员薪酬的大趋势是不断上涨，企业会更有动力去做这方面的优化。通过数字化转型和相关新技术应用，对体力劳动和脑力劳动相关的人力资源都有替代作用。此外，通过推行日常工作电子化（无纸化），本身就能够节省相关的纸张等材料成本，促进绿色低碳。国家也在通过政策进行积极倡导，例如《国家综合立体交通网规划纲要》中提及：到 2035 年，要基本实现国家综合立体交通网全要素全周期数字化，基础设施数字化率 90% 以上。

相比于单点优化，供应链各环节之间的相互配合往往能带来更大效益，改善企业现金流等数据。近年来许多公司推行"端到端数据可视""一盘货"等理念，让供应链的不同纵向环节（或是横向区域）之间数据打通，从而更好地控制库存。库存周转改善了，有助于减少现金占用。

数字化的另一个好处是可以支持流程优化，通过消灭某些环节，实现"短链"运作。一些制造业工厂要求：供应商运输零部件运抵工厂的时候不入仓库，而是直奔生产线边、准时供货，车辆卸完货之后立刻离开。这显然有助于减少相关的仓储成本等，但前提是要精准地把握生产线需求、供应商运输动态等信息。数字化技术在此过程中大有用武之地。

2. "增效"（合规、安全等方面）

随着合规话题在供应链运营中的重要性日渐提升，数字化技术也有了更多的应用场景。例如，某快递企业利用智能监控摄像头来监控和分析员工的包裹分拣动作，如果发生"暴力分拣"（乱丢客户的包裹）现象，则及时指出和予以纠正。至于应用电子合同、电子签章等技术来取代纸质操作、通过技术手段来防止各种造假、舞弊现象，则更是日渐成为标准操作。

新技术也可用于对员工的人身安全进行保护。例如，智能监控技术可以分析员工是否正确佩戴了劳保用具（头盔、安全鞋等），以及是否遵循了人车分离等基本安全原则；工人穿的工服内部都有特殊的芯片，当人离机器很近的时候，其内部传感器会感知到人的存在，从而自动降低机器转速来防止工人受伤。此类措施既给企业带来无形资产（声誉），同时也避免了因事故带来的各种不必要损失。

3. "开源"（增加收入）

对于企业来说，数字化首先意味着"练内功"，让自身供应链具备更强的竞争力，这样有利于开拓更大的市场。供应链的市场竞争力具体可以体现在运输时效、品质监控等。例如，快递/物流企业通过在物流分拨中心投入智能分拣设备，提升了处理效率，缩短了物流中转时间。这样一来，更容易打动对物流时效要求高的客户。客户常见的要求还包括：应用数字化技术对货物进行全供应链追溯，准确记录下每个关键节点的信息。将来，不具备追溯能力的物流供应链服务商将很难在市场上立足。

为了实现开源、节流和增效，一些新技术的应用可能会起到关键的作用。数字化技术至少有两大作用：① 更好地掌控上游供应商情况（甚至供应商的供应商），确保其及时供货；② 通过仿真、数字孪生等技术，可以在产品研发阶段低成本试错，在数字世界中多次迭代之后快速推出新品。一般而言，供应链数字化关键技术（也有人称其为底盘技术）目前主要包括以下 4 种。

1. 物联网

物联网技术主要是基于传感设备，实时获取用户与产品数据。常用于货物的收入、发放及物流跟踪，例如通过扫描送货单的二维码进行批量收货，或扫描货品条码进行出库，数据实时进入各相关系统，增加或扣减库存，无须人工另行操作，以及货品的整个移动过程、全生命周期都在平台上实时可查。

2. 大数据

大数据指的是海量数据，即无法用常规软件进行捕捉、管理和处理的数据。大数据的处理是数字供应链管理平台一定会用到的技术。例如，通过爬虫技术从其他平台自动获取数据，再对获取的多维度高颗粒度数据进行处理和分析，挖掘价值与机会。大数据技术可以极大地提高数据的准确性和清晰度。

3. 人工智能

人工智能是研究、开发用于模拟、延伸和扩展人的智能的理论、方法、技术及应用系统的一门新的技术科学，是认知、决策、反馈的过程。人工智能技术存在多个分支，在供应链管理中主要应用于图像识别、语音识别、自动分拣及用户画像等方面。

4. 机器人流程自动化

机器人流程自动化（Robotic Process Automation，RPA）是一种全新的基于软件机器人的业务流程自动化技术。RPA 是指以软件机器人作为虚拟数字化劳动力，通过模拟人类进行简单重复的操作，处理规模大且易错的业务，并且以 7×24 小时不间断的工作模式，在不改变原有信息系统架构的基础上实现异构系统的贯通。RPA 可以替代人类员工实现无人值守，有助于减少人工的简单重复性劳动。

2.2.3 数字供应链构建

数字供应链构建要考虑的主要因素如下。

1. 流程化

供应链能力的提升离不开卓越的流程。清晰明确的流程设计，建立标准、操作性强、符合企业实际的管理体系对打造数字供应链系统非常重要，数字供应链体系通常包括供应商的开发与寻源、供应商的评估、供应商风险管理、供应商绩效管理、供应商关系管理、供应商的发展（帮扶与淘汰）等。有了规范、标准的流程，数字化供应链系统的构建就有了基础。

2. 数字化系统

供应链是"商流""实物流""信息流""资金流"四流的集成，其中，信息流类似神经系统，指挥和连接着其他三流。信息流在供应链管理中非常重要：① 它依赖于数据做基础，即标准化、海量、准确的数据，需要收集到供应商端、客户端、生产制造端，以及采购市场、销售市场的相关数据，不仅要全，还要准确。这是建立数字化系统非常难的一步，但又是必须走的一步。② 各种精确的算法作为 IT 手段，实现数字化、智能化功能，即相应的软件、系统把供应链中各个环节的数据有效连接起来，最终实现自动化响应、智能化决策。③ 零延迟、无死角的信息传输，利用移动互联网时代高速运转的数据和飞速的传输手段，使供应链互联互通成为可能。

3. 人员能力

有了流程和数字化驱动，具备充足的供应链管理专业能力和工作经验的人员也必不可少。这类人员不但要熟悉流程，还要有很强的学习能力，善于运用数字化手段提升工作的效率。此外，人员能力中还包括树立供应链数字化转型的全局观念和协同思想，不断强化数字供应链思维。

2.3 数字供应链的应用

随着国内外产业经济数字化转型的不断发展，数字供应链也逐渐在众多行业中应用。以金融、物流、零食和石化等行业为例，具体介绍如下。

2.3.1 金融行业

中小企业融资难，核心问题是由于中小企业信用体系不健全、体量规模较小、抗风险能力较弱等，银行面临高风险、高成本、低收益的难处，从而"不敢贷""不愿贷"。供应链金融由于可以将单个企业的不可控风险转变为供应链企业整体的可控风险，成为破解中小企业融资难题的突破口。

为此，一些企业运用区块链、人工智能和云计算等前沿技术，有针对性地推出了数字化、智能化供应链金融平台，借助云计算技术优势将原本难以验证的大量线下交易线上化，有效连接供应链的参与各方，将原有的信息孤岛打通；通过区块链技术实现供应链上的信息都可记录、交易可追溯、信用可传导，保证链上企业信息的真实性；通过多维大数据智能风控技术，对物流、仓储、工商、税务等众多数据源实行交叉认证，解决了银行与企业之间的信息不对称、贸易真实性难核验等瓶颈，使得中小企业在融资阶段，由"自证"转变为"他证"，提升融资效率。

例如，中国中小企业协会、中小银行互联网金融（深圳）联盟与金融壹账通联合发起成立了中国中小企业协会供应链金融工作委员会，带动核心企业、中小企业、银行、智库、政府、海关、税务、跨境贸易等各方面资源纷纷涌入委员会，致力于从根本上打开破解链条长尾端的中小企业融资难题。此后，金融壹账通的"壹企链智能供应链金融平台"在行业供应链、区域供应链中进行了诸多探索与突破，重点聚焦于汽车、农牧等行业。

在汽车行业，整车企业作为核心企业，上游零部件供应商高达数万家，链条长，往往面临应收账款账期长，供应商信息无法穿透、不透明，融资渠道单一，融资成本高，授信材料线下纸质化，效率低等问题。以金融壹账通为福田汽车打造的"福金All-Link"系统为例，该系统基于真实贸易背景，采用信息化系统，利用金融壹账通领先的区块链技术，配合电子签名技术，把非标准化的"应收账款"转化为能在平台流转的"福金通数字凭证"（电子凭证）资产，在平台上实现"福金通数字凭证"资产的闭环运营。一方面，帮助福田汽车实现资金管理的合理高效；另一方面，区块链技术将核心企业信用进行多层穿透，能提高链属企业融资成功率、降低融资成本、增强业务黏性，形成产业链各个环节的良性运营。

在农牧行业，由于农户多为散户且普遍缺乏金融知识，信用意识不够，再加上农村金融服务的滞后，常常面临融资难、融资贵的问题。针对这些痛点，金融壹账通利用农业领域的大型核心企业，充分运用订单式农业，以及"企业+农户"的商业模式特点，通过核心企业掌控资金流向和农产品流通，并结合人工智能、区块链技术等一系列金融科技服务，真正做到全流程线上化、智能化，降低风险。以与正大集团的合作为例，金融壹账通基于正大集团养殖户业务模式，创新设计了养殖户线上订单融资平台，通过业务管理制度的设计和修订，保障了养殖户的筛选、贷款业务的管理，从而有效地降低了操作风险和道德风险，至今为正大全国5万多个养殖户提供全国范围内的贴身金融服务。除了行业供应链，金融壹账通还与政府共建区域供应链平台，服务于当地企业，实现投融资一体化生态圈。

2.3.2 物流行业

物流是连接整个供应链上下游及终端领域的核心环节，尤其是物流过程中产生的海量数据，是供应链流通数据研究分析的可靠依据。不过，物流过程中产生的数据相对滞后、效率低，无法确保形成有效的价值链条。因此，如何实现供应链效率效能和流通数据真实性的同步升级，形成更加系统性的数字化解决方案，是数字供应链管理必须面对的重要课题之一。

中储南京智慧物流科技有限公司（以下简称"中储智运"）打造的物流运力交易共享平台，目前已经集成了供应链上下游企业物流的全景大数据，从货主的发单计划，到货物装车，再到在途监控及最后的收货结算实现了"五流合一"，这不仅仅是物流效率的提升，更是物流信息效率的巨大提升。

中储智运在成功解决物流效率的同时，目前开始全面整合供应链上下游企业的完整物流数据，并基于物流信息互通共享技术，将上下游企业的仓库管理系统（Warehouse Management System，WMS）、运输管理系统（Transportation Management System，TMS）、ERP系统等物流信息系统进行融合，研发了"智通"开放平台。该平台的目标在于通过利用标准化及定制化数字接口，将供应链全链数据和物流运力交易平台数据打通，实现物流的全局数字化管理。这样一来，既解决了供应链"信息孤岛"问题，同时又验证了每一个物流环节的真实性，为供应链管理提供了真正安全高效的数字化解决方案，并且能够与各行各业实现数据共享。基于实际效用而言，"智通"开放平台能够为供应链数字化发展带来非同以往的应用价值。首先，"智通"开放平台能够实现生产流通的全局数字化，并且可以大幅降低物流管理成本。其次，这一平台的高效应用，能够促进供应链上下游企业间实现真实可靠的物流信息共享。同时，"智通"开放平台还能够为供应链金融机构提供真实且高效的流通数据，重塑供应链金融生态。

以钢铁行业为例，为客户提供物流运输信息化管理工具和为其提供物流运力议价交易服务的两个阶段中应用中储智运提供的解决方案，通过与其ERP系统对接，整合了某钢铁公司上游原材料进厂、生产排期，下游货物签收确认等综合生产数据，使得智能匹配技术能够更精准地匹配到合适的运力为其服务，司机无须空跑、等待，企业无须主动找车。同时，中储智运平台通过与客户其他物流信息系统实现有效对接，全面简化了运单挂单、报价、对账、司机装卸货、过磅出厂等流程，最大限度地提升了物流运输管理效率，以数字化手段使得物流供应链更加系统化。

以冶炼行业为例，通过与中储智运平台信息系统的精准对接，客户只需通过一部手机即可管理整个物流业务，随时随地进行发货、司机管理、运单在途监控、结算、对账等工作，在大幅提升管理效率的同时，还能通过业务流、信息流、资金流、票据流、货物轨迹流"五流合一"，确保每一单业务的真实性。

基于对供应链未来发展的深刻理解及技术能力，中储智运对供应链数字化管理的设想正逐步落地。同时，结合成功实践，中储智运认为要真正实现供应链数字化，不再仅仅是某一个产业内部的高效协同、资源整合和流程优化，还是要跨越企业和产业的边界，实现产业之间的整合、优化和协同。此外，在跨界整合、优化与协同的过程中，更形成了供应链新的功能——跨界的系统融合。因此，一个高效的供应链数字化服务平台显然具有重要作用，而这也考验着平台企业的技术实力及系统融合能力。

借助先进的互联网技术与专业的物流运输服务能力，中储智运率先在国内搭建的突破时空界限的"物流运力交易共享平台"与"无车承运人"双平台运营模式，高效解决了物流与供应链信息化程度与效率"双低"、成本与空驶率"双高"的痛点。同时，中储智运的业务没有停留在简单的物流层面，而是将物流、物流大数据、物流金融、物流新消费四大板块业务进行了全方位的无缝融合，构建了一个全新的"新物流生态圈"。

中储智运基于大数据平台打造了丰富的大数据产品，其核心技术产品包括决策报表、价格指数、信用体系、风控体系、线路规划、运力规划、智能调度、智能匹配、商品流向、智能定价等多个维度，基本涵盖数字物流的各个环节。值得一提的是，中储智运基于物流运力交易共享平台所进化而来的供应链数字化技术，已经不再局限于公路物流基础设施，而是作为一个供应链公共服务平台，为上下游提供数字化融合解决方案。中储智运通过打造供应链数字化平台，将依托先进的供应链网络、技术和资源优势，为客户提供物流运输、采购寻源、订单执行、采购协同等整体供应链数字化服务，从而帮助客户协同创新建立自己的供应链体系，更快速地融入市场，实现从原材料到生产加工，从发运计划到运力调度全场景数字化智能运营。

2.3.3 零食行业

休闲零食行业的零售创新方兴未艾，数字化对于行业来说，不再仅仅是一个热词，而是早已渗透到每个角落，甚至包括最后端的物流。在工业和信息化部发布的制造业与互联网融合发展试点示范项目中，良品铺子以"敏捷高效的供应链物流能力"上榜，成为在供应链管控与服务方面唯一上榜的食品企业。这意味着良品铺子高效的数字供应链管理创新，在行业内具备了标杆意义。

近年来，随着客户对于食品安全、营养健康的需求不断升级，良品铺子对产品的"新鲜度"不断提升标准，力求供应链各环节高效顺畅地运转，让客户吃到更新鲜的零食。这也对供应链的响应提出新要求。为此，良品铺子斥资 4.5 亿元建设的良品一号仓储基地投入使用。基地建立了三级响应的仓储体系，即从中心仓到区域仓，再到门店。自建仓库投入了全自动立库系统、跨楼层输送系统、高速万象分拣系统等自动化设备。

在良品一号仓储基地，工作人员从恒温立体仓将一箱良品铺子脆冬枣贴上植入了门店信息的条码，然后将其放上输送线。脆冬枣顺着输送线到达万象分拣机，像赛跑运动员一样找到自己的滑道。滑道上的感应器能自动识别箱体上的条码，并经过多次分流，将它准确地传输到对应门店的集货位，配送员将根据手机 App 提示，按线路顺序将各门店商品装车配送。一两天后，这箱脆冬枣就将抵达几百公里外的门店。

这就是智能升级后，良品铺子一号仓储基地里一箱休闲零食的全部旅程。通过信息化及数字化建设，中心仓在启用立体库和自动化分拣系统的基础上实现了线上线下三仓合并，在此基础上建立了快速响应的物流网络，高峰期能够支撑 15 万~20 万单日订单发货量，订单 5 分钟处理率达到 99.99%，遇到"双十一"这样的大促，还曾创下一天发货 86 万单的纪录。用户从下单到收货的时长，从原来的 58 小时缩短到 42~45 小时，远超业内平均水平。此外，良品铺子通过将 EWM[①] 物流系统与各渠道的销售系统进行全面联通，实现了在接受订单后，在就近仓库以更优方式进行订单物流交付的功能。基于这一功能，订单进入系统后，最快 4 小时内就能到客户手上；武汉市的用户，早上 9 点下单，当天就能收到包裹。良品铺子在信息化建设上不断加码，着重提升业务分析效率，减少人工报表的误差，将商品库存周转控制在 12 天以内，断货率控制在 2% 以下。

---

① EWM 即 Extended Warehouse Management，扩展仓库管理，此系统为客户处理各种商品移动和管理仓库库存，提供灵活的自动化支持。

全球领先的战略咨询公司贝恩咨询在其调研报告中指出：应对零售变革挑战的过程，也将给供应链的各个环节带来巨大的变革机会，其中就包括线上线下一体化的物流体系整合，以及大数据驱动优化仓储供应链布局。良品铺子作为积极的数字化参与者，其数字供应链应用实践，为解决影响行业长远发展的食品安全问题探索出一条具有借鉴意义的发展路径。

2.3.4 石化行业

在国民经济的支柱产业——石化领域，一方面，数字供应链管理尚处于探索阶段；另一方面，依托"数字经济"这一抓手，通过互联网、大数据、人工智能、物联网等新技术来应对石化行业生产效率较低、创新能力较弱、安全环保压力加大、行业要素成本推高等多重挑战，则成为行业转型升级的关键所在。

我国石化货物年运输总量约为10亿吨，约占石化运输总量的30%，石化仓储面积规模约2亿立方米。作为国内首例集仓储、车船物流为一体的石化供应链数字基础设施，中化能源科技智慧供应链平台（以下简称"中化供应链"）将传统石化供应链上原本割裂的商流、物流、信息流、资金流等数据打通，为用户提供运单全程可视化监控、评级评价、保险金融、货物运力匹配、人脉社区等一站式增值服务，帮助石化行业购销及生产企业提高协同效率、专注于核心业务，从而提升整个供应链的核心竞争力。

在石化供应链行业，有单独做船运的平台，有单独做仓储的平台，也有单独做公路运输的平台，而中化供应链打造的是集成车、船、库业务的数字供应链平台。由于仓储是供应链的卡口，掌握着最完整、准确、及时的提货权、数质量、担保及纠纷等信息，同时是唯一能够控货的环节，因此以库为核心、以车船物流为两翼的智慧供应链平台，能真正做到将传统石化供应链上原本割裂的商流、物流、信息流、资金流等数据打通，从而化解长期困扰石化行业的"信用缺失""依赖熟人交易"等问题，为用户提供仓单融资、订单融资、货权交割、动产质押、企业画像、综合查询、信息指数、评级评价、找车找船、运单全程可视化监控等全方位的增值服务。

中化供应链的平台积极推进数据资源的整合和开放共享，率先在石化行业内打造了供应链开放平台，供客户与中化能源科技智慧供应链进行系统对接，帮助用户获得平台的全资源、新技术、新功能，分享这一生态带来的商业价值。通过对平台上沉淀的海量数据进行抽取、模型训练，让原本沉默的数据说话，形成千人千面的用户画像、企业画像、风险识别等高级服务，再次为用户赋能。

中化供应链的平台将前沿技术运用到构建危化品物流风险预警体系中，利用北斗导航定位、物联网、大数据、云计算等信息通信技术，通过建立包含石化物流中运输、仓储各个风险控制环节的大数据库，对风险控制指标进行动态风险评估，以实现危化品运输全过程实时监控、仓储实时管理、石化物流风险的实时评估及响应、远程联网查询及监控等功能。

中化供应链打通石化供应链上商流、物流、信息流、资金流之间的信息共享壁垒，优化石化行业全产业链信用体系，并通过存货仓单质押融资等模式，搭建了涵盖投资、融资、理财等多方面的综合化金融服务，实现"场景+支付+金融"的闭环管理，以达到运营智能化、协作网络化、风控数字化、交易安全化的服务目标。

2.4 数字供应链的发展趋势

2.4.1 数字供应链融合

企业的发展需要更智能、更高效的供应链作支撑，一个解决方案是供应链执行融合，这是 Gartner 首次提出的一个概念，后来他将此概念定义为供应链融合。

为了占据市场的领导地位，合作伙伴企业间的供应链必将融合成为一个动态的网链结构，以适应市场变化、柔性、速度、革新、知识等需要，不能适应供应链需求的企业将从供应链中淘汰。企业通过数字技术集成在一起以满足客户需求，所构建的数字供应链成为一个能快速重构的动态组织结构，即数字供应链融合。数字供应链融合是基于一定的市场需求、根据共同的目标而组成的，通过实时信息的共享来实现集成，主要应用的信息技术是 Internet/Intranet、IoT、大数据等的集成，同步化的、扩展的供应链计划和控制系统是主要的工具。

2.4.2 供应链数字孪生

数字孪生旨在优化资产运营或业务决策，包括模型、数据、与对象的一对一关联及监视的能力、实体或系统。数字孪生可能包括以下数据：从数字孪生外部接收的外部数据、从物理事物接收到的观测事件、从其他来源接收到的数据、衍生数据（由数字孪生内的逻辑计算的数据）、指向链接数据的指针（如有关事物环境或与事物间接相关的对象的数据）。

从上面的描述可见，数字孪生与供应链非常"有缘"，并导致供应链数字孪生（简称供应链孪生）应运而生，它实质就是一种数字孪生与供应链的融合。供应链云平台孪生的架构，如图 2-4 所示。

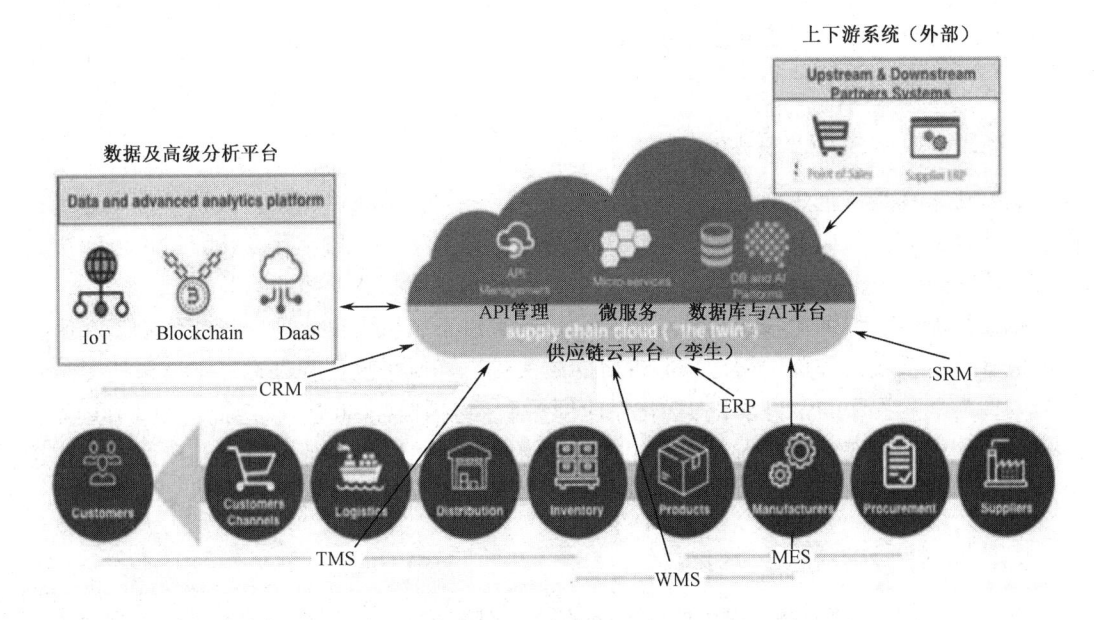

图 2-4 供应链云平台孪生的架构

> **阅读拓展**
>
> ### DHL 和利乐实施首个数字孪生仓库
>
> DHL 供应链已为利乐在新加坡的仓库（全球最大的仓库之一）实施了集成的供应链解决方案。这是 DHL 在亚太地区第一个部署数字孪生技术的智能仓库，该技术涉及使用数字模型来更好地理解和管理实物资产。DHL 智能仓库计划包括 6 个关键要素：减少拥堵，提高效率；管制区域警报；温度监控系统；完整的交通可视化；实时运营数据；增强机械化搬运设备的安全。
>
> 数字孪生技术的智能仓库具有以下特征：数字孪生可更好地了解安全流程和库存管理；简化的供应链和员工培训将提高生产力；新加坡的设施由 DHL 控制塔全天候运营。DHL 供应链将物联网与数据分析相结合，为 TetraPak 的物理仓库提供了独特的虚拟表示，该表示可实时监视和模拟仓库资产的物理状态和行为。借助这种数字孪生解决方案，利乐能够维持其运营的全天候协调，以解决发生的问题，尤其是涉及安全性和生产率的问题。
>
> 仓库主管可以使用实时运营数据做出明智的决策，以减少拥堵，改善资源计划并分配工作量。在物料搬运设备（Materials Handing Equipment，MHE）上使用 IoT 和接近传感器，可以增强空间意识，从而降低碰撞风险。还可以通过管理警报监视访问受限的受控区域。
>
> DHL 控制塔监视进出货物的流向，以保持时间效率，确保货物在收货后 30 分钟内正确搁置，并确保已交货的货物在 95 分钟内准备好发货。
>
> 为了降低操作风险并提高安全性，DHL 供应链已实施了一种集装箱存储管理解决方案，该解决方案最大限度地减少了员工搬运沉重集装箱的需求。还对所有员工进行了有关在新引入的安全措施内工作的培训。

2.4.3　数字供应链采购

数字化采购是将企业采购支出通过大数据、人工智能、数据挖掘、区块链等技术应用，协助企业经营与管理决策的过程。从供应商协同关系上来看，数字化采购模式可以解决企业交易活动过程中存在的不透明、不规范、效率不高、预测性不强的问题。

企业部署线上数字化采购，从企业采购目标来讲，可以帮助企业实现降低物资和服务采购成本，包括践行采购过程与采购价值的最大化；降低采购流程处理成本，包括无纸化办公处理与采购程序的全自动化；优化供应商关系，包括监控和改善供应商行为，与买家、卖家商务程序的集成。可以看出，企业实现数字化采购可帮助企业提升采购价值。现在越来越多的企业也意识到数字化采购的魅力，开启了企业数字化采购之路。

2.4.4　数字供应链控制塔

一些供应链管理研究和咨询机构，如 Gartner、凯捷咨询、核心研究（Nucleus Research）、埃森哲、阿伯丁（Aberdeen）等，把机场"控制塔"的概念应用到供应链领域，提出供应链控制塔，并把它作为供应链数字化转型的重要举措之一。一般而言，控制塔是一个单一的供应链管理的指挥中心，用于端到端的可见性及基于实时数据的决策和行动。数字供应链控制塔主要有如下内涵。

① 数字供应链控制塔是一个更广泛而深刻的概念，也是一个控制和管理模型及数字供应链网络的关键组成部分。它可以被实现为一个"硬件+软件"的智能平台，此平台连接到供应链内外的各种数据源、数据/大数据分析系统、智能设备、可视化显示装置、合作伙伴系统、内部系统、云系统（SCM、ERP、EDI、IoT）等。

② 数字供应链控制塔具有比物流控制塔更广和更强的功能。物流控制塔是由一系列供应链管理流程和工具组成的，通过互联网技术，规划物流仓储网络、监控订单履行状态，作为中心物流运输管理系统，实时追踪货物，为企业提供端到端的、可视化的供应链服务。如果第四方物流拥有物流控制塔，还可用于管理第三方供应商。而供应链控制塔一般用于控制和管理整个供应链［设计、计划、采购（包括物流）、制作、交付（包括物流）、支持］或跨多个供应链——供应链网络，包括供应链网络中的业务流、信息流、产品流（包括物流）、资金流。它提供供应链端到端整体可见性和近实时的信息和决策。

2.4.5　5G 与数字供应链

5G 网络是机器之间、枢纽及管理者和设备之间即时数据传输的核心"促进者"。5G 网络能够有多快？德勤的研究指出，"通过估算，表明 5G 可以提供高达 10Gbps 的最大理论速度，是 4G 网络广告速度的 100 倍以上"。就工业物联网而言，5G 网络的核心价值主张直接对应智能设备与人工智能机器之间的实时数据传输需求。通过提供稳定和可预测的延迟，5G 网络允许传感器在 1 毫秒内处理和响应信息。

根据华为的《5G 应用市场潜力与准备就绪矩阵》研究报告，5G 网络将在几乎无所不包的广泛领域提供高速连通和增值机会，可以在工厂层面实现连接和自动化，并达到前所未有的规模，这将改变制造业及促进数字供应链的形成。5G 助力数字供应链主要有 3 个方面：① 加强供应链管理；② 智能包装；③ 边缘计算结合 5G 重塑智能供应链。5G 网络为整个制造工厂或园区内提供强大的连接功能，并且可降低成本和复杂性；5G 网络还可提供固有的安全优势，可以在边缘（包括远程位置）收集、存储或分析数据类型。

5G 将如何改变供应链的价值？5G 能够帮助在供应链的各个阶段实时收集和分析数据，具有提高入站和出站运输效率的巨大潜力，5G 的实时性可以改进这种目前以某种雏形存在的应用程序，并可以更广泛、更快速和更具成本效益地扩展。此外，边缘计算和 5G 网络可以弥合供应链中一个最大的差距——生产者和客户之间的分离。5G 技术对数字供应链的贡献在于，5G 网络是构建数字供应链的基础设施之一。

本章小结

数字供应链具有连接、智能、灵活、迅捷 4 项属性。数字供应链一般由两部分构成，一部分是基础供应链管理，另一部分是基于供应链各个运作环节数据被量化和数字化。数字供应链的特点为体验至上、主动感知、实时可视。数字供应链功能主要有需求预测、预警管理、风险识别和精益管理。供应链数字化转型应分步进行，规划短、中、长期的转型计划。供应链数字化关键技术目前主要包括物联网、大数据、人工智能和机器人流程自动化。数字供应链构建要考虑的主要因素有流程化、数字化系统和人员能力。数字供应链在金融、物流、零食、石化等行业得到应用，未来数字供应链朝着数字供应链融合、供应链数字孪生、数字供应链采购、数字供应链控制塔和5G与数字供应链融合等方向发展。

课后思考

1. 名词解释

数字供应链，供应链数字化转型，供应链融合，数字孪生，数字化采购

2. 简答题

（1）什么是数字供应链和数字供应链管理？

（2）数字供应链与传统供应链相比有何区别与联系？

（3）数字供应链有何特点和功能？

（4）结合具体行业，论述如何进行供应链数字化转型。

案例讨论

世界大型组织的数字供应链管理

1. 成本控制：AAFES的数字供应链协作体系

陆军和空军交易服务（Army and Air Force Exchange Service，AAFES）是美国一家军事机构，主营业务是以颇具吸引力的价格向现役军人、保安人员、预备队成员、退伍军人及其家属销售军用商品并提供各种服务。AAFES将其收入的2/3投资于提高军队士气，并资助福利计划和退休计划。该机构将所赚的每一分钱都用于提高军队成员及其家属的生活质量，多年来也一直致力于寻找创新方法以求降低运营成本。很快，一个合作机会出现了，即与同行家族与士气、福利与娱乐司令部（Family and Morale, Welfare and Recreation Command，FMWRC）一起组建了基于共享服务的数字供应链协作体系。这两家机构拥有相同的客户群，而且产品分类也很相似。两家机构组建了一支联合团队，利用大数据等数字技术调查总运输成本，并确定采购、分销和运输等环节中的合作机会。例如，团队发现，AAFES首先将货物送达FMWRC仓库，所有货物都卸载并存储在这些仓库中，然后被分别运往各FMWRC场所。现在，这些货物直接被运往各FMWRC场所，省去运往FMWRC仓库的环节。通过数字供应链协作，两家机构提高了运输量，降低了单位交货成本，人力成本也大为节省。

数字供应链具有与生俱来的灵活性，它可随条件变化做出适当的调整。为实现资源的最佳配置，未来的供应链将具备智能建模功能。通过模拟功能，供应链管理者可以了解各种选择的成本、服务级别、所用时间和质量影响。例如，在一项广告促销活动中，根据预先设置的业务规则和阈值，零售商系统可以分析由供应商发来的库存、产量和发货信息，

从而确定活动期间是否会发生断货情况。若预测出来，系统会发通知给协调人员，并对供应链的相应组成部分进行自动处理；若预测推迟交货，它会向其他物流服务供应商发出发货请求；若数量有差异时会自动向其他供应商发出重新订购请求，从而避免严重的缺货或销售量下滑。

2. 可视性：AIRBUS 的高可视性数字供应链

AIRBUS 是世界上最大的商务客机制造商之一，它担负着生产全球过半的大型新客机（超过 100 个座位）的重任。随着其供应商在地理位置上越来越分散，AIRBUS 发现它越来越难以跟踪各个部件、组件和其他资产从供应商仓库运送到其 18 个制造基地过程中的情况。为提高总体可视性，AIRBUS 创建了一个数字供应链整体解决方案，部件从供应商的仓库运抵组装线的过程中，它们会途经一个智能集装箱，这种集装箱专用于盛放保存有重要信息的无线射频识别（Radio Frequency Indentification，RFID）标签。在每个重要的接合点，读卡机都会审查这些标记。如果货物到达错误的位置或没有包含正确的部件，系统会在该问题影响正常生产之前向操作人员发送警报，促使其尽早解决问题。AIRBUS 的解决方案是制造业中规模最大的数字供应链解决方案，它极大地降低了部件交货错误的影响范围和严重度，也降低了纠正这些错误的相关成本。通过精确了解部件在供应链中的位置，AIRBUS 将集装箱的数量降低了 8%，也因此省去了一笔数额不小的运输费用，而且提高了部件流动的总体效率。借助数字供应链，AIRBUS 可以很好地应对已知的及意料之外的成本和竞争挑战。

管理者们都希望了解其供应链的各个环节，包括即将离港的货物情况、签约制造商组装线上正在生产的每个部件、销售中心或客户库房中正在卸载的每个货盘。但是，这种无所不在的可视性并不需要供应链合作伙伴付出任何额外的努力。简单来说，有了这种可视性后，共享就会变得更加容易。这就意味着在数字供应链中，对象（而不是人员）将承担更多的信息报告和共享工作。关键数据将来源于供应链中涉及的货车、码头、货架和部件及相关产品。这种可视性不仅可以用于实现更佳的规划，而且还可以从根本上实现实时执行。这种可视性还可以扩展到供应链运营领域，监控交通情况，调整运货路线或交货方式，追踪金融市场和经济指标来预测劳动力、能源和客户购买力的变化等。值得一提的是，制约可视性的因素不再是信息过少，而是信息过多。然而，数字供应链可通过使用智能建模、分析和模拟功能来获知一切。

3. 风险管理：Cisco 的数字供应链风险管理体系

Cisco 的硬件、软件和服务产品都是组建互联网的基石。为提高整体灵活性并预防各种可能的灾难事件发生，Cisco 创建了一个数字供应链风险管理体系，其中包括一个灵活的指标表以及一组与事件和危机恢复有关的阈值。Cisco 供应链中的每个"节点"（供应商、制造合作伙伴和物流中心）都有责任跟踪和报告其"恢复时间"，并确保在实际灾难发生前所有恢复计划和能力建设都准备到位。Cisco 的解决方案最初的设想是一个由多种流程和最佳实践构成的"开源"库，而所有参与的公司都可以利用其中的内容来确定可能的风险并进而制订弹性计划，例如，备用货源、备用场所条件和风险规避方案。它起源于"业务应急计划"，目的在于了解供应链中的弱点和弹性。在一些灾情来临之际，Cisco 通过其颇具前瞻性的业务应急流程确定出可能的威胁，并及时在发生会导致客户或收入损失的异常事件之前就启动风险规避计划。Cisco 可以确定哪些节点受到影响，亦可以评估事件发生前后几小时内可能会带来的影响。通过这种影响评估，Cisco 可以与其供应商和制造伙伴协作以避免任何环节出现异常情况。

风险的形式千变万化，如有毒的食物和玩具，以及席卷全球的经济危机等。随着供应链变得更加复杂且紧密相连，风险管理也应当全面展开，扩展到企业所能控制的范围之外。数字供应链将风险视为一个系统问题，其风险规避策略是通过利用数百万个智能对象来报告诸如温度波动、偷窃或篡改等威胁信息。它还可以在共同的风险规避策略和战略中与供应链合作伙伴进行协作。若有问题出现，它在扩展的供应链中以并发的方式利用实时连接做出快速响应。毋庸置疑，数字供应链的最大优势在于它可以在整个网络中对风险进行建模和模拟。这种智能技术不仅有助于开发一种可持续的供应链，还可以用来检测自身潜在的问题、支持风险控制活动中的协作并展示出客户和供应链合作伙伴应对需求时的高度透明性。

4. 客户联系：Nuance 从源头获取客户需求信息

Nuance 是全球顶级的机场零售商之一，其业务范围遍及五大洲。在 Nuance 的商业航线中，可能只有一次进行销售的机会，因此，保持适当的库存至关重要。然而 Nuance 位于澳大利亚的免税商店常常某些货品不够，其他商品的库存却很多。为了更好地为客户提供服务，并实现更大的增长，Nuance 决定将其手工库存跟踪和订购系统更换为更加智能的预测和库存优化系统。该解决方案可以分析实际销售数据及销售趋势、客户购买偏好、促销计划和预计的航线客运量，从而计算和提交补货订单。Nuance 在悉尼机场设立了最大的免税商店，如今，该公司在澳大利亚的其他商店也装上了这个新系统。除了从根本上缩减补充库存所需的时间，该解决方案还支持更准确的需求预测，可以使库存降低 10%～15%，并增加销售量。

大多数供应链都能做到关注"客户需求是什么"，普通供应链主要与客户互动，进而提供及时、准确的交付品，而数字供应链则在整个产品生命周期（从产品研发、日常使用到产品生命结束）都与客户紧密联系。数字供应链从源头获取需求信息，例如，从货架上抬起的货物、从仓库里运出的产品或显露磨损迹象的关键部件。实际上，每次互动都是轻松与客户合作的机会。数字供应链还使用其智能来洞察与众不同之处，经过深入分析，它们可以进行详细的客户分类，并为他们量身定做产品。

5. 全球整合：GROHE 的全球数字供应链改革计划

GROHE 是全球领先的卫生设备配件制造商和供应商，因市场发展成熟、全球竞争更加激烈和产品多样性加强而遭遇了发展瓶颈。要解决这些问题非常困难，因为 GROHE 的供应链未得到很好的整合，而高额的固定成本又使得这一过程雪上加霜。为摆脱这一困境，并从优化的全球整合中获得高效率，GROHE 在整个公司范围内发起了一项名为"创建世界级的 GROHE"的全球数字供应链改革计划。此项计划包括将供应链策略与业务策略结合、供应链整合及协调、减少零部件的飞速增加、自制或外购策略、物流网络优化、制造基地的全球化及日益扩大的全球采购。GROHE 的改革已经为其创造了巨大的价值，包括改善的现金状况、效率、速度、过程优化及品质保证。通过这项全面的计划，GROHE 实现了其战略目标，进而成为业内为数不多的、最受需求驱动的企业之一。

时至今日，全球化给企业带来了更高的利润，这主要归因于营业额的快速增长。数字供应链变得更加智能化，企业同样可以解决效率问题。例如，高度自动化和相互联系紧密的供应链的可视性逐步改善，这将帮助公司识别并消除全球交付的瓶颈和质量问题。此外，对制造地点和供应商的选择已不再由单个成本元素（如劳动力）决定。数字供应链具有分析能力，可根据供应、制造和分销情况评估各种替代供应链，而且可以根据情况的变化重新灵活配置。

（资料来源：中国信息主管网，有改动）

思考

1. AIRBUS 如何实现数字供应链的可视化？
2. Cisco 的数字供应链是如何应对风险的？

第 3 章

全球供应链

思政导学

以国家安全、大局意识的情怀为课程思政目标,结合国家层面提出的国内大循环为主体、国内国际双循环相互促进的新发展格局,将国民经济安全发展、人类命运共同体构建的使命感和责任感等融入中国与全球供应链等知识点的理解中。

◇ **学习要点** ◇

- 理解全球供应链的相关概念
- 掌握全球供应链管理的特点和职能
- 了解全球供应链管理的决策和战略
- 了解中国在全球供应链运作中的地位及面临问题

● **关键术语**

全球供应链,经济全球化,全球供应链管理,供应链网络,供应链风险

导入案例

吉利打造沃尔沃全球供应链

吉利控股集团(以下简称"吉利")董事长李书福一直在悄无声息地完善今后沃尔沃运营所需要的人才储备、团队建设和供应链体系。运营沃尔沃所面临的人才缺口"前所未有",而吉利也在通过与原沃尔沃品牌供应商 DSI、弗吉亚、江森自控等企业的收购与合作,尽可能地还原沃尔沃的全球供应链。

1. 打造沃尔沃国际纵队

吉利任命李书福在吉利沃尔沃交割成功后担任沃尔沃轿车公司的董事长,而曾在吉利收购沃尔沃过程中立过汗马功劳的沃尔沃前任 CEO 奥尔森出任沃尔沃轿车公司副董事长。彼时,奥尔森担任了吉利收购沃尔沃事务专项顾问,凭借其在沃尔沃深厚的人脉关系,为吉利完成收购沃尔沃起到关键作用。

另一位被吉利延揽的人才是福特公司原高层,这位温文尔雅的汽车界资深人士正是吉利收购沃尔沃项目中原母公司福特方面的核心人员之一,其负责"大吉利"整

体的公关传播工作。所谓"大吉利"即包括原吉利集团、收购后的沃尔沃轿车公司及铭泰投资在内的全新企业集团。铭泰投资是负责吉利集团除汽车之外其他业务的综合股份制公司,北京吉利大学及台州银行均为其旗下资产。

至此,沃尔沃今后运营的高端团队基本成型:原吉利核心骨干、原沃尔沃高管及其他吉利沃尔沃项目核心成员分别在战略、运营、技术、财务等领域发挥自己的作用。

2. 打造沃尔沃全球供应链

对于一个汽车企业而言,稳定而高质量的全球供应商体系是其成功的重要保障。在吉利成功收购沃尔沃之前,李书福已经率领吉利团队为今后沃尔沃国产后的供应商体系谋篇布局。

早在吉利收购澳大利亚自动变速器公司 DSI 时,实际上已经在为沃尔沃的运营做准备,因为 DSI 正是当时的沃尔沃母公司福特汽车集团的供应商。位于山东济宁、湖南湘潭和重庆铜梁的国内 3 家 DSI 工厂成为国产沃尔沃重要的变速器产品供应商。此前,与吉利集团签订合作协议的美国江森自控及法国弗吉亚公司均为原沃尔沃的长期供应商,今后可能会有更多的与沃尔沃有过合作关系的零部件企业成为吉利全球供应链的合作伙伴,目的是为客户打造"原汁原味"的沃尔沃汽车。

(资料来源:中国新闻网,有改动)

思考

吉利打造的沃尔沃全球供应链有何特点?

解析

根据全球供应链的模式及特征和全球供应链管理的特点分析。

3.1 全球供应链概述

经济全球化使全球市场竞争出现了新的态势——由过去的国家间的竞争、企业间的竞争、产品间的竞争,转向全球范围内的供应链与供应链之间的竞争,从而形成了全球供应链。

3.1.1 供应链全球化发展背景

1. 全球市场竞争的新格局

由于科技的不断进步和经济的不断发展,形成了全球化市场,围绕新产品的市场竞争也日趋激烈,影响企业在市场上获取竞争优势的主要因素也发生着变化。全球市场竞争的主要特点有以下几方面。

(1)产品生命周期越来越短

随着市场竞争的加剧和客户要求的不断提高,新产品的研制周期大大缩短。与此对应的是产品的生命周期缩短,更新换代速度加快。由于产品在市场上存留时间大大缩短,企业在产品开发和上市时间的活动余地也越来越小,给企业造成巨大压力。例如,计算机几乎一上市就已经过时。

（2）产品品种数快速增多

因客户需求的多样化越来越突出，为更好地满足客户的需求，企业不断推出新产品，从而引起新产品开发竞争，结果是产品品种数量快速增长。为吸引用户，很多厂家不得不绞尽脑汁地不断增加花色品种。

（3）对交货期的要求越来越高

随着经济活动的节奏越来越快，用户对交货时间的要求越来越高。用户不但要求厂家按期交货，而且要求的交货期越来越短。这就要求企业要有很强的产品开发能力，不仅指产品品种，更重要的是指产品上市时间，即尽可能地提高对客户需求的响应速度。

（4）对产品和服务的期望越来越高

用户对产品质量、服务质量的要求越来越高，已不满足于从市场上买到标准化生产的产品，希望得到按照自己要求定制的产品或服务。这些变化导致产品生产由传统的"一对多"标准化生产向"一对一"的定制化服务转变。企业为了能在新的环境下持续发展，纷纷从大量生产转向定制化生产。

2. 经济全球化

经济全球化是指商品、服务、信息、生产要素等的跨国界流动的规模与形式不断增加，通过国际分工，在世界范围内提高资源配置的效率，从而使各国间经济相互依赖程度日益加深的趋势。当代经济全球化具体表现为生产要素的全球化、产品市场的全球化、产业结构的全球化、经营理念的全球化和经贸规则的全球化。生产力的发展是推动经济全球化的关键性因素，但全球范围内的贸易自由化进程对形成全球化的产品市场和生产要素的全球化，从而推动经济全球化功不可没。由于全球供应链中涉及的跨国界产品或零部件、原材料等的流动和贸易非常频繁，离开了这一背景，全球供应链是较难发展起来的。

经济全球化的发展，尤其是全球市场日益发展，竞争加剧，迫使企业必须将战略眼光着眼于全球，促进了全球供应链的形成与发展。经济全球一体化的趋势，同样为全球供应链中节点企业与核心企业形成紧密合作的战略合作伙伴关系、采用新的组织形式提供了有利的条件，两者相互促进。

3. 发达国家与发展中国家对加工贸易的鼓励政策

全球供应链的出现和发展涉及产业结构的问题。各个国家的产业结构在国际市场竞争的催化和利益的诱导下，正在变成世界产业结构密不可分的一个组成部分。许多国家在制定产业政策时，不仅考虑本国国情，而且充分考虑到世界各国产业结构的调整情况，以便能及时抓住机遇，更好地加入国际化分工的行列中，以获取更高的利益。

3.1.2　全球供应链的模式及特征

全球供应链包括从较为初始的以国内市场为主的国际供应链，发展到现在更广泛意义上的全球供应链，该模式的基本特征是企业的采购和生产以国内为主，但有一部分配送系统与市场是在国外，面向国外业务的。具体而言，全球供应链的模式及特征归纳如下。

1. 国际采购模式

国际采购又称全球采购，是指利用全球的资源，在全世界范围内寻找供应商，寻找质量最好、价格合理的产品。其特征是企业的原材料与零部件由国外供应商提供，最终产品的装配在国内完成,部分产品装配完成后再运回国外市场。

2. 离岸加工模式

离岸加工是将企业原先设于本土的工厂整个搬到国外,产品和生产方式完全相同,以获得更低成本的人力资源和更优惠的赋税。越来越多的公司将生产移到国外,再将产品纳入旗下的全球供应体系。该模式的特点是产品生产的整个过程一般都在国外的某一地区完成,成品最终运回到国内仓库进行销售与配送。

3. 全球供应链模式

由于全球经济一体化的快速推进、国际贸易的扩张,以及互联网技术的发展等,使采购和销售在全球范围内进行,从而初始的3种基本模式逐步得以发展,出现了设计、采购、生产、配送和销售、服务等业务遍及全球的、更为高级的全球供应链运作模式。在很多方面,全球供应链的管理与本土供应链管理的原理基本是一致的,只是涉及了国外的国际业务,地域覆盖更广。然而,由于包含了跨国业务,其运作方式也更为复杂,同时也存在着更多的风险与挑战。

3.2 全球供应链管理

全球供应链管理是基于全球范围内的供应链管理,其管理模式、管理工具和方法与供应链管理基本相同,是原有供应链管理的一种扩展,也是经济全球化的必然产物。与传统供应链管理相比,全球供应链管理主要强调信息的来源更加广泛,需要借助现代信息技术和大数据背景作为主要管理工具,在全球范围内对供应链的中间环节进行管理和控制,以满足全球范围内最终用户的消费需求,使信息流、物流和资金流能够迅速准确地进行流通。全球供应链管理的目标是将供应链上每个参与企业都进行统一的协调分配,各司其职,形成最优组合,最终实现供应链上所有企业合作共赢的目标。

3.2.1 全球供应链管理的特点

当供应链的活动由国内发展到国外,产品流动穿越不同国家和地区遍布全世界时,供应链管理人员就必须面对全球化的供应链网络。全球供应链将面临更多的不确定性因素,从而使供应链上的企业面临更大的风险和更高的经营难度,主要表现为以下几个方面。

1. 距离导致更高的库存

全球供应链穿越不同的国家和地区,从而使供应链实际的空间距离拉大。增加距离意味着更长的运输时间,这必然导致企业需要储备更多的货物,更长的运输距离也会由于各种因素使前置时间变长。例如,越过不同国家边界的商品运输,会由于各国烦琐的海关手续程序而拖延时间。为应对各种可能存在的不确定性,就需要通过增加缓冲库存来处理,这必然加强"牛鞭效应"[①]的程度。所以,供应链空间距离的增加将造成大量的库存,从而增加管理费用和供应链成本。管理全球性生产网络的公司在面对具有不同地理位置供应商的情况下,将面对如何执行及时生产的挑战。

---

① 牛鞭效应(Bullwhip),即需求信息放大效应。详见本书第9章相关内容。

2. 预测的难度和不准确性增加

由于共同组成供应链的不同国家的企业处于不同文化、经济和法律环境下，并使用不同的语言，这就意味着供应链上各节点企业一方面使用基于各自环境下的不同假设来评估未来的市场演变；另一方面又因相互间不同的文化环境、语言和习惯，使交流和沟通变得困难，从而对同一信息的理解可能产生偏差，这可能导致全球供应链上各节点企业建立在同一信息基础上的预测的结果出现差异。同时，客观空间距离的拉长导致不确定性因素增加，结果企业会发现自己正在使用高度失真的信息，这必然使预测的准确度大大下降。

3. 经济因素对全球供应链影响重大

汇率和通货膨胀是影响全球供应链的两个复杂的经济因素。汇率的变化将影响任何国外买家、供应商或竞争对手的经济状况，进而影响输入成本、销售价格与销售量。通货膨胀则影响一个国家的企业从生产到销售的全过程。高效的全球供应链运营可以有效地消除因局部汇率和通货膨胀给企业带来的不利影响，企业可以与很多不同国家的供应商建立合作关系，并采取动态的管理方法，不断调整和吸收新的国际供应商。这样，可以根据汇率的变化，将其采购对象及时转移到那些能够以较低的当地货币提供输入较低成本货物的供应商，尤其是那些货币价值被长期低估的国家的供应商，如此就可以最大限度地获得汇率上的好处。对于存在多重生产来源和一些过量产能的全球供应链来说，通过网络将过量的产能在不同国家重新分配，可以有效地避免汇率波动带来的风险。

4. 技术障碍更大

全球供应链节点企业在不同国家经营它们的供应链流程，可能会在基础建设、设备和人员等方面遇到障碍，如运输网络、电信能力、工人技术、原物料/供应商品质等，这些都会影响全球供应链运作的效果。

（1）员工技术

员工技术的优劣将会影响或改变一个企业在新的环境中可能采用的技术。例如，因为雇佣容易训练的机器操作员和程序设计师可以取代工程师，这样就可以使用数字控制机器，大大地减少技术层级。

（2）供应商品质

原物料短缺是全球供应链遇到的严重问题。进口的原物料由于外汇准备不足而被限制输入，或进口供应商组织结构和运输系统不完整等，都会造成供应短缺，这样会使企业面临供应上的障碍。供应短缺或不稳定会在全球供应链的规划过程中引起混乱，如高成本原材料或制品供应不稳定会更进一步加剧"牛鞭效应"，同时也使得某些工厂在网络中不能及时供应和生产。

（3）当地的加工设备和技术

在某些国家中，缺少加工设备和技术也会严重地阻碍某种产品的开发和生产过程。在这种情况下，企业不得不在当地进行研发工作，发展当地的加工设备和技术。特别是当限制进口而使发展当地的设备和技术成为必要时，该问题会变得更加迫切。

（4）不健全的运输和通信基础建设

交通运输基础设施建设的严重不足将会延长供应链的前置时间，其结果是增加供应的不确定性、配送费用和控制配送渠道的难度。信息技术的不健全，意味着缺少及时、可靠的信息交流，这会导致企业不能及时了解和全面把握市场，从而影响企业全球性竞争战略的实施和实际的经营业务操作。

5. 供应链产品更具多变性

不同国家和地区对产品和服务的要求有很大的差异性，并且由于产品种类繁多，环境也更加复杂，因此产品变化的可能性更大。跨国企业必须能够给不同国家和地区提供高度定制化的产品与服务。通常制造一种适合不同市场的产品，企业会先生产一个基本产品，其中包含大部分的特性和组件，最后再稍加组装使这个成品适合不同市场的指定规格。例如，对不同国家所制造的计算机会有所不同，其电压、频率、插座规格、键盘和手册等都必须与当地情况相匹配。所以，在制造厂生产和组装通用件，差异化部分放在消费地成型，这样做一些微小的差异改变，就能使企业生产上百种不同的计算机。

3.2.2 全球供应链管理的基本职能

一般情况下，全球供应链管理的主要职能包括以下 5 个方面。

1. 需求和供给管理

首先，要根据市场和客户的各种商业信息进行预测和需求分析，以掌握市场动向，从而合理制订需求计划，配备所需的资源，然后在充分考虑"资源约束"的基础上对这些资源制订供给计划，将手中的资源与所了解和掌握的需求进行匹配，以快速响应和满足这些需求。为实现全球供应链的一体化管理，需求管理在一定程度上应具有集中化特征。同时，需求分析可以是基于地区、产品或地区与产品的组合。这些以地区为基础的分析可为需求管理提供更多的市场信息。由于是全球范围内的业务，制订供给计划时更需要考虑资源的约束因素，此时的需求和供给管理分析要考虑更多的全球性因素，分析过程和制订计划的难度也会更大。又由于这些因素的变化更加敏感，需要及时进行修正和反复进行重排计划。

2. 新产品研发管理

由于产品的销售和使用是遍及全球的，因此在研发的一开始就必须为产品进行定位，使其具有国际化和能适应不同主打市场的特性，以满足那些地域客户的使用和消费需求。产品的设计还应具有便于修改的特性，以易于在不同的地点进行生产。在产品设计的同时需要注意两点：一是要考虑设计和生产地区供应商的资源，尽量选择那些同样具有国外业务的供应商，并将其技术、知识和能力融入自己的研发过程，缩短研发周期，共同推出适应市场和客户的好产品；二是在研发的同时要考虑全球市场的产品投放和推广问题，进行相关的市场分析，制定推广战略，准备相应的技术文档，尽快将产品推向市场，并不断对新产品设计过程提出反馈意见。

3. 采购管理

互联网和电子商务技术的出现为全球采购创造了一个前所未有的空间，缩短了买卖双方的时间和空间距离，为其架起了一座快捷方便的信息交流桥梁，使买方能够在全球范围内寻找更多更好的策略资源，将各地分散的生产需求汇集在一起，进行集中采购，并通过全球供应链网络与供应商协同运作，准时获得所需货物。卖方也同样可以通过网络与其客户实现协同运作，及时了解和掌握客户的需求、供货和缺货信息，按时将货物递交到客户手中。

4. 生产管理

对分布在不同地区的众多生产企业进行统一集成和协调，使它们作为一个整体来运作，是一件很不容易的事。首先，需要根据市场需求对供应链上过剩和不足的生产能力进行战略性调整和优化配置，以充分发挥其最大效用价值。其次，要根据订单情况对这些生产企业制订集中的生产计划，以为全球化的集中采购提供准确的需求信息。最后，在一个复杂的供应链上，各个生产企业间可能互为供应方，必须使它们的业务紧密衔接，才能实现高效低耗的生产。这就必须运用全球供应链管理协同的功能和工具，来对这些业务进行有效的扩展和管理。

5. 订单履行管理

订单履行包括配送、运输、对交货的监控及交货过程中的例外事件处理。为使各个地区的客户都可以从全球供应链上方便地拿到所需产品，就像在本地供应链上订货一样，为了确保每个订单、每笔交易都能按时、按质、按量递交到全球范围内的客户手中，必须利用全球供应链的集中式订单履行方式，整合自己和外包服务商的资源，与客户进行密切地交流和沟通，并对整个合同履行过程进行实时监控，及时处理好例外事件，防止由于订单的履行不周而丢失客户。

3.2.3　全球供应链管理的决策和战略选择

全球供应链由于有更多的不确定性，使管理过程面临着更大的风险，其管理也更复杂，难度更大，从而要求慎重而科学地进行决策，做好全球供应链管理的战略选择。

1. 全球供应链管理的决策

（1）制造全球性产品还是地区性产品

全球性产品指能够同时适应不同国家和不同市场需求的产品，地区性产品指专门为某一地区设计与制造的产品。例如，计算机制造生产就是一种全球性产品，计算机制造商向全球提供相同规格的集成芯片、内存等。又如，轿车设计是一种地区性产品，日本本田雅阁有两种基本的车型：一种是针对欧洲与日本市场的小车型，另一种是针对美国市场的较大车型。在某一特定的市场需求条件下，应确定制造哪种产品更为恰当，并且选用相应的供应链管理方式；反之，若对全球性产品采用地区性产品供应链管理模式，或对地区性产品采用全球供应链管理模式，都会带来不良后果。

（2）本土化管理还是集中式管理

集中式管理在利用某些供应链战略时十分重要，但在某些情况下应该采取地区自治式的本土化管理，有些地区性生产企业独立运作十分成功。另外，管理者也许更愿意依据当地的老习惯，从而丧失一些根据全球供应链运作可能得到的机会。所以在进行管理模式的决策时，要综合考虑企业的全球性经营战略、当地的经营环境，以及全球协调和当地管理的功能与职责，科学地选择管理模式，使企业的全球供应链充满活力和竞争力。

（3）开发与推广全球性产品

真正的全球性产品应该在全球任何一个地区销售时不需要任何改进，如可口可乐饮料、麦当劳和汉堡包等。可口可乐与麦当劳等全球性产品，大多采取本土化生产、瓶装与本土化配送网络。而其他一些全球性产品，则拥有世界一致性的生产体系与配送体系。

2. 全球供应链管理的战略选择

（1）冒险战略

冒险战略是一种积极进取和具有投机性的战略，其成功与否以某些假设条件的出现为基础，如果该假设条件在现实中并不存在，冒险战略则不可取。例如，20世纪70年代后期到80年代早期，日本汽车制造商认为，把生产基地设在日本更为有利，其假设条件为，尽管日本本国的劳动力成本较高，但汇率、生产力和投资方面的有利条件足以弥补劳动力较高的成本。这一战略在一定时期内十分有效，然而，在日本劳动力成本居高不下、日本货币汇率持续坚挺的情况下，厂商蒙受了重大损失，不得不在国外设厂。

（2）抵消战略

抵消战略即通过合理设计和配置全球供应链，使供应链上任意一部分的损失都能够被供应链上其他部分的盈余所弥补。例如，大众汽车在美国、巴西、墨西哥和德国等地均设有制造厂，这些国家和地区也是大众汽车的主要销售地。由于国家宏观经济条件的差异，某些地区的制造厂盈利较高，另一些地区则较低。采用抵消战略，总有一些地区的生产线获利，另一些地区则可能出现亏损，这就需要决策层用前瞻性的眼光进行战略性选择。

（3）柔性战略

柔性战略即能够充分利用各种有利因素来配置应用于不同场合的全球供应链。一般而言，柔性战略需要在不同国家寻找多家代理商或制造商，生产能力较为充裕。另外，生产工厂设计具有流动性，如果因经济环境的原因而不得不转移，采用柔性战略的转移成本最小。

📖 阅读拓展

新冠病毒感染下的全球供应链管理战略选择

自新冠病毒感染暴发以来，全球供应链矛盾进一步暴露，新的危机不断出现。一方面，全球航空业遭到了史无前例的重创，航空公司不得不"客机改货机"以弥补亏损。另一方面，海运业也不容乐观，港口拥堵，缺柜、缺工严重，"卡链""断链"现象进一步在全球蔓延，全球供应链危机何时才能出现转机？从表面上看，新冠病毒感染造成部分地区工厂无法开工、全球产能不足、运输能力下降及供应链下游库存位于低位，导致供应短缺。从深层次看，"断链"风险是贸易保护主义升温致使国际经贸合作受阻、对产业链造成干扰的后果，此外，还受主要工业化国家劳动力短缺制约，新冠病毒感染只是让问题更加凸显。因此，供应链危机本质上是近年来全球贸易和产业领域问题在新冠病毒感染背景下的集中暴发。

源于对全球价值链的不同观念，不同国家对全球供应链的优化方案也持不同看法。发达国家重建供应链的方向是"延长价值链"和"再工业化"，也就是重新重视制造业，提升自身的制造业生产能力，使自身在全球价值链中能参与的环节更多，从而维护产业安全，同时扭转全球化红利主要被发展中国家获得的现状。

发展中国家在全球价值链中往往处于低端，从事劳动密集型、附加值低的产品或环节的生产，在进行产业升级过程中受到打压和阻碍。因此，发展中国家希望在保持主体格局不变的情况下，尽量使国际经贸规则对自身有利，并实现在价值链上地位的攀升，因而希望"修复"供应链。

特别是新冠病毒感染过后，供应链出现"卡""断"，人们开始重新考虑供应链的弹性、韧性问题。价值链呈现一种区域化且逐渐缩短的趋势，这不仅是新冠病毒感染带来的，还是伴随着整个全球经济治理、新技术涌现而出现的变化。一方面，原来的分工较细，各个企业都只专注于自己的核心业务，将非核心业务外包。但随着新的管理手段、治理手段、沟通手段的出现，垂直一体化发展有所加强，一些产业呈现出价值链缩短的趋势。另一方面，随着世界贸易组织（World Trade Organization，WTO）多边协调功能陷入困境，而区域贸易协定、双边贸易协定越来越多，使整个经贸活动朝着区域化发展、全球化生产的趋势也逐渐加深。

3.3 中国与全球供应链

3.3.1 中国在全球供应链体系中的地位

中国已成为联合国产业分类中工业门类最齐全的国家，拥有世界上最完整的供应链条。随着中国制造业快速发展和自主创新能力的提升，中国企业在全球供应链中的地位正在提升。突出表现在创新方面，中国研发投入占国内生产总值（Gross Domestic Product，GDP）的比重增长较快，虽然与美国相比仍有差距，但是差距正在逐渐减小。同时，中国专利申请量逐年增长，目前已跃居世界首位。在部分产业领域，中国已经成为全球供应链的中心，并成为全球供应链中不可替代的组成部分。

尽管中国在全球供应链中的参与度和地位明显提升，但由于长期以来，中国主要通过合同制造、外包代工、外包组装、贴牌生产、跨国采购等方式嵌入全球供应链，融入全球生产、贸易、流通网络中，包括美国在内的跨国企业是全球供应链的主导者，中国企业主要处于全球价值链中低端和低附加值环节。同时，在全球供应链体系中，以美国为首的发达国家占据技术专利的核心地位，全球销售的制成品近 1/3 的价值源于品牌、外观设计和技术等无形资本。中国虽然专利申请数量多，但是关键技术和核心技术专利较少。在汽车、新能源、通信、医药、人工智能等领域的基础专利基本由国外大公司尤其是美国公司掌握，中国企业每年要交纳大量的知识产权许可费。

决定一个企业在全球供应链中的地位和作用的主要因素是供应链的核心竞争力，核心竞争优势主要是技术和销售的优势。而且，从供应链利益分配中所考虑的价值增值来说，技术和销售这两个环节的价值增值程度最高。因此，在全球供应链中拥有技术、销售优势，处于这两个环节的企业作用最大、地位最高，分得供应链的利益也最多。

1. 技术水平

与发达国家相比，中国在资本、技术、知识等方面还处于一定的劣势，尤其在技术密集型产品方面不具备低成本的优势。按照比较优势定位国际分工的位次，中国大多数产业仍处于国际分工的中低端层次。从出口产品的技术含量上看，中国出口产品中，高新技术产品所占比重不高，中国主要是间接和被动地以加工贸易的方式参与全球供应链。

2. 销售环节

中国大部分产品是以低价策略进入国际市场的，自身品牌的建设相对较弱。国际市场上中国产品很多，但使用中国品牌的产品很少。而在全球供应链这个体系中，销售本来就控制在核心企业手中，从事加工组装活动也不涉及品牌建设，产品是利用链条中核心企业的品牌进行销售的。

阅读拓展

我国积极推动全球产业链供应链稳定畅通

我国是全球重要的制造业中心，是全球产业链供应链的核心国家，同时也是全球120多个国家和地区中最大的货物贸易伙伴之一。我国产业链供应链的完整性、韧性和弹性，经受住了新冠病毒感染的考验，在全球产业链供应链中的稳定作用不可替代。

自新冠病毒感染以来，全球供应链持续紧张，国际物流堵点频现。作为全球主要的制造业国家和出口大国，我国发挥自身制造业的竞争优势，保证出口稳定增长，稳定全球供给，并根据国际市场需要，不断调整出口产品结构，最大限度地满足国际市场需求。我国对全球进口增长的贡献率不断提升，有序出口防疫物资和疫苗，支持全球抗疫合作，展现了大国担当。这无疑是我国对世界经济增长和稳定全球产业链供应链所做出的重要贡献。

今后随着消费市场壮大、营商环境持续优化、产业链布局日臻完善，我国作为全球产业链供应链中的可信赖力量，将为保障世界经贸脉络畅通发挥更大作用。习近平主席在二十国集团（G20）领导人第十六次峰会上发表重要讲话强调，应该维护以世界贸易组织为核心的多边贸易体制，建设开放型世界经济……要尽快恢复争端解决机制正常运转，维护产业链供应链安全稳定。同时指出，中方倡议举办产业链供应链韧性与稳定国际论坛。这充分体现了我国对加强产业链供应链国际合作的高度重视和强大行动力。

3.3.2 中国面临的全球供应链挑战和风险

1. 缺乏具有国际竞争力的供应链龙头企业

从具有竞争力的跨国大企业发展情况看，各行业领先企业均为全球供应链运作的佼佼者，作为供应链上的链主企业，能够整合、协同产业链上下游企业资源，形成自身核心竞争力，如在农业领域，美国ADM、邦吉、嘉吉和法国路易达孚四大粮商通过打造纵向一体化的供应链，整合农资、农场种植、粮食物流、食品生产和销售等环节，掌控了全球80%的粮食交易量。在工业领域，日本丰田、韩国三星、美国苹果等国际巨头都是依靠稳定、高效的全球供应链体系帮助企业整合全球资源，在行业竞争中保持领先地位的。相比之下，中国企业的全球供应链管理水平相对不高、供应链竞争力较弱。同时，由于中国各行业缺乏具有国际竞争力的大型企业，导致全球供应链上下游企业间合作深度不足，供应链不协同的问题突出。例如，在制造业供应链中，由于长期以来中国制造企业以加工贸易为主，大多数制造企业经营规模和专业化协作与国际同行相比存在较大差距，国内企业间比较细致、紧密的分工协作主要发生在产业集群中的中小企业之间，大企业与小企业间的分工与协作关系较弱。而在以大企业为中心的分工网络中，核心企业多为跨国公司。这导致制造业供应链协同管理能力不强、供应链库存高、交货时间长、反应欠灵敏、产能过剩矛盾突出。

2. 企业"走出去"合作意识薄弱、协同性不强

当前，中国企业"走出去"主要以"单兵作战"为主，全球供应链上下游脱节，"走出去"风险高、成功率低。近年来，尽管随着中国服务业快速发展和信息技术广泛应用，金融企业、物流企业及专业化供应链服务企业快速成长，但由于这些服务企业国际经营经验不足，特别是对"一带一路"共建国家和地区经济政治环境缺乏足够的认识和评估，难以与"一带一路"共建国家和地区投资的制造企业实现有效协同，势必对构建中国企业主导的全球供应链形成较大制约。

3. 供应链基础设施和供应链标准体系不完善

中国基础设施互联互通建设取得了极大的进展，但部分地区交通、信息、通关等基础设施建设仍不够完善，特别是中国综合交通运输体系尚未完全形成，物流节点衔接不畅，多式联运仍处于起步阶段，不同运输方式难以有效衔接，也影响了全球供应链效率。目前，中国港口集装箱吞吐量80%以上靠公路运输，海铁联运仅2%左右，远低于全球20%、美国40%的水平。同时，中国不同行业、不同环节间的商品、信息标准不兼容，不同标准间数据传输和交互转换的中间型平台缺乏，制约了物联网、云计算、大数据、区块链等技术在全球供应链管理中的应用。

4. 全球供应链风险不断加大、供应链安全面临挑战

一方面，当前全球供应链正面临贸易保护主义的冲击，中美贸易战不仅影响整个东亚的生产价值链和供应链网络发展，而且会对中国贸易增长形成消极影响，增加全球供应链风险。另一方面，"一带一路"共建国家和地区的地缘政治较为复杂，我国企业在这些地区构建的全球供应链面临较大风险。

因此，中国要加大应对力度，努力缓解全球供应链中存在的问题，促进外贸平稳健康发展。在应对全球挑战和风险中重点关注以下4个方面。

① 高度重视产业链供应链稳定畅通问题。供应链安全畅通已成为各方关注的全球命题，许多国家已将产业链供应链的安全稳定列为国家战略，我国也明确提出要增强产业链供应链自主控制能力，建立安全可靠的产业链供应链。要紧紧把握全球产业链供应链重塑趋势，多措并举，巩固和提升我国在全球产业链供应链中的地位。

② 支持外贸新业态新模式发展，促进海外仓高质量发展。鼓励企业在海外布局更多销售渠道、服务网络，扶持跨境电商、海外仓、贸易数字化等新业态和新模式。海外仓是缓解国际物流不畅的途径之一。目前，我国海外仓数量已超过2 000个，总面积超过1 600万平方米，业务范围辐射全球，其中，北美、欧洲、亚洲等地区海外仓数量占比近90%。今后要继续积极支持跨境电商、海外仓、市场采购、离岸贸易等外贸新业态新模式的发展。同时，鼓励外贸企业与航运企业签订长期协议，在多双边场合呼吁共同畅通国际物流，主

动应对外贸供应链的压力。

③ 深化跨境贸易便利化改革，不断优化口岸营商环境。进一步提升贸易自由化便利化水平，重点保障外贸产业链供应链畅通。围绕进一步深化跨境贸易便利化改革，从优化通关全链条全流程、降低进出口环节费用、提升口岸综合服务能力、改善跨境贸易整体服务环境、加强口岸跨境通关合作交流等多方面细化举措，进一步优化口岸营商环境。

④ 加强国际合作，着力构建产业链供应链合作体系。在全球市场开放环境下，各国通过相互深度合作，既可以不断提高供给能力，也可以通过贸易实现互通有无，充分满足各领域的消费和需求。加强全球供应链韧性需要更多区域和国际合作。世界主要经济体应加强"稳链"政策协调，依托多双边机制和平台，促进产业链供应链安全领域国际合作，建立全球产业链供应链应急管理机制和信息共享机制，携手畅通国际物流，共同维护全球产业链供应链安全稳定，畅通世界经济运行脉络。

本章小结

全球供应链是一种旨在全球范围内整合资源优势，形成对市场需求的快速反应能力，以高质量、低成本满足客户需求的现代企业运作模式。全球供应链的出现给企业带来了更多的机会和利益，同时也带来了更为严峻的挑战和更多的风险，因此，管理全球供应链需要更高的理论和技术要求。全球供应链管理的主要职能包括需求和供给管理、新产品研发管理、采购管理、生产管理和订单履行管理5个方面。由于全球供应链管理有更多的不确定性，要求企业慎重决策，主要涉及制造全球性产品还是地区性产品、本土化管理还是集中式管理、开发和推广全球性产品3个方面的问题。开展全球供应链管理可以采用3种不同的战略，即冒险战略、抵消战略和柔性战略。随着中国制造业快速发展和自主创新能力的提升，中国企业在全球供应链中的地位正在提升，但也面临着一系列挑战和风险。

课后思考

1. 名词解释

全球供应链，全球供应链管理，本土化管理，集中式管理

2. 简答题

（1）简述全球供应链的模式及特征。
（2）简述全球供应链管理的特点。
（3）全球供应链管理的基本职能有哪些？
（4）中国在全球供应链中面临哪些风险？

案例讨论

高露洁的全球供应链管理

高露洁作为一家知名的跨国公司，以其正确的全球供应链管理策略为业内称道。

1. 建立全球供应链管理系统

在全球供应链管理系统中，高露洁确定了 3 个主要的供应链战略：一是推出合作性策略模式（Vendor Managed Inventory，VMI）项目，大幅削减库存和循环时间。二是实施跨边界资源计划，将地域性模式拓展为全球性模式。这种转变可以提高企业的预测能力、减少非盈利股份、凝聚资产、平衡公司的全球业务。三是实施与下游企业的协同计划，管理供应链中的市场需求，协调各项活动。

高露洁公司根据 VMI 系统提供的每日消费需求与库存信息，对各客户中心进行补充。目前，VMI 系统的重点在北美，北美的 VMI 系统管理来自 5 个工厂 40% 的集装箱，包括 40 个分销中心和 12 个消费区。VMI 系统由 mySAP SCM 供应网络支持，mySAP SCM 使高露洁可以更加准确地掌握供给与需求信息。每天，来自消费分销中心的库存量和需求信息都会传递到 mySAP SCM，对需要补充的订单数进行统计，有效降低了成品库存。

2. 实现全球化资源利用

高露洁的跨地域资源利用系统，将客户需求和全球资源信息整合在一起，使以前的月度预测发展成为每周的订货补充。在这一新型商业模式中，供应商直接负责对高露洁分销中心的资源补充。新的周补给制度是由客户的订单流量来驱动的，通过高露洁在世界各地的分销中心直接传递给供应商，补给要求也是根据高露洁销售机构提供的需求信息来计算的。

此外，高露洁的 CBS 商业控制程序由 mySAP SCM 支持，根据每日需求信号和库存量对补货订单进行计算，使供需更加平衡，使供给更加适应特殊订单的要求，同时减少了不准确预测信息产生的影响，进而降低了成品库存、减少了补充订单的次数、提高了企业内部补充及用户订单中的在产订单和已完成订单的达成率。通过使用功能强大的补货系统，高露洁还提高了订单的实现率和黄金使用率。灵活、有效的产品补充系统加快了总部前往分销中心的物流进程，而且企业的运输成本并没有增加。

3. 做好需求规划与绩效确认

高露洁采用的 mySAP SCM 需求规划系统的功能和 mySAP SCM 的协同引擎，能够向供应商传达公司的需求信息，并在供应链网络中制订协调计划。mySAP SCM 能够计算出基本需求，相应增加因市场推广带来的业务增长。对市场推广带来的额外需求增长的管理独立于基本需求管理之外，是进行生产产品后整理和分销的重要依据。这种协同引擎通过最新计划信息的交互、偶然事件的管理、对预测准确性等功能测试的跟踪等，对市场推广带来的需求增长进行协同管理。

高露洁供应链战略的 3 个主要组成部分由 mySAP SCM 的实时集成模式支持，股票、订单和其他市场指数都能及时在客户、企业资源计划系统和 mySAP SCM 间更新。供应链信息的顺畅可以使公司获得更准确、更及时的数据信息，进而为决策提供依据。

通过采用供应链管理系统，高露洁提高了市场竞争力，在全球业务拓展和市场推广中更具优势。同时，公司通过协同加强了与全球客户的联系，进一步降低了成本。此外，公司还通过电子商务进一步加强了企业内部整合，以及与合作伙伴和客户的关系。

对高露洁来说，mySAP SCM 具有的强大功能对全球供应链改进过程十分关键。mySAP SCM 在 3 个最重要的前沿领域均有相应的解决方案，使高露洁能够掌握公司全球范围内的后勤数据，通过高级数理规划函数优化业务运营，并为客户、合作者开展协作提供了平台。

4. 坚持可持续发展

高露洁不断加大对供应链管理系统的研究与应用力度，确保企业的可持续发展。除在全球范围内使用 VMI、客户端/浏览器/服务器（Client/Browser/Server，CBS）和协同引擎外，高露洁与 SAP 一起在 mySAP SCM 内开发可重复制造功能和各种进度细分功能，仅用一张物料订单（Bill of Material，BOM）就可以完成整个生产过程的往复运作，使原料需求更加灵活，生产更适应短期需求变化。同时，高露洁还支持对与 mySAP SCM 相关供需波动计算法则的研究，以实现企业的重复性生产。由于在以推广为主的商业环境中，供需情况会随时变化，第三方供应商在高露洁业务中的地位日益重要，高露洁使用 mySAP SCM 的协同引擎加强与这些供应商的联系，并采用 mySAP SCM 的运输规划和进度规划功能来优化运输网，降低运输成本。此外，高露洁还通过参加各种能够提供协同需求、盈利、后勤计划等方面交流的消费品行业市场，与客户和合作伙伴进行多元化的合作。

目前，高露洁已经通过全球供应链管理系统实现了很多目标，如提高可视供应链、规划循环的速度，通过全球化资源利用、成本降低、改善客户服务等，实现了更为有效的资本利用。

（资料来源：中国贸易金融网，有改动）

思考

1. 高露洁全球供应链是如何运作的？
2. 中国企业可以从高露洁的全球供应链管理中得到哪些经验？

第 4 章

智慧供应链

思政导学

以开放共享、共生共赢的情怀为课程思政目标，结合当前国家层面提出的新基建战略、移动互联网、物联网等新一代信息技术的迅猛发展，将"工匠精神""创新精神"融入对智慧供应链的特点、智慧供应链应用等知识点的理解中。

◇ 学习要点 ◇

- 理解智慧供应链的概念
- 理解智慧供应链与传统供应链的差异
- 掌握智慧供应链的特点
- 了解智慧供应链的应用场景及其发展趋势

● 关键术语

智慧供应链，智能化，物联网，区块链，人工智能，
精敏化供应链，供应链解耦点

导入案例

基于物联网的智慧供应链应用

智慧供应链是物联网技术与传统供应链相结合的产物，既用到了传统供应链的技术、理论等方面，又结合了当代物联网新兴信息技术，从而实现了传统供应链的转型升级，增强了传统供应链的智慧化、科技性、时代性。实现传统感知层的进步，表现在运用到遥感技术、传感技术、GPS技术、GIS技术等，它的最大任务在于通过感知设备收集感知信息，通过各种信息传感装置获取有效用的数据资料，从而更高水平地掌握商品信息。实现传统网络层的进步，运用互联网技术、通信信息技术等，它的最大任务在于通过网络技术实现数据的运送。

从供给端来看，智慧供应链依靠物联网技术，实现了对供应链后端的逐步完善，具有在销量、产品特性、生产周期、库存、效率等多个方面的显著优势。通过互联网技术对产品的特性锁定、产量预测等手段，加速产品的更新换代与销售速度，实现了

供应链供给端的利润最大化。

从需求端来看,智慧供应链能更好地为客户提供服务,能更准确地了解客户需求。在互联网技术的信息反馈中,能完善自我管理,提升市场响应的速度,加强企业间的协同效应,在需求方面共同商量,共同找出解决方案。同时,依靠平台技术,加强了客户对于商品的可视性,增强了客户的信任水平。在供应链前端,实现了前端利益的最大化。依靠物联网技术的智慧供应链,它的具体作用表现在供应链各个环节中。

1. 采购环节的管理应用

在采购流程中,依靠着物联网中无线射频识别、产品电子码(Electronic Product Code,EPC)、云计算等先进技术,对商品采购区域分散性进行局域分析,有利于更快更好地掌握客户组成结构,包括客户及其选单的密度程度,根据获得的信息数据预先进行各市场区域的产品销量估计,然后按照销量准备仓库,并考虑将采购材料具体放置于区域仓库,根据仓库容量分布材料数量。利用云计算及互联网大数据等技术对采购信息资源进行整理分析,增强客户需求信息的准确性,从而使采购的整体流程更加合理。RFID技术在采购流程中的使用可以协助企业随时掌握采购环节的整个流程,还能有效保障原材料的质量安全。从协作的角度,有益于采购环节的内部业务与外部运作信息的传递,提高整体采购环节的管理效率。

2. 制造环节的管理应用

物联网在制造环节的具体应用主要是利用智能技术和云计算等缩短生产制造的程序,以便生产过程能够做到更有效率、更加绿色。具体表现在两个方面:一是物料的管理,二是生产的管理。在物料管理过程中,如何保障原材料能够准时、准量进入生产线需要依赖物联网技术完成。依靠RFID技术对原材料进行监督,实时掌握具体情况,可以减少因为生产用的材料不能满足需求给产品的制造造成的恶劣后果。同时依靠EPC,将它们贴在原材料上,有益于为原材料的单件追踪提供很大的便利,进一步完善产品的档案信息。在生产管理过程中,利用RFID技术,商品可以实现自动化生产,不同规格型号的元部件可以自动组装,同时可以对生产线上的原材料、产品进行追踪,从而筛选出不符合规定的劣质产品,减少劳动工人的工资成本,从而增加了企业收入。

3. 仓储环节的管理应用

在仓储环节,主要应用的是RFID技术、EPC库存取货技术、库存盘点技术及智能货架技术,以此实现仓库自动化管理。利用智能仓储平台对仓库进行优化的协调管理,可以缩短交货周期,大幅提升企业的效率。利用EPC和电子标签技术可以了解库存的具体位置,随时进行锁定。利用RFID技术对仓储的作用主要体现在管理系统中,可以使工作人员更加便捷地完成各项工作,如随时定位、补充货物、提取货物等。尤其可以改善货物的安装与卸载、随时追踪等难题。另外,利用RFID技术可以自动识别商品的种类,并且进行数据收集,这样可以更大程度地提高仓储的空间利用率。例如,京东的仓储系统,从商品入库开始自动进行数据资料的收集,信息收集完成后粘贴RFID标签,最后放置到储物柜中,该物品便能自动登记在WMS智能仓储系统中。另外，管理者可随时查询实时库位情况及相关信息，物品出库时进行扫描比对，只有保证与进库商品 99.99% 匹配才核销库存，增加了存储安全性和规范性。

4. 运输环节的管理应用

在运输配送环节，利用互联网大数据技术对运输轨迹进行优化规划，对商品及其人员的任务开展更大程度的高效布置，最终保障运输环节的可视化。RFID、GPS、GIS、DR 等技术，在轨迹追踪、道路规划、指挥领导、信号传输等方面起到了很显著的作用。应用 RFID 技术可以跟踪车辆与商品的轨迹，也可以在一些直接转化的步骤中实现自动送货。这样不仅能提高货物交接的准确性，而且可以加快运输环节效率的提升。同时，应用互联网大数据技术还可以对商品的移动情况进行自动识别，并且对商品的生命周期进行随时监督、监测，这样可以掌握真正运输环节的全部的信息。例如，全球著名的零售企业麦德龙集团，该企业的供应商利用 RFID 技术对集装箱与货物进行追踪定位，主要是安装 RFID 电子标签以识别集装箱与盘柜的具体信息，这样就能实现随时跟踪。麦德龙集团在运输过程中也利用了 GPS、RFID 技术精准推测了货物的可能到达时间。另外，还利用路径规划算法，借助北斗、GPS 和 GIS 等技术将配送线路设计到最佳水平。

5. 零售环节的管理应用

零售环节与物联网间的结合表现在互联网技术及移动互联网技术的发展。零售环节销售方式得到改变，突破了传统的人工销售环节，将智能手段运用到供应链中，实现了无人零售、智能货架等新型销售模式。各种高端设备运用到销售环节，促进了销量的大幅增加，便利了供应链多方的协作利益。同时，零售环节与物联网的结合还在于线上与线下的结合体。利用互联网技术，客户的购物方式增加，有了更多的购物选择空间。例如，国内已经出现大批量的自助无人商店、智能商铺等，它们使用智能管理系统，利用各项物联网技术将人与货物的距离拉近，同时利用各项传感器，可以对客户的具体情况进行监测记录并形成报告，这样可以使企业的效率得到更大程度的提升，同时利润也会得到较大提高。

6. 售后环节的管理应用

在售后环节，应用的物联网技术主要是 RFID、云计算和大数据等技术，运用云计算和大数据手段搭建售后平台，为产品在整个生命周期中增加价值和便利性。例如，通用航空公司的 Predix 建立的售后软件平台，这个平台可以使客户不仅能维护自己对商品的权益，还能从销售的商品中获得更好的性能和更大的价值。惠普公司的物联网技术已经变成物品中的芯片，在自家的打印机上安装无线传感器，可以监测打印机的墨水剩余量，帮助客户在墨水用完前下单新的墨盒。这样不仅使客户获得满意的服务，还能增加自己的收入。RFID 技术与管理服务能力进行合作，可以建立客户档案信息库，在完善自身服务能力的过程中，能有效提升企业自身的形象。同时在这个过程中，通过反馈系统，可以获得改进建议，更好地推动企业不断发展。例如，日本丰田汽车利用 RFID 技术记录车辆的行驶轨迹，同时记录维修情况，有利于客户更好地维护自身权益。

（资料来源：杨雪娟.基于物联网技术的智慧供应链应用研究[J].全国流通经济，

2021(31):31-33，有改动）

? 思考

智慧供应链可以在哪些场景中应用？

解析

根据智慧供应链的特点进行分析。

4.1 智慧供应链概述

4.1.1 智慧供应链的产生背景

新客户价值创造模式的出现对传统静态信息架构提出了诸多挑战，一方面，管理从单一企业的价值创造，走向网络生态化的价值创造；另一方面，供需之间从原来简单的上下游关系，走向协同生产、协同分销。因此，为有效组织这一过程，需要实现管理的及时化、透明化、互动化和可追溯化。要实现这一目标，必然需要借助系统化、智慧化要素。

1. 智慧化的特质

一个能称为"智慧化"的事物，一定具有相应的特征。具体而言，管理的"智慧化"应具有如下 6 个方面的特质。

① 工具性（Instrumented），即管理中的信息一定由自动化或感知设备产生，如 RFID、Tag 标签等。没有有效信息通信技术的支撑，管理信息无从获取，因此，工具性是智慧化的第一特征。

② 相互关联（Interconnected），即管理中所有的参与主体、资产、信息化系统、业务等一定是高度连接的。智慧化就是将不同的主体、不同的业务、不同的要素通过信息和通信技术形成相互关联、相互依存的网络关系。

③ 智能化（Intelligent），即借助于信息和通信技术（Information and Communication Technology，ICT）能够实现大规模的优化决策，改善管理绩效。管理的智慧化在于通过信息和通信技术实现信息整合，从而优化决策过程，有效地引导生产运营走向高效、高竞争力方向。

④ 自动化（Automated），即业务流程能够通过信息化设备进行驱动，从而替代其他低效率的资源，特别是低效率的人工介入。管理中人为因素的频繁介入，往往导致低效率，这不仅是因为人为介入延迟了反应时间，而且往往存在道德风险，增加了信息不对称和机会主义行为[1]的可能性。

⑤ 整合性（Integrated），即智慧化能够推动不同参与者间的协同合作，包括联合决策、公共系统投资、共享信息等。

⑥ 创新性（Innovative），即智慧化能够推动管理的创新，通过提供整合化的解决方案创造新价值，或以全新的方式满足现有价值诉求。

---

[1] 机会主义行为是指在信息不对称的情况下，人们不完全如实地披露所有的信息及从事其他损人利己的行为。

2. 智慧供应链的提出

具有智慧化特质的事物一旦结合了供应链管理，就会使供应链的组织方式和运营绩效发生巨大变革，形成智慧供应链。智慧供应链在原有供应链基础上，极大地拓展了系统结构和范围，它通过互联网、物联网等新兴信息通信技术手段，基于产业各利益相关方或产业集群的有机组织相结合，商流、物流、信息流、资金流、知识流、人才流形成网络状，多方及时互动并创造价值。智慧供应链跨越了单一纵向的供应链，呈现多相关行业或者同水平层级多主体协同，并且根据服务的要求，由不同行业、企业或不同地理位置的组织来承担相应的价值创造和传递过程，并且最终形成体系化的价值。这意味着供应链要实现智慧化，需要解决和关注以下4个问题。

① 供应链中的信息。信息被认为是实现智慧供应链至关重要的要素。因此，如何识别和管理供应链不同环节、不同主体、不同活动的信息类型，并且及时获取信息、有效传递信息、整合信息，实现信息质量改进及信息风险和安全保护等成为供应链发展中的必需。

② IT部署，即如何将各类信息通信技术运用于差异化的业务场景，以及完成供应链流程的自动化，即IT究竟如何改变供应链运作流程，替代低效率的人工活动，优化供应链过程。

③ 先进分析，即如何运用大数据来分析供应链中的问题，并且基于大数据分析，为供应链优化决策提供依据。

④ 供应链的整合与创新，即如何将IT、先进分析及流程自动化实现高度整合，推动供应链的升级。这种整合涵盖了3个层面，即组织间文化上的整合、战略体系上的方案整合、运营上的实践整合。除此之外，还需要探索由于高度的信息化整合，如何推动产品、服务和流程上的创新，如线上线下供应链的高度融合、复杂自适应系统的建立等。

智慧供应链并不是简单地运用某单一信息技术，而是根据供应链运营的整体特点和要求，通过融合化、系统化的信息通信技术，优化甚至创新供应链的效率和效益，真正做到供应链管理的及时化、透明化、互动化和可追溯化，从而最大限度地为各利益相关方实现价值。

4.1.2 智慧供应链的概念

目前，关于智慧供应链学术界并没有统一的定义，不同的专家学者都有着不同的侧重点，但是其主要内容大同小异。智慧供应链最根本的思想是将信息技术贯穿于整个供应链管理过程，最大限度地消除由信息不对称所引起的"牛鞭效应"[1]"信息孤岛"[2]等现象，从而避免盲目生产、库存积压及产品滞销等问题的发生，降低供应链成本，加强企业间及企业内部协调合作，提高供应链整体运作效率。一般认为，智慧供应链将现代物联网技术

---

[1] "牛鞭效应"指供应链上的一种需求变异放大现象，使信息流从最终客户端向原始供应商端传递时，无法有效地实现信息共享，使信息扭曲而逐级放大，导致需求信息出现越来越大的波动，此信息扭曲的放大作用在图形上很像一个甩起的牛鞭，因此被形象地称为"牛鞭效应"。

[2] "信息孤岛"是指相互之间在功能上不关联互助、信息不共享互换及信息与业务流程和应用相互脱节的计算机应用系统。

和现代供应链管理理论、技术相结合，实现供应链的智能化、网络化和自动化。智慧供应链利用技术手段促进供应链各个环节在信息流、物流和资金流实现对接，尽量减少因信息不对称而导致的运营和管理上的问题，最终从根本上解决供应链的成本和效率问题。智慧供应链可以有效缩短企业的市场响应时间，尽量在有效降低资源消耗的基础上不断提高其产品质量。

具体而言，智慧供应链主要有如下5个支撑技术。

1. 感知技术

感知技术是智慧供应链运行的基础，是为实现对物品的全面感知，即要求对于物品能够准确地标识及信息的获取，识别技术发挥重要的作用。识别技术包括条码技术、RFID技术等，当然，需要完成感知的还包括各种外部电子硬件设备。

2. 可视化技术

可视化技术是智慧供应链能够运行的前提条件，其以计算机图形技术为基础，将供应链各环节采集到的信息用图片、视频等形式表现出来。

3. 大数据技术

大数据技术是智慧供应链的必要组成部分，是提供决策的依据。"数据挖掘"是大数据技术的核心，是将数据库中的有用信息进行提取、分析的过程，包括分裂、分类、估计、预测、聚类、描述和可视化7类直接和间接数据挖掘。当然，大数据技术还包括数据的采集、处理、存储过程。

4. 云计算

云计算是将分布式计算、并行计算等多种计算整合成一个拥有强大计算能力的系统，其核心是利用网络对大量的资源进行计算，以实现对资源的统一管理和调度。

5. 人工智能

人工智能是使计算机能够模拟人类的思维和智能行为，即使计算机通过学习，可以应对各种复杂情况，若出现错误会像人类一样吸取教训，下一次运行自动改正，通过这样的行为可以帮助甚至代替人类完成复杂的工作，它包括机器学习、自动程序设计等多方面技术。

阅读拓展

RFID技术助力智能供应链

在大型超市中，当带有电子标签的商品被放置在嵌入扫描仪的货架上，一旦商品被客户拿走，货架将自动识别，系统将报告这些货物的移动情况。RFID技术可以提供详细的商品管理信息，基于RFID技术的智能秤可以自动识别秤上的商品种类，自动结账可以快速准确地通过RFID读卡器贴近客户购买商品，大大减少了客户的排队时间。同时，这些操作没有人的参与，节省了大量的劳动力成本，实现了智能化供应链服务，促进了物联网的灵活性，提高了客户的满意度。

4.1.3 智慧供应链与传统供应链的差异

由于嵌入了智能信息网络技术，相较于传统的供应链而言，智慧供应链系统有以下 5 个十分明显的优势。

1. 技术的渗透性更强

在智慧供应链的大环境下，供应链管理者和运营者会采取主动方式，系统地吸收包括物联网、互联网、人工智能等在内的各种现代技术，实现管理在技术变革中的革新。

2. 可视化、移动化特征更加明显

智慧供应链更倾向于使用图片、视频等可视化的形式来表现数据，采用智能化和移动化的方式来访问数据。客户的终端需求有很小的变动，当需求信息向分销商和供应商等上游企业传递过程中，需求的变动信息就会被放大，"牛鞭效应"产生，此时准确且及时的"需求预测"就显得极其重要。随着互联网技术的引入，整条供应链上的企业可以共享信息，使客户的需求预测可以更加准确及时地被链条上的节点企业熟知，"牛鞭效应"得到缓解，减少了库存和生产成本，生产效率提高。

3. 信息整合性更强

借助智能化信息网络，智慧供应链能有效打破供应链内部成员信息系统的异构性问题，更好地实现无缝对接，整合和共享供应链内部的信息。

4. 协作性更强

在高度整合的信息机制下，供应链内部企业能够更好地了解其他成员的信息，并及时掌握来自供应链内部和外部的信息，针对变化，随时与上下游企业联系，做出适当调整，更好地协作，从而提高供应链的绩效。供应链节点企业一旦与客户间建立直接协同的关系，客户需求就能得到极大满足，供应链总成本降低，供应链管理的本质得到体现。供应链协同是企业供应链管理的核心和关键，协同效应越强，供应链管理才会更加有意义。供应链企业获得真实的用户需求信息，基于互联网的大数据思维，之前基于历史库存的计划策略会转变为基于客户未来需求驱动的计划策略；基于互联网的跨界思维，产销协同会转化为供应链与客户间的直接协同。

5. 可延展性更强

在基于智慧信息网络的智慧供应链下，借助先进的信息集成，信息共享变得可以实现，企业可以随时沟通，供应链的绩效也不会因供应链层级的递增而明显下降，延展性会大大增强。互联网与供应链结合的重要体现之一就是物联网技术的发展，物联网技术推动了供应链管理各个环节的优化：运输环节，通过物联网技术使供应链节点企业能准确了解货物所处位置，合理调度在途车辆，极大地提高了车辆利用率；仓储环节，物联网技术帮助节点企业及时了解库存情况，仓储空间利用率提高，库存成本极大降低；生产环节，通过物联网技术提高了生产效率，使生产变得更加柔性化，产品质量得到追踪与控制；配送环节，通过物联网技术提高了配送效率与准确性，降低了配送成本；零售环节，通过物联网技术提高了结账效率，使客户满意度提高。

4.1.4 智慧供应链的特点

1. 数字化

智慧供应链不受存储、传送、分拣等工作流程的约束，其通过把数字化技术应用在供应链系统中，实现对整个供应链流程的监管和把控，提升供应链运行和管理的数字化水平。以物流企业中外运为例，近年来，中外运在智慧供应链建设过程中不断应用无人机、无人库、人工智能、物联网、区块链、RFID、移动互联等数字化技术，推动自身业务由劳动密集型向科技密集型转变，提升了各个供应环节的服务效率、质量和客户体验。此外，中外运应用 AI 技术建立单证智能识别平台，采用电子单据、RFID、智能识别等数字化技术提高了供应链物流运营效率，为企业节省了人力、物力等成本。

2. 网络化

智慧供应链中的各个环节、各项设备通过物联网和互联网进行智能化连接，实现一体化，从而形成一个完善的网络化结构，能够快速实现信息传递和共享。在网络化结构的作用下，确保整个供应链的高效性和透明性。以世界最大的商务客机制造商 AIRBUS（空中客车）为例，其各级供应商广泛分布在全球各地，AIRBUS 通过创建智能感应解决方案实现了全球供应商的网络化连接，在降低部件交货错误的影响范围和严重程度的同时，也降低了纠正这些错误的相关成本，并节省了 8%的物流成本。

3. 快速响应

智慧供应链通过建立面向客户的运营模式，规划供应链合作伙伴关系，优化供应链结构，整合资源并优化配置，提升供应链的快速响应能力。以全球较大的快消品公司之一联合利华为例，在新冠病毒感染期间，联合利华利用自身遍布全球的供应网络，在短短几天时间内，向武汉地区供应了来自世界各地的超过 1 100 万个 N95 口罩和超过 100 万件防护服，其采购、质检、运输、供应环节在极短时间内的快速响应为抗击病毒做出了贡献。

4. 弹性运作

智慧供应链中信息的高效流通提升了供应链的弹性，能够更加高效地保障企业适时、适地、适量地将产品送到变化无常的市场中。具体来说，智慧供应链通过保持适当的冗余、进行产品设计和供应链流程的优化，在关键工序瓶颈点预设弹性机制，建立全纵深多层次的风险防御机制，使供应链长期保持良好健康的运行状态。同样以联合利华为例，其原本推出的新品洗手液由于新冠病毒感染的暴发需要提前投产，面对突如其来的计划改变，联合利华的供应链体现出了较强的弹性运作能力，从供应商协调、人员复工到生产技术、质量检测等环节加速运作，在一周时间内便使产品顺利上市。

5. 生态协同

智慧供应链通过数据的收集处理和信息的互联互通，实现供应协同、生产协同、需求协同、资金流协同和物流协同。在数字化技术的驱动下，形成连接市场最终客户、制造企业内部各部门、上下游各方的智慧供应链，各个环节的业务边界逐渐模糊，从前端的供应网络到中间的计划与生产，再到后端的分销网络，都不再是独立存在的，这些网络高效协作的同时，不断向两端延伸，从而实现了系统的联通、全供应链的协同和生态化的发展。在整个生态圈内，各个企业互利互惠、共同协作，形成一个强有力的竞争环境。

4.2 智慧供应链的管理能力

智慧供应链的形成有赖于管理能力体系的构建，这种能力包括以下 6 个方面的要素。

1. 了解供应链客户的真实价值诉求

了解供应链客户（这里的客户是一种广义概念，既涵盖终端客户或购买方，也包括所有与企业合作的主体）真实的价值诉求是拉动式供应链的前提，而要做到这一点就需要真正洞察客户内心深处的经济与情感诉求，而不是外在的产品和业务需求。

2. 供应链全程可视化

供应链各参与方能够对供应链全过程、国内外市场的状态和运营及时反应，并追踪物流、交易的状态和活动，实现对供应链运营过程中的及时检测和操控。这一目标在传统的产业供应链模式下较难实现，原因在于供应链参与方比较复杂，信息系统不一致，人工干预较多，缺乏生产制造的有效性和高效性。供应商无法保障质量，导致过多产品被召回。因此，如何实现供应链全程可视化成为智慧供应链的关键，而这一能力的形成，需要借助互联网、物联网、RFID 等技术，建立起真正标准化、规范化、可视化的供应链网络。

3. 建立模块化的供应链运营架构

智慧供应链追求的是充分应对真实的价值诉求，及时有效地设计、建构和运营供应链体系。运用模块化方式进行供应链集成，能迅速地运用自身、外部第三方等主体或机构的能力建立起独特的供应链竞争力，在不破坏原有体系的基础上实现供应链服务功能的快速定制，具有良好的智能反应和流程处理能力，也就是智慧供应链的柔性组织能力会更为强大。

4. 实时的供应链计划与执行连接体系

供应链计划与执行体系的连接能在数据和流程两个层面同时实现。供应链计划和供应链运营执行要行之有效，必须实现数据与信息的同步，相应地，组织和管理流程也要同步。同步化的概念在于进行供应链计划时要及时获取运营层面的过往、即期及可能的信息和数据，也包括供应链的规划。与此同时，在执行供应链活动过程中，又能根据实际发生的状况和下一步需要执行的活动及时配置资源和能力，使供应链能稳定、有效地执行。

5. 完善的报告和绩效管理及供应链预警

能运用供应链分析工具比较预期与实效，实现统计性流程控制，防范因供应链运行超出预计范畴而导致供应链中断或产生其他风险。智慧供应链管理的核心是实现高度智能化供应链运用的同时，实现有效、清晰的绩效测度和管理，建立贯穿供应链各环节、主体、层次的预警体系，保证供应链活动的持续进行、质量稳定和成本可控。

6. 建立和运营精敏化供应链

供应链精敏化指的是供应链智能敏捷化（快速响应）与高效精益化（总成本最优）相结合。以往精益和敏捷被认为是供应链运营的两种状态，两者相互独立，各自对供应链价值的四大要素（效率、成本、服务和速度）产生不同的影响。如果产品业务多样性程度较低，市场变动较小，可以建立高效率、低成本的精益供应链。反之，如果品种差异较大，市场波动性较强，可以建立追求速度和服务的精益供应链。但在同一个供应链体系中，精益和敏捷可以同时实现，并不互相排斥，关键在于如何根据市场的状况和产业运营的特点来设计和安排解耦点，也就是持有库存缓冲点。智慧供应链就是运用互联网、物联网和云计算等现代技术实现解耦点的迁移。

传统供应链的运营在解耦点的上游主要依靠预测，下游则完全按照实际发生及将要发生的信息和数据运营。在新兴技术出现前，要想保证企业供应链运营的顺利和有效，很大程度上只能取决于高精度的预测。在按库存生产和发货的情况下，尽管上游的生产运营成本稳定可控，但是一旦预测出现误差或市场有变化，下游就会产生高昂的库存持有成本，服务的水准也会受到影响。在按单生产和装配的情况下，尽管供应链服务客户的能力有所上升，但由于预测成分减少导致下游库存持有量下降，往往会给解耦点的上游带来生产运营压力，如产能不足、时间太短、资源短缺等。因此，以往的理论和实践认为，精益和敏捷是相互排斥的。而智慧供应链需要企业充分运用互联网、物联网和云计算等技术，使所有供应链环节，特别是终端用户的行为变化能够及时得到反映、掌握和分析，解耦点能够沿着供应链向上游推移，并且在保证服务质量和下游低库存成本的同时，实现上游有序、稳定、高效的生产和运营。供应链上游的设计、规划和供应链安排能够根据第一时间获取的数据和信息预先进行，最终实现按单采购运营这种精敏化的目标。

4.3 智慧供应链的应用

4.3.1 智慧供应链的应用场景

以京东为例，分析智慧供应链的应用场景如下。

1. 大数据驱动用户研究

京东以前在进行大数据分析时，会进行用户画像、用户细分、行为特征、商品偏好、品类和品牌关联，分析客户的维度主要是从供应链和库存角度出发的。在京东智慧供应链背景下，除以上维度外，还能够建立用户和商品间的关联度，寻找用户购物时的购物路径，在购物路径中分析客户的购物决策影响因素。在京东智慧供应链管理过程中，通过对用户的研究，洞察客户行为，通过行为反作用于内部的库存管理。

2. 智慧供应链开放平台

京东打造智慧供应链商家开放平台，将自营的智慧迭代能力赋能给卖家。平台可以帮助卖家在选品、市场、定价、库存、产能方面实现自上而下的打通，帮助卖家进行智能销售预测，在存货布局、智能补货、库存健康、智能调拨、滞销处理等方面做到降本增效，体现智慧供应链的价值。

3. 智慧供应链控制塔

京东智慧供应链控制塔是支撑供应链协同开放的核心，包括预测平台（价格、销量、销售、单量、促效、成本等）、仿真平台（可以模拟开店铺，试算成本、效益等）、优化平台（提供决策优化等）及舆情平台。

4. 人、货、场优化布局

零售领域中传统意义上的人、货、场，在电商时代已经发生了改变，"人"是以人为中心，"场"是全渠道，"货"是商品。从人、货、场的闭环来看，需要建立人与货之间的关系，以及货与场之间的联动，通过智慧供应链的应用，推动人、货、场之间的联动更加智能。智慧供应链洞察连锁店的布局是否合理：在什么位置开店，开店对于整体布局会产生什么样的影响，以及店在整个区域中的定位。通过数据的关联，能够对人、货、场进行优化布局。

5. 无人技术的应用

在供应链物流方面，以前由人参与的领域，转而用机器来取代，如无人分拣、无人车末端配送等。京东在上海的全球首个全流程无人仓目前已经上线，昆山"亚洲一号"仓库是全球首个全流程无人分拣中心，武汉"亚洲一号"仓库是全自主研发无人仓。

阅读拓展

象屿智慧供应链产业园

在象屿智慧供应链产业园的规划建设中，自动化、智慧化、绿色化也正是其重要的建设目标。象屿正通过与普洛斯进行合作，着力打造零碳智慧物流园区，以智慧化园区和数字化运营为核心，以 IoT 一体化进行数字平台建设，为客户提供一站式场内场外智慧化运营服务。象屿供应链智慧产业园区的智慧化具体体现在以下3个方面。

① 园区管理的高度信息化。园区管理系统集招商管理、物业服务、安全消防、设施设备管理、公共服务、业务系统于一身。业务系统包括仓储管理、运输管理、多式联运、采购贸易、供应链金融等。基于互联网、人工智能、区块链等智慧技术的应用，象屿智慧供应链产业园在项目功能设计中强化了对数据和信息资源利用的能力，提高了园区运营管理和服务的能力。以科技赋能，使象屿智慧供应链产业园成为以智慧物流和供应链管理为特色的标杆示范园区；实现园区统一数据库、多业务系统的交换和共享、第三方应用系统接入的功能，使园区整体管理系统能够协同各个业务子系统，提供统一入口、一致性服务。象屿集成智能终端、电子签章、人脸识别、线上支付、视频采集、机器人流程自动化、人工智能等技术，升级数字化仓库，实现仓储可视化管理、无纸化作业，可签发电子仓单；同时，通过相关技术，与客户、船东、船代、码头、仓库、车队等实现数据实时共享、上下游互联互通，解决多物流环节的数据集成问题，客户还可通过 PC 端及移动端门户实时跟踪物流动态，体验更便捷高效的智能化物流服务。

② 园区内物流系统和设备的自动化和无人化。例如，存储系统中大量应用托盘密集存储、料箱密集系统；分拣系统大量应用高效率的自动化分拣机和智能化自动引导车（Automated Guided Vehicle，AGV）；搬运系统大量应用输送机、无人叉车等；还辅助大量读码器、打包机、自动贴签等自动化设施设备。这些都使象屿智慧供应链产业园朝着操作无人化、运营智能化、决策智慧化的目标发展。

③ 以智慧化园区和数字化运营为核心，延伸供应链服务，提供一站式场内场外智慧化运营服务。例如，象屿通过电子仓单、智能化设备等标准化、信息化管理，让银行可以准确掌握质押货物信息、仓储情况，从而认可象屿标准化货权管控能力和货物销售处置能力，为上下游中小企业提供融资服务。

4.3.2 智慧供应链的发展趋势

1. 端到端的供应链整合

随着传统供应链结构中的设施、库存、运输、信息等要素进一步智能化，各要素协同驱动智慧供应链的发展成为智慧供应链生态的重要引擎。智慧供应链受需求驱动，是终端需求计划驱动扩展的端到端供应链运作。智慧供应链强调与客户及供应商的信息分享和互动协同，真正实现通过需求感知形成需求计划，聚焦于横向流程端到端整合。

2. 需求驱动为价值导向

智慧供应链的思维方式必将以点带面，强调全局性。未来的供应链运营不再是"头痛医头，脚痛医脚"式的"救火模式"，更多强调系统优化与全供应链的绩效，强调"牵一发而动全身"的完全协同性。此外，未来的智慧供应链战略还将使企业更加看重供应链过程的增值要求，更加重视基于全价值链的精益制造、精益物流、精益采购、精益配送等各个环节。

3. 物流与信息流协同互动

管理技术的核心是供应链计划，供应链计划形成的信息流和供应链执行形成的实物流共同构成智慧供应链的价值。智慧供应链成长路径离不开物流与信息流的协同互动。未来物流的发展方向是"智能的、联通的、高柔性的、透明的、快速的和有效的"，物流活动需要满足全流程的数字化和网络化，而在这个过程中，信息化将起到决定性作用，尤其是大数据的应用。供应链上的企业，尤其是链主企业，通过物联网、服务计算、云计算等信息计算与管理技术融合，构成智慧供应链平台，实现人、机、物、信息的集成、共享、协同与优化，最终形成生态圈。

本章小结

具有智慧化特质的事物一旦结合了供应链管理，就会使供应链的组织方式和运营绩效发生巨大变革，也就是智慧供应链。智慧供应链最根本的思想是将信息技术贯穿于整个供应链管理过程，最大限度地消除由信息不对称所引起的"牛鞭效应""信息孤岛"等现象，从而避免盲目生产、库存积压及产品滞销等问题的发生，降低供应链成本，加强企业间及企业内部协调合作，提高供应链整体运作效率。由于嵌入了智能信息网络技术，相较于传统的供应链，智慧供应链技术的渗透性更强，可视化、移动化特征更加明显，信息整合性更强，协作性更强，可延展性更强。智慧供应链具有数字化、网络化、快速响应、弹性运作、生态协同等特点。智慧供应链的形成有赖于管理能力体系的构建，这种能力包括了解供应链客户的真实价值诉求、供应链全程可视化、建立模块化的供应链运营架构、实时的供应链计划与执行连接体系、完善的报告和绩效管理及供应链预警、建立和运营精敏化供应链等方面。智慧供应链的发展具有端到端的供应链整合、需求驱动为价值导向、物流与信息流协同互动等趋势。

课后思考

1. 名词解释

智慧供应链，传统供应链，智能化，精敏化供应链，供应链解耦点

2. 简答题

（1）智慧化有哪些特质？

（2）什么是智慧供应链？智慧供应链与传统供应链存在哪些差异？

（3）智慧供应链有何特点？

（4）简述智慧供应链管理需要具备的能力。

案例讨论

百世的智慧供应链服务

百世作为智慧供应链解决方案与物流服务提供商，集快递、快运、仓配供应链管理、国际和跨境电商物流等于一体，利用自身优势提升乡村快递服务网点覆盖，加快出海步伐，通过科技应用、生态创新、绿色物流等实现可持续发展。

1. 快递搭上公交，畅通进村"最后一公里"

快递下乡是推进乡村振兴、增加农民收入、释放农村内需潜力的重要举措。百世探索适合乡镇和农村地区的驿站代理点模式，在现有成熟物流体系基础上，不断完善乡村基础物流设施建设。百世在全国共设立了5万多个快递服务网点，并联合公交公司推出"快递+乡镇公交"模式，公交车带货到村，村民在家门口就能拿到快递。此外，百世还规划了村级快递服务点，村民取件、寄件只需要5分钟路程，农产品进城也更便捷。通过设置村级快递服务点，快递抵达县城后可当天进村；农产品出村享受与县城同标准快递服务，为当地农产品打开了销路。

快递进村不仅体现在服务网络的建立，也体现在为农村产业发展提供动能的实践上。百世以物流服务为基础，打造"物流+电商+农特产品"模式，引导和帮助农民运营电商，进一步打开农产品销路。通过推出"农品优行"计划，助力农特产品上行。

2. 使用绿色包装，推进运输过程无纸化

百世践行绿色物流发展理念，在快递收寄、分拣等环节使用绿色包装，在供应链运输业务中应用区块链技术，实现无纸化。在绿色包装方面，百世在各大转运中心推广使用具有芯片识别、路由追踪功能的可循环集包袋，在网点出件、分拨转运、网点派件全链路流转使用。相较于传统模式最多只能使用两次的编织袋，可循环集包袋可重复使用40次，有效减少了耗材使用。

同时，百世上线一联单，使用率近100%，面单面积缩小近一半，有效减少了资源消耗。在包裹包装方面，百世全网推广使用可降低30% PE 用量的环保袋。百世供应链通过应用区块链技术，在运输项目上实现全链路发货和收货环节全程无纸化交接，有效解决了供应链业务过程中的单据管理与结算等痛点，大幅降低了纸质单据的打印和管理成本。区块链是一种去中心化的分布式数据库技术，存储于其中的数据或信息，具有不可篡改、全程留

痕、可以追溯、公开透明等优势，相关数据存证于全球区块链专利数领先的国内著名区块链平台。货主、供应链服务企业、承运方均接入同一平台，所有数据实时"上链"，各方授权人均可查看、核验数据，既大幅提升了业务管理效率、减少了业务过程风险，也降低了运输中大量纸质单据造成的纸张消耗。

3. 服务跨境电商，"快递出海"跑出加速度

在完善国内快递服务网络的同时，百世加快推动"快递出海"。百世开通了中国至泰国、越南、马来西亚、新加坡、柬埔寨等国家间的跨境物流服务，积极整合国内集货、国际干线运输、报关清关等资源。推出了中国至新加坡、马来西亚、泰国特快跨境物流服务，最快48小时到达。依托百世东南亚快递服务网络，从东南亚任一城市寄往国内的跨境包裹，可以直接送到用户手中。

百世承运的中国至东南亚的跨境包裹，首先集中发往百世在国内的仓库，清关后再发往百世在东南亚各国的转运中心。百世揽收包裹后，最快可于次日将商品派送至客户手中，物流全程"一单到底"，信息实时可查。电商平台"买全球""卖全球"，需要快递物流"运全球""送全球"。跨境电商发展衍生出巨大的跨境快递业务，也对服务提出了更高要求。百世持续推出中国和东南亚间的跨境海陆空差异化服务，一方面助力我国中小企业出海，另一方面为东南亚当地企业快速运输品类丰富的中国制造产品，满足了当地客户的需求。

（资料来源：韩光胤.百世智慧供应链服务可持续发展[N].中国交通报，2021-10-16(007)，有改动）

? 思考

1. 百世的智慧供应链主要应用了哪些技术？
2. 百世的智慧供应链服务有何特点？

第5章

供应链系统构建

思政导学

以创新协作、互利共赢的情怀为课程思政目标，结合开放、合作、共赢的价值观，将团队协作、创新探索、追求卓越的人生观融入对供应链系统构建的原则、供应链系统构建的影响因素等知识点的理解中。

◇ 学习要点 ◇

- 了解供应链系统规划的原则
- 了解供应链的类型与体系结构
- 掌握供应链构建的方法

● 关键术语

企业供应链，产品供应链，合作伙伴关系，功能型产品，创新型产品，有效型供应链，反应型供应链

导入案例

小米手机的供应链系统

小米公司十年就成为最年轻的世界500强企业，收入破2 000亿元，这一切离不开小米手机强悍的供应链能力。三星的显示屏幕，高通的SOC、865处理器和X55基带，美光科技的LPDD R5内存，索尼一亿像素镜头，汇顶科技的屏下光学指纹解决方案等，都成为小米手机供应链上的一环。小米已投资10余家供应链公司，其中有3家已在科创板上市。与投资生态链不同，生态链偏向于产品品类投资，供应链则偏向于技术投资。对上游核心供应链企业或技术企业的投资，直接表明了小米增强供应链话语权的决心。从半导体覆盖到智能制造，既是小米维持已有供应商的竞争力，也是其在构建供应链基础上的新突围。在全球化、产业高度分工的今天，任何产品或公司都很难以单打独斗的方式获得成功。在这方面，小米一直保持着自己鲜明的特色与远见。

1. 小米手机的供应链运营

（1）先亏损后盈利的方式

传统手机厂商通常高于成本30%定价，然后随着成本与价格下降趋同，一个产品周期就结束了——只有通过不断推新品，才能保证利润。而小米手机先以较低的价格保证性价比，吸引用户，形成规模效应之后，成本曲线就会向下倾斜，且产品生命周期越长，卖得越久，累计利润也就越多。

（2）快速的资金周转率

小米手机的资金周转率远高于其他手机厂商。小米手机的库存周期短，回款周期也短，小米手机的账面几乎不会出现"应收账款"。这就让小米在很大程度上与联想等传统制造业公司拉开了距离。要知道，传统制造业拼的还是出货量的市场份额，但这并不完全代表销量，而只有当应收账款回收后才产生利润。

（3）接近于0的仓储成本

与传统制造业需要有庞大的仓库储存出货产品不同，小米手机在库存上做出的最大改进是按实物销售：当周的生产量就是下周的销售量。小米手机的库存完全周转一次大约需要10天，配件类则为3~4周。没有库存积压意味着节省了仓储成本。在销售量足够大的情况下，仓储成本平摊下来几乎可以忽略不计。

2. 小米手机对供应商的要求

小米手机对供应商的要求主要有两个：一是品质要好；二是价格要低。在大部分情况下，物美价廉一直是个悖论，有句话叫"一分钱一分货"，要想享受高品质产品，就要放弃低价接受高价，但小米手机是个例外。

小米手机通过与其供应商共同让利的方式实现真正的高性价比。要做到这一点，小米手机除需要创新线上线下销售模式外，还需持续保持出货量的增长。作为小米手机的供应商，在接受更低价格的同时，还需要提供高品质的产品。对于这种情况，供应商需要通过规模化来保证利润，而小米手机出货量的持续增长是供应商规模化生产的保障。小米手机的核心供应商，如高通、三星、海力士、闻泰等，均因小米手机的业务增长获得了相应的销量增长。

手机产业链是一个联系非常紧密的生态链，供应链企业和品牌企业之间唇齿相依，相互影响、相互促进，由此推动着手机产业往前发展。

（案例来源：亿欧网，有改动）

？ 思考

小米手机供应链有何特点？

解析

根据基于产品的供应链系统特点进行分析。

5.1 供应链的类型与结构

根据不同的划分标准,供应链有多种不同的分类方式。本节主要根据供应链的研究对象、产品特性、稳定性、功能模式、运作导向、经营主体和涉及范围来划分供应链类型。

5.1.1 供应链的类型

1. 根据研究对象划分

这里所说的研究对象是指供应链涉及的企业及其产品、企业的活动、参与的成员和部门。根据研究对象,供应链分为企业供应链、产品供应链和基于供应链合作伙伴关系的供应链3种类型。

(1)企业供应链

企业供应链是就单个企业所提出的含有多个产品的供应链,该企业在整个供应链中不仅考虑与供应链上其他成员合作,也较多地关注本企业多种产品在原料购买、生产、分销、运输等技术资源方面的优化配置问题,并且拥有主导权。例如,经常提到的生产企业主导的供应链(如海尔的供应链)、大型零售企业主导的供应链(如京东的供应链)等。

(2)产品供应链

产品供应链是与某一特定产品或项目相关的供应链,例如,一个汽车整车生产企业的供应商包括上千家企业,为其供应从钢材、塑料等原材料到变速器、刹车片等复杂装配件等多样的产品。在产品供应链上,系统的广告效应和行业的发展会引起对该产品的需求,而仅仅在物流运输、分销领域进行供应链管理的改进收效甚微。例如,衬衣制造商是供应链的一部分,它的上游是化纤厂和织布厂,下游是分销商和零售商,最后到最终客户。按定义,这条供应链的所有企业都是相互依存的,但实际上它们彼此并没有太多的协作,要关注的是围绕衬衣所联结的供应链节点及其管理。

(3)基于供应链合作伙伴关系的供应链

供应链合作伙伴关系主要针对成员间的合作进行管理,以及对供应商、制造商、分销商、客户等组成的网络中的物流、信息流、资金流(成本流)进行管理。供应链的成员可以定义为广义的买方和卖方,只有当买、卖双方组成的节点间产生正常的交易时,才发生物流、信息流、资金流的流动和交换。表达这种流动和交换的方式之一就是供应链合作伙伴关系(契约关系),供应链上的成员通过建立契约关系来协调买方和卖方的利益。

2. 根据产品特性划分

根据产品的生命周期、需求稳定程度及可预测程度等特性可将产品分为两大类,即功能型产品(Functional Products)和创新型产品(Innovative Products)。功能型产品一般用于满足用户的基本需求,变化很少,具有稳定性、可预测性和较长的生命周期,但它们的边际利润较低,如日用百货。创新型产品对市场来说很新,因此需求的不确定性很高,一般不可预测,生命周期也较短,如时装。创新型产品一旦畅销,单位利润就很高,随之会引来许多仿造者,基于创新的竞争优势会迅速消失,因此,这类产品无论是否畅销,其生命周期均较短。为避免低边际利润,许多企业在式样或技术上革新,从而获得较高的边际利润。由于这两种产品的特性不同,因此产生了功能型供应链与创新型供应链。

（1）功能型供应链

对于功能型产品，由于市场需求比较稳定，比较容易实现供求平衡，对供应链成员来说，最重要的是如何利用供应链信息协调它们之间的活动，以使整个供应链的费用降到最低。功能型供应链的重点在于降低其生产、运输、库存等方面的费用，即以最低的成本将原材料转化成产品。

（2）创新型供应链

对创新型的产品而言，市场的不确定性是问题的关键。为避免供大于求造成的损失，或供小于求而失去的机会收益，创新型供应链的重点在于市场调节及其费用上，既需要利用供应链信息，又要特别关注市场信息。创新型供应链考虑的是响应速度和柔性，只有响应速度快、柔性程度高的供应链才能适应多变的市场需求，而实现速度和柔性的费用则退为其次。

对于一种产品来说，特别是功能型产品，从生产、投放市场直到过时淘汰，一般都要经历几个典型的生命阶段，如进入期、成长期、成熟期、衰退期等阶段（见图5-1）。在产品生命周期的各个阶段，产品有其明显区别于其他阶段的特征，对供应链的要求相应有所不同。

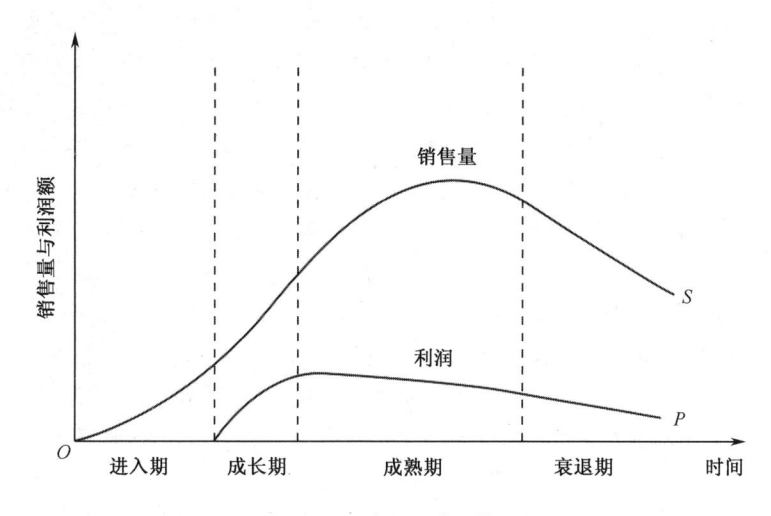

图 5-1　产品生命周期

知识链接

生命周期法

生命周期法又称结构化系统开发方法，其基本思想是按照用户至上的原则，采用结构化、模块化自顶向下对系统进行分析和设计。具体来说，供应链系统的设计主要有如下阶段。

（1）进入期

进入期是产品进入市场时销售缓慢增长的时期。在新产品进入阶段，需要有高度的产品可得性和物流灵活性。存货短缺或递送不稳定，会引起客户的不满，使企业不得不在物流活动上进行大量的投资，以保证存货的可得性。此时，供应链系统的设计必须适应产品种类和有关库存单位的变化。具体的运输、仓储等需求将会随着产品种类的扩大而扩大，因而要求供应链系统具有更大的灵活性。同时，产品种类的扩大将需要特殊的生产设备和运输设备，如冷藏货车等，这又增加了供应链系统的复杂性。

（2）成长期

成长期是产品被市场迅速接受和利润大量增加的时期。此时，物流活动的重点从集中物力和财力以提供客户所需的服务，转变为追求更趋于平衡的服务和成本绩效。企业的关键是要尽可能实现收支平衡的销售量，然后提高市场份额。处于成长阶段的企业具有更大的机会设计供应链以获取利润。如果企业想提高对客户需求的反应能力，必须付出一定的代价，这使企业面临较高的物流成本。有些企业未能正确地评估服务水平对其成本投入的影响，从而导致不现实的客户服务承诺，这无疑是一种盲目的策略，因此，在进行供应链设计时要注意正确平衡两者的影响。

（3）成熟期

成熟期是因为产品已被大多数的潜在购买者所接受而造成的销售稳定时期。在产品生命周期的成熟阶段，市场竞争趋于激烈化，某种产品的成功往往引来各种替代品的竞争和竞争对手的效仿。作为响应，企业会调整价格和服务，以提供独特的增值服务，努力在主要客户中创造一种忠诚的气氛。因此，企业相应地会在供应链的各项活动上投入更多的费用，以确保向关键客户提供服务。在这一阶段，传统的分销渠道变得模糊而复杂，使各种业务关系必须重新定位。产品可以通过分销商、零售商等进行多重安排，甚至可以从制造商处直接运往零售商处。而在有些情况下，产品则绕过传统的零售商，直接运往客户处。这类处于变化中的活动需要供应链支持系统进行大量的调整。成熟阶段的竞争状态增加了供应链的复杂性，提高了作业要求的灵活性。

（4）衰退期

衰退期是产品销售下降的趋势增强和利润不断下降的时期。当一种产品进入衰退期时，成长期和成熟期的盛景就结束了。当一种产品即将消亡时，企业所面临的选择是放弃该产品还是持续有限地生产。因此，企业一方面要维持相应的生产；另一方面，当产品被市场抛弃时又不至于冒太大的风险。此时，对于企业而言，如何最大限度地降低风险比最大限度地降低成本显得更为重要。

3. 根据稳定性划分

根据供应链存在的稳定性划分，可分为稳定的供应链和动态的供应链。基于相对稳定、单一的市场需求而组成的供应链稳定性较强，而基于相对频繁变化、复杂的需求而组成的供应链动态性较高。在实际运作中，需要根据不断变化的需求，相应地改变供应链的组成。

4. 根据功能模式划分

根据供应链的功能模式（物理功能和市场中介功能），可以分为有效型供应链（Efficient Supply Chain）和反应型供应链（Responsive Supply Chain）。有效型供应链主要体现供应链的物理功能，即以最低的成本将原材料转化成零部件、半成品、产品等；反应型供应链主要体现供应链的市场中介功能，即将产品分配到满足用户需求的市场，对未预知的需求做出快速反应等。有效型供应链和反应型供应链的比较如表5-1所示。

表 5-1　有效型供应链和反应型供应链的比较

项　目	有效型供应链	反应型供应链
基本目标	以最低的成本供应可预测的需求	尽可能地反映不可预测的需求，以使缺货、降价、报废达到最小化
制造核心	保持高的平均利用率	配置多余的缓冲库存
库存策略	产生高收入而使整个供应链的库存最小化	部署好零部件和成品的缓冲库存
提前期	尽可能短的提前期（在不增加成本的前提下）	大量投资以缩短提前期
选择供应商的方法	以成本和质量为核心	以速度、柔性、质量为核心
产品设计策略	最大化绩效，最小化成本	用模型设计以尽可能地减少产品差别

5. 根据供应链运作导向划分

根据供应链运作导向可划分为"推式"供应链与"拉式"供应链，如图 5-2 所示。

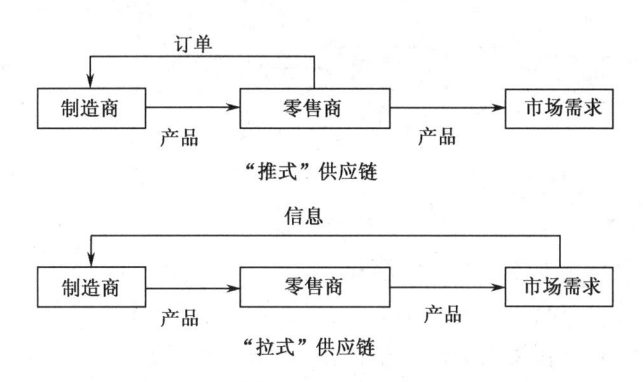

图 5-2　"推式"供应链与"拉式"供应链

"推式"供应链是以企业自身产品为导向的供应链，有时也称"产品导向"或"库存导向"。这种供应链起始于企业对市场的预测，然后制造所预测的产品，并推向市场。在工业经济时代，许多制造商采用此种模式来经营企业。它们采用市场预测的方式，获得生产某种产品的优先级顺序，再制定和设置一定的产品生产数量和存货标准，最后进行促销，发送产品到销售商，再由销售商向客户推销。这种供应链的运作模式是以制造商本身对市场的预测为依据的。如果能成功地销售产品，企业就获得成功；如果不能销售好产品，就意味着失败。当一种商品不能获得市场销售的成功时，就会层层退货，导致企业负担加重。"推式"供应链是以制造商的生产计划、分销计划为前提进行的，虽然也进行市场预测，但是并不能十分准确地把握市场。

"拉式"供应链是以企业获得订单为前提的。企业根据所获得的订单进行生产，所以又称"客户导向"或"订单导向"。这种供应链起始于企业收到客户的订单，并以此引发一系列供应链运作，是"以销定产"的模式。所以，重点是"拉"到客户，以客户需求为导向进行生产、采购原料、组织货源、外包业务等。例如，客户给企业下订单，这就引发供应链的各种动作，制造商的发货仓库组织产品配送，原料提供商补足制造商生产该产品所需的生产原料库存，制造商生产以补足产品的最佳库存。制造商的生产计划与分销计划得到修正，制造商与原料提供商的采购计划也进行修正。这一系列企业的行为都来自客户的订单，"拉式"供应链增加了企业控制市场的能力，能够使企业适应复杂多变的市场，准确地把握所生产的产品种类和数量。

6. 根据供应链经营主体划分

根据供应链核心企业的经营主体不同，可以将供应链分为以生产商、批发商、零售商和第三方物流企业为经营主体的供应链模式。

（1）以生产商为经营主体的供应链模式

这种供应链模式主要产生于中间商实力还比较弱小或生产企业的实力比较强大的情况下，其主要原因是生产企业内部资源的挖掘空间已经非常小，同时企业产品的销售渠道又难以控制。在这种情况下，生产企业往往会建立自己的销售渠道或严格控制原有的渠道成员，后者就形成了以生产企业为主导的供应链。这种供应链模式是在以生产为导向的大背景下出现的，其结构相对复杂，如图 5-3 所示。

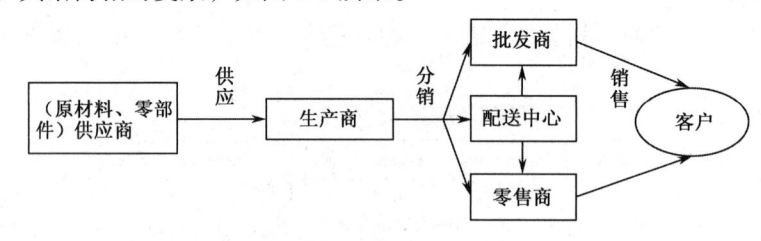

图 5-3 以生产商为经营主体的供应链模式

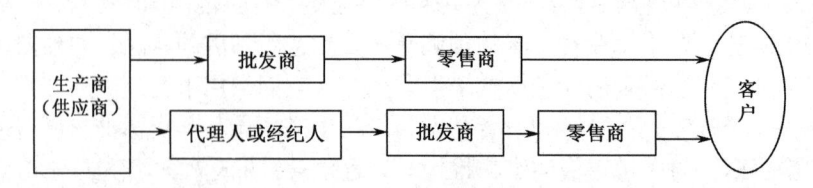

（2）以批发商为经营主体的供应链模式

批发商在供应链中一般执行配送功能，其运营模式取决于产品的特征、生产商所选择的渠道、客户的购买渠道和批发商的营销策略。例如，以消费品批发商为经营主体的供应链模式，对客户来说最典型的是"批发商—零售商—客户"模式，绝大多数批量生产的消费品都是这样到达市场的，如图 5-4 所示。

图 5-4 以批发商为经营主体的供应链模式

（3）以零售商为经营主体的供应链模式

这种供应链模式是在以需求为导向、产品市场从卖方市场转变为买方市场的大背景下产生的。由于客户的力量日益强大，制造企业又远离客户，无法及时、正确地了解客户的需求，而零售商特别是享有强大品牌优势的零售商，由于贴近客户且实力强大，可以通过自己的品牌优势来建立一个以自己为中心的供应链模式，如图 5-5 所示。

（4）以第三方物流企业为经营主体的供应链模式

第三方物流企业在参与供应链运作过程中，与供应链其他成员间的合作不断加深，从而将业务延伸出物流领域,并成为整个供应链运作质量的真正控制者。这样就形成以第三方物流企业为主导的供应链模式,如图 5-6 所示。

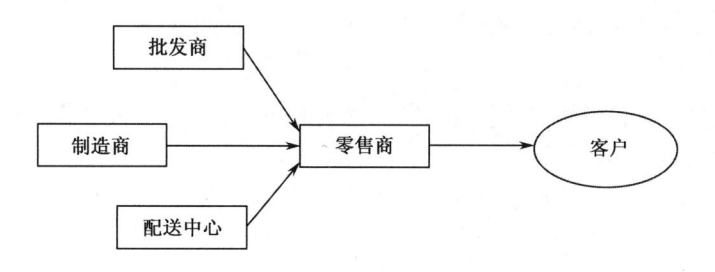

图 5-5 以零售商为经营主体的供应链模式

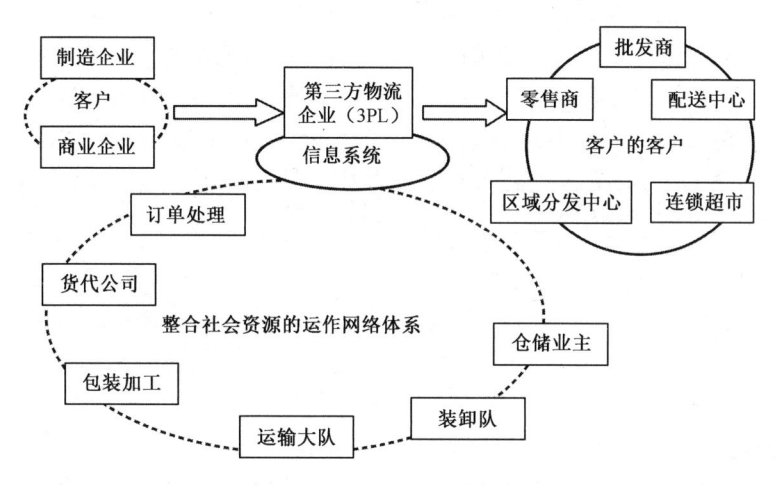

图 5-6 以第三方物流企业为经营主体的供应链模式

以第三方物流企业为经营主体的供应链模式可以分为 3 个层次或 3 个阶段:第一层次或第一阶段,主导供应链的第三方物流企业完全或主要提供物流服务,并依靠物流特色服务来赢得客户,这是一种最低级的模式,也可以视为该供应链模式的初级阶段;第二层次或第二阶段,主导供应链的第三方物流企业既提供物流服务又提供供应链整合方案,它不再处于被动地位,而是借助自己特色服务核心地位的优势,积极主动地组织和管理整个供应链运作,此阶段可认为是此模式的发展阶段;第三层次或第三阶段,主导供应链运作的第三方物流企业只提供供应链整合方案,通过运用各种先进的理论和信息技术,最大限度地发挥供应链的整合优势,实现供应链的无缝连接,这是本模式的成熟阶段,它实际形成了真正的虚拟企业,也有人将其称为第四方物流企业主导的供应链模式。

7. 根据供应链的涉及范围划分

按照供应链所涉及的范围可分为内部供应链和外部供应链。内部供应链是指企业内部产品生产和流动过程中所涉及的原材料采购、产品生产、原材料及产品存储、产品销售等环节所组成的网络;外部供应链是指企业外部的,与企业相关的产品生产和流动过程中所涉及的供应商、运输商、销售商及客户所组成的供需网络。内部和外部供应链共同组成了企业生产从原材料、半成品、产成品到客户的完整供应链,内部供应链是外部供应链的浓缩,它们的区别在于后者比前者的范围更大,涉及的企业更多,企业间的协调也更困难。

5.1.2 供应链的结构

供应链结构是为指导和帮助供应链系统设计、实施和运行而提供的结构化、多功能模型和方法的集合。一般而言，供应链结构有两种类型。

1. 链状结构

在链状结构中，供应链可以根据定义简化成供应商、制造商、客户等各节点，如图 5-7 所示。假设节点 A 为供应商，节点 B 为制造商，节点 C 为客户，整个供应链的物流方向除退货（逆向物流）外，是由节点 A 流向节点 C 的。相对于节点 B 来说，节点 A 为一级供应商，节点 C 为一级客户。当然，这种关系也不是一成不变的，对于节点 A 来说，它也有供应商，即供应商的供应商（二级供应商、三级供应商……），最终可以递归到大自然。这时，相对于节点 A 的供应商来说，节点 A 可以看作制造商，此时的节点 B 可以看作节点 A 的客户；同样，对于节点 C 来说，它的下游也有客户，即客户的客户（二级客户、三级客户……），最终可以递归到最终用户。在图 5-7 中，分别向两端延伸的省略符号表示各自的上游供应商和下游客户。对于某个确定的供应链来说，当确定了核心企业后，就可以把链状结构简化成图 5-7 所示的模型。此时的节点 B 就是核心企业，节点 A 和节点 C 分别是核心企业的直接供应商和直接用户。

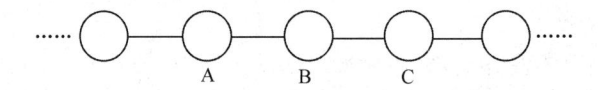

图 5-7 链状结构模型

2. 网状结构

链状结构的供应链只是一种简单的静态模型，在实际中，图 5-7 中节点 B 的供应商往往不止一个，节点 B 的客户也往往不止一个；如果从动态的角度来考虑，节点 B 也往往不止一个。结合这种实际建模，就得出了另一种更加符合实际的供应链结构——网状结构。网状结构模型如图 5-8 所示。

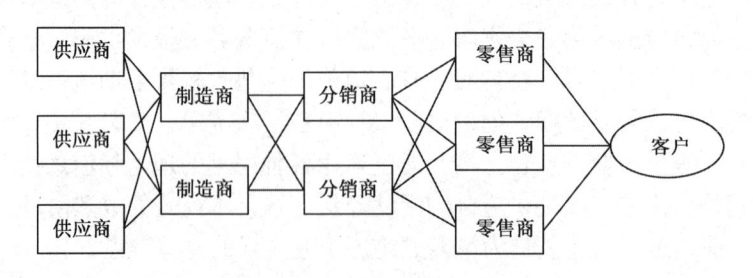

图 5-8 网状结构模型

对于每个节点来说，物流流入的点称作入点，如图 5-7 所示中的节点 A；物流流出的点称为出点，如节点 C；一个节点可以同时是入点和出点，如节点 B。在实际的企业生产中，供应链可能是一个十分复杂的体系结构，供应链内部各企业间的关系十分复杂，如果用一个节点来代表一个企业，往往不能十分清晰地表述供应链的实际关系。这时可以根据供应链的内部联系，建立大的供应链网络下的小供应链网络（子网）模型。图 5-9 是由

图 5-8 进一步抽象而成的供应链网状结构模型。这种模型更加符合实际，节点 B 的供应商可能不止一个，在动态环境下，这些节点企业通过相互间的物流、信息流和资金流交织在一起，就构成了网状结构供应链。

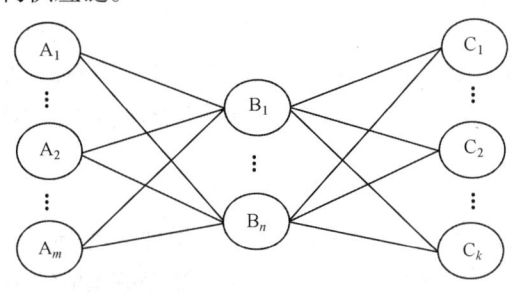

图 5-9 抽象的供应链网状结构模型

5.2 供应链系统的构建分析

5.2.1 供应链系统构建的内容

供应链系统构建的内容主要包括供应链成员及合作伙伴选择、网络结构设计及供应链运行规则设计等。

1. 供应链成员及合作伙伴选择

一个供应链系统是由多个供应链成员组成的，供应链成员包括为满足客户需求，从原产地到消费地，供应商或客户直接或间接地相互作用的所有组织。这样的供应链系统非常复杂，因此，供应链成员及合作伙伴选择是供应链系统构建的重点。

2. 网络结构设计

供应链网络结构主要由供应链成员、网络结构变量和供应链间工序连接方式三个方面组成。为了使非常复杂的供应链系统更易于合理分配资源，有必要从整体出发进行供应链网络结构的设计。

3. 供应链运行规则设计

供应链节点企业间的合作是以信任为基础的。信任关系的建立和维系除各个节点企业的真诚和信赖外，还必须有一个共同平台，即供应链系统运行的基本规则，其主要内容包括协调机制、信息开放与交互方式、资金结算方式、争议解决机制等。

5.2.2 供应链系统构建的原则

在供应链系统构建的过程中，需遵循宏观和微观两个方面的基本原则。

1. 宏观方面

（1）自上向下和自下向上相结合的原则

自上向下的方法是从整体走向局部的方法，自下向上的方法是从局部走向整体的方法。在企业构建供应链系统时，往往先由高层做出战略规划和决策，其依据市场需求和企业发展规划，然后由下层部门实施执行，因此供应链系统构建是自上向下和自下向上的综合。

（2）集优原则

供应链成员企业的选择应遵循强强联合的原则，每个企业都只集中精力致力于各自的核心优势业务，就像一个独立的创造单元，这些单元能够实现供应链的快速重组。

（3）协调性原则

供应链合作伙伴关系是否和谐，深刻地影响着供应链系统绩效的好坏。合作伙伴关系和谐是指供应链系统是否充分发挥系统成员和子系统的能动性、创造性及系统与环境的总体协调性。

（4）动态性原则

市场需求不确定性的存在，导致需求信息的变异性。供应链系统应能够最大限度地减少信息传递过程中的信息延迟和失真。因此也就必须保持供应链系统的动态性，在不同的地点和不同的时间，实施不同的供应链管理。

（5）创新性原则

创新性是供应链系统构建的一条重要原则，一是创新必须在企业总体目标和战略目标的指导下进行，与战略目标保持一致；二是要从市场需求的角度出发，综合运用企业的能力和优势；三是企业发挥各类人员的创造性，并与其他企业共同协作，发挥供应链整体优势；四是建立科学的供应链、项目评价及组织管理系统，进行技术经济分析和可行性论证。

（6）战略性原则

供应链系统的构建应有战略眼光，并减少不确定性的影响。战略性原则是从企业发展的长远性和可预见性的角度来考虑供应链系统构建的。

2. 微观方面

（1）总成本最低原则

成本管理是供应链管理的重要内容。供应链管理中常出现成本"悖反"问题，即各种活动成本的变化模式常常表现出相互冲突的特征。解决冲突的办法是平衡各项成本使其达到整体最优。供应链管理要进行总成本分析，判断哪些因素具有相关性，从而使总成本最低。

（2）多样化原则

构建供应链是将不同的产品提供给不同的客户，要求企业将适当的商品在正确的时间、正确的地点传递给正确的客户。面对各种产品，不同的客户要求、不同的产品特征、不同的销售水平，企业要在同一产品系列内采用多样化分拨策略，如在库存管理中，要区分出销售速度不一的产品，将销售最快的产品放在位于最前列的基层仓库，依次摆放产品。

（3）延迟原则

延迟原则是分拨过程中运输的时间和最终产品的加工时间应推迟至收到客户订单后。这一原则避免了企业根据预测在需求没有实际产生时运输产品（时间推迟），以及根据对最终产品形式的预测生产不同形式的产品（形式推迟）。

（4）合并原则

将生产、销售或物流中的小批量订单合并成大批量订单具有明显的经济效益。同时，还要平衡由于合并而使时间延长可能造成的客户（用户）服务水平下降与订单合并的成本节约之间的利害关系。通常，当生产、销售或物流规模较小时，合并的概念对制定战略最有用。

（5）标准化原则

标准化的提出解决了满足市场多样化产品需求与降低供应链成本的问题。例如，生产中的标准化可以通过可替换的零部件、模块化的产品和为同样的产品贴加不同的品牌标签而实现。这样可以有效地控制供应链渠道中的零部件、供给品和原材料的种类。

阅读拓展

7-11的供应链系统构建

7-11充分运用供应链管理的思想，即综合考虑生产厂家、批发商、配送中心、连锁公司总部、加盟店和客户之间形成的供应链关系，实现供应链系统的优化设计。一个受委托的批发商被指定负责若干销售活动区域，并获得授权经营来自不同制造商的产品。此外，7-11通过与批发商、制造商签署销售协议，能够开发有效率的分销渠道与所有门店连接。批发商是配送中心的管理者，为便利店的门店送货。而7-11本身并没有在配送中心上投资，即使它们成了分销渠道的核心。批发商自筹资金建设配送中心，然后在7-11的指导下进行管理。

通过这种协议，7-11无须承受任何沉重的投资负担就能为其门店建立一个有效率的分销系统。由生产不同产品的制造商共同出资建立配送中心，各公司将产品送至共同配送中心，再实行统一配送，以保证对7-11便利店的货物供应。

5.2.3 供应链系统构建的影响因素

1. 战略性因素

企业战略对供应链系统构建有重要影响。强调生产成本的企业趋向于在成本最低的区位布局生产设施，即使这样做会使生产工厂远离其市场区；强调反应能力的企业趋向于在市场区附近布局生产设施，如果这种布局能使它们对市场需求的变化迅速做出反应，它们甚至不惜以高成本为代价；全球供应链网络通过在不同国家布局不同职能的设施，更好地支持其战略目标的实现。例如，耐克公司在亚洲的很多国家都有生产厂家，在中国和印度尼西亚的厂家多注意成本节约，着眼于大批量廉价产品的生产；相反，在韩国的厂家则更注重反应能力，着眼于价格较高的新型号产品的生产。这些区别使耐克能够满足变化的市场需求并获得高额利润。

2. 技术因素

产品技术特征对供应链系统构建有显著的影响。如果生产技术能带来显著的规模经济效益，布局数量少但规模大的设施是最有效的。以计算机芯片的生产为例，由于计算机芯片的生产需要很大一笔投资，因此，大多数公司都建立了数量极少但规模很大的芯片生产厂。另外，生产技术的灵活性也影响到供应链系统进行联合生产的集中程度。如果生产技术很稳定，而且不同国家对产品的要求不同，就必然会在每个国家都建立地方性基地为该国的市场服务；相反，如果生产技术富有灵活性，在较少的几个大基地进行集中生产，则更简单易行。

3. 竞争性因素

企业构建供应链系统时还必须考虑到竞争对手的战略、规模和布局。一项基本的决策是，企业是邻近还是远离竞争对手布局。决定这一决策的因素包括：企业如何进行竞争及诸如原材料和劳动力等外部因素是否迫使其相互靠近等。

（1）企业间的积极外部性

积极外部性是指许多企业邻近布局使它们均受益。例如，零售店倾向于靠近布局，因为这样做增加了总需求，使双方都受益。通过在一条商业街上集中布局相互竞争的零售店，方便了客户，使他们只需要到一个地方就可以买到他们所需要的所有东西，这样不仅增加了这条商业街客户到访的人数，也增加了所有布局在那里的商店的总需求。另外，在一个待发展地区，一个竞争者的出现使合适的基础设施得到发展。例如，铃木公司是第一家在印度设立生产基地的汽车厂商，这家公司费了很大的努力才建立了地方性供应网络。考虑到铃木公司在印度建设的良好供应基础，其竞争对手也在印度建立了装配厂，因为它们发现在印度生产汽车比从国外进口更划算。

（2）为瓜分市场而布局

在积极外部性不存在时，企业也可以集中布局，以攫取最大的市场份额。豪特灵（Hotelling）提出了一个简单模型来解释隐藏在这一决策后面的机理。当企业不能控制价格，而只是在与客户距离的远近上相互竞争时，它们就能通过相互接近的布局获取最大的市场份额。假设客户均匀地分布在（0，1）这个区间上，两家企业通过与客户距离的远近进行竞争，如图 5-10 所示。

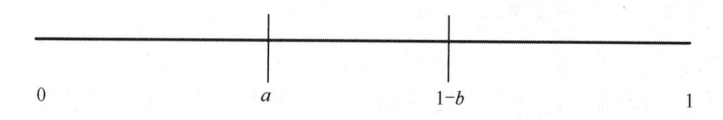

图 5-10 两家企业在直线上的布局

客户总是光顾最近的一家企业，而与两家企业距离相等的客户则在两者之间平均分配。如果总需求为 1，企业 1 布局在点 a，企业 2 布局在点 $1-b$，那么两个企业的需求 d_1 和 d_2 分别是

$$d_1 = \frac{1-b+a}{2}, \quad d_2 = \frac{1+b-a}{2}$$

显然，如果两家企业能更近地布局，最终使得 $a=b=1/2$ 时，两家企业就能将自身的市场份额最大化。

假设两家企业布局在（0，1）的中间，那么与客户的平均距离是 1/4；如果一家企业布局在 1/4，而另一家企业布局在 3/4，则与客户的平均距离减少到 1/8。因此，竞争的结果使得两家企业在直线的中央邻近布局，尽管这样做增加了与客户之间的平均距离。

如果企业在价格上进行竞争，而且承担向客户送货的成本，那么最优的布局可能是二者尽可能离得远远，即企业 1 布局在 0 而企业 2 布局在 1。相互远离的布局模式减少了价格竞争，有助于企业瓜分市场并实现利润最大化。

4. 客户因素

企业构建供应链系统时必须考虑客户要求的反应时间。企业的目标客户如果能容忍较长的反应时间，那么企业就能集中力量扩大每一个设施的生产能力；相反，如果企业的客户认为较短的反应时间很重要，那么它必须布局在离客户较近的地方，这类企业应当设置很多生产基地，每个基地的生产能力都较小，由此来缩短对客户需求的反应时间，增加供应链中设施的数量，如图 5-11 所示。

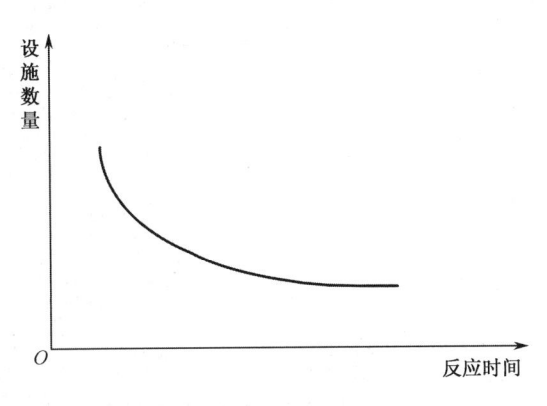

图 5-11 反应时间与设施数量间的关系

5. 物流和设施成本

当供应链中的设施数量、设施布局和生产能力配置改变时，会产生物流和设施成本。企业构建供应链系统时，必须考虑库存、运输和设施成本。

（1）库存成本

当供应链中设施数量增加时，库存及由此引起的库存成本会增加，如图 5-12 所示。为减少库存成本，企业应尽量合并设施以减少设施数量。

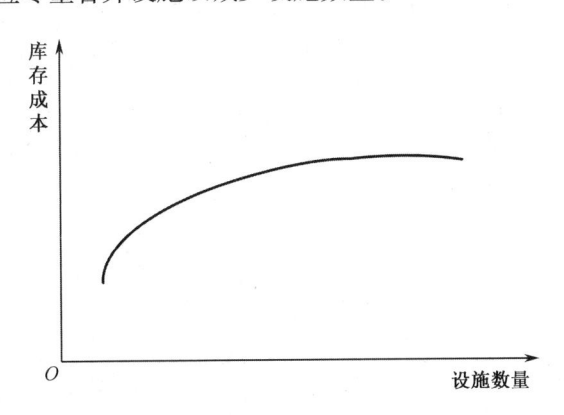

图 5-12 设施数量和库存成本间的关系

（2）运输成本

进货运输成本是指向设施运进原材料时发生的成本。送货运输成本是指从设施运出货物时发生的成本。单位送货成本一般比单位进货成本高，因为进货量一般较大。例如，在进货方面，亚马逊公司的仓库收到整车装运的图书，但送货时只向客户寄出一个小包裹，一般只有几本书。增加仓库数量就能更接近客户，从而减少送货距离，因此，增加设施数量就能减少运输费用，但如果设施数量增加到一定数量，使批量进货规模很小时，设施数量的增加也会使运输成本增多，如图 5-13 所示。随着自身的发展，亚马逊已经在其供应链网络中增加了仓库的数量，以便节省运费，缩短反应时间。

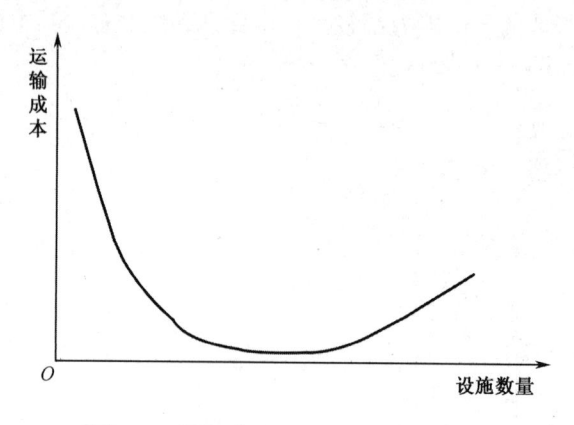

图 5-13 设施数量和运输成本间的关系

如果随着加工过程的深化，原材料的重量和体积显著减小，那么在靠近原材料供应商处布局生产点将比靠近客户布局好。比如，利用铁矿石炼钢，产品重量只是投入的铁矿石的很小一部分，这样在原料供应地附近布局钢铁厂更合适，可减少大量运输铁矿石的成本。

（3）设施成本

任何企业在设施内消耗的成本都分为两类：固定成本和可变成本。建设成本和租赁成本是固定成本，因为短期内它们并不随着进出设施货流量的改变而改变。与生产或仓库运营相关的成本随加工或存储数量的变化而变化，因而被看作可变成本。设施成本随着设施数量的减少而减少，如图 5-14 所示。

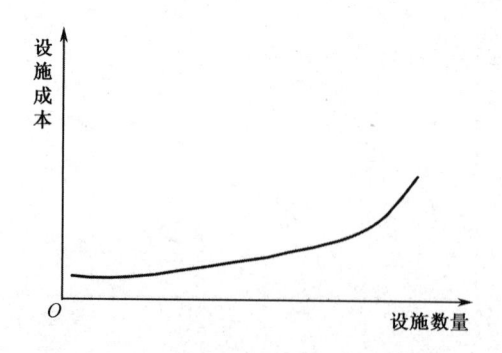

图 5-14 设施数量与设施成本间的关系

物流总成本即供应链中库存、运输和设施成本之和。随着设施数量的增加，物流总成本先减后增，如图 5-15 所示。

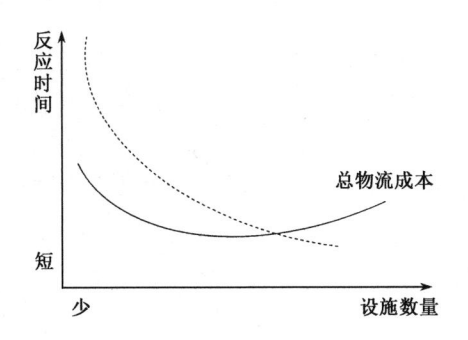

图 5-15 物流总成本与反应时间和设施数量的关系

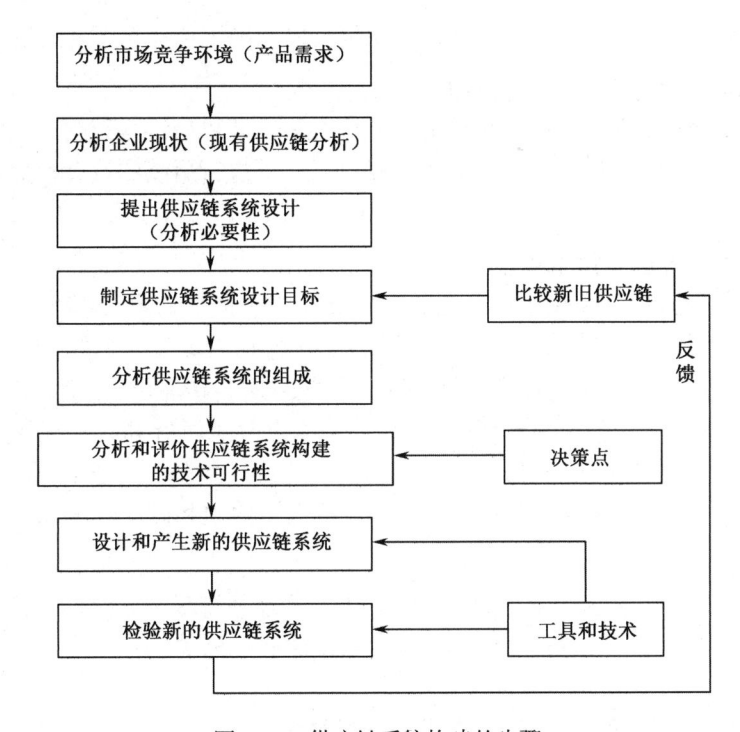

5.2.4 供应链系统构建的步骤

供应链系统构建的步骤如图 5-16 所示。

图 5-16 供应链系统构建的步骤

1. 分析市场竞争环境

目的在于找到针对哪些产品市场构建什么样的供应链系统才有效，必须知道现在的产品需求是什么，产品的类型和特征是什么。分析市场特征时要向卖主、客户和竞争者进行调查，提出"用户想要什么"和"他们在市场中的分量有多大"之类的问题，以确认客户的需求和因卖主、客户、竞争者产生的压力。这一步骤分析了每个产品按重要性排列的市场特征，同时对于市场的不确定性也要有分析和评价。

2. 分析企业现状

主要分析企业供需管理的现状（如果企业已经有供应链，则分析供应链的现状），其目的不在于评价供应链设计策略的重要性和合适性，而着重于研究供应链系统构建的总体思路，分析、寻找、总结企业存在的问题及影响供应链系统构建的阻力等。

3. 提出供应链系统设计

针对存在的问题提出供应链系统设计项目，分析其必要性。

4. 制定供应链系统设计目标

主要目标在于获得较高的客户服务水平与低库存投资、低单位成本两个目标之间的平衡（这两个目标往往有冲突），同时还应包括以下目标：① 进入新市场；② 升级新产品；③ 开发新分销渠道；④ 改善售后服务水平；⑤ 提高用户满意程度；⑥ 降低成本；⑦ 通过降低库存提高工作效率等。

5. 分析供应链系统的组成

提出供应链系统组成的基本框架。分析供应链系统中的成员组成，主要包括供应商、制造商、分销商、零售商及客户的选择及其定位，以及确定选择与评价的标准等。

6. 分析和评价供应链系统构建的技术可行性

在可行性分析的基础上，结合企业的实际情况为构建供应链系统提出技术选择建议和支持。这也是一个决策的过程，如果认为方案可行，可进行后续的设计；如果不可行，要重新进行分析研究。

7. 设计和产生新的供应链系统

主要涉及以下问题：① 供应链系统的成员组成（包括供应商、设备、工厂、分销中心的选择与定位、计划与控制等）；② 原材料的来源（包括供应商、流量、价格、运输等）；③ 生产设计（需求预测、生产什么产品、生产能力、供应给哪些分销中心、价格、生产作业计划和跟踪控制、库存管理等）；④ 分销任务与能力设计（产品服务于哪些市场、运输、价格等）；⑤ 信息管理系统设计；⑥ 物流管理系统设计。在供应链系统设计中，要用到许多手段和技术，包括归纳法、集体解决问题流程图、模拟和设计软件等。

8. 检验新的供应链系统

供应链系统构建完成后，应通过一定的方法、技术进行测试、检验或试运行，如果不合格就要重新设计；如果不存在问题，就可实施供应链管理了。

5.2.5 供应链系统构建需考虑的主要问题

客户服务需求是供应链系统构建的出发点，供应链系统的所有具体环节，包括库存、运输、设施、信息等，都是以其为中心的。

1. 客户服务需求

客户是供应链系统实现价值的源泉，只有抓住了客户的需求才可能有准确的市场定位。目前市场竞争越来越激烈，产品生命越来越短，品种越来越多，客户对产品交货期的要求越来越高，对产品和服务的要求也越来越高，因而企业对客户要求的预测就越来越难。这就要求企业从软件和硬件两方面着手来满足客户的需求。软件方面主要涉及人才、组织结构、文化、领导艺术、信息、程序、技术等，硬件方面主要是引进先进的设备。

2. 库存战略

库存成本是供应链管理的主要成本之一。库存管理包括库存分配到储存点（推动管理）和补货（拉动管理）两种战略。由于库存战略的选择会影响设施问题，因而在供应链系统构建中极为重要。

3. 运输战略

运输是指在供应链系统的不同节点间移动产品。运输战略包括运输方式、运输路径、运输批量、运输路线和时刻表等内容，运输战略对库存和设施都有很大的影响。

4. 设施战略

设施就是库存商品运输的目的地或来源地。设施战略主要包括设施的布局、区位，设施的容量，设施所使用的生产设备及仓储方式等内容。

5. 信息系统

信息以多种方式影响着供应链系统的每个部分，信息在供应链中共享以实现供应链的协调。企业可利用所得信息进行预测和总体规划，加快信息传递的速度，提高其准确性。

客户服务需求、库存战略、运输战略、设施战略、信息系统是供应链系统构建中需要考虑的主要问题，这些问题影响着企业的成本、盈利能力、现金流和投资回报率。它们之间是相互联系的，其中任何一个环节与其他环节是否相适应都会影响整条供应链。

5.3 供应链系统的构建策略

5.3.1 基于产品的供应链构建

以产品为中心的供应链系统，首先要明白客户对企业产品的需求是什么，产品生命周期的特点是什么，需求预测、产品多样性、提前期和服务的市场标准等都是影响供应链系统构建的重要问题。

1. 基于产品类型的供应链系统构建策略

不同的产品类型对供应链系统设计有不同的要求，必须设计出与产品特性一致的供应链系统，也就是所谓的基于产品类型的供应链系统构建策略。一般来说，产品分为功能型产品和创新型产品；供应链按功能分为有效型供应链和反应型供应链。创新型产品和功能型产品的供应链系统构建策略不同。

功能型产品的供应链系统应尽量减少链中物理功能的成本，如订单流程和付款机制、仓库和交货、产品质量保证系统控制的自动化等。创新型产品的供应链系统应少关注成本而更多地关注向客户提供所需求的产品属性，强调弄清客户需求并对此做出反应，选择具有一定速度和灵活性的供货方。反应型供应链系统应最大限度地控制货物过量或不足现象的发生。虽然反应型供应链系统的货物成本不是最低的，但由于有效地扩充高价值创新型产品的销售量或缩减其存货，将为企业带来更大的利润。供应链系统构建与产品类型策略矩阵如表 5-2 所示。

表 5-2 供应链系统构建与产品类型策略矩阵

供应链类型	功能型产品	创新型产品
有效型供应链	匹配	不匹配
反应型供应链	不匹配	匹配

在分析了产品类型和供应链的特性后，不难得出矩阵中 4 个元素的值，它们分别代表了企业在产品类型和供应链系统构建上不同组合的优劣状况。功能型产品具有用户已接受的功能，根据历史数据可对未来或季节性需求做出较准确的预测，产品很容易被模仿，边际利润低。与这类产品匹配的供应链系统应尽可能地降低链中的物理成本，追求以最小的成本占据市场和获得利润。因此，对于功能型产品，应采取有效型供应链系统，如表 5-2 矩阵的左上角。创新型产品追求创新，不惜一切代价来满足用户差异性需求。这类产品往往具有某些独特的、能投部分客户所好的功能，由于创新而不易被模仿，具有高边际利润，在产品供货中强调速度、灵活性和质量，甚至通过增加供应链物理成本的方法来提升这些指标。由于很难对创新功能的需求做出准确的预测，因此，追求降低成本的有效型供应链很难灵敏地对需求变化做出反应。这时，只有反应型供应链系统才能抓住产品创新机会，以高速度、灵活性和高质量获取高边际利润。强调速度和灵活性的原因是：一方面，创新型产品如果有较大市场，表现出供不应求，自然会被对手模仿，这时创新型产品可能会变成功能型产品。在这种情况下，反应型供应链系统能利用抢先优势继续供应这类产品，同时又不惜成本地开发新的创新型产品。另一方面，如果创新型产品并不受客户青睐，反应型供应链系统能很灵活地转向开发另一类新的创新型产品。对于反应型供应链系统来说，因为它用模型设计尽可能地减少产品差别，所以很容易开发出一种新的、稍微有变化的产品。

不匹配现象的产生并不源于管理者缺乏判断。理论上很容易得出有效型供应链系统匹配功能型产品、反应型供应链系统匹配创新型产品的判断，但在实践中，由于市场行情、客户需求、企业经营状况等因素的影响，匹配和不匹配只能是相对而言的。一方面，原本相匹配的产品和供应链系统可能变成不相匹配的。例如，对于创新型产品采取反应型供应链系统，这时两者是匹配的，如表 5-2 中矩阵的右下角。随着时间的推移，创新型产品的创新功能会被模仿，一旦创新型产品变成功能型产品，原来匹配的情形就会相应变成不匹配的情形，如表 5-2 矩阵的左下角。这时，应在矩阵中人为地进行垂直上移，重返匹配的情形，如表 5-2 矩阵的左上角。另一方面，原本不匹配的产品和供应链系统也可能变成相匹配的。创新型产品具有高边际利润，企业在产品开发中，由于市场信息不灵，不知对手已推出相同的产品而将自己刚刚开发出的功能型产品误认为是创新型产品（相对于一定的客户需求），进而错误地使用反应型供应链，如表 5-2 矩阵的左下角。随着客户需求的增加，这类功能型产品在一段时间内对某些用户可能表现出创新型的特征，这时不匹配的情况变成匹配的情况，如表 5-2 矩阵的右下角。但如果在产品表现出创新型特征时，由于没有认清形势，错误地从矩阵中的左下角移向右上角，又会造成新的不匹配，如表 5-2 矩阵的右上角。

2. 基于产品生命周期的供应链系统构建策略

对于一种产品,特别是功能型产品来说,从其生产、投放市场直到过时淘汰,一般要经历几个典型的生命阶段,如引入、成长、成熟、衰退等。在产品全生命周期的各个阶段,产品有其明显区别于其他阶段的特征,对供应链系统的要求也有所不同。因而对同一产品在生命周期的不同阶段,要注意其控制内容和侧重点,采取相应的供应链系统构建策略,如表 5-3 所示。

表 5-3 产品生命周期各阶段的供应链系统构建策略

产品生命周期	特 点	供应链系统构建策略
引入期	无法准确预测需求量; 大量的促销活动; 零售商可能在提供销售补贴的情况下才同意储备新产品; 订货频率不稳定且批量小; 产品未被市场认同而夭折的比例较高	供应商参与新产品的设计开发; 在产品投放市场前制订完善的供应链支持计划; 原材料、零部件小批量采购; 高频率、小批量发货; 保证高度的产品可得性和物流灵活性; 避免缺货发生; 避免生产环节和供应链末端大量存货; 构建安全追踪系统,及时清除安全隐患或追回问题产品; 供应链各环节信息共享
成长期	市场需求稳定增长; 营销渠道简单明确; 竞争性产品开始进入市场	批量生产,较大批量发货,较多存货,以降低供应链成本; 做出战略性的客户服务承诺,以进一步吸引客户; 确定主要客户并提高服务水平; 通过供应链各方的协作增强竞争力; 服务与成本的比例合理化
成熟期	竞争加剧; 销售增长放缓; 一旦缺货,将被竞争性产品所代替; 市场需求相对稳定	建立配送中心; 建立网络式销售通路; 利用第三方物流公司降低供应链成本并为客户增加价值; 通过延期制造、消费点制造来改善服务; 减少成品库存
衰退期	市场需求急剧下降; 价格下降	对是否提供配送支持及支持力度进行评价; 对供应链进行调整以适应市场的变化,调整供应商、分销商、零售商等的数量及其相互关系等

5.3.2 基于核心企业的供应链构建

1. 基于核心企业的供应链系统

由供应商、制造商、分销商、零售商和客户构成的系统,完成物资从原材料、产品到商品的转化功能。早期的观点认为,供应链只是制造企业的内部过程,是指将采购的原材料和零部件通过生产与销售,将产品传递到用户的过程。这一概念局限于企业内部操作,只注重企业自身的利益目标。随着市场竞争的日益激烈，制造企业逐渐注意到企业经营的外部环境，即与本企业相关的供应商、制造商、分销商、零售商和客户，并开始与之建立起相互协作的战略伙伴关系。在这一过程中，总有一个企业充当发起者，成为供应链中的核心。该核心企业除了能创造特殊价值、长期控制比竞争对手更擅长的关键性业务工作，还要协调好整个链中从供应商、制造商、分销商直到最终客户之间的关系。为控制整个增值链的运行，核心企业必然成为整个供应链的信息中心、管理控制中心、物流中心。

由此可见，供应链是围绕着核心企业建立起来的，核心企业与供应商、供应商的供应商乃至一切向前的关系，以及核心企业与客户、客户的客户及一切向后的关系，形成网状结构的供应链系统。

2. 基于核心企业的供应链系统构建模式

要成为核心企业，一般需要既能接受其他企业的产品/服务，也能为其他企业提供产品/服务，或成为供应商与用户之间的中介。以核心企业为中心建立的供应链系统有以下几种形式。

（1）核心企业作为用户企业的形式

作为这类核心企业，其本身应拥有强大的销售网络和产品设计等优势。销售、用户服务这些能力由核心企业自己的销售网络来完成。这种供应链系统的重点在供应商的选择、信息网络的设计、生产作业计划、跟踪控制、库存管理及供应商与采购管理等方面。

（2）核心企业作为产品/服务供应者的形式

作为这类核心企业，其本身享有供应和生产的特权，或具有在制造、供应等方面不可替代的优势，如能源、原材料生产企业。但其在分销、用户服务等方面则不具备竞争优势。因此在这种情况下，供应链系统主要集中在经销商和用户的选择、信息网络的设计、需求预测计划与管理、分销渠道管理、用户管理与服务等方面。

（3）核心企业同时作为产品/服务的供应者和用户

这类核心企业主要具有产品设计、管理等优势，但是在原材料的供应、产品销售及各市场用户的服务方面缺乏足够的力量，必须通过寻求合适的供应商、制造商、分销商和用户来构建整个供应链系统。因此，供应链系统主要是协调好产、供、销的关系，如协调信息网络的设计、计划（控制、支持）管理、物流管理、信息管理等方面。

（4）核心企业作为供应商与用户之间的中介

这类核心企业往往具有良好的商誉和较大的经营规模，并且掌握着本行业大量的信息资源。其主要通过在众多中小经销企业和大的供应商之间建立联系，代表中小经销企业的利益取得与大的供应商平等的地位，从而建立起彼此合作的战略伙伴关系。因此在这种情况下，供应链系统主要集中在中小经销企业与大的供应商之间的协调、信息交换和对中小经销企业的控制等方面。

5.3.3 基于成本核算的供应链构建

基于成本优化算法来进行供应链系统的设计，是指通过成本的核算和优化来选择供应链的节点，找出最佳的节点企业组合，设计出低成本的供应链系统。其核心是，在给定时间周期 T 内，计算所有节点组合的供应链总成本，从中选择最低成本的节点企业组合，构建供应链系统。其计算公式如下。

1. 物料成本函数

$$M_{it} = m_i (im_{it}) \int_0^{n_i} n^{f_i} \mathrm{d}n$$

式中　M_{it}——i 节点企业在第 t 年生产 n_t 产品的总物料成本（时间转化为当地时间）；

　　　m_i——i 节点企业生产的第一个部件的物料成本（时间坐标轴的开始点）；

　　　$(im)_{it}$——i 节点企业 t 年的物料成本的通货膨胀率；

　　　n_t——第 t 年的累计产量。

$f_i = \lg(F_i)/\lg(n)$，其中 F_i 为物料成本经验曲线指数，$0 \leqslant F_i \leqslant 1$；$n$ 为累计单位产量，$n = 1, 2, 3, \cdots, n_t$。

2. 劳动成本函数

$$L_{it} = l_i (il)_{it} y_{it} \int_0^{n_i} n^{g_i} \mathrm{d}n$$

式中　L_{it}——i 节点企业在第 t 年生产 n_t 产品的总劳动成本（时间转化为当地时间）；

　　　l_i——i 节点企业的单位时间劳动成本；

　　　$(il)_{it}$——i 节点企业 t 年的单位小时的通货膨胀率；

　　　n_t——第 t 年的累计产量。

$g_i = \lg(G_i)/\lg(n)$，其中 G_i 为物料成本经验曲线指数，$0 \leqslant G_i \leqslant 1$；$n$ 为累计单位产量，$n = 1, 2, 3, \cdots, n_t$。

3. 运输成本函数

$$T_{it} = \sum_{m=1}^{M} s_{im} (is)_{it} d_{mt}$$

式中　T_{it}——i 节点企业在第 t 年生产 n_t 产品的总运输成本；

　　　s_{im}——i 节点企业到 m 节点企业的运输单位成本；

　　　$(is)_{it}$——i 节点企业 t 年运输的通货膨胀率；

　　　d_{mt}——m 节点企业在第 t 年的累计需求；

　　　M——节点企业的总数量。

4. 设备和其他变动成本函数

$$U_{it} = [u_i (iu)_{it} + v_i (iv)_{it}] n_t$$

式中　U_{it}——i 节点企业在第 t 年生产单位产品的设备和其他变动成本；

　　　u_i——i 节点企业生产单位产品的设备成本；

　　　v_i——i 节点企业生产单位产品的其他变动成本；

　　　$(iu)_{it}$——i 节点企业生产单位产品的设备成本的通货膨胀率；

　　　$(iv)_{it}$——i 节点企业生产单位产品的其他变动成本的通货膨胀率；

　　　n_t——第 t 年内的累计产量。

5. 供应链的总成本函数

以上成本是针对一定时间轴上可能的 i 节点企业的组合，在时间 T 内，相关的节点 i 组成一个节点企业组合序列用 k 表示，所有可能的节点企业组合序列都用 K 表示，对于每个节点企业组合序列 k，供应链的总成本 $\mathrm{TC}(K)$ 都表示为

$$\mathrm{TC}(K) = \sum_{t=1}^{T}\left[\sum_{i\in k}(M_{it}+L_{it}+T_{it}+U_{it})e_{it}(pv)_{it}\right]$$

式中　　M_{it}，L_{it}，T_{it}，U_{it} 意义同上；

e_{it}——汇率，i 节点企业对核心企业的汇率；

$(pv)_{it}$——i 节点企业在 t 年的现值折扣率；

k——节点企业组合序列。

而一个节点组合序列的平均单位成本为 $\mathrm{CAU}(k) = \mathrm{TC}(k)/N_T$，其中，$N_T$ 代表节点企业的总数量。

供应链成本主要包括物料成本、劳动成本、运输成本、设备和其他变动成本等。其成本函数分别构造如上。低成本供应链系统的构建要评估所有可能的组合序列，最终选定能够使总成本最低的节点企业组合，由这些企业组成的供应链系统将达到成本最小化的目的。

基于成本的供应链系统注重供应链在降低成本方面的作用，将成本进行划分，如物料成本、运输成本、信息成本、劳动力成本等，寻求达到成本最低的供应链运作方式和相应的节点企业。这种设计原则以成本为标准，但供应链系统的核心优势并不仅仅局限于成本的降低，在很多情况下，一个有效的供应链系统，成本没有降低反而升高，但其利润、客户满意度、反应灵敏度提升的比例更大。因此，如果仅考虑成本，往往会选出一个次优的供应链系统。

5.3.4　基于约束理论的供应链构建

1. 约束理论的原理

在认识核心企业重要作用的同时，需要提醒注意的是：物理学原理认为，一条链子的强度，等于这条链子最薄弱环节的强度。这就意味着，最弱的环节往往也是影响最大的，因为它有使整个链条脱节的巨大力量。在经济学中有一个著名的木桶理论，长短不一的木板箍成一个木桶，该木桶的容量不取决于桶壁中最长的那块木板，而恰恰取决于其中最短的那块，因为不论其他木板有多长，只要水面高过最短的木板，水就会自动溢出来。因此，一条供应链是否强有力或有竞争优势，也要全面考虑。对此，生产管理中的约束理论（Theory of Constraints，TOC）提供了很好的借鉴。

同样，可以将企业或组织视为一个链条，每个部门都是这个链条中的一环。链条的强度是由它最薄弱的环节决定的，如果想达到预期的目标，那么只有从最弱的一环，也就是从瓶颈（或约束）的一环下手。如果这个约束决定一个企业或组织达到目标的速率，那么只有从克服该约束着手，才能以更大的步伐在短时间内显著地提高系统的产出。

但是现实中没有一个系统可以有无限的产出，如果强化了链中最弱的一环，那么另一

个较弱的环就会成为新的最弱的环。对一个企业来说，它的约束会随着时间而转移。例如，从制造到成品的分销，或是从研发到生产，或是营销业务可否接到更多客户的订单，这条供应链中的任何一环都可能成为最弱的环，成为"卡脖子"的地方。有的约束是企业内的，称为"内部约束"；有的是市场或外在环境的，称为"外部约束"。因此，需要不断地探讨：下一个约束在哪里？该如何克服这个新的约束？TOC的管理原则具体有以下5个方面。

① TOC不以追求设备的生产能力平衡为目标，而是追求物流的平衡。在设计系统时，自然会追求生产过程各环节生产能力的平衡，使企业的生产能力得到充分利用。但是对于一个已投产的企业，特别是多品种生产的企业，如果单纯追求生产能力平衡，那么即使企业的生产能力得以充分利用，产品也并非都能恰好符合当时市场的需求，必然有一部分积压。TOC主张在企业内部平衡物流，认为平衡生产能力实际上是做不到的。因为市场每时每刻都在变化，而生产能力总是相对稳定的，所以必须接受市场波动及其引起的相关事件这个现实，并在这个前提下追求物流平衡。所谓物流平衡就是使各个工序都与瓶颈环节同步，以求生产周期最短、在制品最少。

② 非瓶颈资源的利用程度不是由其本身潜能决定的，而是由系统中的瓶颈资源决定的。系统的产出是由经过瓶颈的量决定的，即瓶颈限制了产销量。而非瓶颈资源的充分利用不仅不能提高产销量，而且会使库存和运输费用增加。

③ 瓶颈资源损失的时间无法弥补。一般来说，生产时间包括加工时间和调整准备时间。但在瓶颈资源与非瓶颈资源方面，调整准备时间的意义是不同的。因为瓶颈控制了产出，在瓶颈上中断一小时，是没有附加的生产能力来补充的。而如果在瓶颈资源上节省一小时的调整准备时间，则能增加一小时的加工时间，相应地，整个系统也增加了一小时的产出。所以，对瓶颈资源应采取特别的保护措施，不应因管理不善而中断或窝工，应使其保持100%的"利用"，以增加系统的产出。

④ 非瓶颈资源获得的一小时是毫无意义的。因为在非瓶颈资源上的生产时间除加工时间和调整准备时间外，还有闲置时间，节约一小时的调整准备时间并不能增加产出，而只能增加一小时的闲置时间。

⑤ 瓶颈资源控制了库存和产出。企业的库存和产出受企业的生产能力和市场的需求量两方面的制约，而它们都是由瓶颈资源控制的。如果瓶颈资源存在于企业内部，表明企业的生产能力不足，由于受到瓶颈资源能力的限制，相应的产出也受到限制。而如果企业所有资源都能维持高于市场需求的能力，则市场需求就成了瓶颈。这时，即使企业能多生产，但由于市场承受能力不足，也只会造成企业产品的积压，增加企业的库存成本。同时，由于瓶颈资源控制了产出，所以企业的非瓶颈资源应与瓶颈资源同步，它们的库存水平只要能维持瓶颈资源上的物流连续稳定即可，过多的库存只是浪费。这样，瓶颈资源也就相应地控制了库存。

2. TOC对供应链系统构建的启示

对于一个生产产品的企业来说，可以认为它的整个经营过程是由若干相互联系的环节组成的供应链条。从市场营销、接收订单、采购原材料、生产加工、产品包装直到产品发运，一环扣一环，每个环节的产出都受其前面环节的制约。传统的管理模式习惯于将供应链条断开，对供应链系统中的每个环节都进行局部优化。这种模式认为，对任何一个环节的改进就是对整个供应链的改进，系统的整体改进等于各个分环节的改进之和。对供应链条的管理水平以链条的"重量"来衡量，而不以链条的"力量"来衡量。应用这种管理模式的结果是：每个部门的管理人员都在同时抢夺系统的资源。他们都想使自己环节的重量最大化，因为他们相信，这就是实现整个系统的有效性最大化的途径。而实际结果如何呢？下面以一家服装生产企业为实例给出答案。

服装成衣生产的一个中间环节是裁剪，裁剪部门的改进小组向制衣公司总经理提交了一份建议书，提议公司只要花20万元就能采用一个新方法，使裁剪部门的生产率提高25%，而且立竿见影。总经理感觉不错，就在即将签字时，有人提问："裁剪部门的产出去向哪里？下一个生产环节的在制品多不多？"总经理决定调查一下。结果发现，下一生产环节的在制品已经堆积起来了。也就是说，这家企业差一点花20万元买来的将是延长下一个生产环节在制品的排队等待时间。以上结果表明，这20万元的花费其实不会给该企业带来任何利润。

TOC引导管理者找出供应链条的最薄弱一环。假如发现生产制造是最薄弱的一环，那么即使市场营销可以吸引足够多的客户（客户）需求，订单很充足，原材料可以准时送到，生产多少就可以包装多少，也能按时装运，可生产制造却跟不上。这时，通过改进包装环节也许能节约一些成本，但从长期来看，并不能使企业如期完成比现在更多的订单。对于采购、营销等环节也是一样的。这就是"如果对什么都关注，那么就是对什么都不关注"。只有对生产制造环节进行改造才能真正增加企业的利润。

这种思想可以归纳为：对大多数环节所进行的大多数改进对整个供应链是无益的；供应链系统的整体改进不等于各个分环节的改进之和；企业的经营业绩应该以供应链条的"力量"（而不是以"重量"）来衡量，这就要通过加强最薄弱环节来实现。这种管理模式的应用可以避免企业内部各部门进行"资源大战"。因为它们知道，一旦识别出最薄弱的一环（企业的"约束"），那么企业的资源就应该用在改进这个约束上。

上述分析，是以企业的内部供应链为例的，其实，此类问题同样可延伸到包括供应商、制造商、分销商、零售商、客户（用户）在内的扩展的供应链，以及其他相关参与者（如物流公司、信息系统提供商等）中，只不过供应链条的复杂性与协调衔接的难度更大，也更容易断裂。

本章小结

根据供应链的研究对象、产品特性、稳定性、功能模式、运作导向、经营主体和涉及范围来划分，供应链有若干类型。供应链结构一般可分为链状结构和网状结构这两种类型。供应链系统构建的内容主要包括供应链成员及合作伙伴选择、网络结构设计及供应链运行规则设计等。在供应链系统构建的过程中，需遵循宏观和微观两个方面的基本原则。供应链系统构建的影响因素有战略性因素、技术因素、竞争性因素、客户因素及物流和设施成本。供应链系统构建的步骤为分析市场竞争环境、分析企业现状、提出供应链系统设计、制定供应链系统设计目标、分析供应链系统的组成、分析和评价供应链系统构建的技术可行性、设计和产生新的供应链系统、检验新的供应链系统。客户服务需求是供应链系统构建的出发点，供应链系统的所有具体环节（包括库存、运输、设施、信息等）都是以其为中心的。供应链系统的构建有基于产品、基于核心企业、基于成本核算和基于约束理论等策略。

课后思考

1. 名词解释

企业供应链，产品供应链，合作伙伴关系，有效型供应链，反应型供应链

2. 简答题

（1）供应链有哪些类型与结构？
（2）简述供应链系统构建须遵循的原则。
（3）供应链系统构建的影响因素有哪些？
（4）简述供应链系统构建的策略。

案例讨论

惠普台式打印机供应链系统构建

惠普台式打印机是惠普公司的主要成功产品之一，但随着台式机销售量的稳步上升，库存的增长也紧随其后。DeskJet 打印机是其中的主要产品之一。该公司有 5 个位于不同地点的分支机构负责该种打印机的生产、装配和运输。从原材料到最终产品，生产周期为 6 个月。在以往的生产和管理方式下，各成品厂装配好通用打印机后直接进行客户化包装，为保证客户订单 98%的即时满足率，各成品配送中心需要保证大量的安全库存（一般需要 7 周的库存量）。产品将分别销往美国、欧洲和亚洲。

1. 存在的问题

惠普打印机的生产、研究开发节点分布在 16 个国家，销售服务部门节点分布在 110 个国家，而其总产品超过 22 000 类。欧洲和亚洲地区对于台式打印机电源（有电压 110 V 和 220 V 的区别，以及插件的不同，）供应、语言（操作手册）等有不同的要求。以前这些都由温哥华的公司完成，北美、欧洲和亚太地区是它的 3 个分销中心。

这样一种生产组织策略，可称为"工厂本地化"（Factory Localization）。惠普的分销商都希望尽可能地降低库存，同时尽可能快地满足客户的需求。这样导致惠普公司感到保证供货及时性的压力很大，从而不得不采用备货生产（Make-To-Stock）的模式以保证对分销商供货准时的高可靠性，因而分销中心成为有大量安全库存的库存点。制造中心是一种拉动式的运营模式，计划的生成是通过准时生产（Just-In-Time, JIT）模式满足分销中心的目标安全库存，同时它本身也必须拥有一定的零部件、原材料安全库存。零部件原材料的交货质量（到货时间推迟、错误到货等问题是否存在）、内部业务流程、需求等的不确定性是影响供应链运作的主要因素，这些因素导致不能及时补充分销中心的库存。需求的不确定性导致库存堆积或分销中心重复订货。需要用大约一个月的时间将产品海运到欧洲和亚太分销中心，这么长的提前期导致分销中心没有足够的时间对快速变化的市场需求做出

反应，只能以大量的安全库存来保证对用户需求的满足，占用了大量的流动资金。若某地区产品缺货，为了应急，可能会将原来为其他地区准备的产品拆开重新包装，造成更大浪费。而提高产品需求预测的准确性也是一个主要难点。

因此，减少库存和同时提供高质量的服务成为温哥华惠普公司供应链管理的重点，并着重于供应商管理以降低供应的不确定性，减少机器闲置时间。企业管理者希望在不牺牲客户服务水平的前提下改善这一状况。

2. 解决方案

供应商、制造点（温哥华）、分销中心、经销商和客户组成惠普台式打印机供应链系统的各个节点。重新设计的供应链系统中，主要的生产制造过程由在温哥华的惠普公司完成，包括印刷电路板组装与测试（Printed Circuit Board Assembly and Test，PCAT）和总机装配（Final Assembly and Test，FAT）。在 PCAT 过程中，电子组件（诸如 ASICs、ROM 和粗印制电路板）组装成打印头驱动板并进行相关的测试；在 FAT 过程中，电动机、电缆、塑料底盘和外壳、齿轮、印制电路板总装成打印机并进行测试。其中的各种零部件原材料由惠普的子公司或分布在世界各地的供应商供应。在温哥华生产通用打印机，通用打印机运输到欧洲和亚洲后，再由当地分销中心或代理商加上与本地区需求一致的变压器、电源插头和用当地语言写成的说明书，完成整机包装后由当地经销商送到客户手中，通过将定制化工作推迟到分销中心进行（延迟策略），实现了根据不同用户需求生产不同型号产品的目的。

这样一种生产组织策略被称为"分销中心本地化"（DC-Localization），并且在产品设计上做出了一定变化，电源等客户化需求的部件设计成了即插即用的组件，从而改变了以前由温哥华的总机装配厂生产不同型号的产品，保持大量的库存以满足不同需求的情况。为达到98%的订货满足率目标，原来需要7周的成品库存量现在只需要5周，一年大约可以节约3 000万美元，电路板组装与总装厂之间也基本实现无库存生产。同时，打印机总装厂对分销中心实施 JIT 供应，以使分销中心保持目标库存量（预测销售量+安全库存量）。通过供应链管理，惠普公司实现了降低打印机库存量的目标。通过改进供应商管理，减少了因原材料供应问题而导致的生产不确定性和停工等待时间。

3. 实施效果

安全库存周期减少为5周，从而减少了库存总投资的18%，仅这一项改进便可以每年节省3 000万美元的存储费用。由于通用打印机的价格低于同类客户化产品，从而又进一步节省了运输、关税等项费用。除降低成本外，客户化延迟使产品在企业内的生命周期缩短，从而对需求预测不准确性或外界的需求变化都具有很好的适应性，一旦发现决策错误，可以在不影响客户利益的情况下以较小的损失较快地加以纠正。

（资料来源：金锄头文库，有改动）

> **? 思考**
>
> 1. 惠普台式打印机供应链属于哪种类型和结构？
> 2. 分析惠普台式打印机供应链系统构建采用的策略。

第 6 章

供应链管理技术

思政导学

以专业素养、精益求精的情怀为课程思政目标，结合"科学技术是第一生产力"的理念，将独立自主、攻克"卡脖子"技术难关的精神融入对各种供应链管理技术的理念、特点、实施和应用等知识点的理解中。

◇ **学习要点** ◇

- 掌握快速反应、有效客户反应技术
- 掌握企业资源计划、分销需求计划
- 熟悉协同计划、预测和补货技术
- 了解数字孪生技术

● **关键术语**

快速反应，有效客户反应，企业资源计划，分销需求计划，协同计划，预测和补货系统，数字孪生

导入案例

宝洁的供应链快速反应策略

宝洁是全球的日用消费品公司巨头之一，在其日常经营活动中坚持以降低存货水平作为其降低供应链成本为主要手段，根据对中国消费市场的洞察，制定了三大供应链快速反应策略如下。

1. 网络优化，极速响应

近年来，宝洁物流面临着一个新的市场环境：第一，随着企业运营业务的不断扩大，物流和供应链的覆盖范围扩大，管理的复杂性增加；第二，由于市场的可变性和客户需求的个性化和多样化趋势，物流服务应具有良好的灵活性，以适应企业内部和外部各种因素的变化；第三，企业之间的竞争已经从产品竞争转向服务竞争。物流作为企业的"第三利润来源"，需要通过多种方式降低物流成本，改善客户服务，增强企业竞争力。

为了更好地服务于全域零售业务复杂多变的需求场景，宝洁对全域业务进行系统梳理，从过去单一的一级分销中心供应链升级为两个层级的动态网络架构：第一层为建设大型物流管理系统中心，打造一体化和多业态的新制造中心；同时兴建第二层网络，建立区域性灵动的前置分销中心，这个新的双层网络结构让产品离消费者更近，通过更高效的物流，极大地提升了服务消费者的时效。在新的物流管理系统下，零售商可以订购由不同类型的宝洁品牌产品组成的成品。选择组合订单的客户可以更好地控制库存结构，因为他们只需要在需要时收集所需产品的数量。通过对整个供应链的数据应用，可以改善终端需求，顾客也能订购更少的货物而不会面临脱销。通过数字化物流管理系统，宝洁重组并优化了端到端需求计划、订单计划、物流模型和绩效方法，更好地满足了关键业务场景的需求。这种全方位的网络布局也使得宝洁的物流配送网络和客户的物流网络高度重叠、距离更短、灵活性更强。

2. 数字管理，决策提速

在升级供应网络和智能制造的同时，宝洁继续进一步推进全链路数字化管理。第一步是整合，宝洁在中国已经建立了一个供应链数字化运营研究中心，将分布在全国乃至亚洲各地的规划系统整合在广州总部，并通过一个中心枢纽管理整个中国的业务运营。综合运筹中心促进资源整合和流程标准化，为全链路数字化管理奠定基础。第二步是建立一个数字化系统，用于整个环节的可视化运行，以便实时查看供应链的端到端运行状态，以及订单履行率、库存、成本和运输效率等供应链 KPI。这种全链路数字化管理大大减少了搜索数据和通信的时间，并加快了决策速度和提高了决策质量。全链路协同一直是宝洁供应链的核心策略，所有供应链活动都以消费者为中心，并通过消费者的节奏带动整个供应链的快速反应，为消费者和供应链企业创造最大价值。

3. 千场千链，及时服务

当前企业供应链面临的挑战是不断变化的需求场景，在宝洁看来，供应链不只是一串把不同的参与者串在一起的链条，而是一个开放的、无限的生态系统。供应链的最大值不是单个节点的最大值之和，它需要跨越式的连接、突破性的创新和更开放的价值创造。现在，宝洁通过供应链管理系统的助力，可以实现千场千链，一千个不同的供应场景和一千种不同的供应链解决方案。供应场景做到可视化数字化，使用不同维度的数字标签，从而实现非常精准化的运作。以履约为例，过去，产品性能路径是固定的，从工厂到配送中心再到客户。现在，宝洁的计划和运营研究中心可根据供应链管理系统提供的订单结构、不同网点的库存以及供应链的响应能力，将每个订单动态分配到最优路径。此外，在宝洁旗舰店，基于对消费者订单结构的模拟，数千种商品使用了多样化的供应链，并使用了多级动态仓库网络，以实现更好的全链路成本和及时性服务。

通过上述三大供应链快速反应策略，以供应链、物流等数字化系统为助力，宝洁形成了一体化、多业态的柔性供应链体系，实现体系的创新升级，提升全链路商业效率。

（资料来源：中国物流网，有改动）

> **? 思考**
>
> 宝洁的供应链是如何实现快速反应的？
>
> **解析**
>
> 根据供应链快速反应的含义、特点进行分析。

6.1 快速反应

6.1.1 快速反应的含义及产生背景

快速反应（Quick Response，QR）是指在供应链中，为实现共同的目标，零售商和制造商建立战略伙伴关系，使用电子数据交换（Electronic Data Interchange，EDI）等信息技术，进行销售时点的信息交换及订货补充等其他经营信息的交换，用多频度小数量配送方式连续补充商品，以实现缩短交货周期、减少库存、提高客户服务水平和企业竞争力的供应链管理技术。QR 源自美国纺织服装业，由于美国纺织服装的进口急剧增加，对本地纺织服装企业形成了严重威胁。为此，一些主要的经销商成立了"用国货为荣委员会"，通过媒体宣传国产纺织品的优点，采取共同促销活动，同时委托零售业咨询公司 Kurt Salmon 开展提高竞争力的调查。Kurt Salmon 在经过大量充分的调查后指出，虽然纺织产业供应链各环节的企业都十分注重提高各自的经营效率，但是供应链整体的效率却并不高。为此，Kurt Salmon 公司建议零售业者和纺织服装生产厂家合作，共享信息资源，建立一个快速反应系统以获得销售额增长，实现投资收益率和客户满意度最大化及库存量、商品缺货、商品风险和减价最小化的目标。此后，QR 概念开始在纺织服装等行业广泛普及、应用。其中，沃尔玛是最早推行 QR 的先驱，在纺织品领域，该公司与休闲服生产商塞米诺尔和面料生产商米尼肯公司结成了供应链管理体系。通过多年努力，沃尔玛将零售店商品的进货和库存管理职能转移给供应方（生产厂家），由供应方对沃尔玛的流通库存进行管理和控制，即采用供应商管理库存方式。供应商通过信息管理系统对沃尔玛流通中心存放的本公司商品进行分析，把握商品的销售和库存动向。在此基础上，决定什么时间，将什么类型的商品，以什么方式向沃尔玛发货，并采用连续补充库存方式，从而不仅减少了本公司的库存，还减少了沃尔玛的库存，实现了整个供应链的库存水平最小化。

> **阅读拓展**
>
> **沃尔玛的 QR 策略**
>
> 沃尔玛是推行 QR 的先驱。在纺织品领域，沃尔玛与休闲服装生产商塞米诺尔公司和面料生产商米尼肯公司开展合作，结成了供应链管理体系——垂直型的 QR 系统，当时的合作领域是订货业务和付款通知业务。通过 EDI 系统发出订货明细清单和付款通知来提高订货速度和准确性，并节约相关作业成本。该 QR 体系的形成起到了良好的作用，大大提高了参与各方的经管绩效，有力地提升了相关产品的竞争力，起到了良好的带动和示范作用。

更为重要的是,沃尔玛通过自身的 QR 实践,大大推动了供应链管理中各种运作体系的标准化。为促进行业内电子化商务的发展,沃尔玛公司与行业内的其他商家一起倡导并建立了美国产业协同商务标准协会(Voluntary Inter-industry Commerce Solutions Association,VICS),制定了行业统一的 EDI 标准和商品识别标准,即 EDI 的 ANSLX12 标准和商品条形码。沃尔玛基于行业统一标准设计出 POS 数据的输送格式,通过 EDI 系统向供应方传送 POS 数据。供应方基于沃尔玛传送来的 POS 信息,可及时了解沃尔玛公司商品销售的动向,并及时调整生产计划和材料采购计划。供应方利用 EDI 系统在发货前向沃尔玛公司传送预发货清单(Advanced Shipping Notice,ASN),基于此,沃尔玛可以事先做好进货准备工作,同时省去货物数据的输入工作,使商品检验作业简单化。沃尔玛在接收货物时,用扫描读取机器读取包装箱上的物流条形码,将扫描读取机器读取的信息与预先存储在计算机内的进货清单,即预发货清单进行核对,判断到货和发货清单是否一致,从而简化了检验作业。在此基础上,利用电子资金转账(Electronic Funds Transfer,EFT)向供应方支付货款,同时只要将 ASN 数据和 POS 数据进行比较,就能迅速知道商品库存的信息。这样做的结果使沃尔玛公司不仅节约了大量事务性作业成本,而且压缩了库存,提高了商品周转率。

沃尔玛实施 QR 系统的成功及美国纺织服装业各民间团体的努力,大大推动了 QR 在美国纺织服装行业和各企业的应用、普及。日本是继美国之后大力发展 QR 的国家之一。在美国实施 QR 后,日本许多纤维、衣料品工厂和机械厂也努力进行 QR 的应用。

6.1.2 QR 的实施步骤

QR 的实施需要经过 6 个步骤,每个步骤都需要前一个步骤作为基础,并比前一个步骤有更高的回报,但是需要额外的投资。

1. 安装使用条形码和 EDI

零售商首先必须安装通用产品代码(Universal Product Code,UPC)、销售时点(Point of Sale,POS)扫描和 EDI 等技术设备,以加快 POS 扫描速度,获得更准确的销售数据并使信息沟通更加畅通。POS 扫描用于数据输入和数据采集,即在收货检查时用光学方式阅读条形码,然后将条形码转换成相应的商品代码。EDI 在计算机间交换商业单证,需遵从一定的标准,EDI 要求公司将其业务单证转换成行业标准格式,并传输到某个增值网络(Value Added Network,VAN)。贸易伙伴在 VAN 上接收到这些单证,然后将其从标准格式转为自己系统识别的格式。可传输的单证包括订单、发票、订单确认、销售和存货数据及预运输通知等。许多零售商和厂商都了解 EDI 的重要性,所以已经实施了一些基本的交易(如采购订单、发票等)EDI 业务,而且很多大型零售商也强制其厂商实施 EDI 来保证快速反应。

2. 固定周期补货

QR 的自动补货要求供应商更快、更频繁地运输重新订购的商品,以保证店铺不缺货,从而提高销量。通过对商品实施快速反应并保证这些商品能敞开供应,零售商的商品周转速度更快，客户可以选择更多的花色品种。自动补货是指商品销售预测的自动化。自动补货在过去和目前销售数据及其可能变化的基础上使用软件进行定期预测，同时考虑目前的存货情况和其他一些因素，以确定订货量。自动补货是零售商、批发商在仓库或店内进行的。

3. 建立先进的补货联盟

这是为保证补货业务的流畅。零售商和消费品制造商联合起来检查销售数据，制订关于未来需求的计划和预测，在保证有货和减少缺货的情况下降低库存水平，还可以进一步由消费品制造商管理零售商的存货和补货，以加快库存周转速度，提高投资毛利率。投资毛利率是实际销售商品实现的毛利除以零售商的库存投资额。

4. 进行零售空间管理

这是指根据每个店铺的需求模式来规定其经营商品的花色品种和补货业务。一般来说，对于花色品种、数量、店内陈列及培训或激励售货员等决策，消费品制造商也可以参与制定决策。

5. 联合产品开发

这一步的重点不再是一般商品和季节商品，而是像服装等生命周期很短的商品。厂商和零售商联合开发新产品，其关系的密切程度超过了购买与销售的业务关系，缩短了从新产品概念到新产品上市的时间，而且经常在店内对新产品实行试销。

6. 快速反应的集成

通过重新设计业务流程，将前 5 个步骤的工作和企业的整体业务集成起来，以支持企业的整体战略。这一步要求零售商和消费品制造商重新设计其整个组织、业绩评估系统、业务流程和信息系统，设计的中心围绕着客户而不是传统的企业职能，要求拥有集成信息技术。

6.1.3 实施 QR 成功的前提

1. 改变传统的经营运作方式

改变传统的经营运作方式，革新企业的经营意识和组织，具体表现在以下 5 个方面。

① 企业必须改变只依靠本企业独自的力量来提高经营效率的传统经营意识，要树立通过与供应链各方建立合作伙伴关系，努力利用各方资源来提高经营效率的现代经营意识。

② 零售商在垂直型 QR 系统中起主导作用，零售店铺是垂直型 QR 系统的起始点。

③ 在垂直型 QR 系统内部，通过 POS 数据等销售信息和成本信息的相互公开和交换来提高各个企业的经营效率。

④ 明确垂直型 QR 系统内各个企业间的分工协作范围和形式，消除重复作业，建立有效的分工协作框架。

⑤ 通过利用信息技术实现事务作业的无纸化和自动化，改变传统的事务作业的方式。

2. 上下游企业相关各方建立战略伙伴关系

与供应链各方建立战略伙伴关系的具体内容包括以下两个方面：一是积极寻找和发现战略合作伙伴，二是在合作伙伴之间建立分工和协作关系。合作的目标是既要削减库存，又要避免缺货现象的发生，降低风险，避免大幅降价现象的发生，减少作业人员和简化事务性作业等。

3. 开发利用现代化信息处理技术

这是成功进行 QR 活动的前提条件，这些信息技术有条形码技术、物流条形码技术、电子订货系统、POS 数据读取系统、EDI 系统、预发货清单技术、电子资金支付系统、供应商管理库存方式、连续库存补充管理等。

4. 供应方必须缩短生产周期和降低商品库存

供应方应该努力做到：① 缩短商品的生产周期；② 进行多品种少批量生产和多频度小数量配送，降低零售商的库存水平，提高客户服务水平；③ 在商品实际需要将要发生时，采用准时制（Just In Time，JIT）生产方式组织生产，减少供应商自身的库存水平；④ 改变传统的对企业商业信息保密的做法，将销售信息、库存信息、生产信息、成本信息等与合作伙伴交流分享，并在此基础上，要求各方一起发现问题、分析问题和解决问题。

6.1.4　QR 的应用案例

以太平鸟服饰公司（以下简称"太平鸟"）的 QR 应用为例。太平鸟进行新零售转型，线下打造智慧门店，线上与天猫开启全方位合作。太平鸟的创新策略重点包括 4 个方面：观念创新、供应链创新、渠道创新和营销创新。

1. 观念创新：用户中心，以销定产

太平鸟从基于传统流量思维向用户思维转变，形成以用户为中心，以用户需求为驱动的新零售，以销定产，按需供应，满足客户个性化需求，提供更好的消费体验。太平鸟以自有品牌专业零售商经营模式为基础，以客户价值创造为核心，注重打造商品端和零售端的核心竞争力，持续进行数字零售创新和转型。太平鸟各品牌均设有独立的商品企划和产品研发部门，密切协作，集成开发。坚持"直营+加盟+电商"的全网协同零售模式，多通路立体触达客户。全产业链以客户需求为核心，数字贯穿始终，终端零售数据在平台上快速流转，及时指导公司各部门进行商品开发、生产供应、物流、营销、零售，提升各部门与客户的链接和互动，提高运营效能和效率。

2. 供应链创新：数据共享，快速反应

太平鸟以数据共享、快速反应为导向进行供应链创新，通过应用 RFID 技术，采集服装试衣数据，同时为更好地获取客户的数据并服务于客户，积极尝试应用智能货架和智能客服等新技术。公司对商品深度管理，通过 AI 算法帮助企业降低门店的库存，更好地实现货品补仓、门店实时补货等。太平鸟基于人工智能对自身数据进行不同维度的分析，总结各类最优数据。例如，最优试销门店、最优补货策略、最优调价时机等，最终实现对商品管理的深度升级。

3. 渠道创新：全渠道、全域运营

太平鸟以全渠道、全域运营策略为主导，开启线上线下一体化的运营策略，打造新零售智慧门店，为消费者提供全方位、一体化、重体验的购物环境，优化用户体验；同时，与阿里进行新零售战略合作，从而推动线上线下全域打通和运营；在消费升级的趋势下，

零售渠道升级为街店、购物中心、百货商场、奥莱、电商"新四轮立体渠道"模式。

4. 营销创新：引领潮流，聚焦时尚

太平鸟以聚焦时尚新生代进行品牌发展和推广。公司聚焦于培育时尚品牌、设计开发时尚商品，持续提升商品时尚度与惊喜感，努力成为"中国时尚新生代的首选品牌"。

6.2 有效客户反应

6.2.1 有效客户反应的含义、产生背景及特点

1. 有效客户反应的含义

有效客户反应（Efficient Consumer Response，ECR）也称高效客户响应，是以满足客户要求和最大限度降低物流过程费用为原则，及时做出准确反应，使提供的物品供应或服务流程最佳化的一种供应链管理技术。ECR 是从美国食品杂货业发展起来的一种供应链管理技术，是一种通过制造商、批发商和零售商各自经济活动的整合，以最低的成本，最快、最好地满足客户需求的流通模式。

ECR 的优点在于供应链各方为提高消费满意度这个共同的目标进行合作，分享信息和诀窍。ECR 是一种把以前处于分离状态的供应链联系在一起来满足客户需要的工具，ECR 活动主要由贯穿供应链各方的 4 个核心过程组成，如图 6-1 所示。

ECR 主要集中在以下 4 个领域。

① 高效的新产品导入。正确分析和把握客户的需求是 ECR 的核心。ECR 能够帮助供应商和零售商更有效地开发新产品。

② 高效的店铺配置。运用 ECR 系统，提高货物的配送效率，使库存和商店空间的使用率最优化。在有限的店铺空间内，选择最佳的陈列方式，增加畅销商品，减少滞销商品。

③ 高效的促销。运用 ECR 系统可以提高仓储、运输、管理和生产效率，提升促销效果。

④ 高效的补货系统。运用 ECR 系统，包括电子交换数据（EDI）、以需求为导向的自动连续补货和计算机辅助订货系统，可以使补货的时间和成本最优化。

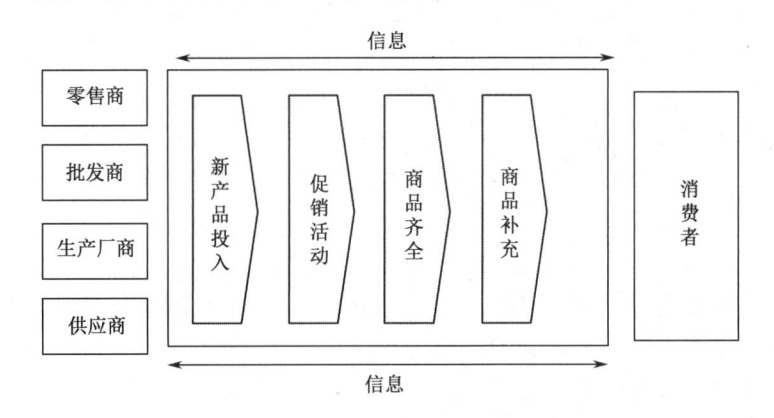

图 6-1 ECR 的供应链过程

2. 产生背景

（1）零售业态间竞争激化

ECR 最初产生时，美国食品杂货行业中出现了一些新型的零售业态，并且得到了迅速发展，成为食品零售市场中的主要竞争者，这种新型的食品零售业态主要是批发俱乐部和仓储式商店，它们强调的是每日低价、绝对净价进货及快速的商品周转，这样无疑大大削弱了超市的竞争优势。针对这种情况，美国食品杂货行业开始了 ECR 的实践和探索，并最终形成供应链构建的高潮。

（2）日益膨胀的促销费用和大量进货造成成本高昂

在传统的经营体制中，各企业为保持自己的销售额和不断增长的市场份额，纷纷采取直接或间接的方法调整降低商品销售的价格或经销价，其结果是生产商的负担加重，各种促销活动日益损害了生产企业的利益。由于 ECR 的推行能够有效地避免无效商品的生产、经营，提高产销双方的效率，所以 ECR 的推行吸引了大量生产企业的加入。

（3）产销合作或供应链构建的呼声越来越高

随着产销合作或供应链构建的呼声越来越高，特别是 QR 和战略联盟的日益发展，生产企业与零售商直接交易的现象越来越普遍。与此同时，批发业日益萎缩，产销之间开始在交易中排除批发商环节。但 ECR 在推行过程中，并不是盲目地排斥批发商，而是通过批发商经营体系的改造和现代经营制度的建立，将其有机地纳入供应链管理的构建中。ECR 是真正实现以客户为核心，转变制造商与零售商买卖对立的关系，实现供应与需求一整套流程转变的有效途径，日益被制造商和零售商重视。

3. ECR 的特点

（1）重视采用新技术、新方法

首先，ECR 系统采用了先进的信息技术，在生产企业与流通企业间开发了一种利用计算机技术的自动订货（Computer Assisted Ordering，CAO）系统。CAO 系统通常与 POS 系统结合使用，利用 POS 系统提供的商品销售信息将订货要求自动传向配送中心，由该中心自动发货，这样就可能使零售企业的库存降至为零状态，并减少了从订货至交货的周期，提高了商品鲜度，减少了商品破损率。同时，还可使生产商以最快捷的方式得到自己的商品在市场上是否适销对路的信息。

其次，ECR 系统还采用了两种新的管理技术和方法，即种类管理和空间管理。种类管理的基本思想是不从特定品种的商品出发，而是从某一种类的总体上考虑收益率最大化。就软饮料而言，不考虑其品牌，而是从软饮料这一大类上考虑库存、柜台面积等要素，按照投资收益率最大化原则安排品种结构。其中，有些品种能赢得购买力，另一些品种能保证商品收益，通过相互组合既满足了客户需要，又提高了店铺的经营效益。空间管理指促使商品布局、柜台设置最优化。过去许多零售商也注意到此类问题，不同点在于，ECR 系统的空间管理是与种类管理相结合的，通过两者的结合，实现单位销售面积的销售额和毛利润的提高，因而可以取得更好的效果。

（2）建立了稳定的伙伴关系

在传统的商品供应体制上，生产者、批发商、零售商联系不紧密或相互间较为紧密，发生的每一次订货都有很大的随机性，这就造成生产与销售之间商品流动的极不稳定性，增加了商品的供应成本。而 ECR 系统恰恰克服了这些缺点，在生产者、批发商、零售商之间建立了一个连续的、闭合式的供应体系，改变了相互敌视的心理，使它们结成了相对稳定的伙伴关系，克服了商业交易中的钩心斗角，实现了共存共荣，是一种新型的产销同盟和产销合作形式。

（3）实现了非文书化

ECR 系统充分利用信息处理技术，使产、购、销各环节的信息传递实现了非文书化。无论是企业内部的文件处理，还是企业之间的订货单、价格变更、出货通知等文书都通过计算机间的数据交换进行自动处理。由于利用了电子数据交换，生产企业在出货的同时就可以把出货的内容电传给进货方，作为进货方的零售企业只要在货物运到后，扫描集运架或商品上的二维码就可以完成入库验收等处理工作。由于全面采用了电子数据交换，可以根据出货明细自动地处理入库，从而使处理时间近似为 0，这对于迅速补充商品、提高预测精度、大幅降低成本起到了很大作用。

6.2.2 ECR 系统的实施原则和阶段

1. ECR 实施的五大原则

① 以较低的成本，不断致力于向客户提供性能更优、质量更高、品种更多的产品，以及更好、更便利的服务。

② 必须有相关的商业巨头带动。通过经营联盟的双赢来代替传统供销的输赢关系。

③ 必须利用准确、适时的信息支持有效的市场、生产及物流决策。这些信息将以 EDI 的方式在贸易伙伴间自由流动，在企业内部将通过计算机系统得到充分、高效的利用。

④ 产品必须以最大的增值过程进行流通，以保证在适当的时候得到适当的产品。

⑤ 必须采用一致的工作业绩考核和奖励机制。它着眼于供应链系统整体的效益，即通过减少开支、降低库存及更好的资产利用来创造更高的价值，明确可能的收益，并且合理地分配这些收益。

2. ECR 实施的四大阶段

（1）供应链系统构建

主要是供应链系统的优化，是在物流和信息上的交互、存货管理。这个阶段比较重要的是电子数据交换。从补货体系来看，零售商的订单通过一个平台发给供应商，供应商通过平台看到自己的存货，从而判断需不需要补货。电子数据交换在生产商和零售商之间的应用呈现上升的趋势；客户导向订货现在还做不到，这是相对比较高级的阶段；持续补货目前一般零售商都实现了；高效卸货说起来比较简单，但其实还是比较复杂的，它主要强调的是配送环节。

（2）品类管理

通过品类管理，将管理重点从成本缩减转移至利润增长，提升客户满意度、市场份额、盈利能力、客户忠诚度，这要求供应商和零售商双方合作。品类管理涉及补货、促销、有效的门店品类组合、有效的新品引进等。如果品类管理的思想能够得以贯彻，所谓渠道为王的概念将不再存在，因为在这里没有谁是胜者，只有双赢。

（3）激发客户热情

品类管理相对来说比较数据化，它是从现有需求来考虑的，在这个阶段需要激发客户热情，并使其有一个长期的满意度。客户最大的期望是企业了解自己并给予满意的服务，企业需要建立与客户持久的供需关系，加强客户对企业商品的信任。

（4）强调客户价值，强调品牌。

对生产商和零售商来说，要考虑资源的整合，毕竟资源是有限的。同时，管理水平也要有所增长，管理水平和知识的增长，必须超越销售额的增长，这样的增长才比较有效。客户价值有两个方面：价值输出和价值导入。企业传导的价值和客户接受的价值是不一样的，在价值传导过程中，第一个阶段结果是供应链成本降低，第二个阶段结果是销售额和毛利率增长，第三个阶段的结果是以有效的需求整合获得更大的购买力，第四个阶段的结果是购物观念改变，需求增长。总的来说，实施这 4 个阶段的效果是价值得到有效传导。

6.2.3　ECR 系统构建技术

ECR 系统将营销技术、物流技术、信息技术和组织革新技术有机结合起来作为一个整体使用，以实现 ECR 的目标，如图 6-2 所示。

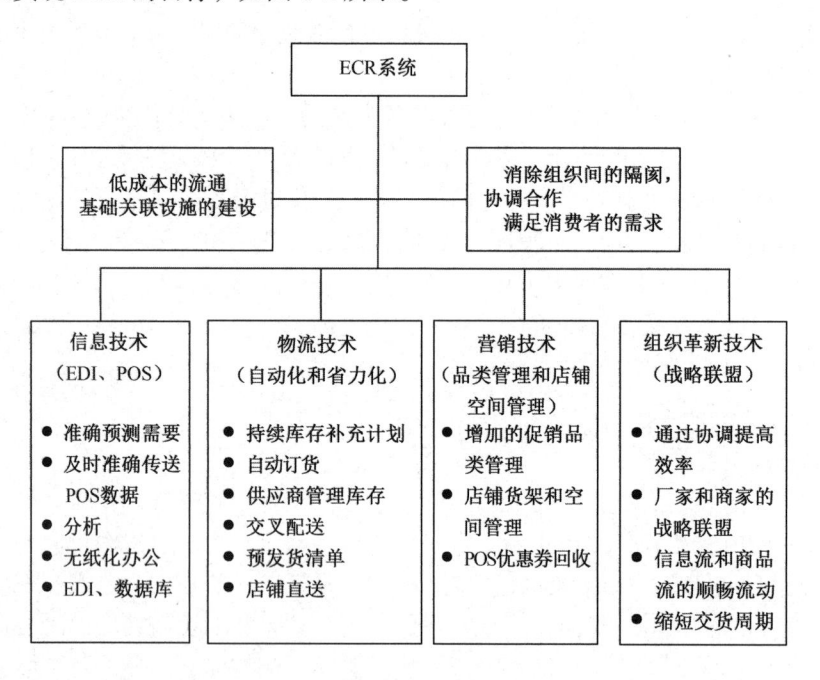

图 6-2　ECR 系统的构造

1. 营销技术

在 ECR 系统中采用的营销技术主要是品类管理和店铺空间管理。店铺空间管理是对店铺的空间安排、各类商品的展示比例、商品在货架上的布置等进行最优化管理，店铺空间管理和品类管理同时进行、相互作用。ECR 系统对该店铺所有类别的商品进行货架展示和面积的分配，对每个类别下不同品种的商品进行货架展示、面积分配和展示布置，以便提高单位营业面积的销售额和单位营业面积的收益率。

2. 物流技术

ECR 系统要求配送及时和顺畅流动。实现这一要求的方法有持续库存补充计划（Continuous Replenishment Program，CRP）、CAO、ASN、VMI、交叉配送（Cross Docking，CD）、店铺直送（Direct Store Delivery，DSD）等。

① CRP 利用及时准确的 POS 数据确定销售出的商品数量，根据零售或批发商的库存信息和预先规定的库存补充程序确定发货补充数量和发送时间，以小批量多频度方式进行持续配送，补充零售店铺的库存，提高库存周转率，缩短交货周期、时间。

② CAO 是基于库存和需要信息利用计算机进行自动订货的系统。

③ ASN 是生产厂家或批发商在发货时利用电子通信网络提前向零售商传送货物的明细清单。

④ VMI 生产厂家等上游企业对零售商等下游企业的流通库存进行管理和控制。

⑤ CD 是在零售商的流通中心，将来自各个供应商的货物按发送店铺迅速进行分拣装车，向各个店铺发货。交叉配送示意如图 6-3 所示。

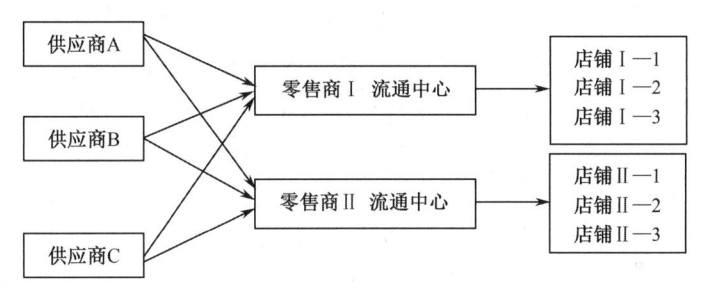

图 6-3 交叉配送示意

⑥ DSD 方式是指商品不经过流通配送中心，直接由生产厂家运送到店铺的运送方式。店铺直送示意如图 6-4 所示。

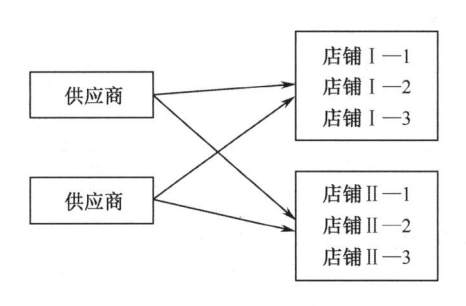

图 6-4 店铺直送示意

3. 信息技术

ECR 系统应用的信息技术主要有 EDI 和 POS。信息技术最大的作用之一是实现事务作业的无纸化或电子化，使用 EDI 在供应链企业间传送交换订货发货清单、价格变化信息、付款通知单等文书单据。另外，使用 EDI 可以在供应链企业间传送交换销售时点数据、库存信息、新产品开发信息和市场预测信息等直接与经营有关的信息。对零售商来说，通过对在店铺收银台自动读取的 POS 数据进行整理分析，可以掌握客户的购买动向，找出畅销商品和滞销商品,做好商品类别管理;可以使用 POS 数据做好库存管理、订货管理等工作。对生产厂家来说,通过 EDI 使用及时准确的 POS 数据,可以把握客户需要,制订生产计划,开发新产品,还可以将 POS 数据和 EOS 数据结合起来,分析把握零售商的库存水平,实施 VMI 策略。

4. 组织革新技术

ECR 系统不仅需要组成供应链的每一个成员紧密协调和合作,还需要每一个企业内部各个部门间紧密协调和合作,因此,成功地应用 ECR 需要对企业的组织体系进行革新。在企业内部的组织革新方面,需要将采购、生产、物流、销售等按职能划分的组织形式改变为以商品流划分的组织形式。在组成供应链的企业间需要建立双赢型的合作伙伴关系。在前面已经谈到,ECR 是供应链各方通过推进真诚合作来实现客户满意和实现基于各方利益的整体效益最大化的过程,这就引申出一个问题,即由供应链全体协调合作所产生的利益如何在各个企业间进行分配。为解决这个问题,需要搞清楚什么活动带来多少效益,什么活动耗费多少成本。为此,需要将按部门和产品区分的成本计算方式改变为基于活动的成本计算方式(ABC 方式)。ABC 方式将成本按活动进行分摊,确定每个活动在各个产品上的分配比例,以此为基础计算出产品的成本。同时进行基于作业管理(Activity-Based Management,ABM),即改进活动内容,排除不需要的无效率活动,从而减少成本。

6.2.4 ECR 系统的应用案例

以华联超市的 ECR 应用为例。作为我国"连锁超市第一股"的上市公司,华联超市的经营业绩保持着稳定的增长,从其 ECR 应用上可以看出一些特色。

1. 采购管理

在华联超市,物流管理系统和计算机信息系统作为一个平台,为采购工作提供了强有力的支持。华联超市位于上海的配送中心实现了仓储立体化、装卸搬运机械化、华联物流电子化、物流管理条码化与配送过程无纸化等功能。华联超市还与中远集装箱运输有限公司共同开发了北京配送中心,在南京建成了区域性配送基地,逐渐形成的物流网络在采购流程中起到的强大作用日益体现出来。

随着华联超市的发展,全国各地子公司、大卖场越来越多,为保证连锁的规模效益,并控制采购成本,保证采购质量,维护供应商的权利,华联超市进一步实施集中采购,提升采购工作的集约度,同时也保持了各地子公司与大卖场的灵活性,以达到采购成本最低、经营效益最佳。华联超市拥有一个全国采购网络,形成了双向或多向物流体系,供应链管理的水平已经达到一定水平。

为保证华联超市采购资金运行的有效性和安全性,也为确保供应商的权利得到充分保障,华联超市成立了全国结算中心,全面推出采购付款统一结算,得到了供应商的一致好评。全国统一采购和全国统一结算相辅相成,它们的推出完善了华联超市以财务控制为主轴的综合采购运营体系,实现了供需双方双赢。

2. 品类管理

华联超市在品类管理方面的实践主要包含品类优化和货架管理两部分。品类优化是通过科学评估零售商品类别及各规格的销售业绩,比照市场数据做出的品类规格决策。货架管理则是在各规格商品销售份额基础上合理安排货架。根据门店规模及现有货架的不同，对众多门店进行了分类，并针对不同类型的门店进行了品类的优化和货架的管理。在对洗发水品类的测试与推广中，取得了十分明显的效果。据对50家测试门店的统计，品类管理成功地降低了品类的总脱销率（由11%降至5%），洗发水品类销量当月提高7%。考虑到连锁超市企业各单体门店位置、经营面积的差异性，门店营促销活动的频繁及门店执行质量的控制等因素后，华联超市对门店品类优化、货架管理、商品组织表及配置表等方面进一步进行探索。

首先，相关管理部门利用不同的渠道收集市场销售数据，对各品类内各规格商品进行排名，评估各规格商品对整个品类的意义和销售潜力，对客户购买行为和决策进行研究，最后对各规格商品做出不同决策。在品类优化的基础上，华联超市根据商品的销量排行、20-80法则（也称二八法则）下的20商品、对供应商的承诺三个因素进行商品配置，并对每张配置表进行排放试验，规定了每个商品的排面、高度和深度数量。华联超市重点加强对大卖场系统的品类管理研究，首先做出更为细致的商品组织表，然后做出针对不同类型商场、不同地域的商品配置表，从商品分类抓采购业务和门店管理业务，已取得了一定的成效。

3. 库存管理

华联超市对配送中心与各门店的库存管理提出了更高的要求，期望达到库存成本和服务水平的最佳平衡点。依托超市的业务和物流信息系统，华联超市推行"零库存"管理，同时实行24小时的即时配销制度，取消店内小仓库，大大降低了库存水平。华联超市还拥有一个"零库存"的生鲜食品加工配送中心，该配送中心实施一天24小时全天候的整箱和拆零商品的配送。华联与供应商紧密合作，建立EDI自动补货系统，并要求供应商全面配置计算机，由华联超市安装EDI接口，实现华联超市与供应商网络库存信息的交换，实现有效的客户快速反应，以削减整体成本，提升供应链的整体效率。

零售企业只有不断地满足客户的需求，才有可能立于不败之地。ECR的核心是要求供应商和零售商共同关注客户的需求并为之做出努力，让客户少付出金钱、时间、精力和风险，而获得更好的品质、更新的创意、更多的信息和更方便新鲜的食品。华联超市在ECR的应用上还将付出更大的努力。

6.3 企业资源计划

6.3.1 企业资源计划的管理理念

1. 企业资源计划概述

ERP系统是指建立在信息技术基础上，以系统化的管理思想，为企业运行提供决策依据的管理技术。ERP系统也是实施企业流程再造的重要工具之一，是整合了企业管理理念、业务流程、基础数据、人力物力、计算机硬件和软件于一体的企业资源管理系统。

ERP系统的主要宗旨是对企业所拥有的人、财、物、信息、时间和空间等综合资源进行综合平衡和优化管理，协调企业各管理部门，围绕市场导向开展业务活动，提高企业的核心竞争力，从而取得最好的经济效益。所以，ERP系统首先是一个软件，同时是一个管理工具。它是IT技术与管理思想的融合体，也就是先进的管理思想借助计算机来达成企业的管理目标。ERP 系统强调对企业管理的事前控制，将设计、制造、销售、运输、仓储和人力资源、工作环境、决策支持等方面的作业，看作一个动态的、可事前控制的有机整体。ERP 系统将上述各个环节整合在一起，它的核心是管理企业现有资源，合理调配和准确利用现有资源，为企业提供一套能够对产品质量、市场变化、客户满意度等关键问题进行实时分析、判断的决策支持系统。企业通过实施 ERP，确保企业的交期、质量、成本（TQC）的控制与保证能力，从而提高企业管理水平，提升企业竞争力和企业经济效益，实现企业利润最大化。

2. ERP 系统的管理理念

① 体现了对整个供应链系统进行有效管理的思想，实现了对整个供应链上的人、财、物等所有资源及其流程的管理。

② 体现了精益生产、同步工程和敏捷制造的思想。面对激烈的竞争，企业需要运用并行工程组织生产和敏捷制造，保持产品高质量、多样化、灵活性，实现精益生产。

③ 体现事先计划与事中控制的思想。ERP 系统中的计划体系主要包括生产计划、物料需求计划、能力需求计划等。

④ 体现业务流程管理的思想。为提高企业的竞争优势，必然需要对企业业务流程进行改造，而 ERP 系统应用程序的使用也必须随业务流程的变化而相应调整。

> **知识链接**
>
> ### ERP 的提出
>
> ERP 系统由美国著名管理咨询公司 Gartner Group 提出，最初被定义为应用软件，并迅速为全世界商业企业所接受，现已经发展成现代企业管理理论之一。ERP 以系统化的管理思想，为企业提供决策依据。ERP 系统也是实施企业流程再造的重要工具之一，属于大型制造业使用的企业资源管理系统。Gartner Group 提出 ERP 系统具备的功能标准应包括以下 4 个方面。
>
> ① 超 MRP 范围的集成功能，包括质量管理、流程作业管理、配送管理、产品数据管理、维护管理、管制报告和仓库管理。
>
> ② 支持混合方式的制造环境，包括既可支持离散又可支持流程的制造环境，按照面向对象的业务模型组合业务过程的能力和国际范围内的应用。
>
> ③ 支持能动的监控能力，提高业务绩效，包括在整个企业内采用控制和工程方法、模拟驱动、决策支持和用于生产及分析的图形能力。
>
> ④ 支持开放的客户机/服务器计算环境，包括客户机/服务器体系结构、图形客户界面（Graphical User Interface，GUI）、计算机辅助软件工程（Computer Aided Software Engineering，CASE）、面向对象技术，使用结构化查询语言（Structured Query Language，SQL）对关系数据进行查询，内部集成的工程系统、商业系统、数据采集和外部集成。
>
> ERP 是对 MRPII 的超越，从本质上看，ERP 仍然以 MRPII 为核心，但在功能和技术上却超越了传统的 MRPII，它是客户驱动的、基于时间的、面向整条供应链的管理方法。

6.3.2 ERP系统的主要模块

1. 财务管理模块

企业中清晰分明的财务管理是极其重要的。所以，ERP系统中财务管理是不可或缺的一部分。ERP中的财务模块与一般的财务软件不同，它与其他模块有相应的接口，能够相互集成，例如，它可将由生产活动、采购活动输入的信息自动计入财务模块生成总账、会计报表。财务管理模块分为会计核算与财务管理两部分。

（1）会计核算

会计核算主要是记录、核算、反映和分析资金在企业经济活动中的变动过程及其结果，由总账、应收账、应付账、现金管理、固定资产核算、多币制等模块构成。

① 总账模块。它的功能是处理记账凭证输入、登记，输出日记账、一般明细账及总分类账，编制主要会计报表。它是整个会计核算的核心，应收账、应付账、固定资产核算、现金管理、工资核算、多币制等各模块都以其为中心来互相传递信息。

② 应收账模块。它是指企业应收的由于商品赊欠而产生的正常客户欠款账，包括发票管理、客户管理、付款管理、账龄分析等功能。它和客户订单、发票处理业务相联系，同时将各项事件自动生成记账凭证，导入总账。

③ 应付账模块。会计里的应付账是企业应付购货款等账，包括发票管理、供应商管理、支票管理、账龄分析等。它能够与采购模块、库存模块完全集成，以替代过去烦琐的手工操作。

④ 现金管理模块。它主要是对现金流入/流出的控制、零用现金及银行存款的核算，包括对硬币、纸币、支票、汇票和银行存款的管理。在ERP系统中提供了票据维护、票据打印、付款维护、银行清单打印、付款查询、银行查询和支票查询等与现金有关的功能。此外，它还与应收账、应付账、总账等模块集成，自动产生凭证，导入总账。

⑤ 固定资产核算模块。即完成对固定资产的增减变动及折旧、有关基金计提和分配的核算工作。它能够帮助管理者对目前固定资产的现状有所了解，并能通过该模块提供的各种方法来管理资产，以及进行相应的会计处理。它的具体功能有登录固定资产卡片和明细账，计算折旧，编制报表，以及自动编制转账凭证并转入总账。它和应付账、成本、总账模块集成。

⑥ 多币制模块。这是为适应当今企业的国际化经营，对外币结算业务的增多而产生的。多币制将企业整个财务系统的各项功能以各种币制来表示和结算，且客户订单、库存管理及采购管理等也能使用多币制进行交易管理。多币制和应收账、应付账、总账、客户订单、采购等各模块都有接口，可自动生成所需数据。

⑦ 工资核算模块。它自动进行企业员工的工资结算、分配、核算及各项相关经费的计提。它能够登录工资、打印工资清单及各类汇总报表，计算各项与工资有关的费用，自动做出凭证，导入总账。这一模块与总账、成本模块集成。

⑧ 成本模块。它将依据产品结构、工作中心、工序、采购等信息进行产品的各种成本的计算，以便进行成本分析和规划。它还能用标准成本法或平均成本法按地点计算成本。

（2）财务管理

财务管理的功能主要是基于会计核算的数据加以分析，从而进行相应的预测、管理和控制活动。它侧重于财务计划、控制、分析和预测，其中，财务计划根据前期财务分析做出下期的财务计划、预算等；财务分析提供查询功能和通过用户定义的差异数据的图形显示进行财务绩效评估、账户分析等；财务决策是财务管理的核心部分，中心内容是做出有关资金的决策，包括资金筹集、投放及资金管理。

2. 生产控制管理模块

生产控制管理模块是 ERP 系统的核心所在，它将企业的整个生产过程有机地结合在一起，使企业能够有效地降低库存，提高效率。同时，各个原本分散的生产流程自动连接，也使生产流程能够前后连贯地进行，而不会出现生产脱节，耽误生产交货时间。生产控制管理模块包括以下 5 个部分：

① 主生产计划。它是根据生产计划、预测和客户订单的输入来安排将来各周期中提供的产品种类和数量，它将生产计划转为产品计划，在平衡了物料和能力的需要后，精确到时间、数量的详细的进度计划。它是企业在一段时期内总活动的安排，是一个稳定的计划，是以生产计划、实际订单和对历史销售数据分析得来的。

② 物料需求计划。在主生产计划决定生产多少最终产品后，再根据物料清单，将整个企业要生产的产品数量转变为所需生产的零部件的数量，并对照现有的库存量，可得到还需加工多少、采购多少的最终数量。这是整个部门真正依照的计划。

③ 能力需求计划。它是在得出初步的物料需求计划后，将所有工作中心的总工作负荷，与工作中心的能力平衡后产生的详细工作计划，用以确定生成的物料需求计划是不是企业生产能力所能实现的。能力需求计划是一种短期的、当前实际应用的计划。

④ 车间控制。这是随时间变化的动态作业计划，是将作业分配到具体各个车间，再进行作业排序、作业管理、作业监控。

⑤ 制造标准。在编制计划时需要许多生产基本信息，这些基本信息就是制造标准，包括零件、产品结构、工序和工作中心，都用唯一的代码在计算机中识别。

a. 零件代码，对物料资源的管理，对每种物料给予唯一的代码识别。

b. 物料清单，定义产品结构的技术文件，用来编制各种计划。

c. 工序，描述加工步骤及制造和装配产品的操作顺序。它包含加工工序顺序，指明各道工序的加工设备及所需要的额定工时和工资等级等。

d. 工作中心，使用相同或相似工序的设备和劳动力组成的，从事生产进度安排、核算能力、计算成本的基本单位。

3. 物流管理模块

ERP 系统中的物流管理模块主要包括如下 4 个方面。

（1）分销管理

销售的管理从产品的销售计划开始，对其销售产品、销售地区、销售客户各种信息的管理和统计，并可对销售数量、金额、利润、绩效、客户服务做出全面的分析，它在分销管理模块中大致有 3 个方面的功能。

① 对于客户信息的管理和服务。它能建立一个客户信息档案，对其进行分类管理，进而对其进行针对性的客户服务，以达到最高效率地保留老客户、争取新客户。在这里，要特别提到 CRM 软件，即客户关系管理软件，ERP 系统与它的结合必将大大提高企业的效益。

② 对于销售订单的管理。销售订单是 ERP 系统的入口，所有的生产计划都是根据它下达并进行排产的。销售订单的管理贯穿了产品生产的整个流程，包括客户信用审核及查询（客户信用分级，审核订单交易），产品库存查询（决定是否延期交货、分批发货或用代用品发货等），产品报价（为客户提供不同产品的报价），订单输入、变更及跟踪（订单输入后，变更的修正，及订单的跟踪分析），交货期的确认及交货处理（决定交货期和发货事务安排）。

③ 对于销售的统计与分析。这是系统根据销售订单的完成情况，依据各种指标做出统计，例如，客户分类统计、销售代理分类统计等，再用这些统计结果对企业实际销售业绩进行评价，包括销售统计（根据销售形式、产品、代理商、地区、销售人员、金额、数量来分别进行统计），销售分析（包括对比目标、同期比较和订货发货分析，从数量、金额、利润及绩效等方面做相应的分析），客户服务（客户投诉记录，原因分析）。

（2）库存控制

用于控制存储物料的数量，以保证稳定的物流支持正常的生产，但又最小限度地占用资本。它是一种相关的、动态的及真实的库存控制系统，能够结合相关部门的需求，随时间变化动态地调整库存，精确地反映库存现状。这一系统的功能又涉及如下几点。

① 为所有的物料建立库存，决定何时订货采购，同时为采购部门采购、生产部门做生产计划提供依据。

② 收到订购物料，经过质量检验入库，生产的产品同样要经过检验入库。

③ 收发物料的日常业务处理工作。

（3）采购管理

确定合理的订货量、选择优秀的供应商和保持最佳的安全储备量。能够随时提供订购、验收的信息，跟踪和催促外购或委外加工的物料，保证货物及时到达。建立供应商的档案，用最新的成本信息来调整库存的成本。具体包括如下几点。

① 供应商信息查询（查询供应商的能力、信誉等）。

② 催货（对外购或委外加工的物料进行跟催）。

③ 采购与委外加工统计（统计、建立档案，计算成本）。

（4）批次跟踪管理

产品在流转过程中，需要进行产品批次的跟踪管理，一旦产品出现质量问题时，可以通过产品批次追溯。这样可以清楚地知道哪些原材料、零部件，或者是哪道工序的工艺出现问题，这时将同样有问题的产品进行隔离。

4．人力资源管理模块

ERP 系统中的人力资源管理模块主要有以下职能。

（1）人力资源规划的辅助决策

针对企业人员、组织结构编制的多种方案进行模拟比较和运行分析，并辅之以图形供直观评估，辅助管理者做出最终决策。制定职务模型，包括职位要求、升迁路径和培训计划，根据担任该职位员工的资格和条件，系统会提出针对该员工的一系列培训建议，一旦机构改组或职位变动，系统会提出一系列的建议。进行人员成本分析，可以对过去、现在、将来的人员成本做出分析及预测，并通过 ERP 系统集成环境为企业成本分析提供依据。

（2）招聘管理

人才是企业最重要的资源。拥有优秀的人才能保证企业持久的竞争力。招聘系统一般从以下几个方面提供支持。

① 进行招聘过程的管理，优化招聘过程，减少业务工作量。

② 对招聘的成本进行科学管理，从而降低招聘成本。

③ 为选择聘用人员的岗位提供辅助信息，并有效地帮助企业进行人力资源的挖掘。

（3）工资核算

① 能够根据企业跨地区、跨部门、跨工种的不同薪资结构及处理流程制定与之相适应的薪资核算方法。

② 与工时管理直接集成，能够及时更新，对员工的薪资核算动态化。

③ 汇算功能。通过与其他模块的集成，自动根据要求调整薪资结构及数据。

（4）工时管理

① 根据本国或当地的日历，安排企业的运作时间及劳动力的作息时间表。

② 运用远端考勤系统，可以将员工的实际出勤状况记录到主系统中，并把与员工薪资、奖金有关的时间数据导入薪资系统和成本核算中。

（5）差旅核算

系统能够自动控制从差旅申请、差旅批准到差旅报销的整个流程，并且能将数据导入财务成本核算模块中。

6.3.3 ERP 系统的实施

ERP 系统实施成功有两个基本条件，一个是合适的软件，另一个是有效的实施方法。具体包括以下 6 个方面。

1. 知己知彼，选好软件

选择 ERP 系统软件必须遵循以下 4 个步骤：理解 ERP 系统的原理，分析企业需求，选择软件，选择硬件平台、操作系统和数据库。前两项是为了做到"知己"，后两项是为了做到"知彼"，只有知己知彼，才能选好软件，做到百战不殆。在购买 ERP 系统软件前，还需要分析企业自身特点，了解企业当前迫切需要解决的问题，哪类软件能适应企业并帮助企业解决实际问题。企业选择软件，不必追究其是否为真正的 ERP 系统软件，选择软件功能也不能按企业的大小来区分，而要根据企业的产品特点、生产组织方式、经营管理特点的不同来选择适用的软件。

2. 选择管理咨询公司

通过前面的详细分析，说明了选择一家富有经验的管理咨询公司的重要性。企业聘请的管理咨询公司可负责完成总体规划的设计，对企业领导和全体员工进行 ERP 系统理念的培训，制订项目的详细实施计划等。

3. 制定具体的量化目标

谈成功离不开目标；没有目标，成功与否就无从谈起。如果没有统一的目标，或者目标太抽象，即没有具体的、量化的、可考核的目标，就没有办法在系统实施完成后进行对比和评判。在实施 ERP 系统时不能再实行粗放式管理，否则会埋下不成功的潜在危机。在双方合作合同签订前,一定要在技术协议条款中明确 ERP 系统的实施目标、具体实施内容、实现的技术、实施的计划、实施的步骤及分阶段项目成果、验收办法。

4. 做好业务流程重组

业务流程重组是对企业现有业务运行方式的再思考和再设计,应遵循以下基本原则:必须以企业目标为导向调整组织结构,必须让执行者有决策的权力,必须取得高层领导的参与和支持,必须选择适当的流程进行重组,必须建立通畅的交流渠道,组织结构必须以目标和产出为中心而不是以任务为中心。做法是由管理咨询公司在 ERP 实施前进行较长时间的企业状况调研,提出适合企业改进的管理模型,同时,该管理模型必须考虑企业的发展,并得到企业管理层的批准。

5. 有针对性地解决企业管理瓶颈

一个完整的 ERP 系统是一个十分庞杂的系统,它既有管理企业内部的核心软件 MRP Ⅱ,还有扩充至企业关系管理〔客户关系管理(CRM)和供应链管理(SCM)〕的软件;既有以物流/资金流为管理对象的主价值链,又有管理支持性价值链,如人力资源、设备资源等管理,以及对决策性价值链的支持。任何一个企业都不可能一朝一夕就实现这一庞大的系统。每个企业都有自己的特点和要解决的主要矛盾,需要根据自身实际情况确定实施目标和步骤。

ERP 系统不仅是一种软件,更是一个企业解决方案。因此,即使是同一套软件,不同的企业其实施方法也有所不同。例如,实施哪些模块,如何进行分级培训,ERP 系统管理到哪一级,管理细到什么程度,与手工管理并轨时间多长,什么时间甩掉手工管理,如何强化 MRP Ⅱ 计划的实施。这些都要根据企业的需求和管理基础来确定,并制定切实可行的目标和实施计划,确保 ERP 系统成功实施。

6. 培训和制定制度

企业实施 ERP 系统是一个循序渐进、不断完善的过程,只有员工素质不断提高,才能确保系统应用的不断深入。可以通过为企业员工制定规章制度,把员工的经济收益与工作内容结合起来,这样员工的积极性可得到提高,熟悉业务的自觉性也可得到增强。

6.3.4 ERP 系统的应用案例

北方华创新能源是专门从事新能源装备生产、研发、销售的国有高新技术企业,通过不断的 ERP 系统信息化建设,将管理制度化、制度表单化、表单信息化,提高了企业风险防控能力。

1. ERP 系统实施前存在的问题

(1)订单追踪难,交期失控

北方华创新能源是典型的以销定产接单生产企业,销售是核心,驱动采购、生产、发货等相关工作,如期交付是企业生存的首要目标。原销售、采购、生产之间没有统一沟通平台,只通过 OA、EXC 共享或纸质文件传递信息,致使产品交期处于失控状态,各部门扯皮推诿,产生大量无效重复劳动。甚至出现合同交货期与最终实际交货日期相差一个月,客户不断催货,企业陷入违约罚款境地。

（2）采购计划随意，库存积压

生产计划员接到技术图纸和外购清单后，在财务软件查询库存量，登记查询日期、现存量、消耗量和采购量。由于不同设计员提供的物料名称、型号和来料名称型号经常不一致，导致库存常有一物多码或一码多料的情况出现。加之生产计划员对库存材料不熟悉，或录入材料有误，出现明明有料在库，生产计划员仍判断需要采购的情况，致使库存积压。虽然生产计划员知悉以上反馈，但再次编制物料需求计划时，或因为忘记或担心物料不够仍会超量采购。

（3）成本核算失真，难成定价依据

由于库存编码的非唯一性，出库也愈加随意。配套人员不按生产订单领料，而是根据经验或询问库管人员，领用其他令号材料，或使用上一订单剩余未办退库手续的材料，多领错领情况时有发生。成本会计依出库单核算成本，数据来源失真。管理层无法得到准确数据，销售员无法在投标报价中判断订单是否盈利，错失许多意向订单。

2. ERP 系统实施目标

基于当时信息化状态，北方华创新能源迫切需要智能信息平台将计划、采购、生产、财务、营销、人力、管理等各环节集成起来，共享信息资源。目标是满足日常财务管理和会计核算需求；增加库存透明度，与财务、供应、计划、制造有效集成；规范采购流程，实现供应商高效管理；加强对生产过程管理，对生产计划、进度、车间进行有效跟踪控制，及时反馈；加强生产成本管理，掌握成本动态信息；加强风险管控力度，满足企业信息化需求，为决策提供有力支持。

3. ERP 系统实施

为实现上述目标，北方华创新能源组建信息化小组，由生产副总担任项目经理，开始ERP 系统项目建设。

（1）准备工作

① 规划选型。考虑集团未来 3~5 年 SAP 规划，对比分析当前主流软件，综合考量自身能力及性价比等，最终在原有财务和库存模块基础上，增加供应链、生产制造及人力资源模块，实现真正的 ERP 系统功能。

② 关键参数档案设置。关键参数一旦启用就不可修改或对系统流程影响重大，需提前规划好。对业务流程影响不大或随时可变的参数，可根据实际情况随时更改。基础档案统一编码，同时准备基础档案，包括但不限于存货编码、供应商、人员、仓库档案、收发类别、会计科目、固定资产卡片、计量单位等。此时可调整存货编码、期初数，认真核对未完结业务。

③ 模拟业务运行。正式上线前，需模拟测试所有可能涉及的业务。一方面为明确软件功能及各参数间的关系，另一方面视运行情况深入发掘软件功能，客户化设置功能。可用管理员账号测试所有流程，也可以按实际需要设置真实账号权限，分角色模拟。做好记录，与实施人员沟通细化流程，确定最佳方案。

（2）流程再造和内控建设

新系统上线，所有业务流程、岗位，甚至组织架构都将发生变化。在满足风险防控、流程顺畅高效原则下，对所有业务进行梳理，同时修订内控制度。以北方华创新能源主要业务流中典型采购物流为例进行介绍。

① 需求描述。完善合格供应商档案；建立存货数据库，为评审提供支持；以采购订单为核心，实时反映执行过程及状态；采购员登记到货信息；原质检流程和审批权限不变；材料合格，采购员填写入库单，库管员审核入库；记录不合格品并及时处理；应付会计审核发票、合同及入库单。

② 流程梳理。采购请购单→采购订单→采购到货→采购检验→不合格品处理→合格品入库→采购发票→采购付款。

③ 内控要点。以采购订单为核心，所有采购必有订单；可向前向后追溯，反映合同执行过程、业务所处阶段和状态；物资的入库时点不受采购发票限制；发票单价与合同单价不符并大于合同单价时，不准核销；库管员负责确认数量，不得修改入库信息；采购入库单由采购员根据订单下推自动生成，禁止手工录入；及时录入相关数据，随时查询现存量；库存材料不允许出现负数；不合格品按 ISO 9001 管理体系规定执行。涉及的内控制度有《合同管理制度》《采购管理制度》《存货管理制度》等。

（3）效果评价

烦琐的工作由 ERP 系统完成，岗位权责明晰，效率提升，人力成本降低。业务流程得到进一步规范，生产周期控制和内部管理制度使管理环境优化。企业反应与盈利能力增强，资金占用率降低，生产成本得到控制，逐步实现管理智能化。

① 采购议价能力提升。执行新的采购流程后，最大变化就是采购需求来源可靠。生产计划员首先更新产品 BOM 表、物料编码。之后录入生产订单，运行 MRP，由系统根据库存量生成采购计划。采购计划员不再重复录入，直接下推采购计划分配给采购员，形成采购请购单。采购员可依据供货记录建立有效供应商评估体系。在采购评审环节提高议价能力，选择最质优价廉的产品。挖掘新的供应商，将更优、更合适的厂商纳入合格供应商体系。

② 库存成本降低明显。业务员按采购计划采买办理入库，使库存来源可追踪。由 MRP 控制，库存量先被订单使用，不会出现重复采购的问题。对比 3 年存货数据，2017 年、2018 年每年库存成本占用都下降 10%以上。

③ 确立标准生产周期。采购或生产主管可实时刷新库存量，查看材料到货情况，车间装配计划也可以根据来料情况进行调整。生产计划员可将不着急使用的库存释放给紧急订单。销售可以通过入库情况，预先通知客户付提货款。发货员可提前安排运输车辆，使完工到发货无缝连接。通过比对系统中各节点的操作时间、业务量，对合同执行情况进行复盘。组织各节点负责人讨论超期原因、今后如何避免等，确定标准生产周期。

④ 成本核算更加真实。系统中的所有数据来源于生产订单，一脉相承。财务数据全部来自前端业务，避免通过反结账等人工干预影响成本，产品数据更加真实，成为销售定价的重要依据。

⑤ 财务核算走向管理。财务工作得到有效释放。采购员负责入库单及发票录入，系统自行核对结算，规避了以前财务催要发票等重复无效工作。非财务数据可直接从 ERP 系统调取。财务工作重心前移，向数据分析、内部管理报表、管理会计方向转变。

⑥ 各项风险有效控制。风控重点由事后转为事前事中。应付款方面，财务可根据入库发票结算情况，合理规划，提高资金周转率，付款有据可依。应收账款方面，通过客户信用等级评估，确定信用额度和期限，结合预警报告、账龄分析等严控风险。

6.4 配送需求计划

6.4.1 配送需求计划的概念和基本原理

1. 配送需求计划的基本概念

配送需求计划（Distribution Requirement Planning，DRP）是一种适用于企业进行库存控制的供应链管理技术。在这种方式下，企业可以根据用户的需求计划制订订货计划，从而确定恰当的库存水平，有效地进行库存控制。应用 DRP 系统，企业能够改进客户服务（减少缺货现象的发生、加快响应客户需求的速度等），降低产品的总体库存水平，减少运输成本，改善物流中心的运作状况。

DRP 还可以联结总体生产计划，指出每天生产的零部件数量和生产的顺序。当总体生产计划与每个零部件的备货时间相结合，则可以制订一个有关某个零部件何时、必须订购的计划。它与实际存货状态相对应，能确定生产计划的数量。DRP 将存货减少到能适应生产计划，以满足市场客户需求，如果生产计划没有满足需求，公司某些零部件会太多，而另一些零部件会太少。

2. DRP 的基本原理

DRP 在两类企业中可以得到应用。一类是流通企业，如储运公司、配送中心、物流中心、流通中心等；另一类是一部分较大型的生产企业，它们有自己的销售网络和储运设施。这两类企业的共同之处是：以满足社会需求为宗旨；依靠一定的物流能力（储、运、包装、装卸搬运能力等）来满足客户的需求；从制造企业或物资资源市场组织物资资源。

实施 DRP 时，要输入 3 个文件（见图 6-5）：客户需求文件，由订货单、提货单和市场需求预测等数据整理而成；供应商货源文件，提供有关供应商的供应批量、备货期等有关信息；库存文件和在途文件，前者提供本企业仓库中现有各种商品库存数量的信息，而后者则提供此前向供应商发出订单订购，目前已在运输途中的商品数量、到货时间等信息。根据这 3 个文件，DRP 系统根据事先确定的逻辑及参数，给出如下两个计划文件。

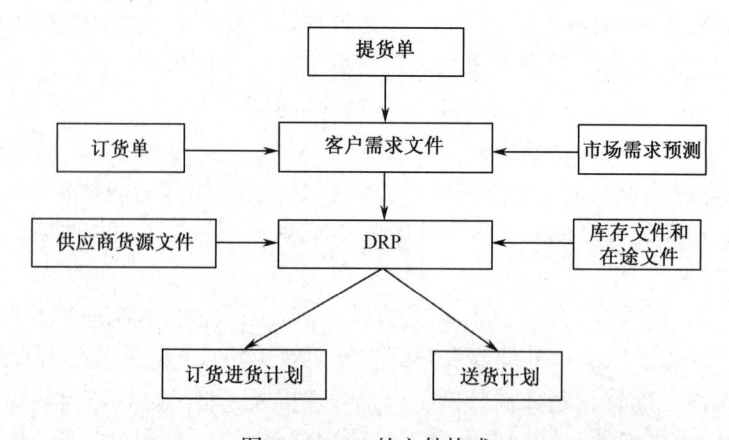

图 6-5 DRP 的文件构成

① 订货进货计划。根据客户需求、库存、供应商供货情况及物流优化原则，确定向供应商发出订单的时间及订购数量。

② 送货计划。按照用户需求的品种、数量、时间和送货提前期及物流优化原则，确定送货时间和送货数量。DRP 对每个库存单位（SKU）需求做出预测，其考虑因素包括：每个库存单位需求预测，当前库存水平——当前库存量（Balance On Hand，BOH），目前安全库存量，订货批量及前置期[①]。

DRP 的应用也有其局限性：a. DRP 的成功实施不但要求对每个物流中心的每个 SKU 都要有精确的预测，而且要有充足的前置期来保障产品的平稳运输。b. DRP 要求配送设施间的运输具有稳定而可靠的完成周期。尽管可以通过各种可靠的前置期抵消或调整完成周期的不确定性，但仍旧无法彻底消除其对库存控制计划系统运作的负面影响。c. 由于生产故障或运输的延迟，综合计划易受系统紧张或频繁变动时间表的影响，由此产生生产能力的波动、配送的混乱，以及因更改时间表而产生额外费用等问题。

6.4.2 物资资源配置系统 DRPII

在 DRP 的基础上增加物流能力计划，就形成了一个集成、闭环的物资资源配置系统，称为 DRPII，其基本原理如图 6-6 所示。

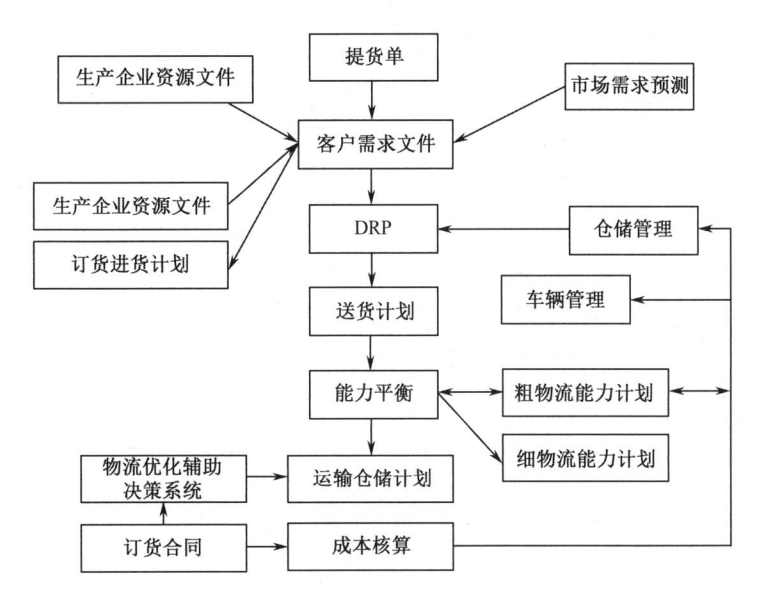

图 6-6 DRPII 的基本原理

DRPII 具有以下主要特点。

① 在功能方面，DRPII 除具有物资的进货、销售、存储的管理职能外，还具有对车辆、仓库利用及成本核算等功能。此外，还有物流优化、管理决策等功能。

② 在具体内容方面，DRPII 增加了车辆管理、仓储管理、物流能力计划、物流优化辅助决策系统和成本核算系统。

③ 具有闭环性。DRPII 是一个自我适应、自我发展的闭环系统。信息系统也是一个闭环反馈系统，订货信息和送货信息都反馈到仓库和车队。

[①] 前置期是指从发出订货单到收到货物的时间间隔。

6.4.3 DRP 的应用案例

美特斯邦威服饰公司（以下简称"美邦"）采取的是生产制造外包的模式，其 DRP 系统能够在客户机数量与日俱增的强负荷状态下游刃有余地运行，并且可凭借系统自身灵活性、可扩展性的特点对企业不断追加的业务处理需求提供及时有力的支持。美邦分销实现了全国总部、各级分支机构、代理、门店 6 000 台以上的终端使用同一个 DRP 系统。

1. 降低库存

美邦在早期经营中，由于市场覆盖面还不大，为发挥各地区的优势，公司总部在各地中心城市设立分公司，同时建立分公司的仓储、配送中心。分销业务由各个分公司向总公司订货，中心城市所在地区商品的仓储、配送都由分公司全权负责。随着业务量不断扩大，产品覆盖率提高，这种分公司各自为政的分销模式的弊端也开始显现：分公司出于自身利益考虑，订货普遍带有盲目性，并且各分公司都有自己的渠道，相互间商品信息不透明，造成总部不能对多变的市场需求灵活地在各区配货，同样的服装，在有的地区卖断货，补货无门，有的地区仓库里却积压严重，美邦公司因此遭受了很大的损失。在信息化分销系统实施后，公司实现了全国渠道节点使用同一个系统，信息共享，资源共享。在大物流思想指导下，公司利用 DRP 系统，对全公司的商品库存、配送、销售环节进行了业务流程重组，将各个分公司的仓库管理权收回，实现了商品总部统一控制下的高效调配，降低了库存成本、提高了效率，最终赢得了市场。

2. 快速反应

在品牌服装企业特许经营、加盟连锁销售模式下的分销、零售商少则几百个，多则近万个，管理难度极大。有的企业分销渠道商各自使用自己的一套系统，管理着属于自己的商品和客户信息，总部往往只能掌握总部仓储配送中心和直营店的实时销售、库存数据，而不能对全渠道的信息进行整体把握。美邦 DRP 系统实现在全国范围内对所有分销网络的全覆盖，因此可以对资源进行统一集中管理。通过系统的应用，总部可以对各地区的订货、销售、库存做到实时掌握、科学调配，同时，利用市场销售数据组织精益生产，部署促销活动，从而进一步为销售提供有力支持。在如今时尚流行的消费市场，往往是"最快的"而不是"最好的"产品赢得竞争优势。正是 DRP 系统的实施应用，使美邦拥有了比别人更快一步的反应能力。

3. 规范业务

在 DRP 系统控制下，美邦仓管员的每次收发货，都必须有业务部门的指令。例如，配发商品必须有相应的订单，供应商到货的验收入库必须有采购部门的采购进货单。避免了过去仓储收发货过程与其他系统脱节造成的信息延迟、收发混乱等现象。商品的数量、价格等数据由系统自动进行控制和维护，专人负责，防止了人为操作带来的弊端。美邦目前 4 万多平方米的仓储配送中心都由系统进行科学管理，系统为仓管员提供准确的拣货、存货、货位指令，系统控制下的仓管业务流程更加规范科学，大大提高了公司仓储物流环节中商品进出货的效率。

6.5 协同计划、预测和补货系统

6.5.1 协同计划、预测和补货的含义及特点

随着经济环境的变迁、信息技术的进一步发展，供应链管理开始更进一步地向无缝连接转化，促使供应链的整合程度进一步提高，出现了协同预测和补货（Collaborative Forecast and Replenishment，CFAR）和 CPFR 等新型供应链管理技术。CFAR 是利用互联网，通过零售企业与生产企业的合作，共同做出商品预测，并在此基础上实行连续补货的系统。CPFR 是一种协同式的供应链库存管理技术，它在降低销售商存货量的同时，也增加了供应商的销售额。CPFR 在 CFAR 的基础上，进一步推动共同计划的制订，即不仅合作企业实行共同预测和补货，同时将原来属于各企业内部事务的计划工作（如生产计划、库存计划、配送计划、销售规划等）也由供应链各企业共同参与。CPFR 的特点如下。

1. 协同

从 CPFR 的基本思想看，供应链上下游企业只有确立起共同的目标，才能使双方的绩效都得到提升，取得综合性的效益。CPFR 这种新型的合作关系要求双方长期承诺公开沟通、信息分享，从而确立其协同性的经营战略。尽管这种战略的实施必须建立在信任和承诺的基础上，但这是买卖双方取得长远发展和良好绩效的唯一途径。正因为如此，协同的第一步就是保密协议的签署、纠纷解决机制的建立、供应链计分卡的确立及共同激励目标的形成（如不仅包括销量，也同时确立双方的盈利率）。应注意的是，在确立这种协同性目标时，不仅要建立起双方的效益目标，更要确立协同的盈利驱动性目标，只有这样，才能使协同性体现在流程控制和价值创造的基础之上。

2. 规划

CPFR 要求有合作规划（品类、品牌、分类、关键品种等）及合作财务（销量、订单满足率、定价、库存、安全库存、毛利等）。此外，为实现共同的目标，还需要双方协同制订促销计划、库存政策变化计划、产品导入和中止计划及仓储分类计划。

3. 预测

任何一个企业或双方都能做出预测，但是 CPFR 强调买卖双方必须做出最终的协同预测，像季节因素和趋势管理信息等，无论是对服装或相关品类的供应方还是销售方都十分重要，基于这类信息的共同预测能大大减少整个价值链体系的低效率、死库存，促进更好地销售产品，节约使用整个供应链的资源。与此同时，最终实现协同促销计划是实现预测精度提高的关键。CPFR 所推动的协同预测还有一个特点，即它不仅关注供应链双方共同做出最终预测，同时也强调双方都应参与预测反馈信息的处理及预测模型的制定和修正，特别是如何处理预测数据的波动等问题，只有把数据集成、预测和处理的所有方面都考虑清楚，才有可能真正实现共同的目标，使协同预测落在实处。

4. 补货

销售预测必须利用时间序列预测和需求规划系统转化为订单预测，并且供应方约束条件，如订单处理周期、前置时间、订单最小量、商品单元及零售方长期形成的购买习惯等都需要供应链双方加以协商解决。协同运输计划也被认为是补货的主要因素。此外，

例外状况出现的比率、需要转化为存货的百分比、预测精度、安全库存水准、订单实现的比例、前置时间及订单批准的比例,这些都需要在双方公认的计分卡基础上定期协同审核。

6.5.2 CPFR 供应链的实施

CPFR 的顺利实施要求在一对多或多对多的合作伙伴关系中实施完全公开的、卖方中立的产品预测或促销等信息的沟通机制。因此,企业间没有形成合作意识就不可能真正实施 CPFR,合作意识的形成与计划是推动 CPFR 实施的基础。同时,CPFR 能否成功运作还取决于以客户为中心的企业间全面合作流程的建立;不仅如此,实施 CPFR 不是挖掘单一企业的相关数据,而是从多个企业中发现可比较的数据,进而对这些数据进行整合、组织,并以此确立企业间的商业规则。因此,CPFR 实施过程需要经历识别可比较的机遇、数据资源整合、组织结构评判及商业规则界定 4 个步骤,如图 6-7 所示。

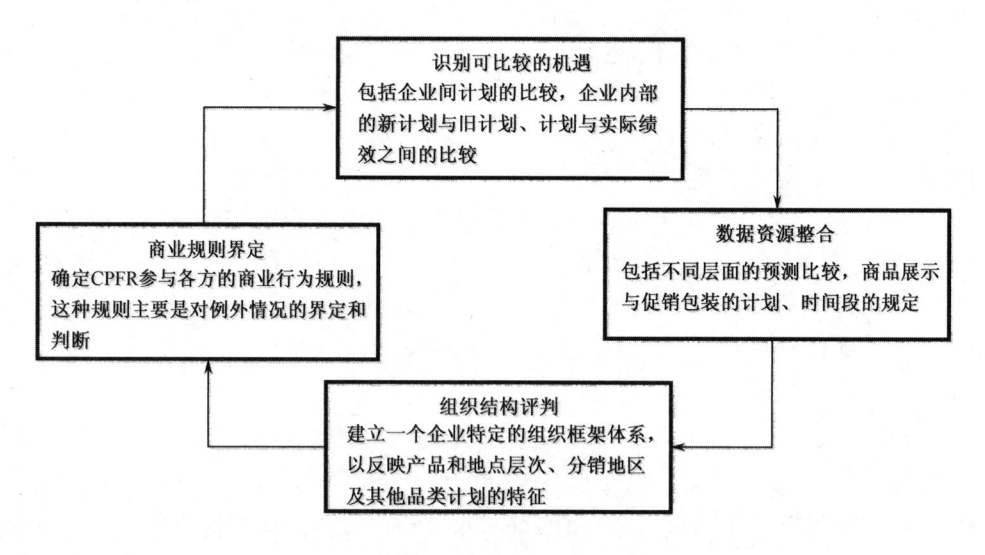

图 6-7 CPFR 实施过程

1. CPFR 供应链的体系结构

以 CPFR 为基础建立的供应链体系结构分为 4 个功能层:决策层,主要负责管理合作企业领导层,包括企业联盟的目标和战略的制定、跨企业的业务流程的建立、企业联盟的信息交换和共同决策;运作层,主要负责合作业务的运作,包括制订联合业务计划、建立单一共享需求信息、共担风险和平衡合作企业能力;内部管理层,主要负责企业内部的运作和管理,包括商品或分类管理、库存管理、商店运营、物流、客户服务、市场营销、制造、销售和分销等;系统管理层,主要负责供应链运营的支撑系统和环境管理及维护。

2. CPFR 实施的框架和步骤

(1) 识别可比较的机遇

CPFR 运行的基础是进行参与合作的各方数据间的比较,主要包括企业间计划的比较,以及各企业内部的新计划与旧计划、计划与实际绩效间的比较。而寻找可行的比较是富有挑战性的，零售商通常更关注预测客户对促销、竞争者和产品类别变化的反应，而制造商通常对管理分销中心内的库存水平较为关心；零售商的目标是保持店铺和仓储中商品的可获性，而制造商的目标是建立更有效的生产和补货流程。因此，识别可比较的机遇应该关注订单预测整合所需要的数据资源比较，即零售商的基本订单预测应同供应商预测及销售预测协同所需要的数据资源比较，即零售商的销售预测与制造商的基于周计划促销的销售预测相比较。为此对于零售商，CPFR 要求整合比较的资源主要有可以产生促销、销售预测的商品销售规划，可以产生订单预测、货物追踪及配送中心的时点状态等信息的分销系统和用于报告店铺销售、店铺订单及时点信息的运作系统；对于制造商，CPFR 需要整合比较的资源主要有帮助制定促销和销售预测的 CRM、建立最优补货计划的先进计划排程（APS）及 ERP。同时，还要将企业间对产品品类的界定、季节段的界定、促销计划的界定等进行比较。

（2）数据资源整合

这项工作主要包括不同层面的预测比较，要求协同团队寻找到不同层面的预测所需信息，并确定可比较的层次；商品展示与促销包装的计划，要求按照 CPFR 销售报告所包含的展示信息形式，使预测和订单包含不同产品种类、颜色及形状等特定展示信息，进而使数据间的比较不再是预测与实际绩效的比较，而是基于单一品种的商品展示信息的比较；时间段的规定，要求合作参与者就管理时间段（如预测周期、计划起始时间、补货周期等）的规定进行协商统一。

（3）组织结构评判

一个企业有多种组织框架，它可以按照配送中心确立分销体系，也可以按照销售区域确立分销体系，因此，成功实施 CPFR 必须建立一个企业特定的组织框架体系，以反映产品和地点层次、分销地区及其他品类计划的特征。这就要求制造商对大客户建立包括销售、需求计划和物流人员的跨职能部门的团队，而对于较小客户，可按照地理位置或销售渠道建立这样的团队。分销商也应该围绕供应商建立商品计划、组建购买和补货团队。若供应商较多，可以按照产品种类组建团队；若有多级库存（如配送中心库存和零售店库存），可以合并这两级库存的补货团队。当企业清楚界定其组织管理框架后，CPFR 就能支持多体系的并存，并体现出不同框架的映射关系。

（4）商业规则界定

当所有的业务规范和支持资源的整合及组织框架确立后，在实施 CPFR 的过程中需要确定的是合作参与方的商业行为规则，这种规则主要是对例外情况的界定和判断。通常来说，在 CPFR 实施中触发例外事件的情况主要有订单延迟或提前、物料短缺或过剩、绩效测度值不在预定的范围内等。

成功实施 CPFR 必须意识到风险和障碍。首先，由于大规模进行信息共享，而且合作伙伴的一方或双方与合作伙伴的竞争者也有合作关系，因此存在信息滥用的风险；其次，如果合作双方的一方改变其规模或技术，另一方也要被迫改变，否则就会失去合作关系的基础；最后，CPFR 的实施和例外情况的解决要求双方密切交流，但双方的文化可能存在巨大差异。

6.5.3 CPFR 的运作模式

传统的供应链企业运作受到 ERP 系统模式的束缚，过分依赖企业自身资源，片面强调企业内部资源的最优化配置，这虽然在一定程度上为企业的内部化和纵向一体化管理创造了不可磨灭的功绩，却严重影响了供应链和企业横向一体化的发展。供应链企业间缺乏必要的联系与合作，虽然也可以建立诸如亲密伙伴关系、战略联盟等合作关系，但在业务流程的一些关键环节，如需求预测、供给预测、补货策略等，彼此之间通常是各自收集自己的数据，各做各的预测和计划，互不相干。传统预测与补给运作模式如图 6-8 所示。

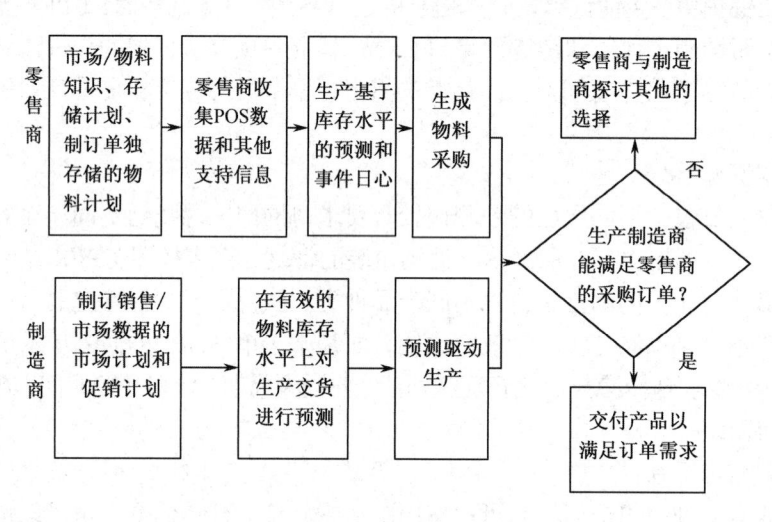

图 6-8 传统预测与补给运作模式

在传统预测与补给运作中，供应链管理系统中的零售商在制订物料计划、收集 POS 数据及其他需求信息、生成库存预测和事件日志，以及最终生成物料采购订单的过程，与供应商制订市场计划和促销计划、进行生产能力预测和生产计划的过程中，并没有信息交互，而当所有计划生成完毕时才进行信息交互，确认制造商是否能够满足零售商的采购订单。当业务进行到此阶段时，通常出现两种结果：一是制造商能够满足零售商的采购订单。在这种情况下，制造商可以交付零售商的产品采购数量，满足零售商的订单需求。二是制造商的生产能力不能满足零售商的采购订单时，零售商只能与制造商进行磋商，寻找其他的合作方式。不难看出，此时供应链系统的运作效率很低。

在 CPFR 运作模式中，供需双方首先要确定合作协议，共享商业信息，从实质上加强了协作关系，以此为基础进行预测和制订计划，同时为确保预测的准确性和可靠性，还要对例外事件进行识别、判断和处理，最后建立对订单的预测和生成最终的订单。所有这些业务过程都是由供需双方共同参与、协同进行的，因而提高了预测准确性、供应链的效率和响应速度，减少了库存，提高了客户满意度，同时也改善了业务伙伴间的合作关系。CPFR 将供应链运作建立在整个链条的价值基础之上，供应链即将上升为价值链的运作。

CPFR 运作模式如图 6-9 所示。基于共享的 POS 数据，零售商和制造商共同创建需求预测，并撰写特殊事件日志。当创建的需求预测属于正常业务准则时，表示没有发生例外事件，此时可以生成 CPFR 供应系统唯一的订单预测。基于系统中唯一的订单预测，制造商和零售商分别根据各自的生产计划和补货计划生成系统唯一的订单预测，并基于此订单进行生产及其他业务活动。而在判定此次业务操作归属例外事件时，寻求制造商与零售商的协同磋商处理。当得到合适的协同处理时，对需求预测进行适当调整，并得到系统唯一的订单预测结果，以后业务操作均按照此订单预测进行决策分析与执行。

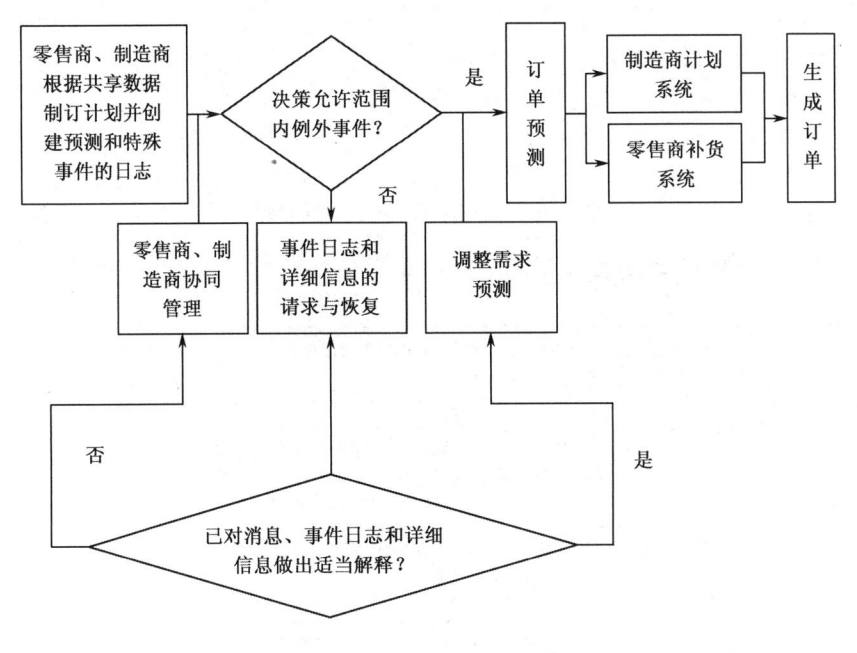

图 6-9　CPFR 运作模式

6.5.4　CPFR 的应用案例

苏宁现期实行的是一种价值链信息化的存货管理模式，即数字化处理存货信息，财务、运输、设备、订单、配送等方面的管理都包含于企业的整个存货信息处理系统中。苏宁采用 SAP 信息管理系统实时监测企业的数据，在掌控企业最新存货信息的同时对其进行优化处理。依托信息技术的支撑，苏宁部分实现了协同式供应链存货管理模式。

信息化在供应链存货管理过程中所起的最直观的推动作用表现在企业与供应商的对接上。企业与供应商的协同效应越高，一些目标就越容易实现，如控制成本、提升供应链管理的效率、提高客户满意度等。信息化恰好加强了企业与供应商的协同性。苏宁与供应商通过 B2B 系统实行平台对接，做到双方数据直传，双方的业务员可以实现在各自系统中查看对方所传递的信息。在与供应商的对接过程中，苏宁以这些供应商的信息化水平为标准，将他们分为两种类别：一类是通过双方的 B2B 系统直接连接的，另一类是开放门户网站的。

1. 与一类供应商的对接

一类供应商信息系统完善，拥有自己的订单管理平台。针对这类供应商，苏宁通过其订单管理平台直接与他们进行对接（见图 6-10）。通过这种信息系统的对接，供应商可以随时了解他们的产品销售和库存状态信息，从而降低企业沟通成本。同时，利用苏宁与客户互动获取的一手信息，供应商便可更加精确地了解市场，从而生产出符合市场需求的物品。这种由平台对接而实现信息共享带来的良性循环使供应链得到了极大的优化与完善。

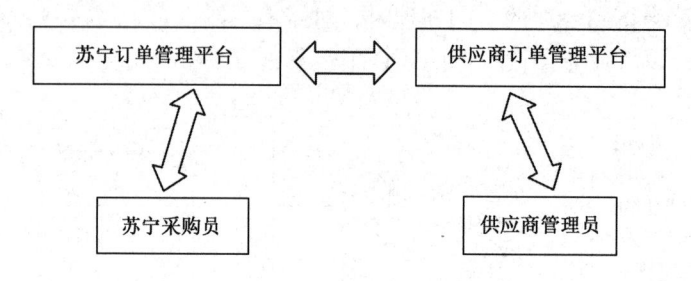

图 6-10　一类供应商管理系统架构

对于一类供应商的管理，苏宁采用的流程如图 6-11 所示。

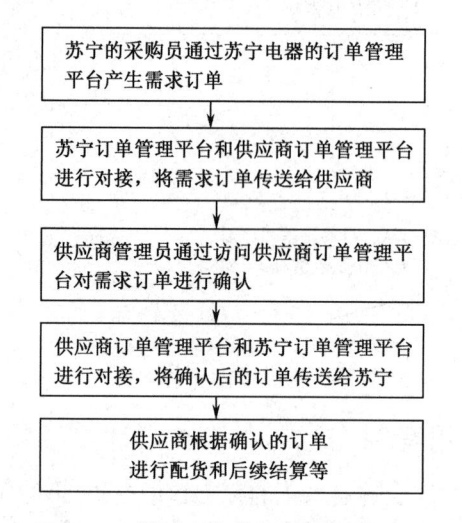

图 6-11　针对一类供应商的管理流程

2. 与二类供应商的对接

就一些中小型企业而言，它们的信息系统不完善，没有自己的订单管理平台，无法与苏宁进行平台对接。因此，针对这类供应商，苏宁开放了供应商门户网站。在供应商门户网站中，苏宁给通过审核的供应商提供账号密码，供应商通过输入账号密码登录平台，进行订单查看、确认及发货管理。二类供应商管理系统架构如图 6-12 所示。对于二类供应商的管理，苏宁采用的流程如图 6-13 所示。

苏宁目前使用的存货管理模式在一定程度上提升了企业的存货管理质量，推动了企业的发展。以同苏宁实现 CPFR 的海尔为例，双方通过 B2B 系统的对接，充分实现了以销售与售后服务为中心的"SCM 运营模式"。完成这一系统对接，其中包含了苏宁的采购订单接口、海尔的发货单接口等 23 个接口。在系统对接下，双方的业务处理速度与数据准确度都有了很大的提升，业务流程也变得更加规范。此外，系统对接带来的信息共享也将拉近双方的距离，增强企业的竞争力。通过系统对接，苏宁与供应商都整合了各自的物流系统，实现了配送数据与库存的共享及人力物力的统一调配。这种系统对接带来的物流平台的整合能够大大提高商品的流通效率，并且减少一些附加在产品上的相关费用，从而降低产品的最终售价，使客户得到优惠。此外，上下游企业的信息共享带来的快捷将使企业的存货管理水平得到提升，企业内的库存变得更为合理。

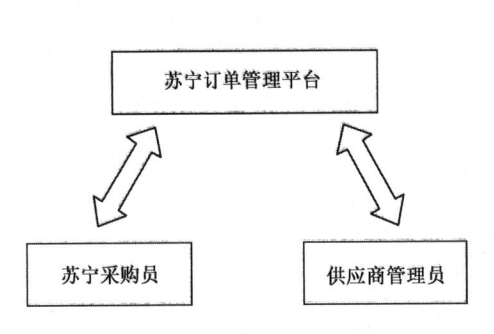

图 6-12　二类供应商管理系统架构 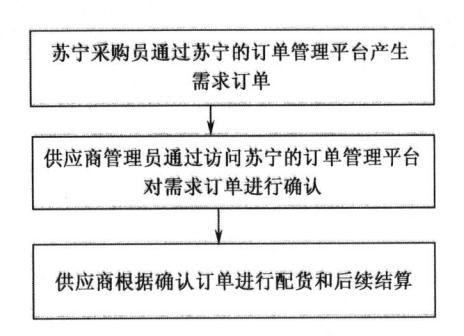　　　图 6-13　针对二类供应商的管理流程

6.6　数字孪生技术

6.6.1　数字孪生的定义

应用数字孪生技术，构建供应链数字孪生系统对于数字供应链和智慧供应链的形成极具价值。数字孪生是指针对物理世界中的物体，通过数字化的手段构建一个在数字世界中一模一样的实体，借此来实现对物理实体的了解、分析和优化。从专业的角度，数字孪生集成了 AI 和机器学习（ML）等技术，将数据、算法和决策分析结合在一起，建立模拟，即物理对象的虚拟映射，在问题发生前先发现问题，监控物理对象在虚拟模型中的变化，诊断基于人工智能的多维数据复杂处理与异常分析，并预测潜在风险，合理有效地规划或对相关设备进行维护。

数字孪生是形成物理世界中某一生产流程的模型及其在数字世界中的数字化镜像的过程和方法。数字孪生有五大驱动要素——物理世界的传感器、数据、集成、分析和促动器，以及持续更新的数字孪生应用程序。

1. 传感器

生产流程中配置的传感器可以发出信号，数字孪生可通过信号获取与实际流程相关的运营和环境数据。

2. 数据

传感器提供的实际运营和环境数据将在聚合后与企业数据合并。企业数据包括物料清单、企业系统和设计规范等，其他类型的数据包括工程图纸、外部数据源及客户投诉记录等。

3. 集成

传感器通过集成技术（包括边缘、通信接口和安全）达成物理世界与数字世界间的数据传输。

4. 分析

数字孪生利用分析技术开展算法模拟和可视化程序，进而分析数据、提供洞见，建立物理实体和流程的准实时数字化模型。数字孪生能够识别不同层面偏离理想状态的异常情况。

5. 促动器

若确定应采取行动，则数字孪生将在人工干预的情况下通过促动器展开实际行动，推进实际流程的开展。

在实际操作中，流程（或物理实体）及其数字虚拟镜像明显比简单的模型或结构复杂得多。

> **知识链接**
>
> **数字孪生技术的演化过程**
>
> **1. 美国国家航空航天局（NASA）"阿波罗"项目**
>
> "孪生体/双胞胎"概念在制造领域的使用，最早可追溯到 NASA 的"阿波罗"项目。在该项目中，NASA 需要制造两个完全一样的空间飞行器，留在地球上的飞行器被称为"孪生体"，用来反映（或做镜像）正在执行任务的空间飞行器的状态。在飞行准备期间，被称为"孪生体"的空间飞行器被广泛应用于训练；在任务执行期间，利用该"孪生体"在地球上的仿太空模型环境进行仿真试验，并尽可能精确地反映和预测正在执行任务的空间飞行器的状态，从而辅助太空轨道上的航天员在紧急情况下做出最正确的决策。从这个角度可以看出，"孪生体"实际上是通过仿真实时反映对象的真实运行情况的样机或模型。它具有两个显著特点：① "孪生体"与其所反映的对象在外表（指产品的几何形状和尺寸）、内容（指产品的结构组成及其宏观、微观物理特性）和性质（指产品的功能和性能）上基本完全一样；② 允许通过仿真等方式来镜像/反映对象的真实运行情况/状态。需要指出的是，此时的"孪生体"还是实物。
>
> **2. 迈克尔·格里夫斯提出"数字孪生体"概念**
>
> 迈克尔·格里夫斯提出"与物理产品等价的虚拟数字化表达"的概念：一个或一组特定装置的数字复制品，能够抽象表达真实装置并可以此为基础进行真实条件或模拟条件下的测试。该概念源于对装置的信息和数据进行更清晰表达的期望，希望能够将所有信息放在一起进行更高层次的分析。虽然这个概念在当时并没有被称为数字孪生体，但是其概念模型却具备数字孪生体的所有组成要素，即物理空间、虚拟空间及两者间的关联或接口，因此可以认为是数字孪生体的雏形。迈克尔·格里夫斯在其《几乎完美：通过产品全生命周期管理驱动创新和精益产品》一书中引用了其合作者约翰·维克斯描述该概念模型的名词，也就是数字孪生体，并一直沿用至今。
>
> **3. AFRL 提出利用数字孪生体解决战斗机机体的维护问题**
>
> 美国空军研究实验室（Air Force Research Laboratory，AFRL）在制定未来 30 年的长期愿景时吸纳了数字孪生的概念，希望做到在未来的每一架战机交付时可以一并交付对应的数字孪生体，并提出"机体数字孪生体"的概念：机体数字孪生体作为正在制造和维护的机体的超写实模型，是可以用来对机体是否满足任务条件进行模

拟和判断的。

机体数字孪生体是单个机身在产品全生命周期的一致性模型和计算模型，它与制造和维护飞行器所用的材料、制造规范及流程相关联，它也是飞行器数字孪生体的子模型。飞行器数字孪生体是一个包含电子系统模型、飞行控制系统模型、推进系统模型和其他子系统模型的集成模型。此时，飞行器数字孪生体从概念模型阶段步入初步的规划与实施阶段，对其内涵、性质的描述和研究也更加深入，主要体现在以下5个方面。① 突出了数字孪生体的层次性和集成性，例如，飞行器数字孪生体、机体数字孪生体、机体结构模型、材料状态演化模型等，有利于数字孪生体的逐步实施及最终实现；② 突出了数字孪生体的超写实性，包括几何模型、物理模型、材料状态演化模型等；③ 突出了数字孪生体的广泛性，即包括整个产品全生命周期，并从设计阶段延伸至后续的产品制造阶段和产品服务阶段；④ 突出了数字孪生体在产品全生命周期的一致性，体现了单一数据源的思想；⑤ 突出了数字孪生体的可计算性，可以通过仿真和分析来实现反映对应产品实体的真实状态。

4. NASA 与 AFRL 的合作

面对未来飞行器轻质量、高负载及更加极端环境下的更长服役时间的需求，NASA 和 AFRL 合作并共同提出了"未来飞行器的数字孪生体"概念。针对飞行器、飞行系统或运载火箭等，它们将飞行器数字孪生体定义为一个面向飞行器或系统集成的多物理、多尺度、概率仿真模型，它利用当前最好的可用物理模型、更新的传感器数据和历史数据等来反映与该模型对应的飞行实体的状态。在合作双方对外公布的"建模、仿真、信息技术和处理"技术路线图中，将数字孪生列为实现基于仿真的系统工程的技术挑战，数字孪生体也从那时起正式进入公众的视野。该定义可以认为是 NASA 和 AFRL 对其之前研究成果的一个阶段性总结，着重突出了数字孪生体的集成性、多物理性、多尺度性、概率性等特征，主要功能是能够实时反映与其对应的飞行产品的状态（延续了早期"阿波罗"项目"孪生体"的功能），使用的数据包括当时最好的可用产品物理模型、更新的传感器数据及产品组的历史数据等。

5. 数字孪生技术先进性被多个行业借鉴吸收

随着物联网技术、人工智能和虚拟现实技术的不断发展，更多的工业产品、工业设备具备了智能的特征，而数字孪生也逐步扩展到包括制造和服务在内的完整的产品全生命周期阶段，并不断丰富着自我形态和概念。但由于数字孪生高度的集成性、跨学科性等特点，很难在短时间内达到足够的技术成熟度，因此，针对其概念内涵与应用实例的渐进式研究显得尤其重要。其中的典型成果是 NASA 与 AFRL 合作构建的 F-15 战斗机机体数字孪生体，目的是对在役飞机机体结构开展健康评估与损伤预测，提供预警并给出维修及更换指导。此外，通用电气计划基于数字孪生实现对发动机的实时监控和预测性维护；达索计划通过 3DEXPERIENCE 体验平台实现与产品的数字孪生互动，并以飞机雷达为例进行了验证。

虽然"数字孪生"概念起源于航空航天领域，但是其先进性正逐渐被其他行业借鉴吸收。基于建筑信息模型（Building Information Modelling，BIM）的研究构建了建筑行业的数字孪生；BIM、数字孪生、增强现实与核能设施的维护得以综合讨论；

> 医学研究学者参考数字孪生思想构建"虚拟胎儿"用以筛查家族遗传病。
> 　　在"互联网+"和实施制造强国的战略背景下,数字孪生在智能制造中的应用潜力也得到许多国内学者的广泛关注,他们先后探讨了数字孪生的产生背景、概念内涵、体系结构、实施途径和发展趋势,数字孪生体在构型管理中的应用,并提出了数字孪生车间(Digital Twin Workshop)的概念,并就如何实现制造物理世界和信息世界的交互共融展开了理论研究和实践探索。

6.6.2　数字孪生的技术体系

数字孪生技术的实现依赖诸多先进技术的发展和应用,其技术体系按照从基础数据采集层到顶端应用层可以依次分为数据保障层、建模计算层、功能层和沉浸式体验层,从建模计算层开始,每一层的实现都建立在前面各层的基础上,是对前面各层功能的进一步丰富和拓展。

1. 数据保障层

数据保障层是整个数字孪生技术体系的基础,支撑着整个上层体系的运作,其主要由高性能传感器数据采集、高速数据传输和全生命周期数据管理3个部分构成。

先进传感器技术及分布式传感技术使整个数字孪生技术体系能够获得更加准确、充分的数据源支撑;数据是整个数字孪生技术体系的基础,海量复杂系统运行数据包含用于提取和构建系统特征的最重要信息,与专家经验知识相比,系统实时传感信息更准确、更能反映系统的实时物理特性,对多运行阶段系统更具适用性。作为整个体系的最前沿部分,其重要性毋庸置疑。高带宽光纤技术的采用使海量传感器数据的传输不再受带宽的限制,由于复杂工业系统的数据采集量庞大,带宽的扩大缩短了系统传输数据的时间,降低了系统延时,保障了系统实时性,提高了数字孪生系统的实时跟随性能。分布式云服务器存储技术的发展为全生命周期数据的存储和管理提供了平台保障,高效率存储结构和数据检索结构为海量历史运行数据存储和快速提取提供了重要保障,为基于云存储和云计算的系统体系提供了历史数据基础,使大数据分析和计算的数据查询和检索阶段能够得以快速可靠地完成。

2. 建模计算层

建模计算层主要由建模算法和一体化计算平台两部分构成。建模算法部分充分利用机器学习和人工智能领域的技术方法实现系统数据的深度特征提取和建模,通过采用多物理、多尺度的方法对传感数据进行多层次的解析、挖掘和学习其中蕴含的相关关系、逻辑关系和主要特征,实现对系统的超现实状态表征和建模,并能预测系统未来状态和寿命,依据其当前和未来的健康状态评估其执行任务成功的可能性。

3. 功能层

功能层面向实际的系统设计、生产、使用和维护需求提供相应的功能,包括多层级系统寿命估计、系统集群执行任务能力的评估、系统集群维护保障、系统生产过程监控及系统设计辅助决策等功能。针对复杂系统在使用过程中存在的异常和退化现象,在功能层开展针对系统关键部件和子系统的退化建模和寿命估计工作,为系统健康状态的管理提供指导和评估依据。对于需要协同工作的复杂系统集群,功能层为其提供协同执行任务的可执行性评估和个体自身状态感知，辅助集群任务的执行过程决策。在对系统集群中每个个体的状态深度感知的基础上，可以进一步依据系统健康状态实现基于集群的系统维护保障，节省系统的维修开支并避免人力资源的浪费，实现系统群体的批量化维修保障。

数字孪生技术体系的最终目标是实现基于系统全生命周期健康状态的系统设计和生产过程优化改进，使系统在设计生产完成后能够在整个使用周期内获得良好的性能表现。作为数字孪生技术体系的直接价值体现，功能层可以根据实际系统需要进行定制，在建模计算层提供的强大信息接口的基础上，功能层可以满足高可靠性、高准确度、高实时性及智能辅助决策等多个性能指标，提升产品在整个生命周期内的表现性能。

4. 沉浸式体验层

沉浸式体验层主要是为使用者提供良好的人机交互使用环境，使用者能够获得身临其境的技术体验，从而迅速了解和掌握复杂系统的特性和功能，并能够便捷地通过语音和肢体动作访问功能层提供的信息，获得分析和决策方面的信息支持。未来的技术系统使用方式将不再仅仅局限于听觉和视觉，同时将集成触摸感知、压力感知、肢体动作感知、重力感知等多方面的信息和感应，向使用者完全恢复真实的系统场景，并通过人工智能的方法让使用者了解和学习真实系统场景本身不能直接反映的系统属性和特征。

使用者通过学习和了解在实体对象上接触不到或采集不到的物理量和模型分析结果，能够获得对系统场景更深入的理解，设计、生产、使用、维护等各个方面的灵感将被激发和验证。沉浸式体验层是直接面向用户的层级，以用户可用性和交互友好性为主要参考指标。沉浸式体验层通过集成多种先进技术，实现多物理、多尺度的集群仿真，利用高保真建模和仿真技术及状态深度感知和自感知技术构建目标系统的虚拟实时任务孪生体，持续预测系统健康、剩余使用寿命和任务执行成功率。虚拟数字集群是数字孪生体向实际工程实践发展的重要范例，对于满足未来成本可控情况下的高可靠性任务执行需求具有重要意义。

6.6.3 数字孪生的创建

数字孪生能够为企业带来实际价值，创造新的收入来源，并帮助企业解决重要的战略问题。随着新技术能力的发展、灵活性的提升、成本的降低，企业能够以更少的资金投入在更短的时间内创建数字孪生体并产生价值。数字孪生在产品全生命周期内有多种应用形式，能够实时解决过去无法解决的问题，创造几年前甚至还不敢想象的价值。企业真正的问题或许并不在于是否应该着手部署数字孪生，而在于从哪个方面开始部署，如何在最短的时间内获得最大的价值，以及如何在竞争中脱颖而出。

1. 创建数字孪生的两个重点

一是数字孪生流程设计与信息要求，从资产的设计到资产在真实世界中的现场使用和维护；二是数字孪生概念体系构架，创建使能技术，整合真实资产及其数字孪生，使传感器数据与企业核心系统中的运营和交易信息实现实时流动。

（1）数字孪生流程设计与信息要求

创建数字孪生，要先进行流程设计，使用标准的流程设计技术来展示业务流程、流程管理人员、业务应用程序、信息及物理资产间如何进行交互，创建相关图表，连接生产流程与应用程序、数据需求及创建数字孪生所需的传感器信息类型。流程设计将通过多种特性获得增强，提升成本、时间和资产效益，这些构成了数字孪生的基础，数字孪生的增强效能也于此开始。

（2）数字孪生概念体系架构

通过创建使能技术，整合真实资产及其数字孪生，传感器数据与企业核心系统中的运营和交易信息实现实时流动。数字孪生概念体系架构可分为易于理解的6个步骤。

① 创建。创建步骤包括为物理过程配备大量传感器，以检测获取物理过程及其环境的关键数据。传感器检测到的数据经编码器转换为受保护的数字信息，并传输至数字孪生系统。传感器的信号可利用制造执行系统、企业资源规划系统、计算机辅助设计（Computer aided design，CAD）模型及供应链系统的流程导向型信息进行增强，为数字孪生系统提供大量的持续更新的数据用以分析。

② 传输。网络传输是促使数字孪生成为现实的重大变革之一，有助于实现流程和数字平台之间进行无缝、实时的双向整合/互联。传输包含了以下三大组成部分：边缘处理，边缘接口连接传感器和历史流程数据库，在近源处处理其发出的信号和数据，并将数据传输至平台，这有助于将专有协议转换为更易于理解的数据格式，并减少网络传输量；传输接口，传输接口将传感器获取的信息转移至整合职能；边缘安全，最常用的安全措施包括采用防火墙、应用程序密钥、加密及设备证书等。

③ 聚合。聚合步骤支持将获得的数据存入数据存储库中，进行处理以备用于分析。数据聚合及处理均可在现场或云端完成。

④ 分析。在分析步骤中，将数据进行分析并作可视化处理。数据科学家和分析人员可利用先进的数据分析平台和技术开发迭代模型发掘洞见、提出建议，并引导决策过程。

⑤ 洞见。在洞见步骤中，通过分析工具发掘的洞见将通过仪表板中的可视化图表列示，用一个或更多的维度突出显示数字孪生模型和物理世界类比物性能中不可接受的差异，标明可能需要调查或更换的区域。

⑥ 行动。行动步骤是指前面几个步骤形成的可执行洞见反馈至物理资产和数字流程，实现数字孪生的作用。洞见经过解码后，进入物理资产流程上负责移动或控制机制的促动器，或在管控供应链和订单行为的后端系统中更新，这些均可进行人工干预，从而完成物理世界与数字孪生之间闭环连接的最后一步。

2. 如何部署创建数字孪生

在打造数字孪生流程的过程中，一个最大的挑战在于确定数字孪生模型的最优方案。过于简单的模型无法实现数字孪生的预期价值，但是如果过于追求速度与广泛的覆盖面，则必将迷失在海量传感器、传感信号及构建模型必需的各种技术之中。一个复杂程度适中的数字孪生初步部署如下。

（1）设想可能性

设想并选出数字孪生可产生收益的系列方案。虽然不同的企业或在不同的环境下，适用方案会有所不同，但通常都具备以下两大重要特点：一是所设想的产品或生产流程对企业弥足珍贵，因此投资创建数字孪生体是万分必要的。二是存在一些尚不明确的未知流程或产品问题，而这些有望为客户或企业创造价值。

(2)方案评估

在方案选定后对每个方案进行评估,从而确定可运用数字孪生快速获得收效的流程。建议集中召开构思会议,由运营、业务及技术领导层成员共同推进评估过程。

(3)确定流程

确定潜在价值最高且成功概率最大的数字孪生试用模型。综合考虑运营、商业、组织变革管理因素,以打造最佳的试运行方案。与此同时,重点关注有望扩大设备、选址或技术规模的领域。

(4)试运行项目

通过敏捷迭代周期,将项目迅速投入试行以加速学习进程,并通过有效管理风险实现投资收益的最大化。推进试行项目的过程中,实施团队应随时强调适应性与开放式思维,打造一个未知的开放式生态系统,而该系统可顺时应势整合新数据,并接纳新的技术与合作伙伴。

(5)实现流程工业化

在试运行项目有所斩获后,可立即运用现有工具、技术与脚本,将数字孪生开发与部署流程工业化。这一过程包括对企业各种零散的实施过程进行整合,实施数据湖,提升绩效与生产率,改善治理并将数据标准化,推进组织结构的变革,从而为数字孪生提供支持。

(6)扩大数字孪生规模

成功实现工业化后,应重点把握机会扩大数字孪生规模。目标应锁定相近流程及与试运行项目相关的流程。借鉴项目试运行经验,采用试运行期间使用的工具、技术及脚本,快速扩大规模。

(7)监控与检测

对解决方案进行监控,客观检测数字孪生所创造的价值;确定循环周期内是否可产生切实收益,提升生产率、质量、利用率,降低偶发事件及成本;反复调试数字孪生流程,观察结果,以确定最佳配置方案。

6.6.4 数字孪生技术的应用案例

在海洋油气开发行业分析中,数字化转型已成为全球领先公司的重要战略举措,其目标是推动油气业务转型及升级,包括英国石油(BP Amoco)公司、壳牌石油及挪威石油都陆续推出了数字化转型、未来油田等数字化实施方案,且为满足海洋油气行业业务密集、产业链升级、可持续转型的目标,各大著名石油公司也陆续启用了跨界合作模式开展数字化转型工作。接下来是几个海洋油气公司的典型数字孪生应用案例。

1. 荷兰某能源化工集团的数字孪生应用(能源公司层级)

该公司定义数字孪生是资产生命周期中物理元素和动态行为的虚拟表示。包括3个维度的资源整合:资源可视化、全周期数据、发展模型。资源可视化,倾向于人机方面,包括且不限于2D图纸、交互3D可视化、摄影测量与激光扫描、增强和虚拟现实。全周期数据分3个层级考虑:工程方面——结构性和非结构性数据;实时方面——过程及100%完整性数据;运维方面——维修、状态、检查数据。发展模型与人们常规接触的三维模型不同,更接近于持续发展的操作模型,其需要考虑过去(回顾绩效,诊断和学习),当前(运营与优化），以及未来的预测分析。其数字孪生的目标定义为加强公司合作经营资产的方式。措施是将人类行为不可预见层级转换到数字孪生提供集成和情境可视化层级；员工所扮演的角色是人类，最终做优化操作选择的决策者。

2. 德国某油气开发工程实施公司的数字孪生应用（工程公司层级）

该公司在数字孪生和工业4.0上做了不同程度的优化。例如，其利用云端开放式物联网操作系统，建立数字孪生，使用云端创建物理机器及其相应数字孪生间的实时反馈环路。这样既可以监控能源利用率、运营状态和性能之类的运营数据，同时可实现产品优化及未来迭代。其定义产品生命周期中涵盖不同阶段的4个数字孪生：产品数字孪生、生产数字孪生、性能数字孪生和企业资源数字孪生。同时该公司也将以"工业4.0"为方向，建立了未来工厂——一家纯数字化工厂。即在生产之前，工厂产品的使用目的已预先确定，包括部件生产所需的全部信息，都已经"存在"于信息物理系统（Cyber Physical Systems，CPS）中，这些部件具备各自的身份信息，通过这种方式，在未来的工厂里，设备和工件之间甚至可以直接交流，从而自主决定后续的生产步骤，组成一个分布式、高效和灵活的工厂管理体系。

3. 英国某油气开发技术服务及供应商的数字孪生应用（服务公司层级）

在数字孪生方面，该公司定位是做"端到端工业数字化解决方案"。着眼于两大领域，即资产生命周期（提高投资利用/回报率）和运营生命周期（提高安全盈利能力）。其将公司服务业务及产品类别向工程化整合，甚至向生产运营延展。其全系列产品图谱，自上而下从项目运营阶段、关键动作、主要专业、软件匹配、整合工具等进行了完整性对标及适用性关联，将工程项目——生产运营的数字化路线和主流工程服务、模拟计算交付业务进行了关联整合。在数字孪生维度上，其与能源公司比较接近，也是将重点放在可视化、数据及模型，为了能精准定义服务，其模型维度更贴近于行为视角，包括机理模型（白箱操作）、数据模型（黑箱操作）、当前状态实时模拟、趋势预测分析等。

4. 国内海洋油气开发能源公司的数字孪生应用

近年来，国内海洋油气行业数字孪生及数字化转型也做了不同程度的调整，通过国内海洋石油行业持续数字化转型探索与发展也在不断总结、梳理更加适用于国内海洋石油发展及全产业链利益最大化的数字转型思路，并扩展融合"共享""保障""应用云"等数字化思路，陆续打造智能油田建设、工程智能制造、智能工厂建设、互联网贸易平台、网络安全防护体系等品牌体系的建立。

本章小结

QR是指在供应链中零售商和制造商建立战略伙伴关系，利用EDI等信息技术，进行销售时点的信息交换及订货补充等其他经营信息的交换，用多频度小数量配送方式连续补充商品，以实现缩短交货周期、减少库存、提高客户服务水平和企业竞争力的供应链管理技术。ECR是以满足客户要求和最大限度降低物流过程费用为原则，能及时做出准确反应，使提供的物品供应或服务流程最佳化的一种供应链管理技术。ERP系统是指建立在信息技术基础上，以系统化的管理思想，为企业提供决策运行手段的管理技术。DRP是一种适用于企业进行库存控制的供应链管理技术。在这种方式下，企业可以根据用户的需求计划制订订货计划，从而确定恰当的库存水平，有效地进行库存控制。CPFR 即协同规划、预测与补货，是一种协同式的供应链库存管理技术。应用数字孪生技术，构建供应链数字孪生系统对于数字供应链和智慧供应链的形成极具价值。数字孪生是指针对物理世界中的物体，通过数字化的手段构建一个在数字世界中一模一样的实体，以此来实现对物理实体的了解、分析和优化。

课后思考

1. 名词解释

有效客户反应，快速响应系统，企业资源计划，配送需求计划，协同计划、预测和补货系统

2. 简答题

（1）简述 QR 的实施步骤。
（2）简述 ECR 的实施原则及特点。
（3）简述 DRP 和 DRPII 的管理理念。
（4）简述 CPFR 的特点和运作模式。

案例讨论

ZYT 公司的智能 ERP 系统

ZYT 公司的产品涉及洗护、餐具、内衣棉织品、外出服装及文具礼品等，产品种类跨度大，营销范围覆盖全国各地。ZYT 公司立足企业管理实际，构建智能 ERP 系统以支持线上电商、移动销售、线下分销零售等多渠道营销平台，支持全供应链管理、订单智能处理、财务核算精细自动化及库存智能监控等智能化处理，以提升与优化供应链运作模式，提高供应链协同效率。

1. 智能 ERP 系统的诉求分析

（1）整合匹配供应链

ZYT 公司在各城市实行连锁经营，全国门店有 300 多家。婴童用品行业因其对象的特殊性，要求销售网络对客户需求做出快速反应，但是不同销售区域的需求差异较大，有些区域的连锁销售门店存在产品供应与客户需求脱节的情况。因此，整合匹配供应链是其智能 ERP 系统构建的诉求之一。

（2）提高发货效率，加快出库/入库速度

ZYT 公司每天处理的业务单据量较大，而且经常出现一笔订单涉及多项产品的情况，对订单、发货及物流处理时效性的要求高，各销售网络与总部各部门必须快速响应。因此，推进业务协同、提高发货效率、加快出库/入库速度也是其智能 ERP 系统构建的诉求之一。

（3）财务数据分析更快捷有效

ZYT 公司有自主收银的直营店，也有各电商平台开设的旗舰店，经营模式多样。随着

客户个性化需求提升，季度新品更替速度随之加快，且以小批量、多品类为主。分散的销售和滞后的信息使得决策与市场信息不对等，导致财务决策对销售网络反应滞后。因此，使财务分析更快捷有效也是其智能ERP系统的构建诉求。

2. 智能ERP系统的应用分析

（1）整体系统框架

ZYT公司的智能ERP系统涵盖了从生产管理到销售分销、CRM、终端零售、电子商务的全供应链管理，为ZYT公司提供全方位的问题解决方案。以电子商务问题解决方案为例，其包括订单管理、发货管理、退货管理、收付结算、库存分配、会员管理、微信服务、数据分析等内容，并且与前台电商平台、后台ERP系统采购付款、销售收款、存货等业务紧密衔接，实现对交易订单的全流程管控，达到电商业务与ERP系统一体化。

（2）关键管理应用分析

① 网络分销。ZYT公司在上海设有总部仓库，在广州、成都设有分仓，这3个仓库的库存分布可针对全国所有地区的货物进行配送。通过分销系统的配货和自动补货功能，可及时把库存信息和客户订单汇总整合，经过审核、批准转至仓库待发货。物流人员将需要发货的订单根据单据号做好筛选和发货处理，利用集成的条码技术提高发货的准确性与高效性。财务后期定期检验发票、收款核销，准确核算订单收入、支出费用，可随时统计比较各店铺、各品类、各产品的利润绩效。

② 连锁零售。ZYT公司在全国的门店中既有自主收银的直营店，也有与商场结合的直营专柜，管理非常复杂。通过零售系统中统一数据下发和统一总部政策的制定，可及时将库存销售信息汇合，自动和业务、财务形成钩稽关系。财务后期定期进行发票结算，核算各类门店费用，随时统计比较各店铺、各品类、各产品的利润绩效。

③ 电商业务。ZYT公司在天猫、京东、当当等知名电商平台都开设了旗舰店，根据各个店铺的销售情况，及时进行库存货物的统一调配，保证下单、发货的及时性。通过系统的自动定时任务，可及时将网上订单下载到系统中，自动进行促销处理、按订单发货。

④ 企业大数据分析应用。ZYT公司应用后台大数据技术，对客户在各电商平台上的浏览量、跳出次数、访问量进行分析排序，分析客户的年龄分布，以确定各产品的市场关注程度；对客户在电商平台的不同行为阶段，如浏览商品阶段、搜索阶段、添加购物车阶段，下单、付款及交易成功等阶段进行统计分析。运用销售管理驾驶舱技术，对比分析国家各地区、各省份不同月份、季度的签单额，并对比分析各种销售渠道的签单额。通过总公司的可视化销售看板系统，及时调整各品类的销售价格，协调各区域的产品库存量，从而便于对生产、人力资源等方面进行协调。

3. 智能ERP系统的应用效果

（1）线上、线下并轨运行与分析

ZYT公司通过ERP系统分销零售系统实时掌握各门店的经营及库存状况，便于合理调配库存。通过电商订单中心，将网店订单实时下载到后台，进行发货处理，提高订单发货的准确性、及时性；及时确认销售收入与支出费用，通过收入、费用分析，精确分析各店铺、各种商品的销售毛利润，为网络营销提供分析数据。

（2）提升会员精准营销水平

ZYT公司建立的微信会员服务平台，会员可通过微信服务平台轻松实现积分、储值、消费历史的查询。根据会员消费情况，ZYT公司过滤出目标会员，进行促销信息的针对性发布；统计粉丝、会员关注比例及相关情况，随时进行互动策略调整。

（3）提升支持移动终端的ERP系统的效率

ZYT公司智能ERP系统提供的移动订单和工作流审批功能，实现了快速下单和移动审批，提升了企业日常业务开展及管理工作效率。各门店业务员在现场直接使用手机扫描条码就可录入商品信息下订单，订单信息直接进入后台系统，提高订单流程推进效率。

（4）提升库存响应速度

ZYT公司利用智能ERP系统定期进行收款核对、运费支出核对，及时发现核对问题，准确核算订单收入、支出费用，精确管控产品成本，实时统计、比较各店铺、各产品的利润，对所有商品进行多维度、全程的条码管理，提供精确的库存数据，提升产品利润率。

（5）产、供、销、财务紧密结合，高度协同

通过ERP系统财务、供应链、电商业务一体化的流程体系，将所有线上平台店铺的终端数据及时传递至智能ERP系统中，原始单据与业务财务对账清晰完整，进销存数据及财务相关报表数据均由系统第一时间精准自动生成并传送。各级管理者通过查看可视化销售看板、企业大数据分析驾驶舱，实时掌握ZYT公司最新的运行状况。

（案例来源：中国物流与采购网，有改动）

思考

1. ZYT公司的智能ERP系统有哪些功能？
2. ZYT公司的智能ERP系统如何提升供应链管理水平？

第 7 章

供应链采购管理

思政导学

以职业道德修养、团队协作的精神为课程思政目标，结合"廉洁采购""科学采购""创新采购"等案例，将专业精神、责任意识、合作共赢理念融入对供应链采购模式、供应商选择等知识点的理解中。

◇ 学习要点 ◇

- 理解采购与供应链采购的基本概念
- 掌握供应链采购的特点和模式
- 掌握供应商选择的流程与方法
- 熟悉供应商关系模式和供应商关系管理策略

● 关键术语

采购，供应链采购，整合采购，准时采购，多源组合采购，第三方采购，供应商关系管理

导入案例

江仪股份的供应链采购管理

湖北江汉石油仪器仪表股份有限公司（以下简称"江仪股份"）历经多年发展，已成为国内生产规模最大、技术实力最雄厚的石油仪器仪表专业化企业之一。江仪股份需要采购的主要原材料可分为专用电子元器件等战略材料、液晶板等瓶颈材料、液压气动系统和机电设备配件等杠杆材料、其他材料4类，各类原材料平均采购占比如图7-1所示，其供应链组成如图7-2所示。

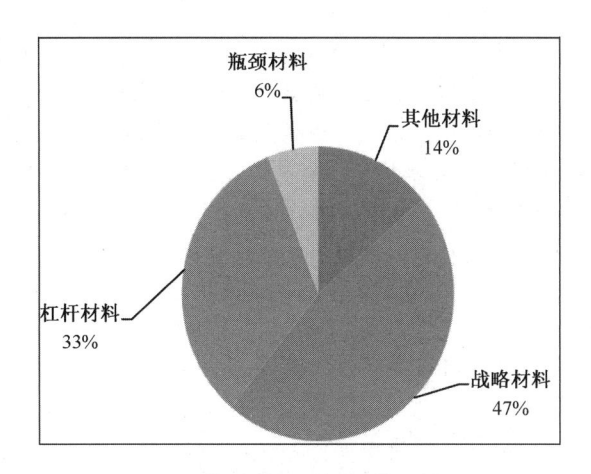

图 7-1　江仪股份原材料采购占比

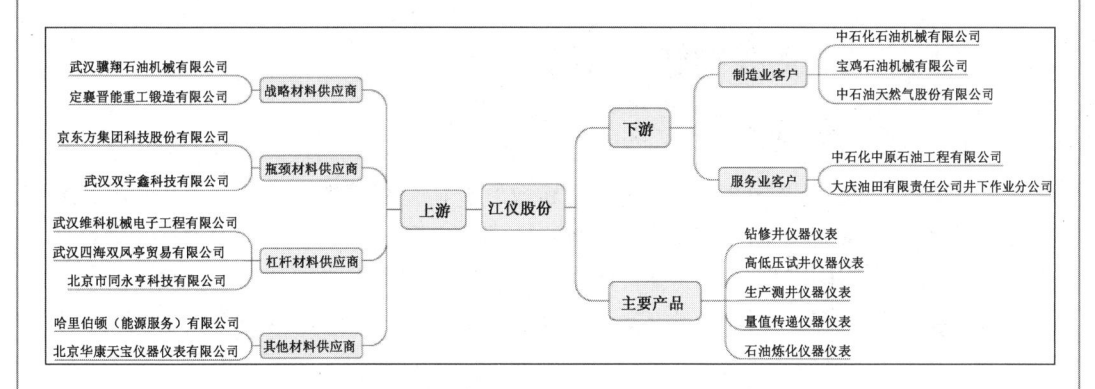

图 7-2　江仪股份的供应链组成

1. 针对战略材料供应商的战略型合作管理

石油仪器仪表产品多为高强度设备，组成这些高精尖设备的元器件需求量大、采购量大，同时对企业利润影响巨大，是尤为重要的战略材料。江仪股份将武汉骥翔石油机械有限公司（以下简称"骥翔机械"）选择为相对固定的战略合作伙伴，对其进行战略型合作管理。江仪股份仅在该公司进行战略材料采购占企业总采购的平均占比为 20%，足见其对该供应商的采购依赖度。江仪股份对此也做出相应管理部署，如与骥翔机械进行全自动压力计检定装置自动砝码加减操控机构专利技术的共享，共同进行产品创新研发等。

2. 针对瓶颈材料供应商的紧密型合作管理

国内拥有适应特种环境液晶板生产能力的厂商呈寡头垄断形势，主要有天马微电子，以及与江仪股份合作的京东方等。液晶板作为瓶颈材料，供应短缺、风险高，且江仪股份处于采购被动地位，因此，其采取对液晶板的采购价格做出让步等方式加强与液晶板供应商合作亲密程度，从而与其建立紧密的合作关系。

3. 针对杠杆材料供应商的竞争型合作管理

作为主营石油仪器仪表制造的江仪股份，普通机电设备配件是企业需要大量采购且成本总额较高但供应风险较小的杠杆材料。在掌握此类材料的采购地位优势上，江仪股份先对机电设备制造企业进行资质筛选，再对资质合格的企业进行反向拍卖，实现低成本采购，与各供应商形成竞争紧密合作关系。此类原材料供应商在江仪股份前五大供应商中不断更替。江仪股份在实现低成本采购的同时，对杠杆材料的竞争型合作管理策略初有成效，与一些杠杆材料供应商形成了竞争型紧密合作关系。

（资料来源：于悦，柴俊竹.基于材料特性的供应商管理策略选择——以江仪股份为例[J].财务管理研究，2021(08):18-24，有改动）

思考

江仪股份的供应链采购策略有何特点？

解析

结合供应链采购模式、供应商选择和供应商关系管理等知识点进行分析。

7.1 供应链下的采购管理概述

7.1.1 采购与供应链采购

采购是指企业在一定条件下从供应商处获取原材料、零部件、产品、服务或其他资源以支持企业生产运营的过程。采购是一种经济活动，它通过采购获取的资源在企业的生产经营活动中发挥作用而产生经济效益，同时，为获取资源需要支付资源的价格、交易成本和运输成本等采购成本。采购的实质就是采购方与供应方之间通过合作与交易实现资源转移的过程。

供应链采购是指供应链内部企业间的采购，供应链内部的需方企业，可向内部供给企业进行采购，供方按照需方企业需要供给即可。这种采购方式与传统采购不一样，供方与需方的供求关系、商品采购概念没有任何改变；而供应链内部不同企业既是供需关系，也是一种战略合作关系，企业的采购观念和采购操作都发生了很大变化。合作采购是供应链采购的新模式，这种采购模式是基于供需关系层面上的采购，在良好、稳定的商务环境下完成商品采购；而传统采购存在行业竞争、利益的相互排斥因素，这些不安定因素直接影响采购效率和品质。供应链采购帮助企业实现信息连通与共享，企业会进行有针对性的商品采购，而供方企业可真正实现零库存状态，供方企业按照需方需求及时供货即可。在这个商品采购体系中，供应商与需方企业的责任和利润是相互连接的，这样供应商品的品质便有可靠保证，供方企业人力费用支出得到有效控制。采购操作准时、商品订单驱动是供应链采购的优势，商品采购准时制是指供方企业要严格按照需方要求供货，供给时间与地点及供给的数量和品质是供方企业要注意的，这样产品的进销存可实现一体化管理。

在供应链管理模式下，采购工作必须做到准时制，即供应商要按照买方所需物料的时间与数量进行供货，从而在适当的时间、地点，以适当的数量和质量提供买方所需的物料。其中，对供应商的选择和质量控制是关键。采购方式是订单驱动，用户需求订单驱动制造订单，制造订单驱动采购订单，采购订单再驱动供应商。这就使供产销过程一体化，采购管理由被动（库存驱动）变为主动（订单驱动），真正做到了对用户需求的准时响应。从而使采购、库存成本得到大幅降低，提高了流动资金周转的速度。因此，供应链采购有如下 7 个特点。

① 从采购性质看，供应链采购是一种基于需求的采购。

② 从采购环境看，供应链采购是一种友好合作的环境，而传统采购是一种利益互斥、对抗的环境。

③ 从信息情况看，供应链采购一个重要的特点就是供应链企业间实现了信息连通、信息共享。

④ 从库存情况看，供应链采购是由供应商管理库存，用户的库存由供应商管理。第一，用户零库存，可以大大节省费用、降低成本，专心致志地搞好工作，发挥核心竞争力，提高效率。第二，供应商掌握库存自主权，可以根据需求变动情况，适时地调整生产计划和送货计划，既避免盲目生产，也可以避免因库存积压、库存过高造成的浪费及风险。

⑤ 从送货情况看，供应链采购由供应商负责送货，而且是连续小批量多频次地送货。

⑥ 从双方关系看，供应链采购活动中，买方企业和卖方企业是一种友好合作的战略伙伴关系。

⑦ 从货检情况看，供应链采购下供应商的责任与利润相连，所以自我约束、保证质量，货物可以免检。这样既能保证质量也节约了费用。

阅读链接

西门子的供应链采购管理

西门子每年在全球采购 130 多个大类货物，其中 60%左右的采购金额用于采购同工业、能源和医疗技术这 3 个事业部生产相关的"直接产品"，即半成品和零部件；40%用于采购信息产品、市场营销产品等"间接产品"。西门子没有实行完全统一的集中化的采购，而是制定了"60-25-20"采购战略：全部采购的 60%实行统一采购，剩下的各事业部门仍有采购权力，但集团内部形成了集约化供应链管理网络，各采购部门相互协作；在新兴市场的采购比例要从目前的 20%提高到 25%；供应商数量要减少 20%。

西门子认为，供应商应该更紧密地、更早地同西门子的产品开发相结合。为此，针对间接产品的采购实行了集中采购，集中的订单压低了采购成本。西门子的供应链中有 1 000 家左右的大供应商，这些大供应商可以看作西门子供应链的分链条，因为它们背后又有着自己的供应链。西门子认为，选择分链条要精益求精。当今的竞争已不再是供应商 A 和供应商 B 的竞争，而是供应链 A 和供应链 B 的竞争。

西门子实施供应链采购管理基于以下六大理念：降低采购成本；促进向当地转让技术和投资；降低货币汇兑风险；提高采购安全性；缩短供应链；提升西门子全球形象。

7.1.2 供应链采购目标与关键要素

1. 供应链采购的目标

由于采购关系着企业生产过程是否顺利进行、产品质量是否得到保障、库存数量是否保持适度及运营成本是否维持最低,因此,供应链采购的目标应包括以下 4 个方面。

(1) 保证持续供应

企业生产经营过程中,一旦出现原材料或零部件缺货,就会造成生产过程的中断,给企业带来预期之外的损失。而生产过程的中断会造成企业运营成本的增加,并有可能进一步导致企业无法按时向客户完成交货。因此,供应链采购的根本目标之一就是要确保原材料、零部件和配件的持续供应。

(2) 提高采购质量

采购对于企业的产品质量是一个至关重要的环节,产品质量也主要取决于加工装配过程中使用的原材料和零部件质量。如果使用了质量较差的原材料或零部件,那么最终产品就有可能无法满足客户的质量要求。因此,企业和供应商必须不断致力于提高采购质量。

(3) 库存最小化

通常,企业为避免物料短缺往往会持有大量的原材料和零部件库存,以应对供应出现中断的情况,但维持大量库存水平会占用企业的大量资金。因此,供应链采购还有一个目标就是在保证持续供应的前提下,平衡库存维持成本与潜在的生产中断所造成的损失。

(4) 总成本最小化

对于大多数企业来说,商品和服务采购是一项非常昂贵的支出,而使用可行的采购策略则可以节约大量资金。因此,要获取最大的采购效益就必须对采购成本进行严格控制,这不仅需要重视如何获得较低的资源价格,还应重视采购的交易成本及物料的运输和使用成本。

要实现上述供应链采购目标,就需要企业与供应商之间由原来讨价还价的对抗型关系变成互惠互利的供应链合作型关系。而供应链合作关系的建立则需要将采购活动变成企业的一项关键能力,即企业通过积极寻找更好的原材料和可靠的供应商,与其密切合作并利用供应商的专业知识以提升原材料或零部件质量,并在产品设计和开发活动中引入供应商和采购人员,可以提升最终产品质量和客户满意度,更好地实现企业的生产和营销战略。

2. 供应链采购的关键要素

支持供应链采购活动顺利进行并达到预期目标的关键要素主要有采购项目、采购准则、双方关系与采购成本等,它们之间的互动关系如图 7-3 所示。

(1) 采购项目

采购项目是指为满足企业生产经营活动需要而必须采购的物料或服务,主要包括未经过供应商任何加工的原材料、用于支持企业最终产品生产的半成品和零部件、用于转售或贴牌销售给最终客户前不需要深入加工的产品、用于支持生产的维护、维修与运行 (Maintenance, Repair and Operating, MRO) 产品及资产设备和服务等。采购项目是采购活动的基本要素,没有采购项目就没有进行采购活动的必要;采购项目界定不清楚,采购活动也就不能达到预期目标。采购项目需要明确采购数量、物料规格、质量要求、价格、交货日期和交货方式等信息，采购项目的信息通常以采购订单或开放式订单来表现。

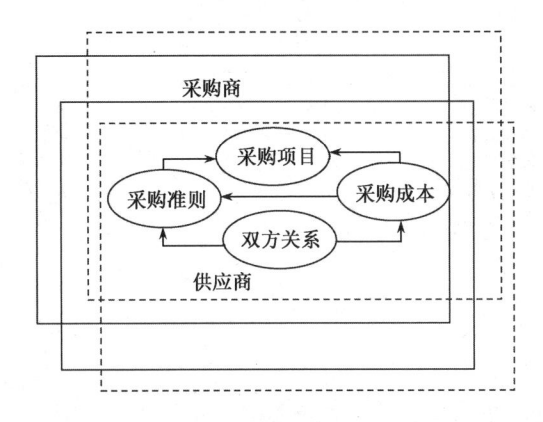

图 7-3　供应链采购活动的关键要素的互动关系

（2）采购准则

采购准则是指导采购活动的行为准则，是寻找合适供应源、选择最佳供应商并与之建立何种关系及判断采购活动是否达到预期目标的标准。采购准则是由采购目标和采购物料的数量、规格、质量、价格、交货时间及服务要求等综合决定的。例如，当采购的最终目标是增强供应链的反应能力，采购物料的数量较少，交货时间较紧时，就应该在本地区寻找供应源，选择具有供应灵活性的供应商。

（3）双方关系

双方关系是指采购商根据其供应链战略及采购项目的重要性决定与供应商建立的某种关系。采购商与供应商之间一般可形成交易关系、合作关系、联盟关系或控制关系。例如，当采购商拟采购的物料数量较少且价值不高时，采购商就没有必要与供应商建立合作关系，只需要与其直接进行交易即可。相反，当采购商拟采购的物料数量较多且价值较高时，采购商就必须与供应商建立合作关系以分摊风险、共享收益，既可以使供应商获得稳定的市场需求，又能保证采购商的生产过程顺利进行。

（4）采购成本

采购成本作为衡量采购活动绩效的重要指标，应该包含在交易前寻找供应源、与供应商沟通、选择供应商等活动所发生的成本，在交易中采购物料的价格、税费、运输成本、检验成本等，以及在交易后物料使用、维护、维修等成本中。一项采购活动的总成本既取决于采购准则，又受到双方关系的影响。例如，当采购的最终目标是增强供应链的反应能力，采购物料的数量较少，交货时间较紧时，那么这项采购活动的总成本就会较高，而双方合作关系的建立就会降低采购活动的总成本。

7.1.3　供应链采购的一般程序

供应链采购程序会因采购物料是一次性采购还是重复采购、大额采购还是小额采购等因素的不同而有所不同，但一般包括识别客户需求、评估潜在供应商、选择供应商、核准采购、执行采购和考核供应商绩效等步骤，如图 7-4 所示。

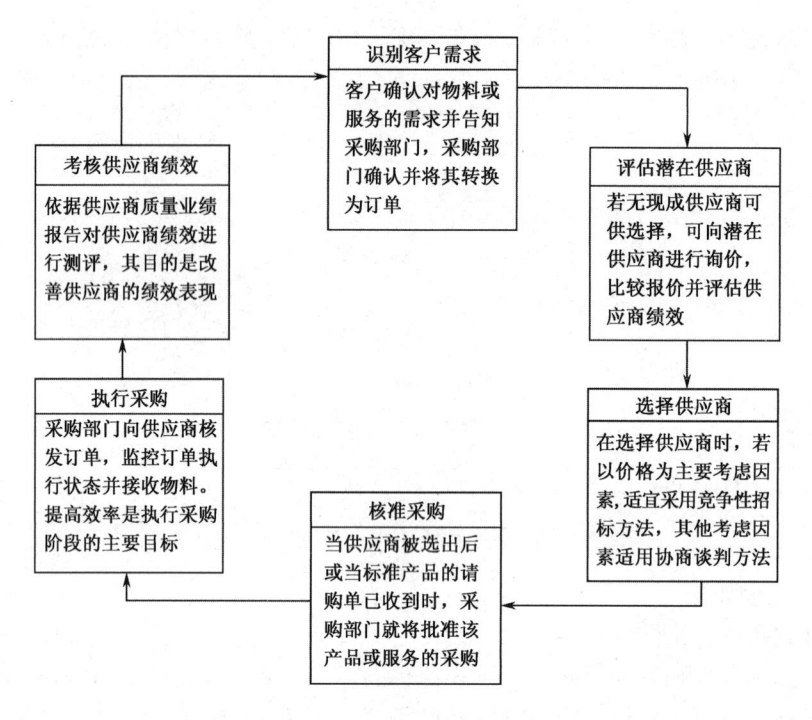

图 7-4 供应链采购的一般程序

1. 识别客户需求

客户需求包括对物料及服务的需求。物料需求可能包括对仪器设备、零部件、原材料或产品的需求，服务需求包括对计算机程序员、危险品处理人员、承运人或维修服务提供者的需求等。客户可用工作描述、采购需求申请、客户订单、常规再订货系统、盘点存货及在新产品开发中所识别的需求等形式来描述其物料需求或服务需求并通知给采购部门，采购部门确认并将其转换为订单。

2. 评估潜在供应商

识别了客户需求，就需要在资料库中检查是否已有被核准过的供应商。若无现成供应商可供选择，可向潜在供应商进行询价，比较报价并评估供应商绩效。在评估潜在供应商时，主要包括对供应商的生产能力及过去在产品设计方面的表现的评价，对产品质量的承诺、管理能力及承诺、技术能力、成本节约情况、交付情况及开发生产流程和产品技术的能力的评价。对于重复性订购，一般情况下采购部门可能已同某个供应商就某种确定的产品签订了合同，商议好交货、定价、交易质量等。

3. 选择供应商

可用竞争性招标和协商谈判方法选择供应商。竞争性招标是指买方向其有意进行合作的供应商发出招标邀请。竞争性招标适用于几种条件，包括采购量达到采用竞标的数量；采购项目规格要求明确，供应商可以精确估计产品的生产成本；有许多合格的供应商希望获得此项业务；买方只向技术合格的供应商发出招标函；供应商拥有合理的时间来评估询价等。当价格是主要的评判标准，并且所需的产品有明确的物料规格要求时，可采用竞争性招标法。如果存在重要的非价格因素，可采用协商谈判法选择供应商。协商谈判法适用于几种条件，包括没有明确的采购规格；采购协议涉及大量绩效因素，如价格、质量、交货、风险共担和产品支持等；需要供应商早期参与新产品开发；供应商无法决定风险和成本或需要很长时间来开发和生产所采购的产品。

4. 核准采购

当供应商被选出后或当标准产品的请购单已收到时，采购部门将批准产品或服务的采购订单或通过物料审核来订购开放式订单中的产品。采购订单包括数量、物料规格、质量要求、价格、交货日期、交货方式、交货地址、采购订单号、订单到期日等重要信息。开放式订单是一份有效期为一年并包括所有重复采购的产品或产品系列的订单。买方在第一次采购中或一次性采购中会使用采购订单，而对于经常订购的生产性产品则适用于采用开放式采购订单进行采购。

5. 执行采购

采购部门向供应商核发订单，监控订单执行状态并接收物料。提高采购执行效率是本阶段的主要目标，可以通过电子方式传送双方采购文件，做好稳定的需求预测，并建立高效的订购系统，从而缩短采购周期，最小化订单跟踪工作。

6. 考核供应商绩效

对供应商的评价和管理是采购活动的关键组成部分。对供应商绩效进行测评可以依据供应商质量业绩报告进行，其目的是改善供应商的绩效表现。

7.2 供应链采购模式

7.2.1 整合采购模式

整合采购模式基于集中采购策略，对企业采购部门与其他职能部门及供应商之间进行整合，以便充分发挥采购部门的专业性与创新性，利用供应商的生产和技术资源来提高供应链的竞争能力。在这种供应链采购模式中，企业采购部门与其他职能部门之间的整合是提高采购专业性与创新性的基础，只有采购部门具有较高的专业性与创新性才能与供应商建立合作关系，只有与供应商进行整合才能更好地利用供应商的生产和技术资源。因此，为实现整合采购，首先需要将企业的采购部门与其他职能部门进行整合，再将企业的采购部门与供应商进行整合，最后将企业战略目标转换为采购目标与采购任务。

1. 企业内部整合

实现企业内部整合的一项重要工作就是采购部门与其他职能部门建立起双向信息沟通机制。采购部门与其他关键职能部门之间的双向信息联系及内容如图 7-5 所示。采购部与运营部之间的联系主要是以制定采购战略为核心而展开的；与质量保证部之间的联系主要是以供应商质量培训、工序能力研究及纠正行为规划为核心而展开的；与技术开发部之间的联系主要是以快速开发高质量产品为核心而展开的；与会计部之间的联系主要是以成本控制与成本核算为核心而展开的；与营销部之间的联系主要是以新产品概念与特征为核心而展开的；与法律部门之间的联系主要是以知识产权、产品责任等法律问题为核心而展开的；与安全部门之间的联系主要是以采购和运输过程中安全法规咨询为核心而展开的。

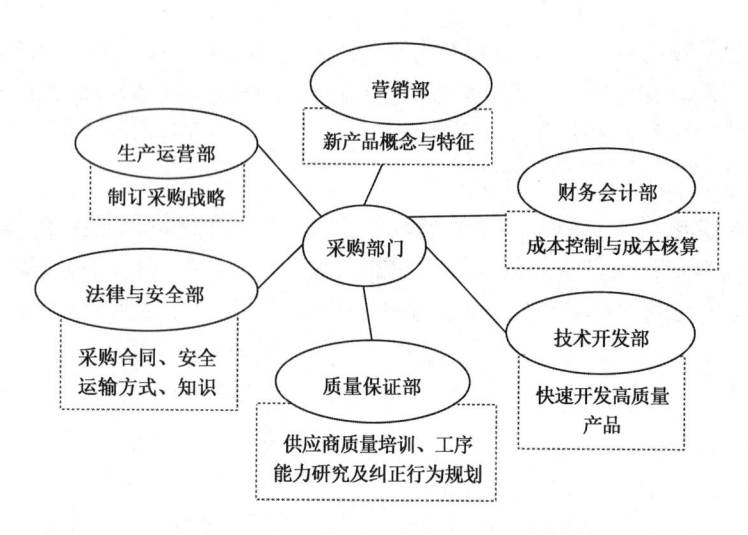

图 7-5　采购部门与其他关键职能部门之间的双向信息联系及内容

实现企业内部整合的另一项重要工作是组建跨职能采购小组。当企业面对新产品开发、安装新的生产设施、评价与选择供应商、制定产品和采购系列战略等复杂或重要任务时，可以组建跨职能采购小组。由来自不同职能部门的人员组成的采购小组，根据任务期限不同和人员的工作性质不同为不同人员安排不同任务，如图 7-6 所示。跨职能采购小组通过将持有不同观点、具有不同专业知识的人员集中在一起，并共同享有决策权力，减少完成任务所需要的时间，提高创新能力。

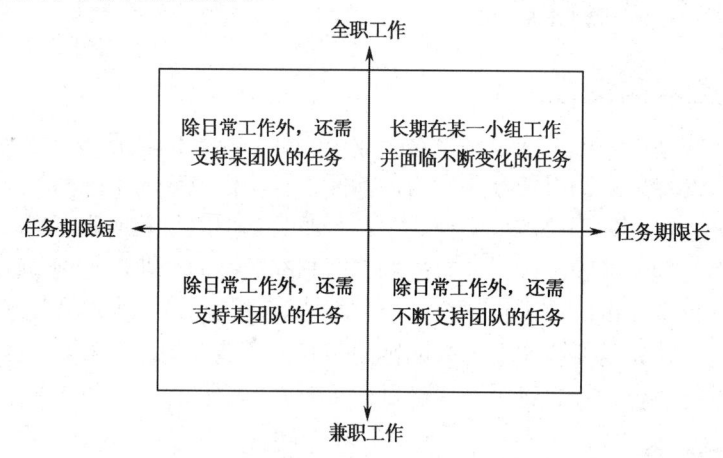

图 7-6　跨职能采购小组的任务安排

2. 企业外部整合

企业外部整合通过与供应商建立密切合作关系可以促进双方相互信任并建立长期合作关系，进而通过信任关系使供应商早期参与企业的新产品设计与开发。长期合作将促进供应商提高效率，有利于双方共担风险，共享收益。在实践中，有许多措施可以促进企业外部整合，被认为成功的措施有如下 9 个。

① 为整合供应商，规范采购流程。采购部的参与使得其在新产品需求出现的早期就可以决定需要哪些物料或服务，并根据对物料供应市场的了解，推荐能够替代高成本或供应

不稳定物料的产品及评估长期物料趋势。

② 为规划整合工作，成立跨职能小组。在新产品开发时需要采购小组评估和选择供应商，并及早地预测新产品需求，从而有利于挑选出最适合的供应商。

③ 为产品设计和高效生产，对供应商进行早期选择。通过成立跨职能小组来评估、选择和开发供应商，可以在新产品开发早期阶段就选择供应商，使采购部可以具备更充足的信息，并更早地执行这些关键性的任务。

④ 供应商参加采购小组并成为其成员。将供应商纳入产品开发流程和试生产阶段可以通过将生产需求计划与供应商的实际生产能力进行比较，获得供应商对产品设计的意见，对整个新产品开发时间和成功具有重要意义。

⑤ 在项目合作期间，企业间不同部门直接交流。为实现与供应商整合，将应用各类信息共享机制来评估与供应商合作的技术路线图。

⑥ 将买方和供应商的工作人员安排在同一地点工作。邀请关键供应商在产品开发初始阶段安排一名工程师与买方公司的工作人员在同一办公地点共同工作一段时间，有利于双方沟通交流。

⑦ 为双方商业部门间建立正式的信任关系做出努力。如果采购部选择了有能力且值得信任的供应商，那么在产品开发早期阶段就应与供应商共享产品信息。

⑧ 与供应商共享技术。采购部必须与工程部紧密合作，确定与供应商在技术战略方面是否存在共同之处，并共同制定技术合作路线图。

⑨ 联合教育或培训工作。为实现与供应商整合，对双方相关人员需要进行培训和教育工作，以便了解整合的意义。

3. 战略目标具体化

在完成企业内部整合与外部整合后，要将企业的战略目标转化为具体的采购任务。在企业战略目标转化为采购任务的过程中，由于企业战略涉及企业的竞争优势、业务单元的能力与资源分配等，因此，企业战略目标可以通过分解具体化到每个业务单元；而每个业务单元目标的实现都离不开采购活动的支持，并且只有将采购目标同每一个特定的采购任务结合在一起，才能有效地支持每个业务单元目标的实现。这样，采购目标也就变成了一个个具体的采购任务。例如，企业的战略目标是成为该行业中成本领先者，则每个生产部门都必须确定年度成本节约目标，而每个生产部门要完成年度成本节约目标就需要转化为采购部门的采购目标，进而要求每项采购任务必须关注采购成本。

7.2.2 JIT 采购模式

JIT 采购模式的基本思想是在恰当的时间和恰当的地点，以恰当的数量和恰当的质量提供恰当的物料。这种采购模式在采购时机上，按照即时采购策略要求做到客户什么时候需要就什么时候采购；在供应商选择上，要求为每种物料或几种物料建立单一可靠的供应商；在供货模式上，要求做到客户需要什么就送什么，需要多少就送多少，什么时候需要就什么时候送货，什么地点需要就直送到什么地点；在双方关系上，需要建立长期合作伙伴关系。

1. JIT 采购的特点

① 采用单源供应。单源供应是指对某一种或几种原材料或外购件只从一个供应商处采购。采取单源供应有利于供应商管理，有利于获得规模效益和质量保证，有利于供需之间建立长期稳定的合作关系。但采取单源供应可能会产生因意外原因而中断供货的风险，以及使企业不能得到竞争性的采购价格，并对供应商产生过大的依赖性等。

② 采取小批量采购。当企业面向订单生产时，需要采购的零部件具有小批量和较高不确定性的特点，为保证准时交付和按质按量供应所需的原材料和外购件，采购批量必然是小批量采购。但小批量采购必然增加运输次数和运输成本，尤其是在某些供应商远离制造商的情形下，实施 JIT 采购就有很大难度。为此，制造商需要选择在地理位置上靠近的供应商或在制造商附近建立仓库的供应商或由第三方物流企业负责送货。

③ 选择供应商标准发生变化。由于 JIT 采购采取单源供应，因此，能否选择到合格的供应商是 JIT 采购能否成功实施的关键。在 JIT 采购模式中，由于供应商和制造商之间是长期合作关系，供应商的合作能力将影响到企业长期经济利益，因此，在选择供应商时，需要对供应商按照产品质量优先、交货期与价格均衡、价格与批量均衡、技术能力与应变能力均衡、重视地理位置等标准进行综合评价。

④ 对交货准时性要求更加严格。JIT 采购要求准时交货，这是实施准时化生产的前提条件。为保证准时交货，需要不断改善供应商的生产条件，提高生产连续性和稳定性，减少由于生产过程的不稳定导致的延迟交货或误点现象。同时，要求制造商和供应商共同对运输或配送问题进行有效的计划和管理，使运输过程准确无误。

⑤ 从根源上保障采购质量。由于实施 JIT 采购将会使企业的原材料和外购件的库存很少甚至为零，因此，为保障企业生产经营的顺利进行，所采购的物料质量必须由供应商负责，而不是企业的采购部门。JIT 采购就是要把质量责任返回给供应商，从根源上保证采购质量。为此，供应商必须参与制造商的产品设计过程，制造商也应帮助供应商提高技术能力和管理水平。

⑥ 双方信息高度共享。JIT 采购要求供应与需求双方在生产计划、库存、质量等信息方面进行及时交流，以便出现问题时能够及时处理。只有供需双方进行可靠而快速的双向信息交流，才能保证所需的原材料和外购件准时按量供应。同时，充分的信息交换可以增强供应商的应变能力。因此，实施 JIT 采购要求供应商和制造商之间在生产作业计划、产品设计、工程数据、质量、成本、交货期等方面进行有效的信息交流。

⑦ 可靠配送和特定包装。由于 JIT 采购消化了原材料和外购件的缓冲库存，供应商交货的失误和送货的延迟必将导致企业生产线的停工待料。因此，可靠送货是实施 JIT 采购的前提条件。而送货的可靠性常取决于供应商的生产能力和运输条件，如交通堵塞、运输工具故障等都可能引起送货延迟。此外，JIT 采购对每种原材料和外购件都要求采用标准规格且可重复使用的容器包装，这样，既可提高运输效率，又能保证交货的准确性。

JIT 采购的特点与传统采购的特点比较如表 7-1 所示。

表 7-1　JIT 采购的特点与传统采购的特点比较

比较项目	JIT 采购	传统采购
采购批量	小批量，送货频率高	大批量，送货频率低
交货准时性	按时点准时交货	按时段交货
供应商选择	长期合作，单源供应	短期合作，多源供应
供应商衡量	质量，交货期，价格	质量，价格，交货期
检查工作	逐渐减少，最后消除	收货，点货，质量验收
协商内容	长期合作关系，质量和合理价格	获得最低价格
运输	准时送货，买方负责安排	卖方负责安排
包装	标准化，可重复容器包装	普通包装
信息交流	快速，可靠	一般要求

2. JIT 采购的优势

JIT 采购是一种直接面向需求的采购模式，它能够更好地满足客户需要，提高物料采购的效率和质量，可以最大限度地消除库存和浪费，从而降低企业的采购成本和经营成本，提高企业的竞争力。JIT 采购的主要优点包括以下 6 个方面。

① 暴露生产过程隐藏的问题。JIT 采购要求原材料和外购件的库存为零，质量缺陷为零。为尽可能实现这样的目标，JIT 采购会通过不断减少外购件和原材料的库存来暴露生产过程隐藏的问题，通过解决深层次的问题找到提高生产效率的有效途径。

② 消除生产过程中的不增值过程。在企业采购中存在大量不增加产品价值的活动，如订货、修改订货、收货、装卸、开票、质量检验、点数、入库及运转等。而 JIT 采购精简了采购作业流程，消除浪费，极大地提高了工作效率。

③ 减少并最终消除原材料和外购件库存。JIT 采购要求供应商在恰当的时间和恰当的地点，以恰当的产品数量满足客户需求。这样的严格要求在客观上将在客户和供应商之间铸就一种新的管理模式，有利于提高客户和供应商的科学管理水平。

④ 使企业真正实现柔性生产。JIT 采购实现了企业需要什么物料，供应商就能供给什么样的物料，什么时间要就能什么时间供应，需要多少就能供给多少，通过同步运作使企业具有真正的柔性来适应市场需求变化。

⑤ 提高采购物料的质量。JIT 采购要求供应商以恰当的质量提供恰当的物料，因此，实施 JIT 采购可以使所采购的原材料和外购件质量提高。而原材料和外购件质量的提高又会降低质量成本。

⑥ 降低原材料和外购件的采购价格。由于供应商和制造商的密切合作及内部规模效益与长期订货，再加上消除了采购过程中的一些浪费，使购买的原材料和外购件的价格得以降低。

3. JIT 采购的实施过程

成功实施 JIT 采购模式的关键要素如下。

按企业日生产作业指令进行适时采购是实施 JIT 采购的有效手段；选择最佳的供应商，并对供应商进行有效管理是实施 JIT 采购的必要基础；供应商与客户紧密合作是实施 JIT 采购的核心；卓有成效的采购过程和严格的质量控制是实施 JIT 采购的可靠保证。

企业在实施 JIT 采购时还必须遵循一定的科学实施步骤，主要有如下 8 个具体步骤。

① 创建 JIT 采购班组。JIT 采购班组由采购人员及生产管理人员、技术人员、搬运人员等共同组成，负责培训和指导供应商的 JIT 采购操作、供应商与本企业的操作流程衔接、认定和评估供应商、与供应商谈判签订准时化供货合同、发放免检签证等，以及协调本企业各个部门的准时采购操作，制定作业流程，指导和培训操作人员，检验、监督和评估操作流程。

② 制订实施计划。为确保 JIT 采购有计划有步骤地实施，企业要有针对性地制定采购策略，制定出具体的分阶段改进措施，包括减少供应商的数量、供应商的评价、向供应商发放签证等内容。在这个过程中，企业需要与供应商一起商定 JIT 采购的目标和有关措施，保持经常性的信息沟通。

③ 建立合作伙伴关系。供应商和采购商之间伙伴关系的建立，就意味着双方间形成了一种紧密合作、主动交流、相互信赖的和谐气氛，以及结成了共同承担长期协作责任和义务的命运共同体，发展共同的目标，分享共同的利益。因此，企业可以选择少数几个最佳供应商作为合作对象，加强与他们之间的合作关系。

④ 进行试点工作。企业可以先从某种产品、某条生产线或是某些特定原材料开始，进行 JIT 采购的试点工作。在试点过程中，需要得到企业各个部门的支持，特别是生产部门的支持。通过试点总结经验，为正式的 JIT 采购实施打下基础。

⑤ 搞好供应商培训。JIT 采购是供需双方共同的业务活动，单靠采购部门的努力是不够的，需要供应商的配合，只有供应商也对 JIT 采购的策略和运作方法有了认识和理解，才能获得供应商的支持和配合。因此，需要对供应商进行教育和培训。通过培训取得一致的目标，就能够很好地协调做好采购的准时化工作。

⑥ 核发免检证书。在实施 JIT 采购时，核发免检证书是非常关键的一步。核发免检证书的前提是保证向供应商采购的产品 100%合格。为此，核发免检证书时，要求供应商提供最新的、正确的、完整的产品质量文件，包括设计蓝图、规格、检验程序等必要的关键内容。经长期检验达到目标后，所有采购的物料就可以直接运至生产线使用。

⑦ 交货方式。JIT 采购要求供应商在向企业供货时能够将物料直接送到企业生产线上的指定工位，即当生产线正好需要某种物料时，该物料就到货并运至生产线，生产线拉动它所需的物料，并在制造产品时使用该物料。

⑧ 持续改进。JIT 采购是一个不断完善和改进的过程，需要在实施过程中不断总结经验教训，从降低运输成本、保证交货的准确性、提高产品质量、降低供应库存等各个方面进行改进，不断提高准时采购的运作绩效。

阅读拓展

海尔推行的 JIT 采购

在 JIT 采购环节上，海尔实现了信息同步，采购、备料同步和距离同步，大大降低采购环节的费用。信息同步保障了信息的准确性，实现了 JIT 采购。采购、备料同步，使供应链上原材料的库存周期大大缩减。

> 海尔的 BBP 采购平台由网上订单管理平台、网上支付平台、网上招标竞价平台和网上信息交流平台有机组成。网上订单管理平台使海尔 100%的采购订单由网上直接下达,采购计划和订单同步,提高了订单的准确性与可执行性,使海尔的采购周期由原来的 10 天减少到 3 天;同时,供应商可以在网上查询库存,根据订单和库存情况及时补货。网上支付平台则有效提高了销售环节的工作效率,支付准确率和及时率达到 100%。网上招标竞价平台通过网上招标,不仅使竞价、价格信息管理准确化,而且防止了暗箱操作,降低了供应商管理成本,实现了以时间消灭空间。网上信息交流平台使海尔与供应商在网上就可以进行信息互动交流,实现信息共享,强化合作伙伴关系。除此之外,海尔的 ERP 系统还实现了将客户信息同步转化为企业内部的信息,实现了以信息替代库存,接近零资金占用。

7.2.3 多源组合采购模式

多源组合采购模式基于多源采购策略,对于同一种物料或具有不同需求特征的产品选择两种不同类型的供应源加以组合,实现供应链的效率性与响应性的均衡。在这种采购模式中,一个供应源作为低成本供应源,注重产品成本,但应对需求不确定性的能力较差;而另一个供应源作为响应性供应源,用于低成本供应源缺货时的后备供应源,能够灵活应对产品需求的不确定性,但具有较高的产品成本。通常,低成本供应源关注经济性并只用于满足可预测部分的产品需求;响应性供应源关注快速响应性并只用于满足不确定部分的产品需求。低成本供应源和响应性供应源选择的影响因素如表 7-2 所示。

表 7-2 低成本供应源和响应性供应源选择的影响因素

影响因素	低成本供应源	响应性供应源
产品生命周期	成熟阶段	早期阶段
需求不确定性	低	高
产品需求数量	高	低
产品价格	低	高
产品陈旧化速度	低	高
产品质量要求	低到中	高
所需服务支持	低	高

低成本供应源应该被分配给那些需求量大而稳定、不需要较多技术服务支持的成熟、低价值的产品。相反,响应性供应源应该负责那些通常处在生命周期初期和需要较多技术服务支持的高价值、不稳定的产品的供应。一般情况下,响应性供应源倾向于本地选择以便快速响应需求变化;低成本供应源可以全球选择,但倾向于在海外选择低成本地区。当基于产量时,海外低成本供应源因有较长提前期可用于补充需求稳定的周转库存,而将本地柔性资源作为后备资源用于满足超过现有库存量的情形;当基于产品时,需求量小且需求不稳定的产品从响应性供应商处获得,需求量大且需求稳定的产品从低成本供应商处获得。供应源选择在本地还是海外并不限于采购产品的需求特征,还有其他因素,如表 7-3 所示。

表 7-3 本地供应源或海外供应源选择的影响因素

影响因素	本地供应源	海外供应源
产品劳动含量	低	高
产品需求数量	低	高
产品价值重量比	高	低
供应链中断影响	高	低
库存持有成本	高	低
所需服务支持	高	低

像冰箱、空调这样大型、笨重的产品最好在本地生产，因为相对于价值来说，它们的运输成本很高；相反，像电子类消费品的小型产品，尤其是那些需求量大的产品，可以在海外生产。当运输成本增加时，在本地选择供应商相对于海外更具吸引力。需求波动大、库存成本高和需要大量技术服务支持的高价值产品应该在本地选择供应商；相反，对于设计稳定和需求稳定的低价值产品应该在海外选择低成本供应商。多源组合采购模式通过科学选择供应源组合可增加供应链收益，平衡供应链的效率性与响应性。其价值主要取决于面对稳定需求的供应源所实现的成本下降程度。

7.2.4 第三方采购模式

第三方采购（Third Party Purchase，TPP）模式是指供方和需方为专注于其竞争优势，将产品和服务的采购业务外包给第三方采购商的采购模式。第三方采购模式通过采购外包的方式，充分利用第三方采购商的客户资源、经营网络、信息技术、专业知识和采购经验等资源来降低采购成本，改善采购质量，提高采购效率，进而增强供应链的获利能力和竞争优势。第三方采购主要有以下 5 个优势。

① 第三方采购有利于减少客户企业在采购业务上的资源投入（如管理成本和人力资本等），从而巩固核心业务，培育竞争能力。

② 第三方采购有利于整合采购资源，实现规模效应，避免或降低客户企业和供应商之间的交易次数和环节，降低采购成本，提高产品质量，保证交货期。

③ 第三方采购通过集中多家企业的采购批量获取采购优势，形成一定的买方垄断势力，促使供应商之间开展价格竞争和质量竞争。

④ 第三方采购利用自身的物流能力可以有效协调和调配各客户之间的需求和库存，解决最小订货批量（Minimum Order Quantity，MOQ）和最小包装量（Minimum Pack Quantity，MPQ）等库存管理问题，协助客户企业增强采购反应能力，减少不必要的库存。

⑤ 第三方采购企业拥有丰富的产品采购经验和市场专业知识、成熟的采购流程和众多的供应商资料、先进的技术设备和各种专业资源，可以为客户企业提供一流的专业化的采购技术和采购解决方案。

第三方采购模式主要有招标代理、代理网站、采购联盟、第三方物流、采购公司和贸易公司等形式，如表 7-4 所示。

表 7-4　第三方采购模式比较

代理形式	特点	优势	风险
招标代理	将采购业务委托给招标代理机构	招标经验丰富，拥有强大的信息和专家支持，对供应商有约束效应，公平竞争机制	缺乏诚信，短期合作，信息公开不够
代理网站	由B2B采购代理网站代理采购	市场透明度高，拥有海量信息，咨询比价范围广，采购效率高，保证供应商的综合实力	不理智竞标使合同签订受挫、供应商有投机行为，与供应商关系恶化
采购联盟	需要购买同一产品的企业联合起来形成数量规模，向供应商提出采购的行为	降低采购价格、增加谈判能力，获得高质量服务，减少管理费用，实现资源共享	泄露核心机密，降低采购管理效率，遭到有实力供应商的抵制
第三方物流	将采购业务委托给第三方物流企业	减少固定资产投资，有效利用其资源，增加经营灵活性，对采购流程进行科学管理	采购能力不足
采购公司	将企业的采购组织独立成为专业采购公司	基于行业优势，采购特色突出、行业供应商资源丰富，人力资源丰富，采购高效	容易泄露核心机密，受到行业限制
贸易公司	由贸易公司代理采购	有国际采购网络，减少采购成本，了解贸易条例，拥有进出口经营权，可以提供增值服务	大多数贸易公司服务领域狭窄

7.3　供应商选择

狭义的供应商选择是指企业在研究所有的建议书和报价后，选择一个或几个供应商的过程；广义的供应商选择包括企业从确定需求到最终确定供应商及评价供应商的不断循环的过程，一般所说的供应商选择是从广义角度理解的。

7.3.1　供应商选择流程

企业在选择供应商时应综合考虑其对企业的战略重要性、与企业的业务联系等因素，遵循供应商必须拥有核心竞争力、相同的企业价值观及战略思想、少而精的原则。在选择供应商时可将流程归纳为 7 个环节，如图 7-7 所示。

（1）成立供应商评价小组

企业成立评价小组，直接控制和实施供应商的选择评价。

（2）分析市场竞争环境

对市场竞争环境的分析目的在于找到满足用户需求的供应商，分析现有供应商的现状和存在的问题，确认是否有必要建立合作关系。

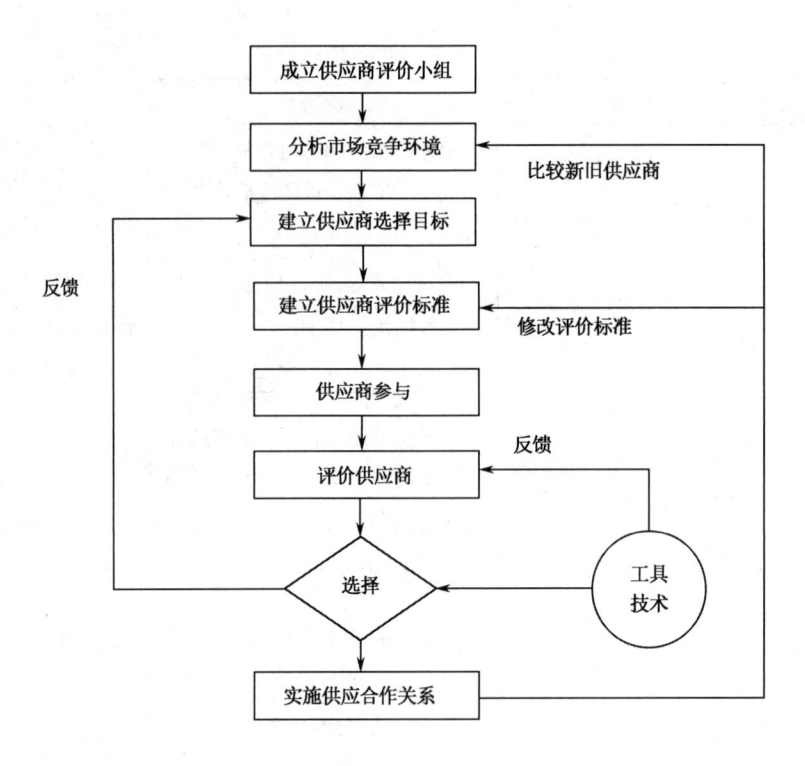

图 7-7　供应商选择流程

（3）建立供应商选择目标

企业需建立实质性的目标，以缩小供应商的评价范围，提高效率。

（4）建立供应商评价标准

供应商评价标准是企业进行供应商评价的依据，应根据系统全面、简明科学、稳定可比、灵活可操作的原则建立一套评价指标体系。

（5）供应商参与

评价小组联系供应商确认其是否愿意与企业建立合作关系，统一安排供应商参与到评价的过程。

（6）评价供应商

通过调查和收集有关供应商的企业信誉、生产运作、产品质量等全方位信息，利用评价的工具和技术方法进行供应商评价。根据评价的结果进行选择，若合格则开始实施供应合作关系，若不合格则反馈到建立供应商选择目标环节。

（7）实施供应合作关系

在实施供应合作关系的过程中，根据市场需求的不断变化，及时调整修改供应商的评价标准，或重新分析市场竞争环境进行供应商评价的整个流程。

7.3.2　供应商选择方法

在选择供应商时，可采用直观判断法、评分法、加权法、采购成本比较法、招标法和协商法进行选择。

1. 直观判断法

直观判断法是指通过调查、征询意见、综合分析和判断来选择供应商的一种方法，是一种主观性较强的判断方法，主要是倾听和采纳有经验的采购人员的意见，或直接由采购人员凭经验做出判断。其特点是运作方式简单、快速、方便，但缺乏科学性，受限于供应商信息的掌握，适用于非主要原材料供应商的选择。

2. 评分法

评分法是指依据对供应商评价的各项指标，按供应商的优劣档次，分别对各供应商进行评分，选得分高者为最佳供应商的方法。

3. 加权法

加权法的基本原理是给每个准则都分配一个权重，每个供应商的定量选择结果都为该供应商各项准则的得分与相应准则权重的乘积之和。

4. 采购成本比较法

采购成本比较法是指在供应商的交货时间与质量满足要求的前提下，通过计算分析针对各个不同供应商的采购成本，选择采购成本较低的供应商的一种方法。采购成本一般包括售价、采购费用、运输费用等各项支出的总和。

5. 招标法

当采购物资数量较大，供应市场竞争激烈时，可以通过招标的方式寻找最好的供应商，首先，由采购单位提出招标条件，然后符合条件的各投标单位进行竞标，最后由采购单位决定中标单位，并与提出最有利条件的供应商签订协议。招标的类别主要有以下两种。

① 公开招标（竞争性招标）。由招标人在国家指定的报刊、信息网络或其他媒体上发布招标公告，邀请不特定的企业单位参加竞争，招标人从中选择中标单位的招标方式。按照竞争性程度，公开招标又可分为国内竞争性招标与国际竞争性招标。

② 选择性招标（邀请招标或有限竞争性招标）。由招标单位选择一定数目的企业，一般 3~10 家较为适宜，向其发出投标邀请书，邀请它们参加投标竞争。由于被邀请招标者有限，招标方可以节约招标费用，缩短招标有效期，提高每个投标者的中标机会。

6. 协商法

协商法是指由采购单位选出供应条件较为有利的几个供应商，同他们分别进行协商，再确定合适的供应商的方法。协商法使企业与供应商可以充分地沟通与协商，适用于订购物资的规格与技术相对比较复杂、采购时间紧迫、投标单位较少、供应商单位较多、难以抉择的情况。

7.3.3　供应商后评估

供应商后评估针对与企业发生过交易且在合同有效期或产品使用期内的供应商，即对合作供应商的相关表现进行评估，实现了对供应商的闭环管控。供应商后评估的主要目的是确保供应商的供应质量，为后期企业的采购活动中的供应商选择奠定基础。供应商后评估一方面着眼于与优秀供应商进行长期合作，与此同时淘汰绩效较差的供应商，实现供应商结构的持续优化；另一方面，通过供应商后评估结果了解现有供应商存在的不足之处，通过反馈机制促进供应商改善其不足之处，为日后更好地完成供应活动奠定良好基础。

供应商后评估可分为产品后评估和企业整体后评估。产品后评估是针对发生合作交易的供应商，就该产品提供过程中的各方面表现（单产品供应能力）进行后评估。企业整体后评估是针对发生合作交易的供应商，就合作过程中的企业各方面表现（企业整体管理水平）进行整体后评估。产品后评估是企业整体后评估的基础，针对单个企业多个产品的后评估结果是该企业整体后评估中涉及产品部分评估的输入来源。

供应商后评估的基本原则有以下 5 个方面。

① 全面系统性原则：建立全面订单评价指标体系。

② 客观性原则：以定量为主的指标，减少主观因素。

③ 简明科学性原则：供应商评价和选择步骤、选择过程透明化、制度化和科学化。

④ 公平性原则：基于同一品类的供应商，标准一致、程序一致；相关部门（采购、需求、使用等部门）共同参与。

⑤ 灵活可操作性原则：基于差异化的供应商分类特点，在指标设置、操作程序上保持一定的灵活可操作性；采用用户日常点评模式，随时随地反映情况。

7.4 供应商关系管理

供应商关系管理用于改善与供应链上游供应商的关系，它是一种致力于实现与供应商建立和维持长久、紧密伙伴关系的管理思想和软件技术的解决方案，旨在改善企业与供应商之间关系的新型管理机制，实施于围绕企业采购业务相关的领域，目标是通过与供应商建立长期、紧密的合作关系，并通过对双方资源和竞争优势的整合来共同开拓市场，扩大市场需求和份额，降低产品前期的高额成本，实现双赢的企业管理模式。

供应链中各成员间的关系在供应链管理中具有重要的地位，传统的供应商与核心企业间的关系只是一种简单的买卖关系，大多是一次性的竞争性关系。而基于现代多变的市场竞争环境下，供应商与核心企业间建立的关系由竞争关系逐渐趋于战略合作关系，与传统的竞争关系相比，这种合作关系具有一定的优势，如表 7-5 所示。

表 7-5 传统供应商关系与供应商合作关系比较

内容	传统关系	合作关系
产品的早期设计/开发	不参与	共同设计/开发
信息共享	自己专有	共同分享
供应商选择	成本最低	多因素、全方位考虑
合作稳定性	极不稳定	长期、牢固
技术交流	基本没有	共同开发、分享
供应商数量	少而精	数量众多
质量保证成本	耗费大量的质量成本	由买方进行科学的认证
生产交货	时间安排不当经常发生	协调一致、共同计划
价格	投机性的输/赢	有计划地降低、利益分享
交易成本	高	低

与供应商的合作关系是一种长期稳定的、互惠互利的、合作共赢的战略伙伴关系,将供应商管理提高到战略的高度,强调通过共同努力去实现共有的计划目标和解决共同问题,促使企业与供应商之间的信任与合作。但企业与供应商之间的合作关系也存在一定的潜在风险,需要企业在与供应商合作的同时,必须建立好相应的预警机制和监控系统。合作的潜在风险主要体现在企业过分依赖某个或某几个供应商、供应商"近视"行为给企业造成的损害、企业核心竞争力丧失的风险等。

7.4.1 供应商分类管理

供应商分类管理是指企业面对众多的供应商时,根据各供应商对企业自身经营影响的大小而设定的优先次序,以此来区别对待,进而集中精力重点改进并发展最重要的供应商的管理活动。旨在通过分类管理,决定与哪些供应商开展战略合作、与哪些供应商增加订单与维持现状、淘汰哪些供应商、选择优秀的供应商建立长期紧密的合作关系等。

1. 供应商分类的方法

① ABC 分类法是项目管理汇总常用的一种方法,它是根据实物在技术或经济方面的主要特征进行分类排队,分清重点和一般,从而有区别地确定管理方式的一种分析方法。

② 基于采购产品类型的二维分类方法,主要从两个维度并结合多个方面的因素来对供应商进行区分。

2. 供应商分类的原则

① 动态性。分类的动态性不仅包括管理上的动态性,即分类不是一次完成的,而是随着供应商样本的扩充而不断地修改、调整和完善,更重要的是,考虑了某一供应商本身发生、发展的动态性。具体体现在两个方面,一是随时间的变化,供应商自身的改变;二是在市场环境下,供需也会发生变化,加上受到各种外界因素的影响,供应商类别的划分是随时间改变而改变的。

② 事前性。供应商分类的目的是为合理地选择供应商提供依据,也是建立供应商数据库的基础,只有预先对供应商的类别识别清楚了,才能使后续环节有针对性和可操作性。

③ 时效性。供应商分类的结果应该简洁明了,具有可操作性。结果的时效性基于其动态性,正是因为供应商的状况会随着时间而变化,决定了分类的结果必须具有时效性,能够与供应商的发展状态相匹配,使分类对供应商的管理决策起到现实的指导意义。

④ 系统性。具体体现在不仅对供应商进行分类评价,同时还把与供应商的绩效考核和激励结合起来。

7.4.2 供应商关系模式

1. 供应商关系

一般而言,企业与供应商之间的关系递进表现如图 7-8 所示。

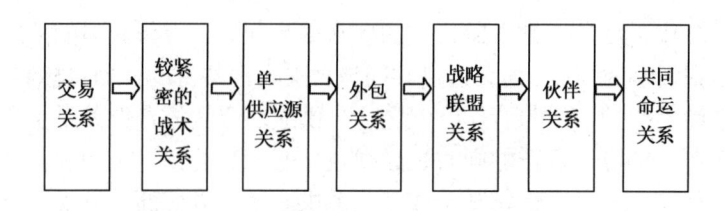

交易关系 → 较紧密的战术关系 → 单一供应源关系 → 外包关系 → 战略联盟关系 → 伙伴关系 → 共同命运关系

图 7-8　企业与供应商之间的关系递进表现

供应商关系的构建可以通过 3 个维度，即供应风险、物料价值和对我方的价值来构建。基于这 3 个维度的评分高低形成了供应商关系的模式，以及相对应的策略分解，如表 7-6 所示。

表 7-6　供应商关系的模式及策略

供应风险	物料价值	对我方价值	关系策略
高	高	高	优化设计，战略合作等
高	高	低	潜在替代，VA/VE 优化等
高	低	高	少量库存
高	低	低	少量库存、替代，优化设计
低	高	高	VMI（供应商管理库存），招标
低	高	低	潜在替代，优化
低	低	高	保持，优化
低	低	低	标准流程操作

供应商关系一般呈现出多种形式，基于企业需求和采购特性，企业需要视情况与供应商建立关系。针对企业的核心采购供应商，在进行供应商关系管理时应特别重视。在管理此类供应商关系时，主要有以下 3 种状态。

（1）垄断供应商

如果核心产品只有一家供应商能够提供，供应商形成垄断效应，那么企业应将维护重点放在这类供应商上。强化与垄断供应商之间的关系，是确保采购战略得以实施的基础。但需要注意的是，尽管垄断供应商占据话语主导权，也不可因此完全倾向供应商，否则很容易被完全控制。垄断为主，策略为辅，不要忽视建立与其他供应商的合作关系，这样才有可能打破垄断，拿到话语主动权。

（2）收购模式或垂直整合

对于核心采购供应商，如果市场存在多家，且自身具有较强的实力，企业也可以考虑用收购或垂直整合的模式，让供应商成为企业的一部分。这种模式最有利于成本的有效控制，因为当核心采购供应商融入企业内部时，无论是成本控制，还是协调管理，都具有更高的效率。但是这种收购整合模式风险较大，往往涉及大额资金，所以必须做好充分调研再展开行动。尤其在收购方案的制订上，对于供应商核心人才，应设定相关约束条件，不可在收购结束后让核心人才选择离职，这样才能确保收购效益的最大化。

（3）采用合资或合营的模式

相比收购模式，合资或合营的方式对资金的需求较小，更适用于规模一般的企业。在这种模式下，企业可以直接入股供应商，增加企业对于供应商的话语权。供应商可以开展其他项目，但同时又受到企业的监督，资源必须向企业倾斜，同样可以达到成本控制的目的。通常来说，当企业自身实力有限或供应商体量较大时，合资或合营是一种有效的核心采购供应商关系管理模式。

2. 卡拉杰克模型

卡拉杰克模型是一个供应商采购关系策略与匹配度识别的常用模型，由彼得·卡拉杰克率先将投资组合模型概念引入采购领域，为企业带来适用于采购组合分析的卡拉杰克模型，如图7-9所示。

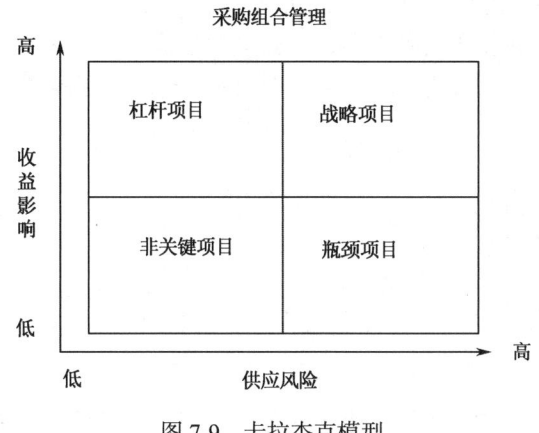

图7-9 卡拉杰克模型

卡拉杰克模型的横轴为供应风险，涵盖了供应市场复杂性、技术创新、物流成本和供给垄断等市场条件；纵轴为收益影响，表现为采购项目在产品增值、总成本、产品收益等方面的战略重要性。在这两个因素的作用下，卡拉杰克模型将采购项目分为以下4个类别。

（1）杠杆项目

通常而言，当可选供应商较多且替换供应商较为容易的项目，它们一般不仅具有标准化的产品质量，还能为买家带来较高利润，这种高收益、低风险的采购项目，也叫杠杆项目，如基本的原材料、紧固件和涂料等。在这种项目的采购中，采购企业占据主动地位，因而与供应商的相互依赖性一般。此时，相对应的采购战略也较为简单，企业只需在完善的采购招标程序下，选择合适的供应商，即可对目标项目定价并达成协议，继而按约完成供应程序。

（2）战略项目

战略项目在企业竞争战略中一般占据核心地位，具有至关重要的作用，但这也意味着较高的供应风险，如供给稀缺或运输困难等风险。高收益、高风险战略项目的采购是企业采购战略的重心。为确保战略项目按计划采购，企业需要通过严格的筛选程序，选择力量均衡的供应商，并与其建立紧密的战略联盟关系，让供应商尽早介入，从而在共同创造、垂直整合中提升长期价值。

（3）非关键性项目

所谓非关键性项目就是指供给丰富、采购容易、影响较低的一般性采购项目，如办公用品等。这类项目同样具有标准化的产品质量标准。由于低收益、低风险，相对应的采购战略应以减少相关投入为主。

（4）瓶颈项目

此类项目具有高风险、低收益的特性，虽然它们的战略重要性较弱，但却只能由某一个或少数特定供应商提供，存在供应垄断或运输不便等风险，如某些食品添加剂或汽车零配件等。在瓶颈项目的采购中，供应商占据主动地位，因而不会与采购企业建立相互依赖的关系。因此，为降低供应风险，企业应以数量保险合同、供应商管理库存等方式为核心，制定采购战略，并积极寻找潜在供应商。

在战略层次，卡拉杰克模型确实能够成为企业制定采购战略的有效工具，帮助企业评估针对不同类型采购的供应商关系模型，从而规避供应中断的风险。同时，企业应对卡拉杰克模型做多维度延展，如采购物料需求分析可从可获取性和采购周期两方面进行，分别如图 7-10 和图 7-11 所示。

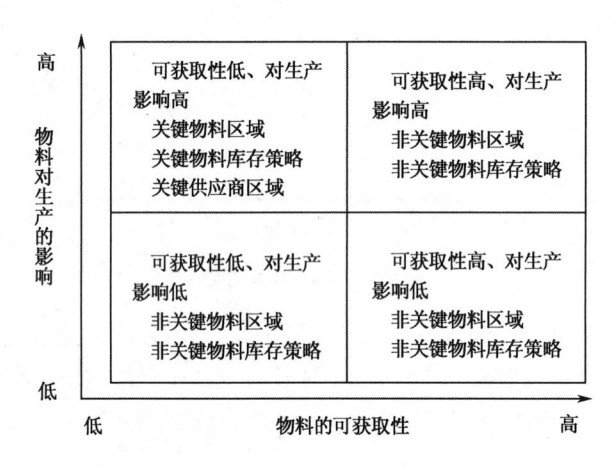

图 7-10 基于可获取性的采购物料需求分析

图 7-11 基于采购周期的采购物料需求分析

3. 供应商感知模型

供应商感知模型又称供应商感知定位模型，简单说就是供应商如何看待采购商的分析模型，是采购与供应管理中与供应定位模型相对的一个重要模型。通过这个模型，企业可以在"角色互换"中，站在供应商的角度看待采购项目，对供应商的积极性产生更加清晰的认识，从而实现换位思考、知己知彼的目标。供应商感知模型一般以矩阵形式来表示，如图 7-12 所示。

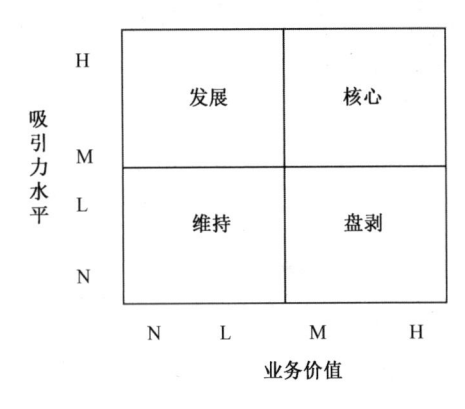

```
                H │   发展   │   核心
吸              M │          │
引              L │──────────┼──────────
力              N │   维持   │   盘剥
水              
平                  N    L    M    H
                       业务价值
```

注：H：高　M：中　L：低　N：可忽略

图 7-12　矩阵形式的供应商感知模型

横轴为采购价值，或称业务价值，指该笔采购业务或项目的金额占供应商销售总额的百分比，一般而言，以 0.8%、5%和 15%三个指标分为三档，最低档可忽略不计，其后分别是低档、中高档和高档。纵轴为吸引力水平，指采购项目吸引力中的非货币因素，包括战略一致性、财务稳定性、往来便利性、未来发展或间接利益等因素。基于这些因素，供应商可能会弱化对货币因素的考量。在供应商感知模型的矩阵中，采购项目可被分成以下 4 类。

（1）维持

低采购价值和低吸引力。这意味着企业的价格竞争力不足、发展潜力有限，因而在采购谈判中处于弱势地位，供应商的热情并不高，企业可能会付出较高的采购成本。

（2）盘剥

高采购价值和低吸引力。尽管采购项目的占比较高，但为供应商带来的其他价值却很有限，供应商缺乏动力。与供应商建立长期合作关系，供应商可能提高价格，以获取更多的货币收益。

（3）发展

低采购价值和高吸引力。虽然采购业务量较小，但供应商看重长期发展潜力，或因为其他非货币因素，愿意投入时间和精力建立关系，因而企业可以获得一定的优待，这类采购也更适合建立长期合作关系。

（4）核心

高采购价值和高吸引力。企业采购项目被供应商看作核心业务，因而供应商会投入大量的时间、精力以保持合作关系。对于此类项目，如企业同样认可该供应商的能力，则可尝试与供应商建立战略合作关系。

4. 卡拉杰克模型+供应商感知模型

卡拉杰克模型可以基于采购商对供应商的关系分析,而供应商感知模型是供应商对采购商的关系分析,那么两个维度可以构建更系统、全面的供应关系模型,如图 7-13 所示。

采购商感知	战略物品	削弱合作,需方赶紧设计优化替代	需方需要开发、培养新供应商尽快脱离苦海	双方协同合作关系维护甚至合资或合营	双方高度依赖且高度意愿建立战备合作关系
	瓶颈物品	合作维度趋势需方开发新的合作伙伴	机会主义,需方依赖供方,但供方供应商不关注需方	有合作意愿度大,探寻以各取所需	双方合作意愿度很强,扩大合作,优化成本,
	杠杆物品	没意义,替换供应方	警惕,需方需要尽快脱离供方服务	可以合作,供需双方可以各取所需	有合作意向,供方依赖需方,需方不依赖供方
	一般物品	没意义,双方嫌弃	替代、竞争性合作	动态绩效管理,获利型合作关系	削弱合作,按照标准流程与策略采购
		维持	盘剥	发展	核心
		供应商感知			

图 7-13 从采购商感知和供应商感知两个维度构建供应关系

同时,依据双方市场地位与供需竞争关系,早期洞察双方博弈力量,提前布局与管理,降低采购风险,如图 7-14 所示。

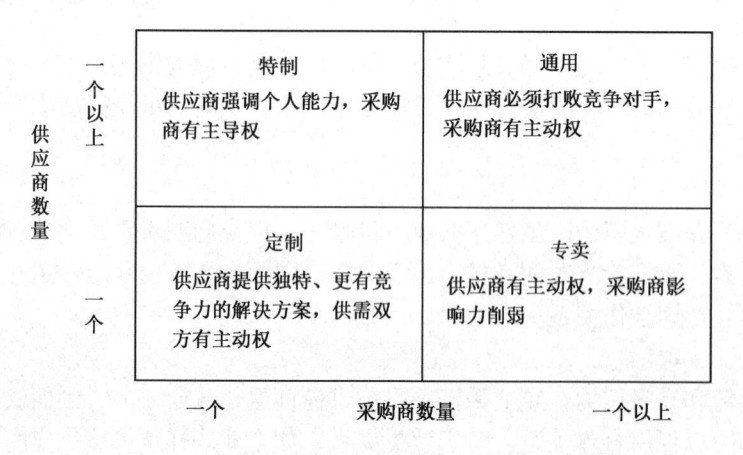

供应商数量		
一个以上	特制 供应商强调个人能力,采购商有主导权	通用 供应商必须打败竞争对手,采购商有主动权
一个	定制 供应商提供独特、更有竞争力的解决方案,供需双方有主动权	专卖 供应商有主动权,采购商影响力削弱
	一个	一个以上
	采购商数量	

图 7-14 依据双方市场地位与供需竞争关系博弈

在与供应商合作的过程中，依据潜在效益和难易程度，选择一种快速、有效，且成本可控的方式评估执行机会，如图 7-15 所示。

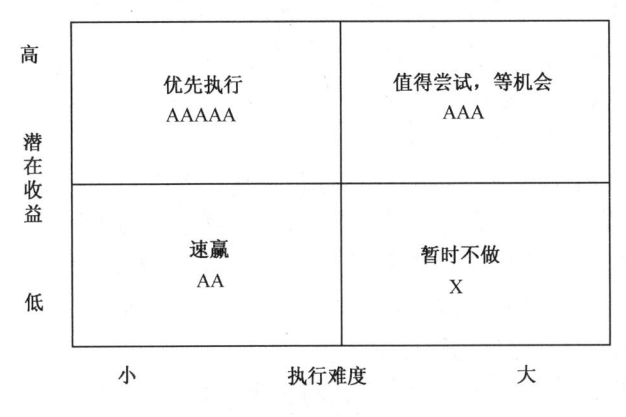

	小　　　　执行难度　　　　大
高　潜在收益　低	优先执行 AAAAA ｜ 值得尝试，等机会 AAA 速赢 AA ｜ 暂时不做 X

图 7-15　潜在收益与执行难度的博弈

5. 战略合作伙伴关系

在供应商分级管理中，优秀供应商应该被高度关注，尤其是优秀的核心采购供应商，企业更应该与其建立战略合作伙伴关系，这对于企业有序发展的重要性不可小觑。对于建立战略合作伙伴关系，应从以下 4 个角度入手。

（1）高层互访

在高度互信的基础上，实现高层定期互访。只有双方高层管理人员相互熟悉、信任，战略合作伙伴关系才能在企业内部决策中得以体现。

（2）长期稳定，共同发展

建立立足长远、面向未来、可持续发展的合作关系。企业中层间会根据彼此的发展，设定精准的共同发展计划。

（3）平等协商，合作共赢

通过友好协商，在价格、质量、服务等方面建立平等互利的协商机制。这意味着采购部门需要与供应商进行频繁接触，甚至采取"驻厂"的模式加强合作。

（4）动态管理，绩效说话

通过定期评估与及时的信息反馈机制，对合作伙伴进行动态管理。

7.4.3　供应商关系管理策略

1. 供需双方共同参与新产品的研发策略

在传统的供应条件下，企业在新产品开发设计阶段很少邀请供应商参加，即使供应商提出一些意见，也很难被企业接纳。但在实行合作模式的供应商关系管理的条件下，企业主动邀请供应商参与产品的设计研发，并在整个过程中担任重要的角色，企业与供应商进行充分的沟通，期望供应商在产品研发设计阶段提出宝贵的建议，设计出让客户满意的产品。总而言之，新产品研发的整个过程，从设计到规划再到实施，供需双方完全是平等的地位，涉及原材料的品质和零配件的性能等方面，企业充分尊重供应商提出的意见，供应商在遇到产品技术上的问题时，也会主动与企业沟通，供需双方共同参与新产品的研发。

2. 供应商分层管理策略

将供应商分为 5 个层次进行管理，通过对供应商分层，不同层次的供应商采用不同的管理方式，把重点放在供应商关系管理层面，如表 7-7 所示。

第一层次的供应商采购金额小，采购品种多，没必要把太多的精力放在此类供应商或供应市场上，只要求供应商能提供合理的价格就可以了，而且这类供应商一般采用现货购买，不会提前下订单订货。

第二层次的供应商要求对供应市场有一定的把握，能够了解价格发展的趋势，关注点是对供应市场长期接触，争取能购买到价格最低的原物料或零配件。

第三层次的供应商供需双方相互关联，明显的特征是公开、相互信任。只要企业选中了这类供应商，彼此就会真诚合作，实现低成本、高效益。通常这类供应商提供的产品对本公司来说是很重要的，这类供应商会考虑长期合作。

第四层次的供应商能共同承担风险、长期合作，明显的特征是双方需力求强化合作，并且通过合同的形式将长期的关系确定下来。

第五层次是相互配合而形成的自我发展型关系，双方有共同的目标，能长期合作，并且在合作中不断地优化协作，供应商能主动参与企业的产品开发，企业也会利用这类供应商的优势提高产品的市场竞争力。

表 7-7　供应商分层管理表

层次	类型	特征	适合范围
1	已经得到认可的供应商	采购现货	方便的供应商
2	需要长时期关注的供应商	比价格	有价格优势的供应商
3	运作相关联系的供应商	公开、相关信任	长期合作的供应商
4	共同承担风险的供应商	合作共赢	长期合作的供应商
5	自我发展型供应商	优化协作，参与产品开发	积极主动的供应商

3. 供应商合作伙伴关系策略

通过供应商关系管理，与供应商建立合作模式的伙伴关系，能加快供应商的交货进程，降低原材料及零配件的库存数量，实现即时采购，加快企业资金周转的效率，提高原材料及零配件的产品质量，实现信息共享，推动企业经营管理水平的进一步提高，提高企业的市场竞争力。供应商合作伙伴关系的特点及发展要求如表 7-8 所示。

表 7-8　供应商合作伙伴关系的特点及发展要求

供应商类型	商业型供应商	优先型供应商	伙伴型供应商	
^	^	^	供应伙伴	设计伙伴
关系特点	运作联系	运作联系	战术角度考虑	战略角度考虑
质量方面	按客户要求	按客户要求，需双方共同控制	供方保证，客户审核	供方保证，供方早期参与设计产品的质量标准、客户审核

续表

供应商类型	商业型供应商	优先型供应商	伙伴型供应商	
			供应伙伴	设计伙伴
供货方面	按订单订货	协议供货	主动向供方提供物料需求价格	供需双方数据信息共享
成本价格	市场价格	折扣价格	最低价格	价格成本透明化，供需双方通过不断改善共同降低成本

4. 供应商细分管理策略

将供应商细分，实施供应商关系策略管理，依据供应商分类模块法将供应商分为伙伴型、优先型、重点商业型及商业型4种进行管理，如图7-16所示。在这种分类模块中，如果采购方和供应商双方都认为该采购业务对各自很重要，那么该采购业务所对应的供应商就是"伙伴型"的；如果只是供应商认为该采购业务对采购方来说很重要，这样的供应关系对于采购方来说是有利的，属于"优先型"；如果只是采购方认为该采购业务对他们来说很重要，这类供应商就属于需改善提高的"重点商业型"；如果采购方和供应商均认为该项采购业务并不非常重要，那么这项采购业务所对应的供应商就是普通"商业型"的。针对不同类型的供应商进行不同的管理。用供应商分类模块法的方式对不同的供应商进行细分管理，能针对供应商的不同情况采取不同的供应商关系策略，也是进行供应商关系管理的先行环节。

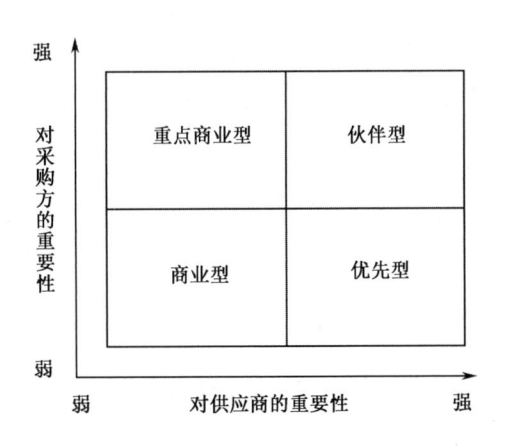

图 7-16　供应商细分矩阵

对于商业型供应商，也就是采购方的小配件供应商，只需供应商提供合理的价格即可，处理这类供应商的关系可采取现货采购的方式；对于重点商业型供应商，主要是采购方的零配件供应商，采购的重点是对供应市场保持不断的接触，争取采购到价格最低的原物料；对于优先型供应商，主要是采购方的原材料供应商，供应关系要做到双方运作相互联系；对于伙伴型供应商，主要针对采购方的主要原材料供应商，供需双方共同承担风险，长期合作。

本章小结

采购是指企业在一定条件下从供应商处获取原材料、零部件、产品、服务或其他资源以支持企业生产运营的过程。供应链采购是指供应链内部企业间的采购，供应链内部的需方企业，可向内部供给企业进行采购，供方按照需方企业需要供给即可。供应链采购的目标包括保证持续供应、提高采购质量、库存最小化和总成本最小化；供应链采购的关键要素主要有采购项目、采购准则、双方关系与采购成本等。供应链采购模式主要有整合采购模式、准时采购模式、多源组合采购模式和第三方采购模式。供应链采购的一般流程为成立供应商评价小组、分析市场竞争环境、建立供应商选择目标、建立供应商评价标准、供应商参与、评价供应商、实施供应合作关系。在选择供应商时，可采用直观判断法、评分法、加权法、采购成本比较法、招标法和协商法进行选择。供应商后评估针对与企业发生过交易且在合同有效期或产品使用期内的供应商，即对合作供应商的相关表现进行评估，供应商后评估实现了对供应商的闭环管控。供应商关系管理是用来改善与供应链上游供应商的关系的，它是一种致力于实现与供应商建立和维持长久、紧密伙伴关系的管理思想和软件技术的解决方案。供应商关系管理主要有供需双方共同参与新产品的研发策略、供应商分层管理策略、供应商合作伙伴关系策略和供应商细分管理策略。

课后思考

1. 名词解释

供应链采购，准时采购，第三方采购，供应商关系管理

2. 简答题

（1）简述传统采购与供应链采购的联系与区别。

（2）简述供应链采购的模式。

（3）供应商选择方法有哪些？

（4）简述供应商关系管理策略。

案例讨论

三家企业的供应链采购对比

由传统采购到供应链采购的转变并不是一蹴而就的，国内外企业在供应链采购模式上均不断进行探索和尝试。

1. 胜利油田的供应链采购

在采购体系改革方面，许多国有企业和胜利油田境遇相似，虽然集团购买、市场招标的意识慢慢培养起来，但企业内部组织结构却给革新带来极大阻碍。

胜利油田每年的物资采购总量约 85 亿元人民币，涉及钢材、木材、水泥、机电设备、仪器仪表等 56 个大类，12 万项物资。行业特性的客观条件给企业采购的管理造成了一定的难度。胜利油田目前有 9 000 多人在从事物资供应管理工作，庞大的体系给采购管理造

成了许多困难。胜利油田每年采购资金的 85 亿元中，有 45 亿元的产品由与胜利油田有各种隶属和姻亲关系的工厂生产，很难将其产品的质量与市场同类产品比较，而且价格一般比市场价高。以供电器为例，价格比市场价高 20%，但由于这是一家由胜利油田长期养活的残疾人福利工厂，只能本着人道主义精神接受他们的供货，强烈的社会责任感让企业背上了沉重的包袱。同样，胜利油田使用的大多数涂料也由下属工厂生产，一般只能使用 3 年左右，而市面上一般同类型的涂料可以用 10 年。还有上级单位指定的产品，只要符合油田使用标准、价格差不多，就必须购买。

在这样的压力下，胜利油田目前能做到的就是逐步过渡，拿出一部分采购商品来实行市场招标，一步到位是不可能的。胜利油田的现象说明，封闭的体制是中国国有企业更新采购理念的严重阻碍。中国的大多数企业，尤其是国有企业采购管理薄弱，计划经济、短缺经济下粗放的采购管理模式依然具有强大的惯性，采购环节漏洞带来的阻力难以消除。

2. 海尔家电的供应链采购

与大型国有企业相比，一些已经克服了体制问题，全面融入国际市场竞争的企业，较容易接受全新的采购理念，其中，海尔走在最前沿。

海尔采取的采购策略是利用全球化网络集中购买，以规模优势降低采购成本，同时精简供应商队伍。据统计，海尔的全球供应商数量由原先的 2 336 家降至 840 家，其中，国际化供应商的比例达 71%，目前世界前 500 强中有 44 家是海尔的供应商。

海尔采用郊外商业中心（Suburban Business District，SBD）模式管理供应商，共同发展供应业务。海尔有很多产品的设计方案直接交给厂商来做，很多零部件是由供应商提供今后两个月市场的产品预测并将待开发的产品形成图纸，这样一来，供应商就真正成为海尔的设计部和工厂，加快开发速度。许多供应商的厂房和海尔的仓库之间甚至不需要汽车运输，工厂的叉车直接开到海尔的仓库，大大节约了运输成本。海尔本身则侧重于核心的买卖和结算业务。这与传统的企业与供应商关系的不同在于，它从供需双方简单的买卖关系成功转型为战略合作伙伴关系，是一种共同发展的双赢策略。

与胜利油田相似，由于企业内部（尤其是大集团企业内部）采购权的集中，使海尔在进行采购环节的革新时，也遇到了"人"的观念转变和既得利益调整的问题。然而与胜利油田不同的是，海尔在管理中已经建立起适应现代采购和物流需求的扁平化模式，海尔已经有足够的能力解决有关"人"的两个基本问题：一是企业首席执行官对现代采购观念的接受和推行力度；二是示范模式的层层贯彻与执行，彻底清除采购过程中的"暗箱"。

3. 通用汽车的供应链采购

与从计划模式艰难蜕变出来的大型国有企业相比，美国通用公司的采购体系并未经历体制、机构改革后的阵痛，自公司诞生日起，全球集团采购策略和市场竞标体系就自然而然地融入了通用汽车的全球采购联盟系统中。

作为世界上最大的汽车集团，通用拥有强大的全球化采购系统。据统计，在美国的采购量每年为 580 亿美元，全球采购金额总计 1 400 亿～1 500 亿美元。1993 年，通用汽车提出了全球化采购的思想，并逐步将各分部的采购权集中到总部统一管理。目前，通用下设 4 个地区的采购部门：北美采购委员会、亚太采购委员会、非洲采购委员会和欧洲采购委员会，4 个区域的采购部门定时召开电视会议，将采购信息放到全球化的平台进行共享，在采购行为中充分利用联合采购组织的优势，协同杀价，并及时通报各地供应商的情况，将某些供应商的不良行为在全球采购系统中备案。

在合理配置的资源基础上，通用开发了一整套供应商关系管理程序，对供应商进行评估。对优秀的供应商，采取持续发展的合作策略，并针对采购中出现的技术问题与供应商一起协商，寻找解决问题的最佳方案；在业务体系中剔除评估中糟糕的供应商。同时，通过整合全球物流路线，通用将各个公司原来自行拟定的繁杂的海运线路集成为简单的洲际物流线路。采购和海运路线经过整合后，不仅使总体采购成本大大降低，而且使各个公司与供应商的谈判能力得到质的提升。

（资料来源：中国物流与采购网，有改动）

思考

1. 供应链采购在实践中主要可能面临哪些问题？
2. 分析上述3个企业供应链采购模式的利弊。

第 8 章

供应链生产管理

思政导学

以创新精神、工匠精神作为课程思政目标，结合自然辩证法、科学分析与解决矛盾的思维，将事物发展的矛盾对立与统一规律融入对供应链生产系统协调机制、延迟策略与大批量定制等知识点的理解中。

◇ 学习要点 ◇

- 了解现行生产计划及控制与供应链管理的差距
- 熟悉供应链管理环境下生产计划与控制的特点
- 掌握供应链管理环境下生产计划与控制系统总体模型
- 掌握供应链环境下生产系统的协调机制

● 关键术语

供应链生产计划，供应链生产控制，延迟策略，推式供应链，拉式供应链，客户需求切入点，延迟制造，大批量定制

导入案例

江铃汽车的供应链 JIT 生产

在供应链管理模式下，设计 JIT 生产方案应充分考虑生产现场的各项实际情况，主要包括供应商的距离、零件工位旁的储备数量、准时化零件上线工位、车身储备数量等。

JIT 生产具体流程包括 3 个阶段，即生产计划制订、生产计划转为需求计划并传递、供货商安排日程送货。为应对市场需求多样性且频繁变化导致生产计划大幅变动，江铃汽车物流部联合销售公司在源头上入手，改善销售报表形式，提高生产计划的准确性。在综合分析了大量数据和资料后，结合企业自身实际情况，合理调整了系统中的客户订单，形成了整车生产计划，并在此计划基础上，合理安排人员在规定时间内按要求把生产计划转化为零件物料需求计划。

江铃汽车 JIT 生产的物料需求系统主要完成日、周、月入口累计，相关部门在每

月底将下月计划上传到系统中,供应商以此为依据开展生产,同时要求供应商在收到生产计划的一个工作日内给出自己的建议和意见,确保生产计划的可行性和合理性。供应商依据每日不同的生产需求科学合理地将物料送到指定位置,实现生产计划拉动物料需求。此外,JIT 生产要求企业实现销、产、供环环相扣,各环节紧密配合,追求一种"无存货、无缺陷"的完美境界。但任何事物都有两面性,过分理想化的追求,会导致诸多不确定性,不确定性在一定意义上也将企业置于一种高度风险的环境中,违背了把承担风险看作一种代价的成本效益原则。于是,对风险的规避也成为推行 JIT 生产中必不可少的要考虑的因素。目前,江铃从保证供应链的稳定性、供应商产品质量等方面都采取了相应的措施,此举将有效地规避一些风险问题,保证推行 JIT 生产带给江铃成本最优与收益的最大化。

随着 JIT 生产的推行,江铃汽车一体化物流取得了不错的成绩,在产销量成倍增长的情况下,库存反而降低了,为企业大大降低了成本。江铃建立的供应链生产体系,融物流前期规划、生产计划管理、库存控制、物料供应、产品交付、客户服务于一体。库存管理系统、与供应商交接的信息网络系统保证了信息流的畅通,使供应商逐步与江铃进行同步化生产。

(资料来源:廖晓春,等.基于供应链管理视角下 JIT 供货的应用研究——以江铃汽车为例[J].价值工程,2017,36(29):79-81,有改动)

思考

江铃汽车实施供应链 JIT 生产有什么优势?

解析

结合供应链生产、JIT 的概念和内涵进行分析。

8.1 供应链下的生产管理概述

传统的企业生产计划是以某个企业的物料需求为中心展开的,缺乏与供应商的协调,企业的计划制订没有考虑供应商及分销商的实际情况,不确定性对库存和服务水平影响较大,库存控制策略也难以发挥作用。供应链上任何一个企业的生产和库存决策都会影响供应链上其他企业的决策,或者说,一个企业的生产计划与库存优化控制不但要考虑某企业内部的业务流程,更要从供应链的整体出发,进行全面的优化控制,跳出以某个企业物料需求为中心的生产管理界限,充分了解用户需求并与供应商在经营上协调一致,实现信息的共享与集成,以客户化的需求驱动客户化的生产计划,获得柔性敏捷的市场响应能力。

8.1.1 供应链生产计划

1. 供应链企业生产计划

供应链是一个跨越多企业、多厂家、多部门的网络化组织,为保证企业快速响应市场需求,必须建立一个有效的供应链企业计划系统。有效的供应链计划系统集成企业所有的计划和决策业务,包括需求预测、库存计划、资源配置、设备管理、渠道优化、生产作业计划、物料需求与采购计划等。供应链是由不同的企业组成的企业网络，有紧密型的联合体成员，有协作型的伙伴企业，有动态联盟型的战略伙伴。作为供应链的整体，以核心企业为龙头，把各个参与供应链的企业有效地组织起来，优化整个供应链的资源，以最低的成本和最快的速度生产最好的产品，最快地满足用户需求，以达到快速响应市场和用户需求的目的，这是供应链企业计划最根本的目的和要求。供应链企业计划工作需要考虑如下4个方面的问题。

① 供应链企业的计划类型。根据供应链企业计划对象和优化状态空间，可以分为全局供应链计划和局部供应链计划两类。

② 供应链企业计划的方法。主要有 ERP、JIT、DRP/LRP。

③ 供应链企业计划的优化。可以采用 TOC、线性规划、非线性及混合规划方法、随机库存理论和网络计划模型。

④ 供应链企业计划层次性。根据供应链企业计划的决策空间，分为战略供应链计划、战术供应链计划和运作供应链计划3个层次。

2. 同步化供应链企业计划的提出

生产企业必须具有面对不确定事件不断修改计划的能力。要做到这一点，企业的制造过程、数据模型、信息系统和通信基础设施必须无缝连接且按时运作，因而供应链企业同步化计划的提出是企业最终实现敏捷供应链管理的必然选择。

供应链企业同步化计划的提出是为挑战供应链运行中的各类约束。供应链运行的约束有来自采购的约束，有来自生产的约束，也有来自销售的约束，这些约束的不良后果会导致"组合约束爆炸"。因此要实现供应链企业的同步化计划，一方面要建立起不同的供应链系统间的有效通信标准，使信息交流和协作规范化、标准化等；另一方面要建立起协调机制和冲突管理服务。供应链系统各个代理之间既有同步的协作功能，也有独立的自主功能，当供应链的整体利益和各个代理的个体利益相冲突时，必须快速地协商解决，供应链的同步化才能得以实现。因此，建立分布的协调机制对供应链同步计划的实现是非常重要的。

供应链企业的同步化计划使计划的修改或执行中的问题能在整个供应链上获得共享与支持，物料和其他资源的管理是在实时的牵引方式下进行的，而不是无限能力的推动过程。供应链企业同步计划通过改进 MRP、MRPII 或在 ERP 中加入新的技术因子来实现，充分利用开放系统的概念，通过集成工具，协同同步化供应链管理。同时，同步化计划能够支持供应链分布、异构环境下的"即插即用"要求。

要实现供应链企业同步化计划，必须建立起代理之间透明的合作机制。供应链企业之间的合作方式主要有同时同地、同时异地、异时同地和异时异地4种情形。因此，供应链企业的合作模式表现为4种模式：同步模式、异步模式、分布式同步模式、分布式异步模式。基于多代理的供应链组织管理模式，由传统的递阶控制组织模式向扁平化网络组织过渡，形成供应链企业网络化管理。

3. 供应链生产计划的特点

供应链环境下的生产计划与传统生产计划有明显的不同，这是因为在供应链管理下，与企业具有战略伙伴关系的相关企业的资源通过物资流、信息流和资金流的紧密合作而成为企业制造资源的拓展。供应链生产计划主要有以下3个方面的特点。

（1）柔性约束

柔性实际上是对承诺的一种完善。承诺是企业对合作伙伴的保证，只有在此基础上企业间才能建立基本的信任，合作伙伴也因此获得相对稳定的需求信息。然而，由于承诺下达时在时间上超前于承诺本身付诸实施的时间，因此，尽管承诺方一般来讲都尽力使承诺与未来的实际情况接近，误差却难以避免。柔性约束的提出为承诺方缓解了这一矛盾，使承诺方有可能修正原有的承诺。可见，承诺与柔性是供应合同签订的关键要素。对生产计划而言，柔性具有多重含义。显而易见，如果仅根据承诺的数量来制订计划是很容易的。而柔性的存在使这一过程变得复杂了。柔性是双方共同确定的一个合同要素，对于需求方而言，它代表着对未来变化的预期；而对供应方而言，它是对自身所能承受的需求波动的估计。本质上供应合同使用有限的、可预知的需求波动代替了可以预测但不可控制的需求波动。

下游企业的柔性对企业的计划产量造成的影响在于：企业必须选择一个在已知需求波动下最为合理的产量，企业的产量不可能覆盖整个需求的变化区域，否则会造成不可避免的库存费用。在库存费用与缺货费用之间取得一个均衡点是确定产量的一个重要标准。供应链是首尾相通的，企业在确定生产计划时还必须考虑上游企业的利益。在与上游企业的供应合同中，上游企业除对自身所能承受的需求波动的估计外，还需对自身生产能力进行权衡。可以认为，上游企业合同中反映的是相对于该下游企业的最优产量。之所以提出"相对于该下游企业"，是因为上游企业可能同时为多家企业提供产品。因此，下游企业在制订生产计划时应该尽量使需求与合同的承诺量接近，以帮助供应企业达到最优产量。

（2）生产进度信息

生产进度信息是企业检查生产计划执行状况的重要依据，也是滚动制订生产计划过程中用于修正原有计划和制订新计划的重要信息。在供应链管理环境下，生产进度计划属于可共享的信息。这一信息的作用在于，供应链上游企业通过了解对方的生产进度情况，实现准时供应。企业的生产计划是在对未来需求做出预测的基础上制订的，它与生产过程的实际进度一般是不同的。供应链企业可以借助现代信息技术，使实时的生产进度信息能为合作方所共享，上游企业可以了解下游企业真实的需求信息，并准时提供物资。这种情况下，下游企业可以避免不必要的库存，而上游企业可以灵活主动地安排生产和调拨物资。

原材料和零部件的供应是保证企业顺利生产的首要条件，供应链上游企业在修正原有生产计划时，应该考虑到下游企业的实际生产状况。在供应链管理下，下游企业可以根据上游企业的生产进度适当地调节自己的生产计划，使供应链上的各个环节紧密地衔接在一起。这就避免了企业与企业间出现供需脱节的现象，从而保证了供应链上所有企业的整体利益。

（3）生产能力

在供应链管理环境下，企业完成一份订单不能脱离上游企业的支持，因此，在编制生产计划时要尽可能借助外部资源，有必要考虑如何利用上游企业的生产能力，任何企业在现有的技术水平和组织条件下都具有一个最大的生产能力，但最大的生产能力并不等于最优生产负荷。在上下游企业间稳定的供应关系形成后，上游企业从自身利益出发，更希望所有与之相关的下游企业在同一时期的总需求与自身的生产能力相匹配，上游企业的这种对生产负荷量的期望可以通过合同、协议等形式反映出来，即上游企业提供给每个相关下游企业一定的生产能力，并允许一定程度的浮动。这样，在下游企业编制生产计划时必须考虑到上游企业这一能力上的约束。

供应链生产计划制订过程与原过程相比有较大的变动，在原有的生产计划制订的基础上增添了新的特点。具体表现在以下 3 方面。

（1）具有纵向和横向的信息集成过程

这里的纵向是指供应链由下游企业向上游企业的信息集成，而横向是指生产相同或类似产品的企业间的信息共享。在供应链生产计划制订过程中，上游企业的生产能力信息在生产计划的能力分析中独立发挥作用。通过在主生产计划和投入出产计划中分别进行的粗、细能力平衡，上游企业承接订单的能力和意愿都反映到了下游企业的生产计划中。同时，上游企业的生产进度信息也和下游企业的生产进度信息一起作为滚动编制计划的依据，其目的在于保持上下游企业生产活动的同步。

外包决策和外包生产进度分析是集中体现供应链横向集成的环节。在外包中所涉及的企业都能够生产相同或类似的产品，或者说在供应链网络上属于同产品级别的企业。企业在制订供应链主生产计划时所面临的订单，在两种情况下可能转向外包：一种情况是企业本身或其上游企业的生产能力无法承受需求波动所带来的负荷；另一种情况是承接的订单通过外包获得的利润大于企业自己进行生产的利润。无论在何种情况下，都需要承接外包的企业的基本数据来支持企业的获利分析，以确定是否外包。同时，由于企业对该订单的客户有着直接的责任，因此也需要承接外包的企业的生产进度信息来确保对客户的供应。

（2）丰富了能力平衡在计划中的作用

在通常的概念中，能力平衡只是一种分析生产任务与生产能力之间差距的手段，再根据能力平衡的结果对生产计划进行修正。供应链生产计划中能力平衡发挥了以下作用：① 为主生产计划和投入出产计划进行修正提供依据，这也是能力平衡的传统作用；② 能力平衡是进行外包决策和零部件（原材料）急件外购的决策依据；③ 在主生产计划和投入出产计划中使用的上游企业能力数据，反映了其在合作中所愿意承担的生产负荷，可以为供应链管理的高效运作提供保证；④ 在信息技术的支持下，对本企业和上游企业的能力状态的实时更新使生产计划具有较高的可行性。

（3）计划的循环过程突破了企业的限制

在企业独立运行生产计划系统时，一般有三个信息流的闭环，而且都在企业内部，分别是：主生产计划—粗能力平衡—主生产计划；投入出产计划—能力需求分析（细能力平衡）—投入出产计划；投入出产计划—车间作业计划—生产进度状态—投入出产计划。在供应链下生产计划的信息流跨越了企业，从而增添了新的信息流，分别是：主生产计划—供应链企业粗能力平衡—主生产计划；主生产计划外包工程计划—外包工程进度—主生产计划；外包工程计划—主生产计划—供应链企业生产能力平衡—外包工程；投入出产计划—供应链企业能力需求分析（细能力平衡）—投入出产计划；投入出产计划—上游企业生产进度分析—投入出产计划；投入出产计划—车间作业计划生产进度状态—投入出产计划。但以上各循环中的信息流都只是各自循环所必需的信息流的一部分，不会对计划的某个方面起决定性作用。

> **知识链接**
>
> **供应链生产计划与传统生产计划**
>
> 供应链管理的主体是多个互为利益主体、相互独立的企业共同组成的联盟,其节点企业间既相互合作,又相互竞争,在供应链网络中,各企业成员既是分散、独立的角色,又会经常面对同一客户的订单任务而相互协作,因此在组织生产计划时,企业一方面要考虑自身的利益诉求,另一方面要兼顾供应链成员的生产及发展需求。在这一形势下,企业决策人员在制订生产计划时必须转变以往封闭、狭窄的思维模式,形成横向、开放性的思考方式。具体而言:① 传统生产计划仅考虑企业自身利益,而供应链环境下要求企业兼顾上下游成员的发展需要;② 传统的生产计划,只过多地关注企业自身资源的管理方面和调度方面,而在供应链环境下,企业必须权衡供应链总体资源的配置工作及调度工作;③ 传统生产计划过度依赖生产订单,对信息共享没有太高要求,或仅局限于企业内部部门间进行信息共享,而供应链环境下,企业需要根据其他供应链成员的信息来调整生产计划,以实现整个供应链的协同运作;④ 相较于传统生产计划,供应链环境下制订生产计划所要考虑的约束条件在整体层面上要多一些,在局部层面上要少一些,这是因为在进行整个供应链的生产计划决策时要充分权衡各节点成员的资源约束,而各节点成员进行生产计划决策时,能够借用上下游成员的资源,因此受到的资源约束相对要少一些;⑤ 供应链环境下要求整个生产计划保持高度同步。供应链环境下注重的是协同生产,核心企业通过外包的形式将产品组装、零部件生产等任务发放给其他企业后,各节点企业必须加强信息的共享和交互,保持生产活动的高度协调,使整体生产计划良好协作,进而实现上下游成员间产品供需的完美对接。

8.1.2 供应链生产控制

企业生产控制的对象是生产过程,是经济控制系统中微观层次的一个分支,是企业管理的一个重要方面。它的经济活动要素主要包括人、物资、设备、资金和信息。这些要素分布在企业的所有部门各个环节,每时每刻都处于变动中,所以企业的生产控制体系是企业经营的核心活动。与传统的生产控制方法相比,供应链生产控制方法提出了以增加信息共享和信息交流为目的的协调控制机制、信息跟踪机制,从而更好地保证企业生产计划的实施和企业生产过程的顺利进行。

在供应链环境下,生产需要更多的协调机制(企业内部和企业间的协调),供应链生产协调控制包括如下4个方面的内容。

1. 供应链生产进度控制

供应链生产进度控制的目的在于依据生产作业计划,检查零部件的投入和产出数量、产出时间及配套性,保证产品能准时装配出厂。在供应链管理环境下,因为许多产品是协作生产的和转包的业务,与传统的企业内部的进度控制相比,其生产、控制的难度更大,所以必须建立有效的跟踪机制,以此进行生产进度信息的跟踪和反馈。生产进度控制在供应链管理中有着重要作用，因此必须研究解决供应链企业之间的信息跟踪机制。

2. 供应链生产节奏控制

供应链企业同步化计划需要解决供应链上企业之间的生产同步化问题，只有供应链节点企业之间及企业内部各部门之间保持步调一致时，供应链的同步化才能实现。供应链形成的准时生产系统，要求上游企业准时为下游企业提供必需的原材料或零部件。供应链中任何一个企业不能准时交货，都会导致供应链不稳定或中断，以及供应链对用户的响应性下降，因此严格控制供应链的生产节奏十分重要。

3. 提前期管理

提前期管理是实现快速反应、有效客户反应策略的重要内容。在供应链生产控制中，提前期管理是实现快速响应用户需求的有效途径。缩短提前期，提高交货期的准时性，是保证供应链获得柔性和敏捷性的关键。缺乏对供应商不确定性的有效控制是供应链提前期管理中的一大难点。

4. 库存控制

库存在应对需求不确定性时有其积极的作用，但是库存本身又是一种资源浪费。在供应链管理模式下，通过实施多级、多点、多方管理库存的策略，对提高供应链环境下的库存管理水平、降低制造成本有着重要意义。这种库存管理模式涉及的部门不仅仅是企业内部。基于 JIT 的供应与采购、合作性策略模式（Vendor Managed Inventory，VMI）、联合库存管理（Jointly Managed Inventory，JMI）等都是供应链库存管理的新方法，对降低库存有重要作用。因此，建立供应链管理环境下的库存控制体系和运作模式对提高供应链的库存管理水平有重要作用，是供应链企业生产控制的重要手段。

8.2 供应链生产系统协调机制

8.2.1 供应链协调控制机制

要实现供应链的同步化运作，需要建立一种基于供应链的协调控制机制。建立供应链协调控制机制的目的在于使信息能无缝地、顺畅地在供应链中传递，降低因信息失真而导致过量生产、过量库存现象发生的机率，使整个供应链能根据客户的需求而步调一致，也就是使供应链获得同步化以响应市场需求变化。

供应链协调控制是指以合作竞争为指导思想，通过供应链节点企业有效共享信息、承担更多风险、保障利益等手段，减轻不确定性、"牛鞭效应"和供应链失调等问题，提高整体系统运作水平，使整体利润最大化，最终实现供应链的"双赢""互利互惠"。从供应链协调的对象来看，从供应链的战略、战术、运作等不同视角分析探讨，对信息流、物料流、资金流、增值流、业务流等进行协调管理。从供应链协调问题解决途径来看，包括建立并改善供应链协调模式机制和高效率、低成本协调渠道，最终实现供应链整体功能和效益最大化，供应链协调控制过程如图 8-1 所示。

供应链成员之间通过业务流、增值流、资金流、信息流进行调整、协商谈判、计划及通信交互，实现风险共担，在行动、目的、决策、信息、知识、资金等方面进行目标的联合，为达成供应链整体目标而进行供应链协同控制。

供应链协调控制类型根据不同标准可分为以下3类。

① 从职能角度看，有采购商—供应商、生产—库存、生产—配送、库存—配送等协调类型。

② 从范围来看，有企业内部协调和企业外部协调两种类型。其中，企业内部协调是指供应链各企业内部部门间的协调，企业外部协调是指供应链各节点企业相互合作之间的协调。

③ 从企业地位来看，有纵向协调和横向协调两种类型。其中，纵向协调是指供应链不同层次企业间的协调，横向协调指供应链上同一层次的各企业间的协调。

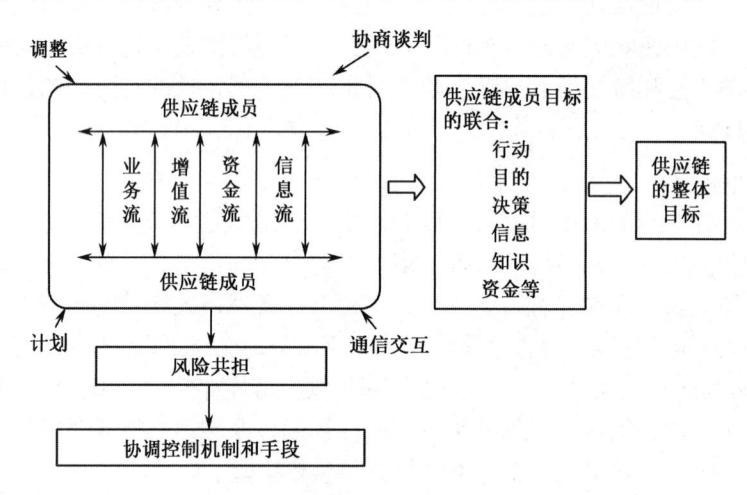

图 8-1 供应链协调控制过程

8.2.2 供应链信息的跟踪和反馈机制

供应链信息的跟踪和反馈机制可使企业生产与供应关系同步进行，消除不确定性对供应链的影响。因此应该在供应链系统建立信息的服务跟踪机制，以降低不确定性对供应链同步化的影响。供应链信息的跟踪机制提供供应链两方面的协调辅助：信息协调和非信息协调。信息协调主要通过企业间的生产进度的跟踪与反馈来协调各个企业的生产进度，保证按时完成用户的订单，及时交货。非信息协调主要指完善供应链运作的实物供需条件，采用 JIT 生产与采购、运输调度等。供应链企业在生产系统中使用信息的跟踪机制的根本目的是保证对下游企业的服务质量。在企业集成化管理的条件下，信息的跟踪机制才能够发挥其最大的作用。信息的跟踪机制在企业内部表现为客户（上游企业）的相关信息在企业生产系统中的渗透。其中，客户的需求信息（订单）成为贯穿企业生产系统的一条线索，成为生产计划、生产控制、物资供应相互衔接、协调的手段。

1. 信息的跟踪机制的外部运行环境

供应链管理下企业间的信息集成从以下3个方面展开。

（1）采购部门与销售部门

采购部门与销售部门是企业间传递需求信息的接口。需求信息总是沿着供应链从下游企业传至上游企业，从一个企业的采购部门传向另一个企业的销售部门。由于供应链管理下的销售与采购环节中，稳定而长期的供应关系是必备的前提，所以可将注意力集中在需求信息的传递上。从常用的概念来看，企业的销售部门应该对产品交货的全过程负责，即从订单下达到企业开始，直到交货完毕的全过程。然而，在供应链管理下的战略伙伴关系建立以后，销售部门的职能简化了。销售部门在供应链上下游企业间的作用仅仅是一个信息的接口，它负责接收和管理有关下游企业需求的一切信息。除单纯意义上的订单外，还有下游企业对产品的个性化要求，如质量、规格、交货渠道、交货方式等，这些信息是企业其他部门的工作所必需的。同销售部门一样，采购部门的职责也得以简化。采购部门原有的工作是保证生产所需的物资供应。它不仅要下达采购订单，还要确保采购的物资保质保量按时入库。在供应链管理下，采购部门的主要工作是将生产计划系统的采购计划转换为需求信息，以电子订单的形式传达给上游企业。同时，它还要从销售部门获取与所采购的零部件和原材料相关的个性化要求，并传达给上游企业。供应链的同步化运作体系，保持了独立性与协调性的统一。

（2）制造部门

制造部门的任务不仅是生产，还包括对采购物资的接收及按计划对下游企业配套件的供应。在这里，制造部门实际上兼具运输服务和仓储管理两项辅助功能，制造部门能够完成如此复杂工作的原因在于生产计划部门对上下游企业的信息集成，同时也依赖于战略伙伴关系中的质量保障体系。此外，制造部门还在制造过程中实时收集订单的生产进度信息，经过分析后提供给生产计划部门。

（3）生产计划部门

① 滚动编制生产计划的功能。来自销售部门的新增订单信息，来自企业制造部门的订单生产进度信息和来自上游企业的外购物资的生产计划信息，以及来自企业的需求变动信息，共同构成企业滚动编制生产计划的信息支柱。

② 保证对下游企业的产品供应的功能。下游企业的订单并非一成不变的，从订单到达时起，供方和需方的内外环境就一直不断变化着，最终的供应时间实际上是双方不断协调的结果，其协调的工具就是双方不断滚动更新的生产计划。生产计划部门按照最终的协议指示制造部门对下游企业进行供应，这种供应是与下游企业生产计划相匹配的准时供应。由于生产出来的产品不断发往下游企业，制造部门不会有过多在制品和成品库存的压力。

③ 保证上游企业对本企业的供应，这一功能是与上一功能相对应的。生产计划部门在制造部门提供的实时生产进度分析的基础上结合上游企业传来的生产计划（生产进度分析）信息，与上游企业协商确定各批订单的准确供货时间。上游企业将按照约定的时间将物资发送到本企业。采购零部件和原材料的准时供应降低了制造部门的库存压力。

2. 生产计划中的信息跟踪机制

① 建立订单档案。在接到下游企业的订单后，建立针对上游企业的订单档案，其中包含了用户对产品的个性化要求，如对规格、质量、交货期、交货方式等具体要求。

② 对主生产计划进行外包分析，将订单分解为外包子订单和自制件子订单。订单与子订单的关系在于：订单通常是一个提出的订货要求，在同一个用户提出的要求中，可能有多个订货项，可以将同一订单中不同的订货项定义为子订单。

3. 生产进度控制中的信息跟踪机制

生产进度控制是生产管理的重要职能，是实现生产计划和生产作业管理的重要手段。虽然生产计划和生产作业计划对生产活动已做了比较周密而具体的安排，但随着时间的推移，市场需求往往会发生变化。此外，由于各种生产准备工作不周全或生产现场偶然因素的影响，也会使计划产量和实际产量之间产生差异。

因此，必须及时对生产过程进行监督和检查，一旦发现偏差就进行调节和校正，以保证计划目标的实现。生产控制有很多具体的内容，以具有普遍意义的生产进度控制作为讨论的对象，生产进度控制的主要任务是依照预先制订的作业计划，检查各种零部件的投入和产出时间、数量及配套性，保证产品能准时产出，按照订单上承诺的交货期将产品准时送到用户手中。由于建立了生产计划中的跟踪机制，生产进度控制中的相应工作就是在加工路线单中保留子订单信息。此外，在生产进度控制中运用了多种分析方法，如在生产预计分析中的差额推算法，生产均衡性控制中的均衡系数法，生产成套性控制中的甘特图等。这些方法同样可以运用到跟踪机制中，只不过分析的目标不再仅仅是计划的执行状况，还包括了对各子订单的分析。

在没有跟踪机制的生产系统中，由于生产计划中隐去了子订单信息，生产控制系统无法识别生产过程与子订单的关系，也无法将不同的子订单区别开来，因此仅能控制产品的按计划投入和产出。使用跟踪机制的作用在于对子订单的生产实施控制，保证对客户的服务质量。

（1）按优先级保证对客户的产品供应

子订单是订单的细化，保证子订单的准时完工才能保证订单的准时完工，这也意味着对客户服务质量的保证。在一个企业中下达的子订单总有大量相同或类似的零部件同时进行加工。在车间生产的复杂情况下，由于生产实际与生产计划的偏差，在制品未能按时到位的情况经常发生。在产品结构树中，低层零部件的缺件破坏了生产的成套性，必将导致高层零部件的生产计划无法执行，这是一个逐层向上的恶性循环。

较好的办法是将这种可能产生的混乱限制在优先级较低的子订单内，保证高优先级的子订单的生产成套性。在发生意外情况时，总是认为意外发生在低优先级的子订单内，使高优先级的子订单能够获得物资上的保证。在低优先级订单的优先级不断上升的情况下，总是优先保证高优先级的订单，必然能够保证对客户的服务质量；相反，在不能区分子订单的条件下无法实现这种办法。"拆东墙补西墙"式的生产调度会导致在同时间加工却在不同时间使用的零部件互相挤占，对后续生产造成隐患。

（2）保证在企业间集成化管理的条件下，下游企业所需要的实时计划信息

对于本企业而言，这一要求意味着使用精确实时的生产进度数据修正预订单项对应的每个子订单的相关计划记录，保持生产计划的有效性。在没有相应的跟踪机制的情况下，同一个生产计划、同一批半成品都可能对应着多份订单，实际上无法度量具体订单的生产进度。可见，生产控制系统必须建立跟踪机制才能实现面向订单的数据收集，生产计划系统才能够获得必要的信息以实现面向用户的实时计划修正，对子订单进行规划。

（3）投入出产计划中涉及跟踪机制的步骤

① 子订单的分解。结合产品结构文件和工艺文件及提前期数据，倒排编制生产计划。

对不同的子订单独立计算，即不允许进行跨子订单的计划记录合并。

② 库存的分配。本步骤与步骤①是同时进行的，将计划期内可利用的库存分配给不同的子订单，在库存分配记录上注明子订单信息，保证专货专用。

③ 能力占用。结合工艺文件和设备组文件计算各子订单计划周期内的能力占用。这一步骤使单独评价子订单对生产负荷的影响成为可能。在调整子订单时也无须重新计算整个计划所有记录的能力占用数据，仅需要调整子订单的相关能力数据。

④ 调整。结合历史数据对整个计划周期内的能力占用状况进行评价和分析，找出可能的瓶颈。对于在一定时间段内形成的能力瓶颈，可采取两种办法解决：一是调整子订单的出产日期和出产数量；二是将子订单细分为更小的批量，分别设定出产日期和出产数量。当然，必须保持细分后的子子订单与原订单的对应关系。经过调整的子订单（子子订单）和上一周期计划中未对生产产生实际影响的子订单（子子订单）都可重新进行分解以产生新的计划。

⑤ 修正。本步骤实际上是在上述几个步骤前进行的，它是对前一周期内投入出产计划执行状况的总结。同通常的计划滚动过程一样，前一周期的生产进度数据和库存数据是必不可少的，不同的是，可以准确地按子订单检查计划的执行状况，同时调整相应子订单的期量设定，以适应生产的实际情况。能够完成这一功能的原因在于整个生产系统中都通过子订单形成了内在的联系。

8.3 延迟和大批量定制

8.3.1 延迟的含义及主要形式

延迟是指尽量延长产品的生产时间和最终产品的组装时间，也就是尽量延长产品的一般性，推迟其个性化的时间。这种技术基于这样一个事实：在一般情况下，随着预测点与需求发生点的接近，对需求量的预测就会越准确。这是因为随着时间的延长，可以获得更多关于实际需求的信息，从而降低不确定性，提高预测精度，减少不必要的库存积压或缺货。

延迟的形式主要有以下两种。

（1）生产延迟

生产延迟是指根据订单安排生产产品，在获知客户的精确需求和购买意向前，不做任何准备工作。按照订单生产产品的想法，其新颖之处在于灵活的生产能够取得这种反应而不牺牲效率。若能做到按市场要求进行灵活生产，企业将摆脱对销售预测的依赖。在现实情况中，批量生产的经济性是不能忽视的。挑战在于采购、生产及物流之间的定量交换成本，预测生产和由于引入柔性程序而失去规模经济之间的成本和风险的利益互换。生产批量要求流水线结构及相关的采购模式与之相配，因此还要考虑采购成本、设备投资等因素。在传统的职能管理中，生产计划用来实现最低的单位生产成本。

从综合的角度看，供应链的目的是以最低总成本达到客户期望的满意度，这就要求生产延迟以促进整个供应链更有效率。生产延迟的目标在于尽量使产品保持中性及非委托状态，理想的延迟是制造相当数量的标准产品或基础产品以实现规模化经济，而将最后的个性化特点，如产品颜色等，推迟至收到客户的订单后。

在生产延迟中，物流费用的节约来源于以标准产品或基础产品适应广大不同客户的独特需要，它具有服务许多不同客户的潜力。这类生产延迟的例子在保留大批量生产的规模经济效益的同时，减少了存货数量。生产延迟的影响有两方面：第一，销售产品的种类可以减少，物流活动的不确定性较低；第二，更多地使用物流设施和渠道关系进行简单生产与最后的集中组装。

（2）物流延迟

物流延迟是指在一个或多个战略地点对全部货品进行预估，而进一步将库存部署延迟到收到客户的订单后。一旦物流程序被启动，所有的努力都将被用来尽快地将产品直接向客户方向移动。在这种概念上，配送的预估性质就被彻底删除，而同时保留了大生产的规模经济。

许多物流延迟的应用包括服务供给部分，关键的与高成本的部件保存在中央仓库内以确保所有潜在用户的使用。当某一种部件的需求发生时，订单信息传送到中央库存系统，使用快速、可靠的运输直接装运到服务设施中，结果是以较少的总体库存投资改进了服务。物流延迟的潜力随着加工和传送能力的增长，以及具有高度精确性和快速的订单发送而得到提高。物流延迟以快速的订单发送，替代在当地市场仓库里预估库存的部署。与生产延迟不同，系统利用物流延迟，在保持完全的生产规模经济的同时，使用直接装运的能力来满足客户要求。

生产延迟及物流延迟都降低了因预测带来的风险，但两者的方式不同。生产延迟集中于"产品"，在物流系统中移动无差别部件，并根据客户在发送时间前的特殊要求修改。物流延迟集中于"时间"，在中央仓库储存不同产品，当收到客户订单时做出快速反应。集中库存减少了为满足所有市场区域高水平使用而要求的存货数量。采用哪种形式的延迟，取决于生产的数量、价值、竞争主动性、规模经济，以及客户期望的发送速度和一致性。在某些情况下，两种不同类型的延迟能够结合在一个物流战略中，两种形式一起代表着对于传统预测的有力挑战。

与物流延迟相关的还有一些延迟，如形式延迟和完全延迟。在形式延迟下，改变产品的基本结构，重新设计某些零件或流程，使其标准化和简单化（也就是在使用时具有共性），以简化存货管理，使产品具有一致性、规模性的特点。在完全延迟下，对于单一客户特点需求的订单，直接由零售店传送到生产工厂执行，并直接运送给客户或零售商。客户的订购点已移至生产流程阶段，生产和物流活动完全由订单驱动。

8.3.2 延迟及其实施

1. 影响延迟的主要因素

（1）交货时间

交货时间是决定采用延迟策略的最重要的市场影响因素之一。如果客户正在寻找快速交货，那么制造商很难推行延迟策略。对于此类产品，交货时间将成为订单赢家，因此，制造商可以减少交货时间或降低成本，同时保持交货时间以确保订单。

（2）需求波动

需求波动推动了是否使产品成为库存或订购的策略。需求波动较大的产品会受到延期支持，因此不会与成品库存一致，并在共同组件级别拥有更多库存。对于稳定的需求模式，采用基于预测的策略来增强客户服务和降低成本是经济的。

（3）产品生命周期

在产品导入阶段，由于对新产品的市场反应存在较高的不确定性，对市场需求的事先预测困难，如果产品具有多种衍生产品，则物流延迟适合这一阶段，因为产品可以在工厂中央配送中心（Central Distribution Center，CDC）进行生产，根据市场需求生产供应。在产品成长阶段，延迟可能会向上游移动，但产品可用性在此阶段仍然至关重要，因此，可以采用配送中心进行生产供应，根据市场需求进行标签和包装的延迟。在产品成熟阶段，市场需求变得稳定，企业重点关注产能利用率和成本效益，库存可以保持在组件级别，以降低衍生产品的成本。衰退期的产品逐渐失去竞争力，市场份额不断降低，企业在这一阶段减少该产品生产供应，并清理该产品库存。另外，生命周期短的产品需要快速转向，同时基于市场需求的生产供应时间窗口很小。

（4）产品的设计与特点

产品的设计决定了其是否可以在后期定制或不定制生产。为采用延迟策略，产品需要从通用平台或组件进行设计，并且可以通过添加特定产品特有的组件来进行定制。例如，在 ZARA 品牌产品设计中，供应链设计师使用相同的底布和配件来设计多种产品。另外，延迟的应用是由过程中可用计划点的数量决定的。在加工车间环境中，涉及多个不相关的步骤，可以在不同的计划点执行各种操作，这取决于需要的数据何时可用于该特定的操作或功能。例如，织物具有多次涂饰，随着更多的信息可用，织物可以稍后保持在未完成的阶段以便用特殊涂饰物进行定制。但是，在单一工序的情况下，作为纤维制造的一个工序，原料和成品之间的中间阶段可能不会采用任何形式的延迟。时尚产品的生命周期较短，需要在短时间内进行开发和补充，以避免缺货和淘汰。另外，具有较长生命周期的商品可以成为重点而不是转向。但是，在库存成本较高的情况下，延迟仍可用于减少供应链中的库存。

2. 延迟策略实施的前提

延迟策略能将供应链上的产品生产过程分为"不变"与"变"两个阶段，将不变的通用化生产过程最大化，生产具有通用性的标准部件，当接到客户订单时，企业便能以最快的速度完成产品的差异化过程与交付过程，以不变应万变，从而缩短产品的交货提前期，并降低供应链运作的不确定性，可谓竞争优势明显，是对供应链业务流程的一种创新。但并非所有的产品生产过程都可以采用延迟策略，即延迟策略的实施必须具备以下 4 个条件。

① 产品可模块化生产。产品在设计时，可分解为几个较大的模块，这几个模块经过组合或加工便能形成多样化的最终产品，这是延迟策略实施的重要前提。

② 零部件可标准化、通用化。产品可模块化只是一个先决条件，更重要的是零部件具有标准化与通用化的特性，这样才能彻底从时间与空间上将产品的生产过程分解为通用化阶段和差异化阶段，并保证最终产品的完整。

③ 经济上具有可行性。实施延迟策略一般会增加产品的制造成本，除非它的收益大于成本，否则延迟策略没有必要执行。如果最终产品的制造在重量、体积和品种上的变化很大，推迟最终的产品加工成型工作，能节省大量的运输成本和减少库存产品的成本，并简化管理工作，那么延迟策略的实施便会带来巨大的经济利益。

④ 适当的交货提前期。通常来说，过短的提前期不利于延迟策略的实施，因为它要求

给最终的生产与加工过程留有一定的时间余地，过长的提前期则无须延迟策略。

> **阅读拓展**
>
> ### 丰田汽车公司的延迟策略
>
> 为更好地响应客户需求，丰田汽车公司与其供应商进行密切合作以实施汽车产品开发延迟。丰田汽车公司将汽车模块的设计、开发、制造任务外包给供应商，丰田汽车的主要供应商都在其附近，以利于设计理念的交流和部件的供应。在对汽车市场的不确定性进行预估后，丰田汽车公司决定在产品规格不稳定的区域设计决策延迟至收到更多信息时，延迟期间不断收集关于环境、市场、技术等方面的信息提供给它的供应商。供应商和丰田汽车公司之间是一种长期合作的战略关系，双方的生产运作和规划高度紧密地集成在一起。供应商需要投资以用于模块设计理念的开发和试制，而丰田汽车公司需要将不断收集到的产品最新信息与供应商共享，以利于供应商设计出的模块更能符合客户需求。丰田汽车公司的供应商关系管理有力地支持了其延迟制造的实行，而延迟制造又帮助丰田汽车公司成功地设计出符合客户需求的车型。

8.3.3 延迟制造模式

1. 延迟制造模式的核心思想与分类

延迟制造模式的核心思想是制造商只生产通用化、模块化的产品，尽量使产品保持中间状态，以实现规模化生产，并且通过集中库存减少库存成本，从而缩短提前期，使客户化活动更接近客户，增强应对个性化需求的灵活性。其目标是使适当的产品在适当的时间到达适当的位置。具体而言，延迟制造模式是由制造商事先只生产中间产品或模块化部件，等最终用户对产品的功能、外观、数量等提出具体要求后才完成生产与包装的最后环节。在很多企业，最终的制造活动被放在离客户很近的地方进行，如由配送中心或第三方物流中心完成，在时间和地点上都与大规模的中间产品或部件生产相分离，这样企业就能以最快的响应速度来满足客户的要求。

延迟制造模式可以分为成型延迟、时间延迟和地点延迟。成型延迟是指推迟形成最终产品的过程，在获知客户的精确要求和购买意向前，仅制造出基础产品或模块化的部件，在收到客户的订单后，再按客户的具体要求进行具体产品的生产。时间延迟是指最终制造和处理过程被推迟到收到客户订单后进行。地点延迟是指推迟产品向供应链下游的位置移动，接到订单后再以供应链的操作中心为起点进行进一步的位移与加工处理。延迟制造模式是3种延迟模式的综合运用。

2. 延迟制造模式中的分离点

供应链结构分为推动式和拉动式两种，其中，推动式供应链模式是指企业根据对客户需求的预测进行生产，然后将产品推向下游经销商，再由经销商逐级推向市场。在推动式供应链中，分销商和零售商处于被动接受的地位，企业间信息沟通少、协调性差、提前期长、快速响应市场的能力弱、库存量大，且往往会产生供应链中的存货数量逐级放大的"牛鞭效应"，但推动式供应链能利用制造和运输的规模效应为供应链上的企业带来规模经济效益，还能利用库存来平衡供需间的不平衡现象，如图8-2所示。

供应商 → 制造商 → 分销商 → 零售商 → 客户

图 8-2　推动式供应链模式

拉动式供应链模式通常按订单进行生产，由客户需求来激发最终产品的供给，制造部门可以根据用户时间需求来生产定制化的产品，降低了库存量，缩短了提前期，能更好地满足客户的个性化需求，可有效地提高服务水平和市场占有率。但其缺点是生产批量小、作业更换频繁、设备的利用率不高、管理复杂程度高，难以获得规模经济，如图 8-3 所示。

供应商 ← 制造商 ← 分销商 ← 零售商 ← 客户

图 8-3　拉动式供应链模式

延迟制造模式则是上述两种供应链模式的整合，通过两种模式的结合运用，扬长避短。延迟制造模式的生产过程可分为推动阶段和拉动阶段，通过对产品的设计与生产采用标准化、模块化和通用化的技术，产品可以由具有兼容性和统一性的不同模块组合而成，在推动阶段，制造商根据预测大规模生产通用化的各种模块，获得大量生产的规模效益。在拉动阶段，产品才实现差别化，根据订单需要，将各种模块进行有效的组合，将通用化的半成品根据要求进行进一步加工，从而实现定制化的服务。将推动阶段和拉动阶段的分界点称为客户需求切入点（Customer Order Decoupling Point，CODP），也称分离点、推拉结合点。在分离点之前，是由需求预测驱动的推动式的大规模的活动，一般面向全球性市场，产品标准化、中性化，实行大批量、规模化生产，生产效率高。分离点之后的活动由客户订单驱动，一般面向地区性市场，且产品具有个性化、柔性化的特点，实行小批量加工，单位产品的加工成本较高，如图 8-4 所示。

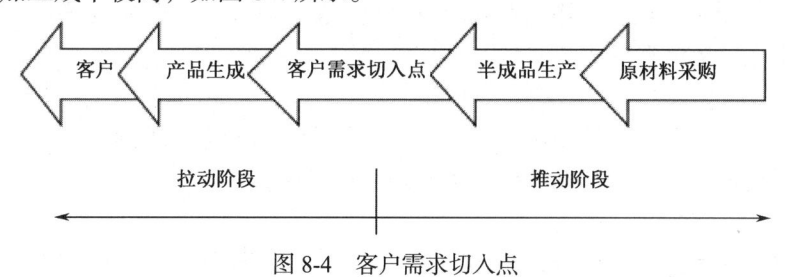

客户 ← 产品生成 ← 客户需求切入点 ← 半成品生产 ← 原材料采购

　　　拉动阶段　　|　　推动阶段

图 8-4　客户需求切入点

分离点的定位与延迟活动的规模、延迟类型、客户化方式均有密切关系，如表 8-1 所示。

表 8-1　分离点的影响因素

分离点的定位	延迟活动的规模	延迟类型	客户化方式
制造商	大	延迟制造，延迟组装	通用件客户化
分销商	中	延迟包装	配送服务客户化
零售商	小	时间延迟	零售渠道调整

分离点位置越靠近客户，延迟活动规模越小，客户化活动复杂程度越低，因而快速响应能力（在已有的产品品种范围内）越高。但由于客户化程度低，产品品种较少，企业柔性较小，应对个性化需求的能力不强。然而，在需求多样化趋势明显增强的今天，产品柔性是决定企业生存和发展的关键因素，因此，分离点及延迟化策略必须将企业柔性放到极其重要的位置。

3. 延迟制造模式的实施条件

延迟制造模式虽然有诸多优势，但它并不适用于所有行业。有些产品的生产过程决定了它不可能采用延迟制造这种生产模式，还有些产品的特点使采用延迟制造带来的收益不能弥补生产过程复杂化增加的成本。一般来说，推行延迟制造的企业，其生产与制造过程应具有以下6个条件。

（1）可分离性

制造过程能被分离为中间产品生产和最终产品加工两个阶段，这样才有可能将最终产品的加工阶段进行延迟。

（2）可模块化

产品应能够分解为有限的模块，这些模块经组合后能形成多样化的最终产品，或产品由通用化的基础产品构成。基础产品经加工后，能提供给客户更多选择。

（3）最终加工过程的易执行性

延迟制造将最终产品生产和中间产品的生产分离，最终产品的生产很可能被放在离客户很近的地方执行。这就要求最终加工过程的技术复杂性和加工范围应当有限，易于执行，加工时间短，无须耗费过多的人力。

（4）产品的重量、体积和品种在最终加工中的增加程度大

延迟制造会增加产品的制造成本，除非延迟制造的收益能弥补增加的成本，延迟制造没有执行的必要。如果产品的重量、体积和品种在最终加工中增加很多，推迟最终的产品加工成型工作能节省大量的运输成本和减少库存产品的成本，简化管理工作、减少物流故障，这会有利于延迟制造的进行。

（5）适当的交货提前期

通常来说，过短的提前期不利于延迟制造，因为延迟制造要求给最终的生产与加工过程留有一定的时间余地，过长的提前期则无须延迟制造。

（6）市场的不确定程度高

市场的不确定程度高，细分市场多，客户的需求难以预测，产品的销售量、配置、规格和包装尺寸不能事先确定，有利于采用延迟制造来减少市场风险。

8.3.4 大批量定制认知

1. 大批量定制的概念

大批量定制（Mass Customization，MC）指的是对一些个性化的产品或服务进行大规模的生产，融合了规模化生产与定制生产两种生产方式的优点，来满足不同客户的不同需求，提升客户的忠诚度与满意度，同时不断降低产品的成本。

大批量定制生产的实质是客户驱动的工程设计和制造，采用的方法是重复使用过去的经验、典型的产品和生产过程。企业根据市场预测进行有库存的大批量生产，当接到客户

订单时，在库存原材料及零部件的基础上，开始满足客户需求的订单生产过程。因此，也可以把客户需求切入点（分离点）理解为客户订单到达生产企业的时间，即客户需求切入点理论上处于大批量生产与定制生产之间的任意阶段，由此可得大批量定制与客户需求切入点之间的关系如图 8-5 所示。

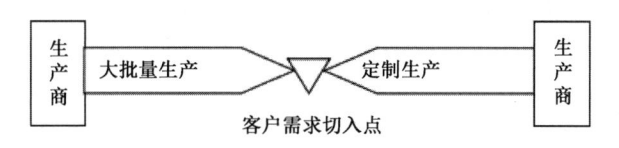

图 8-5　大批量定制与客户需求切入点之间的关系

从大批量生产到大批量定制生产转变的目标是在满足客户定制要求下，尽量将定制点后移，如图 8-6 所示，从当前状态线移到目标状态线。

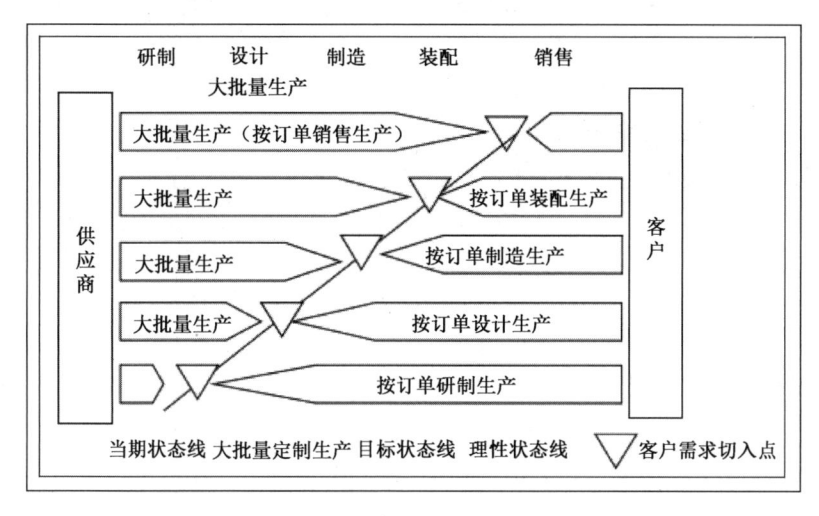

图 8-6　从大批量生产到大批量定制生产的转变

大批量定制很好地避免了大批量生产与定制生产之间的矛盾，充分考虑客户的实际需求，以客户需求引导生产，不断增加产品的附加价值，推动企业产品效益的不断提升和改善。从整个经济发展的角度来看，大规模定制在一定的内外部环境下，很好地融合了企业、客户、供应商和员工 4 个方面的因素。企业采取大规模定制，有一个重要的目的是满足不同客户的变化需求，在企业开展生产过程中对各种资源进行合理有效的利用，充分发挥其效能。其生产的基本思路是根据产品或服务的相似性和通用性特点，通过采取有效的技术手段开展生产，在低成本产品或工艺的基础上，开展高品质个性化的生产或服务，实现客户产品或服务的个性化需求，大大提升了客户的满意度。

大规模定制生产在国际化市场竞争的大环境下，通过运用现代化的生产方式，运用先进的管理理念和技术手段，对组织架构、信息系统等进行梳理和调整，可以实现比传统生产方式更突出的价值。

2. 大批量定制实施特点

大批量定制生产作为一种新型的生产，运用灵活、多变及快速响应的特点完成客户对产品的多样化与定制化需求，其实施过程具有以下 4 个特点。

① 大批量定制生产的产品，面向的群体是直接客户，企业在生产过程中依据不同客户的不同需求开展生产，并且生产出来的产品区别于市场上的常规化产品，具有自己的独特性特点。

② 大批量定制生产要求在生产过程中客户能够积极地参与其中，尤其在产品的设计、制造和服务等环节，尤为注重与客户间的联动关系，及时反馈客户需求变化，进而满足客户不同的个性化需求。

③ 大批量定制产品相对于传统产品的生产来说，研发周期短，从客户需求呈现到最终产品到达客户手中并达到满意的过程可以真实反映一个企业开展定制生产的能力，所以企业在开展大批量定制生产中要特别关注产品结构的优化和设计，提升满足客户需求达成速度。

④ 当企业实行大批量生产时，为实现客户的个性化需求，企业就需要在自身资源条件的基础上，综合考虑客户需求，在产品设计、制造及服务等方面实现工作的有效进展。在相关技术的支持下，优化资源的合理配置，尽快达成客户目标。

3. 大批量定制类产品管理

① 标准化与规范化。标准化是指通过有计划的规划，为实现各部门的普遍通用开展的对物质及非物质因素的统一，标准化根据不同的衡量标准可以划分为国家标准件、部门标准件及厂内标准件等。对于开展大批量定制生产的企业来说，应该对那些影响产品成本非常大的零部件实现标准化，而对于其他零部件通过变型设计实现客户的不同定制需求。规范化是指通过分析产品的零部件构成，把与产品相关的相似零部件实现合并与分解，大大增加零部件的使用次数，缩小企业零部件数量，进而实现产品零部件的相关管理。实现企业内部零部件的标准化与规范化，大大减少企业产品相关零部件数量，实现合理的分布布局，实现产品零件构成中标准件的使用范围，提高零部件的使用效率，实现降低定制成本的目的。一般来说，实现标准化与规范化的具体方法有 ABC 分析法、产品结构分析法、相关参数分析法等。在开展大批量定制生产时，要根据具体的零部件使用频率开展分析，实现应用频率较高的零部件开展标准化生产，对于应用频率低的零部件开展规范化生产。

② 产品族设计。产品族设计是指根据原有客户的需求分析，同时依据外部环境的变化预测客户的需求，不能仅仅局限于单一种产品的设计，还要充分考虑变型参数，通过提取形成具有可操作的变型产品模型，在产品配置阶段就开始进行快速的设计，以满足客户的变化需求。一个企业产品族规划与设计成功的关键是能不能对当前客户的需求进行理解，并对未来客户需求进行有效的预测，产品族能不能实现还需要对产品模块进行有效划分，产品模块化设计是依据和前提。

③ 模块化设计。模块化设计是指在产品功能分析的前提下，对一些具有不同功能或虽具有相同功能但性能和规格不相同的产品构成进行划分，实现独立模块自我功能的发挥，利用不同的模块进行组合实现不同产品的生产，进而满足不同客户的需求。企业在开展模块化设计时要遵循以下原则：产品族的有效划分、产品全生命周期的衡量、模块划分大小的确定及产品设计与制造的重复性规避等。

④ 后延设计。后延设计（Delayed Product Differentiation，DPD）是指为实现产品种类

的多样化、提升客户对产品的满意度，最终提升生产效率的一种产品设计理念。对于产品设计来说，一般后期时涉及的变型设计内容比较多，在产品设计后期采用的变型设计就是后延设计。后延设计是大批量定制设计的一种重要技术，从目前发展状况来看，由于技术水平还没有达到预期的效果，还有很多地方需要进行改进和完善。

⑤ 产品配置。产品配置在产品快速设计中发挥着重要作用，针对客户提出的产品要求和设计理念，对原有的产品进行变型，通过一定的技术手段和软件向客户提供个性化的产品设计，并依据变化设定对价格进行衡量。为更有效地优化产品配置，在产品的研发阶段就应根据产品配置的不同要求对产品模块进行合理化设计和调整，对于企业产品的有效配置来说，不仅仅体现在设计方法选择上，同时还需要利用相关的数据与软件展开。对于产品配置来说其自身并没有大批量定制的功能，它所起到的作用是根据客户的需求实现对产品模型的调整，大批量定制的真正实施需要把产品族设计与产品模块划分作为前提。

本章小结

供应链下生产管理强调思维方式由传统、封闭的纵向思维向透明、开放的横向思维的全面转变。供应链的生产计划编制受整个供应链的柔性约束、生产进度和生产能力等方面的影响。供应链下生产计划的特点体现在生产计划的信息组织与决策和生产计划编制过程方面。供应链中的生产控制表现出控制难度大、生产节奏控制更严格、提前期管理影响更大、信息实时反馈和协同合作程度高等特点。供应链管理的延迟策略基于这样的事实情况，随着预测点与需求切入点的接近，对需求量的预测就会越准确。这是因为随着时间的延迟，可以获得更多关于实际需求的信息，从而降低不确定性，提高预测精度，减少不必要的库存积压或缺货。大批量定制指的是对一些个性化的产品或服务进行大规模的生产，融合了规模化生产与定制生产两种生产方式的优点，来满足不同客户的不同需求。

课后思考

1. 名词解释

供应链生产计划，供应链生产控制，延迟制造，大批量定制

2. 简答题

（1）简述供应链生产计划的特点。
（2）简述供应链生产控制的内容。
（3）简述供应链信息跟踪机制。
（4）什么是生产延迟？如何确定延迟制造的分离点？

案例讨论

戴尔供应链生产计划与控制体系

戴尔有一套较完善的 i2TradeMatrix 软件，它包括供应商关系管理、供应链管理、客户

关系管理等几个特殊的应用模块。而供应链管理中的工厂生产计划更是发挥了很大的作用，它使戴尔的市场反应很快，能够每3天就做一个计划，并能实现自己基于直销方式的即时生产。

戴尔在进行供应链管理中，几乎每天都要与上游主要供应商分别交互一次或多次。在生产运营中，客户的需求有所变动时，戴尔也能很快反应，通过与供应商的协调合作进行调整。由于戴尔与供应商之间没有中间商的阻隔，所有来自客户的最新消息都以最快的速度及时反馈给供应商，以便供应商据此调整自己的生产计划。从接到订单开始，戴尔就快速反应，根据订单制订生产进度计划，并将物料需求信息传达给自己的供应商或自己的后勤供应中心，并给工厂下达基于供应商的生产进度计划表，而供应商和后勤供应中心在指定的时间准时将材料运送到工厂，从而实现自己的实时生产。

戴尔生产计划信息模块在最初就集成了5个方面的应用，并体现了企业对信息的实时跟踪与反馈。通过企业的工程材料加工和成本跟踪的应用，跟踪企业的小批量订单，并将信息传入企业的运行数据仓库，它实时地支持生产决策，这主要是因为库中汇集了各种数据，并集成了历史数据用以预测分析。同时，企业的订单管理系统将订单信息发给加工工厂，而加工进度跟踪编码系统会创建唯一的标签号，用以对订单的完成情况进行实时追踪。运行数据仓库与加工进度跟踪系统间也不断进行信息数据的交换，两者也将生产的报告传至工厂的管理部，而它们同时会将调整的生产计划传回加工进度跟踪系统中。在整个信息系统中能够实现对订单的实时跟踪反馈，使企业的生产更符合最终客户的需要，从而使生产更加有效。生产流程的规范性与信息技术的有效使用，使戴尔的生产计划更贴近市场的需求，从而减少库存，提高企业的竞争力。

（资料来源：中国物流与采购网，有改动）

? 思考

1. 戴尔供应链生产计划信息模块起什么作用？
2. 结合案例分析戴尔的供应链生产计划与控制过程。

第 9 章

供应链库存管理

思政导学

以绿色发展、持续发展、合作意识为课程思政目标,将相互信任、同甘共苦、共担风险等精神融入对供应商管理库存、联合库存管理等知识点的理解之中,将团队合作、节俭精神融入对供应链多级库存优化与控制知识点的理解中。

◇ 学习要点 ◇

- 理解供应链下的库存问题
- 掌握供应链库存管理方法
- 熟悉供应链多级库存优化与控制方法

● 关键术语

库存管理,牛鞭效应,衔接不确定性,运行不确定性,供应商管理库存,联合库存管理

国美的供应链库存管理平台

国美的供应链管理平台主要由经营分析、采购管理、商品调拨、合同管理、定价、运营管理和绩效评估七大模块构成。通过该平台,实现了从库存分析到确认订货需求、再到下单购买的全流程自动化,相关环节变得更为清晰透明,减少了人为干预,使库存结构更加科学合理。

1. 库存分析的实时化和多维化

国美供应链管理平台下的经营分析模块可从不同维度分析库存状态,以销售数据报表的形式呈现,无须人为二次加工,实现实时监控、分析库存数据,为管理决策者提供更加直观、多元的信息支撑。

对于电器商品而言,库龄越长,商品价值越低,因此库龄分析尤为重要。国美商品库龄从三个维度分析,即库存库龄、库龄趋势及库存库龄分布。其中,库存库龄为静态分析,将商品分为 0~30 天、31~60 天、61~90 天及 90 天以上 4 类库龄商品,

按商品自身价值金额分析，从时间角度呈现 4 类库龄商品金额变化趋势；库存库龄分布分析可从金额和数量占比两个角度分析不同库龄在各大销售区间的分布情况。此外，这三个维度分析不仅以销售大区为分析对象，也可按照品类、品牌、型号进行分析。经营分析模块可深度剖析企业销售收入、综合贡献、可售状态、库存周转、库龄、存销比等经营指标，实时监控库存状态，提高企业库存管理水平。

2. 商品补货的自动化和智能化

国美供应链管理平台下的采购模块主要通过对商品结构的进一步分析，并依据相关的算法，合理确认订货需求，实现系统自动补货。

采购模块下的商品结构分析报表可以实时反映库存结构，将库存商品分为畅销、慢销、不动销三类商品，进而分析三类商品的库存占比。对于慢销品可采取相关措施促进销售，对于不动销品则及时清理库存并退货。此外，可以实时查询每个商品的销售毛利情况，预测盈利能力，如果畅销品带来的是负毛利，则需要及时分析其销售结构，慢销品若变为不动销品则要及时清理库存。不仅如此，国美不同于其他企业库存管理的一大亮点就是其采用滚动库存周转监控库存质量。在一般情况下，使用期初、期末两个时点计算库存周转天数，不能客观反映真实的库存周转情况，如节日进行促销活动，备货会出现库存量激增后急剧下降的情况。针对上述问题，国美将前 30~90 天每天的库存时点数进行平均，相对客观、科学地反映真实的库存周转情况，为合理补货提供有力支持。

国美补货采取"以销定进"的方式，建立补货模型，其运算核心数据源于历史的周销售量或日销售量，在此基础上参考既定的备货系数（大库备货天数，根据十大品类在不同的门店等级设置的门店备货天数）和放大系数（如临时放大系数、商品销售排名放大系数、订单调整范围）计算出最终的系统建议数量。国美自动补货率高达 80%以上，实现小批量多批次进货，避免了库存过多形成滞销及资金占用的情况。该补货机制有助于订货合规化管理，避免了人为参与，减少了贪腐行为的发生，而且其有效的分析功能可以客观预测未来市场的情况，极大改善了企业的经营状况。

3. 货物调拨的共享化和灵活化

国美的供应链云仓项目进一步提升仓储体系整体运营效率，通过云仓重新规划全国大件电器仓网布局，将已有的多个配送中心通过地域进行划分和归集，同区域的配送采购采取统一筹划，分区域进行备货，实现区域资源共享，使仓储资源合理分配。仓网配置的自动化和智能化极大地解决了断货及货物分配不均的问题。通过供应链云仓项目的实施，国美实现节省仓租、同销售结构条件下降低库存规模、减少资金占用的目标，在提升运营效率的同时降低了运营成本，实现了店、仓、配一体化。

（资料来源：李梓，等.国美智慧供应链的构建及运行[J].财务与会计，2021(9):20-23，有改动）

? 思考

国美供应链库存管理平台有何特点？

解析

结合供应链下的库存管理特点和管理方法进行分析。

9.1 供应链下的库存管理概述

库存管理是对制造业或服务业生产、经营全过程的各种物品、产成品及其他资源进行管理和控制，使其储备保持在经济合理的水平上。

供应链库存管理不是简单的需求预测与补给，而是要通过库存管理获得用户服务与利润的优化。库存的存在完全是为了防范"缺货成本"的发生。无论是为生产服务的制造业库存，还是为商业服务的商业库存，其首要的目标无一不是降低缺货成本。库存的存在解决了缺货成本问题，但是引发了另一些问题，这些问题经过整个供应链的放大（牛鞭效应）变得更加引人注目。

9.1.1 供应链库存问题分析

供应链环境下的库存问题和传统的企业库存问题有许多不同点，这些不同点体现出供应链管理思想对库存的影响。传统的企业库存管理侧重于优化单一的库存成本，从存储成本和订货成本出发确定经济订货量和订货点。从单一的库存角度看，这种库存管理方法有一定的适用性，但是从供应链整体的角度来看，单一企业库存管理的方法显然是不够的。目前，供应链管理环境下的库存控制中存在的主要问题有以下8个方面。

1. 缺乏供应链的系统观念

虽然供应链的整体绩效取决于各个供应链节点企业的绩效，但各个部门都是各自独立的单元，都有各自独立的目标与使命。有些目标和供应链的整体目标是不相干的，甚至有可能是冲突的。因此，这种各自为政的行为必然导致供应链整体效率的低下。例如，某计算机制造商采用每笔订货费作为绩效评价的指标，该企业集中精力放在降低订货成本上。这种政策对于一个单一企业是有利的，但是它没有考虑对供应链体系中其他制造商和分销商的影响，结果一些制造商不得不维持较高的库存量。而有些企业采用库存周转率作为供应链的绩效评价指标，但是没有考虑对客户的反应时间与服务水平。实际上，客户满意度应该始终是供应链绩效评估的一项重要指标。

2. 对客户服务水平理解存在偏差

供应链管理绩效的好坏应该由客户来评价，或用对客户的反应能力来评价。但是，各个企业对客户服务内涵的理解各不相同，导致对客户服务水平的差异。许多企业采用订货满足率来评估客户服务水平，这是一种比较好的客户服务评价指标。但是订货满足率本身并不能保证运营问题，如一家计算机工作站的制造商有一份包含多产品的订单需求，产品来自各个不同的供应商，客户要求一次性交货，制造商要将各个供应商的产品都到齐后才一次性装运给客户。这时，用总的订货满足率来评价制造商的客户服务水平是恰当的，但是，这种评价指标并不能帮助制造商发现是哪家供应商交货推迟或提前。传统的订货满足率评价指标，也不能评价订货的延迟水平。两家都具有90%的订货满足率的供应链，在如何迅速补给余下的10%订货要求方面差别是很大的。除订货满足率外，其他的服务指标也不容忽视，如总订货周转时间、平均再订货率、平均延迟时间、提前或延迟交货时间等。

3. 缺乏准确的交货状态信息

当客户下订单时，总是希望知道什么时候能交货。在等待交货过程中，也可能会对订单交货状态进行修改，特别是当交货被延迟后。如果没有及时而准确地将推迟订单引起交货延迟的信息提供给客户，将导致客户的不满和再订货率的下降。

4. 信息传递系统的效率过低

各个供应链节点企业间的需求预测、库存状态、生产计划等都是供应链管理的重要数据，这些数据分布在不同的供应链节点企业之间，要实现快速有效地响应客户需求，必须实时传递这些数据。由于信息延迟而引起的需求预测误差和对库存量精确度的影响，都会给短期生产计划的实施带来困难。例如，企业为了制订一个生产计划，需要获得需求预测、当前库存状态、供应商的运输能力、生产能力等信息，这些信息需要从不同的供应链节点企业数据库中获得，数据调用的工作量很大。数据整理完后制订主生产计划，然后运用相关管理系统软件制订物料需求计划，这个过程一般需要很长时间。时间越长，预测误差越大，制造商对最新订货信息的有效反应能力也就越差，生产出过时的产品和造成过高的库存也就不足为奇。

5. 忽略不确定性对库存的影响

供应链运营过程中存在诸多的不确定因素，如订货的前置时间、货物的运输状况、原材料的质量、生产过程的时间、客户需求的变化等。为减少不确定性对供应链的影响，企业需要了解不确定性的来源和影响程度。如果不能确定不确定性的来源和影响，就会错误估计供应链中物料的流动时间，造成有的物品库存增加，而有的物品库存不足的现象。

6. 缺乏合作与协调性

协调的目的是使满足一定服务质量要求的信息可以无缝地、流畅地在供应链中传递，从而使供应链能够实时响应客户的需求，形成更为合理的供需关系，适应复杂多变的市场环境。供应链的各个节点企业为应对不确定性，都设有一定的安全库存作为应急措施。问题是在供应链体系中，组织的协调涉及更多的利益群体，相互间缺乏信任和信息透明度。为应对市场的波动，企业不得不维持一个较高的安全库存，并且付出更高的代价。组织间存在的障碍有可能使库存控制变得更加困难，因为各自都有不同的目标、绩效评价尺度，谁也不愿意帮助其他部门共享资源。在分布式的组织体系中，组织间的障碍对库存集中控制的阻力更大。要进行有效的合作与协调，组织间需要建立一种有效的合作激励机制和信任机制。

7. 库存控制策略简单化

库存控制的目的是保证供应链运行的连续性和应对不确定性需求。在了解和跟踪不确定性状态因素的前提下，利用跟踪到的信息制定相应的库存控制策略。库存控制策略制定的过程是一个动态的过程，而且在库存控制策略中应该反映不确定性动态变化的特性。在传统的库存控制策略中，多数是面向单一企业的，采用的信息基本上来自企业内部，库存控制策略没有体现供应链管理的思想。因此，如何建立有效的库存控制策略，并能体现供应链管理的思想，是供应链库存管理的重要内容。

8. 忽略了产品流程设计的影响

现代产品设计与先进制造技术的出现，使产品的生产效率大幅提高，而且具有较高的成本效益，常常忽视供应链库存的复杂性，结果产生所有节省下来的成本都被供应链上的分销与库存成本抵消掉的现象。同样，在引进新产品时，如果不进行供应链的规划，也会产生诸如运输时间过长、库存成本过高等现象而无法获得利润。例如，一家分销商企业为世界各国和地区分销打印机，打印机包含一些具有销售所在国特色的配件，如电源、说明书等。生产企业按需求预测生产，但是随着时间的推移，当打印机到达各地区分销中心时，需求已经发生了变化。因为打印机是为特定国家和地区生产的，分销商企业没有办法应对需求的变化。也就是说，这样的供应链缺乏柔性，结果造成产品积压，产生高库存。后来，重新设计了供应链结构，主要改变了打印机的装配过程，生产企业只生产打印机的通用组件，分销商企业根据所在国家的需求特点加入相应的特色组件，从而大大降低了库存，也增强了供应链的柔性。这就是"为产品设计供应链管理流程"的思想，也充分体现了时间延迟策略的思想。

9.1.2 "牛鞭效应"及库存波动

"牛鞭效应"即需求信息放大效应，其基本思想是：当供应链节点企业只根据来自其相邻下游企业的需求信息进行生产或供应决策时，需求信息的不真实性会沿着供应链逆流而上，产生逐级放大的现象，到达源头供应商时，其获得的需求信息和实际消费市场中的客户需求信息发生了很大的偏差，需求变异系数比分销商和零售商的需求变异系数大得多。由于这种需求信息放大效应的影响，上游供应商往往维持比下游供应商更高的库存水平。这种现象反映出供应链上需求的不同步现象，它说明了供应链库存管理中的一个普遍现象："看到的并非实际的。""需求信息放大效应"的原理和需求变异加速放大过程如图 9-1 所示。

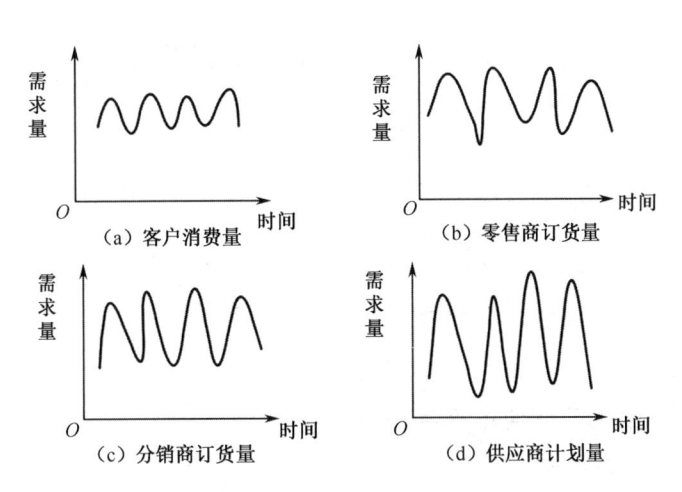

图 9-1 "需求信息放大效应"的原理和需求变异加速放大过程

需求信息放大效应是需求信息扭曲的结果，也就是实际的销售量与订货量不同步。一个销售商实际的销售量和订货量的差异如图 9-2 所示，在供应链中，每个供应链的节点企业的信息都有一个信息的扭曲，这样逐级而上，即产生信息扭曲的放大。

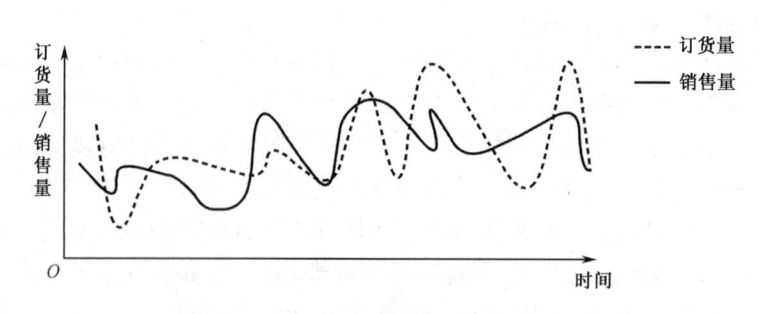

图 9-2　销售商实际销售量与订货量的差异

一般认为，需求信息放大现象产生的原因有 4 个方面：需求预测修正、订货批量决策、价格波动、短缺博弈。

1. 需求预测修正

需求预测修正是指当供应链的成员采用其直接的下游订货数据作为市场需求信号时，即产生需求放大。以指数平滑法为例，未来的需求被连续修正，这样，送到供应商的需求订单反映的是经过修正的未来库存补给量。

2. 订货批量决策

订货批量决策指两种现象，一种是订单推动，另一种是周期性订货决策。订单推动即根据订单要求订货批量，来一个需求下一个订单；周期性订货基于现有库存采用周期性分批订货，如一周或一月订一次。分批订货在企业中普遍存在，MRP 和 DRP 均是分批订货，用 MRP 批量订货出现的需求放大现象，称为"MRP 紧张"。

3. 价格波动

价格波动是一种商业行为，主要由价格折扣、数量折扣、优惠券等一些促销手段造成。这种商业促销行为使许多推销人员预先采购的订货量大于实际的需求量。如果库存成本小于由于价格折扣所获得的利益，销售人员当然愿意预先多买，这样订货没有真实反映需求的变化，从而产生需求放大现象。

4. 短缺博弈

短缺博弈是指当需求大于供应量时，理性的决策是按照用户的订货量比例分配现有的库存供应量，例如，总的供应量只有订货量的 50%，合理的配给办法是所有的用户获得其订货的 50%。此时，用户就为获得更大份额的配给量，故意地夸大其订货需求，当需求下降时，订货又突然消失。这种由于个体参与组织的完全理性经济决策导致的需求信息扭曲，最终导致需求放大。

9.1.3　供应链中的不确定性与库存

1. 供应链中的不确定性

从需求放大现象中可以看到，供应链库存与供应链的不确定性有很密切的关系。供应链中的不确定性表现形式有以下两种。

（1）衔接不确定性（Uncertainty of Interface）

供应链的衔接不确定性是指供应链企业间的不确定性，也可以说是供应链衔接的不确定性，这种衔接的不确定性主要表现在合作性上，为消除衔接不确定性，需要增加企业间或部门间的合作。

（2）运行不确定性（Uncertainty of Operation）

供应链运行不确定性是供应链内部缺乏有效的控制机制所致，控制失效是供应链管理不确定性的根源。为消除运行中的不确定性，需要增加供应链的可靠性。

2. 供应链不确定性的来源

供应链不确定性的来源主要有 3 个：供应商不确定性、生产者不确定性和客户不确定性。不同的原因造成的不确定性表现形式各不相同。

（1）供应商不确定性

供应商不确定性表现在提前期的不确定性、订货量的不确定性等。供应商不确定的原因是多方面的，如供应商的生产系统发生故障延迟生产、供应商的延迟、意外的交通事故导致的运输延迟等。

（2）生产者不确定性

生产者不确定性主要表现在生产者本身的生产系统的可靠性上，如机器的故障、计划执行的偏差等。造成生产者生产过程中在制品库存的原因也表现在其对需求的处理方式上。生产计划是一种根据当前的生产系统的状态和未来情况做出的对生产过程的模拟，用计划的形式表达模拟的结果，用计划来驱动生产的管理方法。但是生产过程的复杂性使生产计划并不能精确地反映企业的实际生产条件和预测生产环境的改变，不可避免地造成计划与实际执行的偏差。生产控制的有效措施能够对生产的偏差给以一定的修补，但是生产控制必须建立在对生产信息的实时采集与处理上，使信息及时、准确、快速地转化为生产控制的有效信息。

（3）客户不确定性

客户不确定性主要有需求预测的偏差、购买力的波动、从众心理和个性特征等。通常需求预测的方法都有一定的模式或假设条件，假设需求按照一定的规律运行或表现一定的规律特征。但是任何需求预测方法都存在这样或那样的缺陷而无法确切地预测需求的波动和客户心理性反应，在供应链中，不同的节点企业相互间的需求预测的偏差进一步加剧了供应链的放大效应及其信息扭曲程度。

3. 供应链不确定性与库存的关系

从供应链整体的角度来看，供应链库存有两种，一种是生产制造过程中的库存，另一种是物流过程中的库存。库存存在的客观原因是为应对各种各样供应链的不确定性，保持供应链系统的正常性和稳定性。供应链运行中的衔接不确定性与运行不确定性对库存有如下影响。

（1）衔接不确定性对库存的影响

传统供应链衔接不确定性集中表现在企业间的独立信息体系（信息孤岛）现象。为了竞争，企业总是为各自的利益而进行资源的自我封闭（包括物质资源和信息资源），企业间的合作仅仅是交易上的短时性合作，人为地增加了企业间的信息壁垒和沟通的障碍，企业不得不为应对不测而建立库存，库存的存在实际就是信息的堵塞与封闭的结果。虽然企业各个部门和企业间都有信息的交流与沟通，但这远远不够。企业的信息交流更多的是在企业内部而非企业间。信息共享程度差是传统的供应链不确定性增加的一个主要原因。

在传统的供应链中信息是逐级传递的，即上游供应链企业依据下游供应链企业的需求信息做出生产或供应的决策。在集成的供应链系统中，每个供应链企业都能够共享客户的需求信息，信息不再是线性的传递过程，而是网络的传递过程和多信息源的反馈过程。通过建立合作伙伴关系的新型的企业合作模式，并且通过建立跨组织的信息系统为供应链的各个合作企业提供共同的需求信息，有利于推动企业间的信息交流与沟通。企业有了确定的需求信息，从而在制订生产计划时减少为吸收需求波动而设立的库存，使生产计划更加精确可行。对于下游企业而言，建立合作性伙伴关系的供应链可为企业提供综合的、稳定的供应信息，无论上游企业能否按期交货，下游企业都能预先得到相关信息从而采取相应的措施，这样需求企业就无须过多地设立库存。

（2）运行不确定性对库存的影响

供应链企业间的衔接不确定性，通过建立战略伙伴关系的供应链联盟或供应链协作体而得以削减，同样，这种合作关系可以消除运行不确定性对库存的影响。当企业间的合作关系得以改善时，企业的内部生产管理运作也得以大大改善。因为企业间的衔接不确定性因素减少时，企业的生产控制系统就能摆脱这种不确定性因素的影响，使生产系统的控制达到实时、准确。也只有在供应链的条件下，企业才能获得对生产系统有效控制的有利条件，消除生产过程中不必要的库存现象。

在传统的企业生产决策过程中，供应商或分销商的信息是生产决策的外生变量，因而其无法预见外在需求或供应的变化信息，至少是延迟的信息。同时，库存管理的策略也是考虑独立的库存点而不是采用共享的信息，因而库存成了维系生产正常运行的必要条件。当生产系统形成网络时，不确定性在生产网络中传播，几乎所有的生产者都希望拥有库存来应对生产系统内外的不测变化，因为无法预测不确定性的大小和影响程度，人们只好按照保守的方法设立库存来对付不确定性。在不确定性较大的情形下，为保持一定的客户服务水平，企业也常常维持一定的库存。在不确定性存在的情况下，高服务水平必然带来高库存水平。为减少企业的库存水平，需要增加企业间的信息交流与共享，减少不确定性因素对库存的影响，增加库存决策的信息的透明性、可靠性和实时性。所有这些都需要企业间的协调。供应链管理模式下的库存管理的最高理想是实现供应链上企业间的无缝连接，消除高库存现象。

4. 供应链不确定性的改善

供应链不确定性的改善是一个复杂的过程，需要供应链合作各方的共同努力。首先，要致力于建立供应链上企业间的战略合作伙伴关系。其次，要保持供应链的"弹性"。所谓供应链的"弹性"是指整个供应链作为一个整体对客户需求变化的适应程度，与"刚性"相对立。一般来说，增加供应链的"弹性"与供应链的低成本运营存在一定的矛盾，关键的问题是如何在这两者间取得一种平衡。通常情况下，低成本运营所带来的利益是直接的、明显的。如库存费用的降低将直接增加企业的利润，而由此造成的客户服务水准降低（如缺货）所带来的负面影响，如市场份额丢失、商誉降低等对企业利益的损失是潜在的、长远的，这便增加了这种平衡的难度。但无论如何，客户的需求总是变化的，富有"弹性"

的供应链仍是降低供应链中种种不确定性的有效手段。

可以考虑从以下 3 个方面改善供应链的不确定性。

① 设置合理的库存。供应链各个节点企业合理的库存是防止短缺风险的最简单和有效的办法。尽管供应链上的每个节点企业在成本的压力下都在追求零库存，但如果因为个别节点企业的短缺而造成整个供应链的中断，每个企业都将蒙受损失，因此设置合理的库存必不可少。合理库存的前提是首先确定一个合理的用户服务水准，在确定用户服务水准时需综合考虑储存成本和缺货成本，100%的用户服务水准通常是不经济的。在实际操作中，由于缺货成本往往难以估计（如商誉损失的成本），因而用户服务水准带有主观的因素，更多情况下是由竞争条件决定的。一旦确定了供应链的服务水准，就可以综合考虑供应链成员的特点。在核心企业的影响下，将供应链的服务水准分解为各成员的服务水准。而且，在基于时间竞争的供应链环境下，为提高客户响应速度、降低整个供应链上的库存水平，供应链上的不同节点企业应协同运作，采用合适的多级库存控制策略。

② 保持一定的生产及运输能力冗余。供应链企业保持一定的生产及运输能力冗余，一方面减少了由于满负荷运转带来的各自设施可靠性方面的风险，另一方面提高了对用户变化的适应性。因此，作为供应链"盟主"的核心企业，应不断重新评价合作伙伴，审视供应链的薄弱环节，即能力瓶颈，通过各种方式改进薄弱环节。

③ 提高供应链上企业的柔性。整个供应链应该能为客户提供各种产品选择，而且能随客户需求的变化不断地快速调整。因此，要求供应链企业要尽可能地提高自身的柔性，缩短新产品投放市场的时间等，避免因不断重新选择供应商带来的风险和低效率，从而提高供应链的整体竞争力。

5. 供应链库存管理的目标

供应链下的库存管理，是在动态中达到最优化的目标，在满足客户服务要求的前提下，力求尽可能地降低库存，提高供应链的整体效益。具体而言，供应链库存管理的目标包括以下 5 个方面。

① 库存成本最低。如何使用最少库存保障企业供需平衡，实现企业经济效益是供应链库存管理的一个重要目标。

② 库存保证程度最高。企业有很多的销售机会，相比之下压低库存意义不大，这就特别强调库存对其他生产经营活动的保证，而不强调库存本身的效益。企业通过增加生产以扩大经营时，往往选择这种目标。

③ 不允许缺货。企业由于技术、工艺条件决定不允许停产，则必须以不缺货为控制目标，才能起到不停产的保证作用。企业某些重大合同必须以供货为保证，否则会受到巨额赔偿的惩罚，这时可制定不允许缺货的库存控制目标。

④ 限定资金。企业必须在限定资金预算前提下实现供应，这就需要以此为前提进行库存的一系列控制。

⑤ 进出货相对快捷。库存控制不依本身经济性来确定目标，而依靠大的竞争环境要求确定目标，这就出现以最快速度实现进出货为目标来控制库存。

9.2 供应链库存管理策略

9.2.1 供应商管理库存

传统的库存管理模式是供应链成员各自管理库存，供应商管理库存则是一种在供应链环境下的库存运作模式。本质上，供应商管理库存是将多级供应链问题变成单级库存管理问题。

1. 供应商管理库存的概念

供应商管理库存（Vendor Managed Inventory，VMI）是指上游供应商基于其下游客户的生产经营、库存信息，对下游客户的库存进行管理与控制。VMI 是以实际或预测的消费需求和库存量，作为市场需求预测和库存补货的解决方法，即由销售资料得到消费需求信息，并将信息共享给供应商，供应商获得市场需求信息后，制定采购、生产与库存决策。供应商管理库存是以供应商为中心，以双方最低成本为目标，在一个共同的框架协议下把下游企业的库存决策权交给上游供应商，并通过对该框架协议进行经常性的监督和修改以实现持续改进。供应商收集分销中心、仓库和 POS 数据，实现需求和供应相结合，让下游企业实现零库存，供应商的库存也大幅减少。VMI 是一种很好的供应链库存管理策略，它能够突破传统的条块分割的管理模式，以系统的、集成的管理思想进行库存管理，使供应链系统能够获得同步化的运作。

VMI 模式中最关键的是需要进行需求预测、设置安全库存及库存最低、最高水位，以保证企业的 VMI 仓持续有货。企业可以累计统计每个供应商的交货情况，根据交货率预测生产，同时还可以预测不同物料库存未来的走势。通过运用该方法，实现供应链上游企业管理下游企业的库存，再通过信息平台和第三方物流仓确定补货数量及补货时间。在供应商管理库存策略下，上游供应商会及时响应下游制造型企业的补货需求，并进行补货作业。最关键的是可以实现在最短的时间内完成补货工作，还能够实现经济批量补货。因此，上游供应商既可以调整自身的生产计划，同时下游制造型企业也能根据客户多变的需求及时安排生产活动。VMI 模式运营过程如图 9-3 所示。VMI 模式不仅能够帮助供应商提高市场需求预测的准确性，及时、合理地安排生产和交付，也能够帮助企业更好地致力于业务拓展并争取到更多的市场份额。

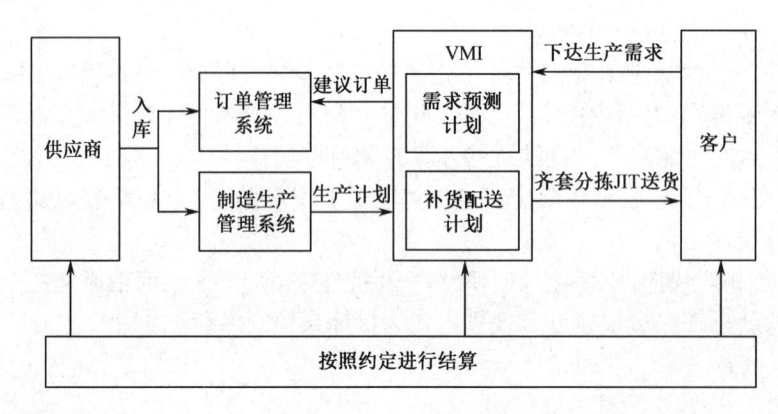

图 9-3　VMI 模式运营过程

VMI 模式具有以下 5 个特点。

（1）协议性

实行 VMI 模式前，首先要明确双方的责任和义务，其次要求供应链上的企业要达成目标一致，并通过制定合作框架协议来明确具体的合作事宜，同时规定各方的责任及义务，从而保证操作的可行性。

（2）互惠性

VMI 模式考虑的并非合作双方如何分配成本问题，而是追求如何降低供需双方的库存成本。只有库存成本降低，才能使制造型企业和供应商双方都能从 VMI 模式的实行中获利，最终取得双赢。

（3）合作性

VMI 模式的运行需要供应链的上下游企业彼此信赖、紧密配合。VMI 模式实施成功的基础就是信任与合作，信任是双方合作的基石，有效的合作则需要贯穿于 VMI 模式的整个实施过程中。

（4）互动性

VMI 模式要求各企业在合作时能够快速响应及频繁互动。它是用户和供应商通过合作框架协议而共同实行的一种库存管理模式，信息共享是互动的具体表现之一。只有共同商讨并解决原先因信息交流不及时、沟通不协调而导致的呆滞库存过多现象，才能更好地解决双方的问题和保障双方的利益。

（5）持续改动性

VMI 模式在实施的过程中也会出现各种未知的情况，这就需要合作的用户和供应商在原有协议的基础上，不断调整协议内容、双方的职责，保持协议持续改动以应对不断变化的市场情况。

2. 实施 VMI 模式的条件

（1）上下游企业关系。VMI 模式的核心是由上游企业承担库存风险，而下游企业并不承担库存风险。也就是说，从上下游企业的博弈关系来看，下游企业占据主导地位，在供应链上是"链主"。

（2）信息共享。VMI 模式下供应商独立承担库存风险，要求下游企业制造商或零售商共享需求信息，供应商根据需求信息制订库存补充计划。

（3）供应商与下游企业靠近。VMI 模式下供应商对下游企业的补货一般是小批量的，如果距离太远，一方面补货速度慢会影响下游企业的生产和销售；另一方面小批量的运输与配送的物流成本较高。

3. 采用 VMI 模式的必要性

（1）成本缩减

需求的易变性是大部分供应链面临的主要问题，它既损害了对客户的服务，也减少了企业收入。许多供应商被 VMI 模式吸引是因为它缓和了需求的不确定性，VMI 模式可以削弱产量的峰值和谷值，允许小规模的生产能力和存货水平。VMI 解决了有冲突的执行标准带来的两难状况。例如，月末的存货水平，对于作为零售商的用户是很重要的；但客户服务水平也是必要的，而这些标准是冲突的。零售商在月初储备货物以保证高水平的客户服务,然后使存货水平在月末下降以达到他们的库存目标(而不管它对服务水平的影响)。

在 VMI 模式中,补货频率通常由每月提高到每周(甚至每天),这会使双方都受益。供应商在工厂可以看到需求信息,由于允许更好地利用生产及运输资源成本,对大量的作为缓冲的存货的需求也得以降低。供应商可以做出与实际需求相协调的补货决定,支持供应商对平稳生产的需求。此外,VMI 模式将使运输成本减少,增加低成本的满载运输比例而削减高成本的未满载运输比例。这可以通过供应商去协调补给过程来实现,而不是收到订单时再自动回应。

(2)服务改善

在零售商看来,服务好坏常常由商品的可得性来衡量。这来自一个很简单的想法,即当客户走进商店时,想买的商品却没有,这桩买卖就失去了。因为失去一桩买卖的"成本"可能是失去"信誉",所以零售商希望供应商是可信任的、可靠的。在商品销售计划中,零售商更希望供应商拥有极具吸引力的货架空间。因此,以可靠而著称的供应商可以获得更高的收入。在其他条件相同的情况下,人人都可以从改善了的服务中受益。

如果没有 VMI 模式,供应商很难有效地安排客户需求的先后顺序。如果扩大有效解决现有问题的范围,服务就可以进一步改善。例如,缺货时,在一个用户与配送中心之间(或多个用户与配送中心之间)平衡存货是十分必要的,客户间实行存货的重新平衡可能是最经济的方法。若没有 VMI,通常无法完成,因为供应商和客户都看不到整体的存货的配置(分布)。在 VMI 模式下,当用户将货物返还给供应商,而供应商可以将其供给另一位用户,这时就实现了存货平衡。VMI 模式可以使产品更新、更加方便,将会有更多的新货在系统中流通。此外,新产品的上架速度将更快。由于有信息共享,货物更新时不用为推销而着急。

4. 供应商库存管理的实施步骤

实施 VMI 模式策略,要改变订单的处理方式,建立基于标准的托付订单处理模式。首先,供应商和批发商一起确定供应商的订单业务处理过程中所需要的信息和库存控制参数,然后建立一种订单的处理标准模式,最后将订货、交货和票据处理各个业务功能集成在供应商这边。库存状态透明性(对供应商)是实施 VMI 模式的关键。供应商能够随时跟踪和检查到零售商的库存状态,从而快速地响应市场的需求变化,对企业的生产(供应)状态做出相应的调整。为此需要建立一种能够使供应商和用户(分销、批发商)的库存信息系统透明连接的方法。VMI 模式的实施可以分为如下 4 个步骤。

(1)建立客户信息系统

供应商要有效地管理库存,必须能够获得客户的有关信息。通过建立客户信息库,供应商能够掌握需求变化的有关情况,把由批发商(分销商)进行的需求预测与分析功能集成到供应商的系统中。

(2)建立销售网络管理系统

供应商要很好地管理库存,必须建立起完善的销售网络管理系统,保证自己的产品需求信息和物流畅通。为此,必须做到以下几点:① 保证自己产品条码的可读性和唯一性;② 解决产品分类、编码的标准化问题;③ 解决商品存储运输过程中的识别问题。

(3)建立供应商与分销商(批发商)的合作框架协议

供应商和销售商(批发商)一起通过协商,确定订单处理的业务流程及库存控制的有关参数，如再订货点、最低库存水平等。

（4）变革组织机构

VMI 策略改变了供应商的组织模式。传统上由会计经营处理与用户有关的事务，在引入 VMI 策略后，订货部门产生了一个新的职能，负责客户的库存控制、库存补给和服务水平。

5. 供应商库存管理实施的原则

（1）合作性原则：包括由供应商监控库存变化；相互合作与信任；信息高度共用和共享。

（2）双赢互惠原则：VMI 不关心成本如何分配或谁来支付的问题，而是共同降低成本、提高盈利水平。

（3）目标一致性原则：双方都明白各自的责任，观念上达成一致的目标。

（4）连续改进原则：使供需双方能共享利益和消除浪费。

6. 实施供应商库存管理应注意的问题

（1）企业间信任问题

实施 VMI 以供应链企业间的相互信任为前提，例如，零售商要信任供应商，不要干预供应商对发货的监控，供应商则需要使零售商相信他们不仅能管好自己的库存，也能管好零售商的库存。只有相互信任，供应链企业通过交流和合作才能解决存在的问题。

（2）信息技术问题

供应链企业需要采用先进完善的信息技术，保证数据传递的及时性和准确性，确保库存与产品的控制和计划系统的可靠性。

（3）存货控制权问题

库存由供应商管理，存货控制权发生变化，涉及供应链企业缺货时由谁来进行补充库存决策的问题。同时，由于供应商的库存管理责任增大，相关成本增加，双方需进行不断协商以降低整体库存。

9.2.2 联合库存管理

1. 联合库存管理的概念

联合库存管理（Jointly Managed Inventory，JMI）是指供应链成员企业共同制订库存计划和实施库存控制的供应链库存管理模式，是一种在 VMI 的基础上发展起来的上游企业和下游企业权利责任平衡和风险共担的库存管理模式。JMI 体现了战略供应商联盟的新型企业合作关系，强调了供应链企业之间双方的互利合作关系，由供应链成员企业共同制订库存计划和实施库存控制。

联合库存管理是解决传统供应链系统中由于各节点企业的相互独立库存运作模式导致的需求放大现象，提高供应链的同步化程度的一种有效方法。传统供应链的库存管理方法是各企业间都保有自己的库存，再加上企业间的信息并不透明，于是就有了需求逐级放大的现象，导致企业的库存量一直很高，占据了大量成本。实施联合库存管理之后，企业之间对库存进行联合管理，上游供应商和制造商对原材料进行联合管理，制造商和下游分销商对产成品进行联合管理，这样既加强了相邻节点企业间的合作，也使需求信息透明化，企业不再是各自保有库存进行管理，双方都可降低库存成本和库存风险。传统库存管理与联合库存管理的比较如图 9-4 所示。

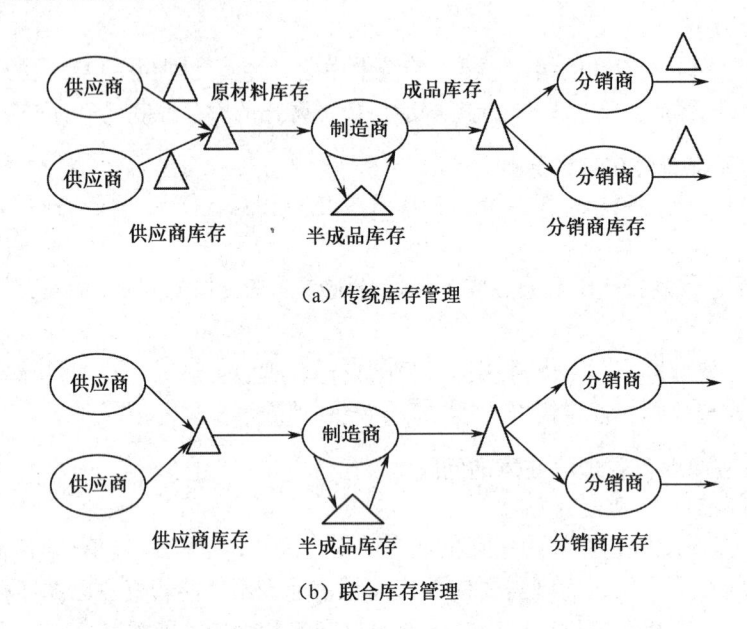

（a）传统库存管理

（b）联合库存管理

图 9-4　传统库存管理与联合库存管理的比较

联合库存管理与供应商库存管理不同，它强调双方同时参与，共同制订库存计划，使供应链过程中的每个库存管理者（供应商、制造商、分销商）都从相互之间的协调性考虑，保持供应链相邻的两个节点企业之间的库存管理者对需求的预期一致，从而消除了需求变异放大现象。任何相邻节点企业需求的确定都是供需双方协调的结果，库存管理不再是各自为政的独立运作过程，而是供需连接的纽带和协调中心。相比供应商库存管理（客户的库存决策权交给供应商，由供应商代理客户进行库存决策）而言，联合库存管理是一种风险共担的库存管理模式。

联合库存管理的目的是消除供应链中的"牛鞭效应"，体现了供应链节点企业间的互惠互利和合作的关系。JMI 强调供应链中各个节点企业同时参与，共同制订库存计划，使供应链过程中的每个库存管理者都从相互之间的协调性考虑，保持供应链各个节点企业之间的库存管理者对需求的预期保持一致，从而消除了需求变异放大现象。任何相邻节点需求的确定都是供需双方协调的结果，库存管理不再是各自为政的独立运作过程，而是供需连接的纽带和协调中心。JMI 把供应链系统管理进一步集成为上游和下游两个协调管理中心，库存连接的供需双方以供应链整体的观念出发，同时参与，共同制订库存计划，实现供应链的同步化运作，从而部分消除了由于供应链环节之间的不确定性和需求信息扭曲现象导致的供应链的库存波动。

JMI 在供应链中实施合理的风险、成本与效益平衡机制，建立合理的库存管理风险的预防和分担机制、合理的库存成本与运输成本分担机制和与风险成本相对应的利益分配机制，在进行有效激励的同时，避免供需双方的短视行为及供应链局部最优现象的出现。通过协调管理中心，供需双方共享需求信息，从而起到提高供应链运作稳定性的作用。

2. JMI 的优点

（1）信息优势

信息是企业的一项重要资源，而缺乏信息沟通也是供应链库存管理中出现问题的主要原因。JMI 通过在上下游企业间建立起一种战略性的合作伙伴关系，实现了企业间库存管理上的信息共享。这样既保证供应链上游企业可以通过下游企业及时准确地获得市场需求信息，又可以使各个企业的一切活动都围绕着客户需求的变化而开展，从而为实现供应链的同步化提供了条件和保证。

（2）成本优势

JMI 实现了从分销商到制造商到供应商之间在库存管理方面的一体化，可以让三方都能够实现准时采购（在恰当的时间、恰当的地点，以恰当的数量和质量采购恰当的物品）。准时采购不仅可以减少库存，还可以加快库存周转，缩短订货和交货提前期，从而降低企业的采购成本。

（3）物流优势

在传统的库存管理中存在着各自为政的弊端，上下游企业间都是各自管理自己的库存，这样就不可避免地会出现需求预测扭曲现象，产生的"牛鞭效应"极大地降低了企业的运作效率并增加了企业的成本。JMI 则打破了传统的各自为政的库存管理局面，体现了供应链的一体化管理思想。JMI 强调各方的同时参与，共同制订库存计划，共同分担风险，能够有效地消除库存过高及"牛鞭效应"。

（4）战略联盟的优势

JMI 的实施是以各方的充分信任与合作为基础展开的，若要 JMI 顺利有效地运行，分销商、制造商和供应商缺一不可，"大家都在同一条船上"。因此，JMI 的有效实施既加强了企业间的联系与合作，又保证了这种独特的由库存管理而带来的企业间的合作模式不会轻易地被竞争者模仿，为企业带来竞争优势。

3. JMI 的实施策略

（1）建立供需协调管理机制

为发挥 JMI 的作用，供需双方应从合作的精神出发，建立供需协调管理的机制，明确各自的目标和责任，建立合作沟通的渠道，为实施 JMI 提供有效的机制。没有一个协调的管理机制，就不可能进行有效的 JMI。建立供需协调管理机制，要从以下 4 个方面着手。

① 建立共同合作目标。供需双方必须本着互惠互利的原则，建立共同的合作目标。为此，要理解供需双方在市场目标中的共同之处和冲突点，通过协商形成共同的目标，如用户满意度、利润的共同增长和风险的减少等。供应商和分销商的协调管理机制如图 9-5 所示。

② 建立联合库存的协调控制方法。联合库存管理中心担负着协调供需双方利益的角色，起协调控制器的作用。因此，需要对库存优化的方法进行明确确定。这些内容包括库存如何在多个需求商之间调节与分配，库存的最大量和最低库存水平、安全库存的确定，需求的预测等。

③ 建立一种信息沟通的渠道或系统。为提高整个供应链需求信息的一致性和稳定性，减少由于多重预测导致的需求信息扭曲，应增加供应链各方对需求信息获得的及时性和透

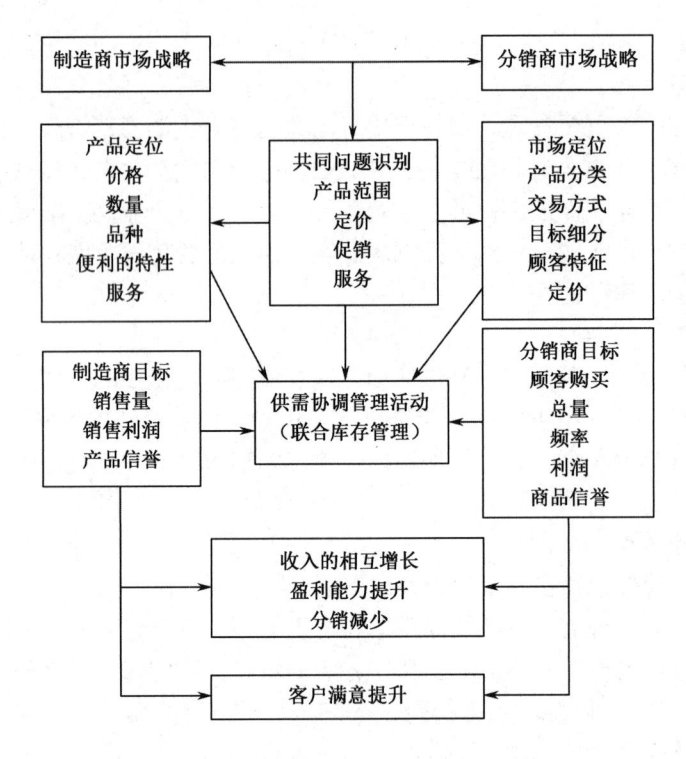

```
┌─────────────────┐         ┌─────────────────┐
│  制造商市场战略  │─────────│  分销商市场战略  │
└────────┬────────┘         └────────┬────────┘
         │                           │
┌────────▼────────┐ ┌─────────────┐ ┌▼────────────────┐
│ 产品定位        │ │ 共同问题识别 │ │ 市场定位        │
│ 价格            │ │ 产品范围     │ │ 产品分类        │
│ 数量            │◄┤ 定价         ├►│ 交易方式        │
│ 品种            │ │ 促销         │ │ 目标细分        │
│ 便利的特性      │ │ 服务         │ │ 顾客特征        │
│ 服务            │ └──────┬──────┘ │ 定价            │
└─────────────────┘        │        └─────────────────┘
                           │
┌─────────────────┐ ┌──────▼──────────┐ ┌─────────────────┐
│ 制造商目标      │ │ 供需协调管理活动 │ │ 分销商目标      │
│ 销售量          │►│                  │◄│ 顾客购买        │
│ 销售利润        │ │ （联合库存管理） │ │ 总量            │
│ 产品信誉        │ │                  │ │ 频率            │
└────────┬────────┘ └──────┬──────────┘ │ 利润            │
         │                 │            │ 商品信誉        │
         │                 │            └────────┬────────┘
         │         ┌───────▼────────┐            │
         │         │ 收入的相互增长 │            │
         └────────►│ 盈利能力提升   │◄───────────┘
                   │ 分销减少       │
                   └───────┬────────┘
                           │
                   ┌───────▼────────┐
                   │ 客户满意提升   │
                   └────────────────┘
```

图 9-5　供应商与分销商的协调管理机制

明性。为此应建立一种信息沟通的渠道或系统，以保证需求信息在供应链中的畅通和准确性，在供需双方之间建立一个畅通的信息沟通桥梁和联系纽带。

④ 建立利益的分配、激励机制。建立一种公平的利益分配制度，并对参与协调库存管理中心的各个企业（供应商、制造商、分销商或批发商）进行有效的激励，防止机会主义行为，增加协作性和协调性。

（2）发挥资源计划系统的作用

为发挥 JMI 的作用，应充分利用企业的 MRPII 和 DRP。原材料库存协调管理中应采用 MRPII，而在产品联合库存协调管理中应采用 DRP，这样在供应链系统中把两种资源计划系统很好地结合起来。

（3）建立快速响应系统

快速反应（Quick Response，QR）是一种供应链管理策略，目的在于减少供应链中从原材料到用户过程的时间和库存，最大限度地提高供应链的运作效率。快速响应系统需要供需双方的密切合作，因此，协调库存管理为快速响应系统发挥更大的作用创造了有利的条件。

（4）发挥第三方物流的优势

实现联合库存可借助第三方物流（Third Party Logistics，TPL）具体实施。TPL 也称物流服务提供商，这是由供方和需方以外的物流企业提供物流服务的业务模式，将库存管理部分功能代理给第三方物流公司，使企业更加集中于自己的核心业务，增加了供应链的敏捷性和协调性，提高了服务水平和运作效率。第三方物流系统起到了供应商和用户间联系的桥梁作用，为企业提供诸多好处。面向协调中心的第三方物流系统使供应链各方都取消了各自独立的库存，增加了供应链的敏捷性和协调性，并且能够大大改善供应链的用户服务水平和运作效率。

（5）选择合适的JMI模式

供应链联合库存管理有以下两种模式。

① 集中库存。各个供应商的零部件都直接存入核心企业的原材料库中，变各个供应商的分散库存为核心企业的集中库存。集中库存要求供应商的运作方式是：按核心企业的订单组织生产，产品完成时立即实行小批量多频次的配送方式，直接送到核心企业的仓库中补充库存。在这种模式下，库存管理的重点在于核心企业根据生产的需要，保持合理的库存量，既能满足需要，又要使库存总成本最小。

② 无库存模式。供应商和核心企业都不设立库存，核心企业实行无库存的生产方式。此时，供应商直接向核心企业的生产线上进行连续小批量多频次的补充货物，并与之实行同步生产、同步供货，从而实现"在需要的时候把所需要品种和数量的原材料送到需要的地点"的操作模式。这种准时化供货模式，由于完全取消了库存，所以效率最高、成本最低。但是对供应商和核心企业的运作标准化、配合程度、协作精神要求也高，操作过程要求也严格，而且两者的空间距离不能太远。

9.2.3 协同式供应链库存管理

1. 库存协同的概念

库存协同是指为实现系统总体目标，各子系统间相互协作、配合、促进，形成的一种良性循环的态势，这是对系统的各种因素和属性之间的动态相互作用关系及其程度的一种反应。库存协同可以分为战略层、策略层和技术层三个层面。在战略层，能为企业带来经济收益和服务收益，促进企业持续稳定的发展；在策略层，以降低库存成本、提高响应速度为目标；在技术层，通过信息共享等技术手段满足企业对库存的基本要求。协同式供应链库存管理的目标是通过对供应链上游企业间的协作来实现供应链的有效快速运作，满足下游客户的需求。在实现途径上，不仅整合供应商与制造商的库存，而且协调供应商与供应商的库存，对内部系统进行优化，最大限度地降低供应链的库存成本，提高客户服务水平，提升供应链的竞争力。

2. 协同式供应链库存控制

协同式供应链库存控制（Collaborative Planning Forecasting and Replenishment，CPFR）是一种基于资源全局性优化配置的管理模式，能够准确反映和预测销售的波动情况，为供应商和分销商提供充分应对波动的时间，使供与销之间更为协调。

在进行协同式供应链库存控制时，首先，基于客户需求，制定明确的合作框架，设计不同的运营方案，使企业能够自主选择，形成统一的经营目标。其次，企业间要加强合作，增加产品制造、销售等过程的协调性，互相帮助，互为依托，实现资源的优化调度，降低库存的占用率。再次，要延长订单周期。一般情况下，企业生产制造产品的时间要明显长于订单规定的交货日期。基于这种情况，企业不得不增加自身库存以满足销售商的订货需求，延长订单周期，使企业能够依据订单要求进行生产，极大地避免了库存资源的浪费，提高了企业的整体经济效益。最后，要制订基于销售预测报告的生产计划。销售商直接接触消费群体，了解客户需求。因此，制造商要加强与销售商的联系，根据销售商提供的客户消费数据信息，预测消费需求，并制订生产计划，从而能有效节约企业的库存资源，实现集约化的管理模式。

3. 协同式供应链库存控制的内容

（1）协同

供应链上下游企业只有确立起共同的目标，承诺及时分享真实信息，通过信息化手段及时掌握各方信息，提高准确度，降低人工成本，才能提升双方的绩效，取得综合性的效益。

（2）规划

合作企业需要有合作规划，为实现共同的目标，还需要双方协同制订促销计划、库存政策变化计划、产品导入和中止计划及仓储分类计划。

（3）预测

协同式供应链库存控制强调买卖双方必须做出最终的协同预测，如季节因素和趋势管理信息等，无论对服装或相关品类的供应方还是销售方，都是十分重要的。基于这类信息的共同预测，能够大大减少整个价值链体系的低效率、死库存，促进更好的产品销售，节约使用整个供应链的资源。同时，最终实现协同促销计划是实现预测精度提高的关键。

（4）补货

销售预测必须利用时间序列预测和需求规划系统转化为订单预测，并且供应方约束条件，如订单处理周期、前置时间、订单最小量、商品单元及零售方长期形成的购买习惯等，都需要供应链双方加以协商解决。同时，还需要考虑物流因素，在订货点和订货量正确的情况下，只有准确的物流才能做好库存管理。

> **阅读拓展**
>
> **协同式供应链库存管理的成功实践**
>
> 德国清洁用品制造商汉高（Henke）公司与西班牙食品零售商 Eroski 公司合作前，Eroski 公司经常发现汉高公司产品缺货，尤其是在促销期间。在合作实施协同式供应链库存管理前，70%的销售预测的平均错误率高于50%，只有5%的预测错误率低于20%。在协同式供应链库存管理方法实施4个月后，70%的销售预测的平均错误率低于20%，只有5%的错误率高于50%，客户服务水平为98%，平均库存仅为5天，即使每个月有15~20种产品在做促销，这种绩效水平也可以达到。

9.3 供应链多级库存优化与控制

供应商管理库存、联合库存管理和协同式供应链库存管理均是基于协调中心的库存管理方式，是一种对供应链的局部优化控制，而要进行供应链的全局性优化与控制，必须采用多级库存优化与控制方法。多级库存控制的策略有两种：一种是非中心化（分布式）策略，另一种是中心化（集中式）策略。非中心化策略是各个库存点独立地采取各自的库存策略，这种策略在管理上比较简单，但是并不能保证整体的供应链优化，如果信息的共享度低，多数情况是次优的结果，因此，非中心化策略需要更多信息共享。用中心化策略，所有库存点的控制参数是同时决定的，考虑了各个库存点的相互关系，通过协调的办法获得库存的优化。但是中心化策略在管理上协调的难度大，特别是供应链的层次比较多，即供应链的长度增加时，更增加了协调控制的难度。

9.3.1 多级库存管理考虑的问题

1. 明确库存优化的目标

传统的库存优化问题进行库存成本优化，在强调敏捷制造、基于时间的竞争条件下，这种成本优化策略是否适宜？供应链管理的 ECR 和 QR 两个基本策略，都集中体现了客户响应能力的基本要求，因此，在实施供应链库存优化时要明确库存优化的目标是什么，成本还是时间？成本是库存控制中必须考虑的因素，但是，在现代市场竞争的环境下，仅优化成本这样一个参数显然是不够的，应该把时间（库存周转时间）的优化也作为库存优化的主要目标来考虑。

2. 明确库存优化的边界

供应链库存管理的边界即供应链的范围。在库存优化中，一定要明确所优化的库存范围是什么。供应链的结构有各种各样的形式，有全局的供应链，包括供应商、制造商、分销商和零售商各个部门；有局部的供应链，分为上游供应链和下游供应链。在传统的所谓多级库存优化模型中，绝大多数的库存优化模型是下游供应链，即关于制造商（产品供应商）—分销中心（批发商）—零售商的三级库存优化。很少有关于零部件供应商—制造商之间的库存优化模型，在上游供应链中，主要考虑的问题是关于供应商的选择问题。

3. 多级库存优化的效率问题

理论上，如果所有的相关信息都是可获得的，并将所有的管理策略都考虑到目标函数中，中心化的多级库存优化比基于单级库存优化的策略（非中心化策略）好。但现实情况未必如此，当把组织与管理问题考虑进去时，管理控制的幅度常常是下放给各个供应链的部门独立进行，因此，多级库存控制策略的好处也许会被组织与管理的考虑所抵消。简单的多级库存优化并不能真正产生优化的效果，需要对供应链的组织、管理进行优化，否则，多级库存优化策略效率是低下的。

4. 明确采用的库存控制策略

在单库存点的控制策略中，一般采用的是周期性检查与连续性检查策略。在周期性检查库存策略中主要有 (S, R)、(s, S, R) 等策略，连续库存控制策略主要有 (s, Q) 和 (s, S) 两种策略。其中，(S, R) 策略事先确定盘点周期 R，每盘点一次就补货一次，目标库存量 S 和盘点时的实际库存之差为补货数量。对于库存资金占用少而种类多的非重点货物，需要淡化库存管理，以减少盘点作业费用，采用此策略。(s, S, R) 策略确定盘点周期 R，盘点后并非一定要补货，对事先确定好的补货点和盘点时的实际库存数量进行比较，决定是否补货。当盘点时实际库存下降到补货点 s 以下，考虑补货，补货数量为目标库存量 S 与盘点时的实际库存之差。对于库存自己占用介于重点与非重点之间且缺货损失大的物品，需要正常库存控制，采用此策略。(s, Q) 策略事先确定补货点 s 和补货批量 Q，当实际库存下降到补货点 s 以下时，发出补货决策，补货数量为 Q。对于库存占用资金多而需求比较稳定的重点物品,需要严格控制库存,进行连续性盘点控制,常采用此策略。(s, S)策略事先确定补货点 s 和预期目标库存量,当实际库存下降到补货点 s 以下时,考虑补货决策,补货数量为目标库存 S 与现实库存之差。对于需求不确定性较大而库存资金占用也比较多的物品,常采用此策略。这些库存控制策略对于多级库存控制仍然适用。但是,关于多级库存控制大多是基于无限能力的假设的单一产品的多级库存,对于有限能力的多产品的库存控制,仍是供应链多级库存控制的难点。

9.3.2 多级库存管理的目标与关键指标

多级库存管理一般基于两点考虑:一是客户服务水平,即特定产品的现有库存量是否能满足客户需求,在多大程度上能满足;二是与库存相关的成本,如订货成本、库存持有成本、缺货机会成本等。

1. 多级库存管理的目标

多级库存管理的目标是使库存保持在一个合理的水平,既能满足客户的需求,又不会使库存成本过高,即在库存成本的合理范围内达到满意的客户服务水平。为达到该目标,决策者需要考虑订货时间和订货量。最佳的库存管理就是将库存控制在一个合理的水平,使库存占有的资金带来的收益要高于投入其他领域的收益,这里实际上有一个机会成本的概念。机会成本是指企业为从事某项经营活动而放弃另一项经营活动的机会,或利用一定资源获得某种收入时所放弃的另一种收入。另一项经营活动应取得的收益或另一种收入即为正在从事的经营活动的机会成本。通过对机会成本的分析,要求企业在经营中正确选择经营项目,其依据是实际收益必须大于机会成本,从而使有限的资源得到最佳配置。

2. 多级库存管理的关键指标

可以用来衡量多级库存管理有效性的关键指标主要有库存周转率、服务水平、现货率、滞销率等。

① 库存周转率:指的是商品销售年成本与平均库存投资的比率,可以表达为一个周期(年/季/月)内库存周转的速度。通常,该比率越高,说明库存的使用越有效。

② 服务水平:指的是衡量库存可获得的指标,也就是缺货率,可以用库存满足需求的比率来表达。对于一个库存系统来说,提高服务水平,需要设置一定的安全库存量,以防止突发性需求或者季节性波动的影响。

③ 现货率:指的是在售商品中存货所占的比率。

④ 滞销率:指的是在一个周期(年/季/月)内没有成交的商品占进货量的比率。滞销率反映了企业对特定商品市场需求的把握能力和库存管理的水平。

9.3.3 影响多级库存管理的因素

1. 市场需求预测的精确度

市场需求预测的精确度会影响企业的订货与库存决策,进而也会影响上游企业的采购及原材料、零部件和产成品的订货与库存决策。那么如何提升企业对市场需求预测的精确度?一方面,企业可以结合历史销售数据及宏观经济、行业的发展趋势对未来的市场需求进行预判。另一方面,企业可以通过订货会、预售、按需定制等方式,提前将不确定性需求转化为确定性需求。

2. 商品的独特价值

一般而言，商品越具有独特的价值，客户就越有意愿等待，库存就越容易控制。商品的独特价值有很多类型，例如，客户愿意为某手机独特的工艺设计、性能及 App Store 平台买单，并愿意提前付费和等待，这个等待时间是产品的生产与物流时间，企业以此实现以销定产和零库存。

3. 行业特点

企业所处的行业也会影响对产品的库存控制。企业生产的产品种类多，同时产品所需要的零部件又是非标准化的，这种情况下库存最难控制。企业生产的产品种类非常少，零部件种类少，这种情况下库存最容易控制。

4. 物流环节的运营状况

企业的物流各环节（如运输、仓储、流通加工、配送）的运营效率也会影响企业的库存控制。例如，运输的速度会影响库存量的设置，如果运输速度快，那么库存量可以降低；如果运输速度慢，那么库存量会增加。如果仓储和配送的效率高，商品的入库、在库、出库和送货整个流程顺畅，那么库存量也可以降低。

5. 生产管理

企业的生产管理水平会影响企业对零部件库存的控制，例如，生产批量与计划吻合度、安全库存量基准的设定、生产流程产能的均衡、各道生产工序的合格率、产品外协加工的时间等。

6. 物料供应来源

企业的物料供应来源也会影响企业对零部件库存的控制，例如，供应商的产能稳定性、供应商送货的及时性、多个供应商送货时间的协调。如果供应商的产能不稳定或送货不稳定，那么下游制造商会按照中性情况或最坏情况来应对，加大订货量。另外，在制造业中，特别是汽车制造业，零部件有成千上万种，零部件供应商有几百家，如何保证供应商的零部件能同步到达是确保企业对库存有效控制的关键。

> **阅读拓展**
>
> ### 拉夏贝尔的多级库存管理
>
> 拉夏贝尔曾经因库存管理得当而一战成名（2014 年，拉夏贝尔在港交所上市；2017 年，拉夏贝尔登陆 A 股，成为国内唯一一家 A 股和 H 股同时上市的服装企业，一时之间风光无限）。拉夏贝尔曾在其发展成熟期为电子商务平台制定的政策是不备货、不卖货、不发货，其功能是服务和下单。线上、线下统一每周上新一次，一次有 30～50 款新品，同款同价，统一在一个仓库、一个时间发货，有什么卖什么，在电子商务平台上订购的货品，计算机系统自动分配给当地线下门店发货；大规模的促销活动在线上、线下统一开展，不会区别对待；线上、线下相互引流，即线上为线下吸引流量，线下发货；线下每个门店都贴着线上门店的信息，鼓励线下往线上走。
>
> 为了支持线上的货品配送，拉夏贝尔把线下门店作为 O2O 发货的主战场，离客户收货地址最近的门店可以直接发货。一旦某个门店或线上缺货断码，不用再调货，可以直接由其他门店直接发送快递或送货上门。对于跨区域退换货的情况，对库存的

> 统一调配也为线下门店减少了库存浪费和调货物流成本。除了线下门店能够发货，拉夏贝尔还建有超大规模的物流基地，并与国内知名物流品牌合作，对商品配送时间、配送过程、商品配送包装、配送效率等工作严格把控。

9.3.4 多级库存控制中的几个主要问题

多级库存控制中需要面对和确定几个主要问题，如订货点（回答"什么时间订货"的问题）、订货量（回答"订多少货"的问题）、安全库存（回答"企业在面对不确定时需要准备的应急库存"）等。

1. 确定订货点

订货点是指当库存量降至某一数量时，应立即发出订货请求的点，如图 9-6 所示。在一个周期内，当在时间 O 时，企业订货使库存补充到最大，随着销售的不断发生，库存逐渐被消耗；当库存下降到一个特定的点时，需要补充库存，以满足下一个周期的市场需求。订货点的确定至关重要，如果订货点抓得过早，将使库存增加，并增加货物的库存成本；如果订货点抓得过晚，那么有可能因为库存得不到及时补充而影响对客户的及时交货。

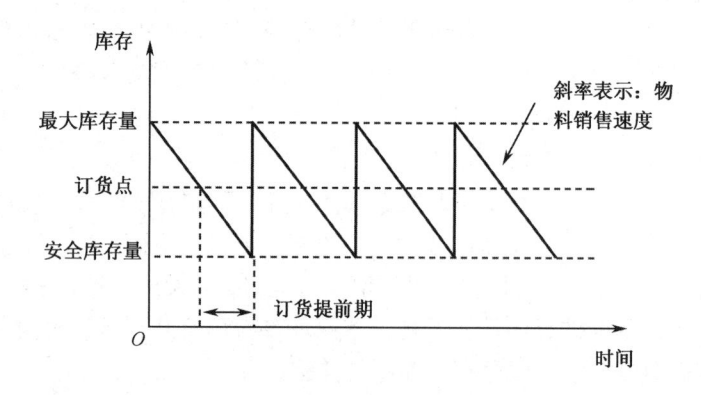

图 9-6 订货点

订货点取决于以下 4 个因素。

① 需求率，即单位时间的库存需求量。
② 提前期。
③ 需求和提前期的变化。
④ 管理者可以接受的缺货风险程度。

订货点可以用单位产品的数量或供应天数来表示，这个数量一般是提前期内市场的需求数量加上为应对不确定性而准备的额外可能库存。如果需求与提前期都是常数，即需求稳定、提前期固定，订货点就容易确定，其计算公式为：

$$ROP = d \times LT$$

式中，d 为需求率（单位时间的需求量）；LT 为提前期天数或周数；ROP 为订货点的库存数量。

如果需求或提前期不稳定，实际需求就有可能超过期望需求，或提前期延长，这时，为减小提前期内的缺货风险，持有额外库存即安全库存就十分必要。这种情况下，订货点应该再增加一个安全库存量，其计算公式为：

$$ROP = d \times LT + SS$$

式中，d 为需求率（单位时间的需求量）；LT 为提前期天数或周数；ROP 为订货点的库存数量；SS 为安全库存量。

2. 确定订货量

订货量是指库存量达到订货点时，需要补充货物的数量。订货量的确定，与市场需求和供货商的供货稳定性等因素有关。因此，需要确定一个最佳的订货批量，在满足市场需求水平和库存成本间做出权衡。如果订货量太多，则库存成本增加；如果订货量太少，则会造成缺货。

订货点回答的是什么时间订货的问题，而订货量回答的是"订多少"的问题，即最佳的订货批量是多少。订货量的大小直接影响库存维持成本、订货成本及缺货成本之间的平衡。其中：

① 库存维持成本。为保管存储物资而发生的费用，主要包括存储设施的成本、搬运费、保险费、折旧费、税金及资金的机会成本等。每次订货量越大，库存量也越大，保管费用就越多。

② 订货成本。每进行一次订货时所发生的费用，主要包括差旅费、通信费、运输费及有关跟踪订单系统的成本。订货成本与每次订货量的多少无关，在需求量一定的情况下，订货次数越多，则每次订货量越少，而全年订货成本越高，分摊每次的订货成本也越高。

③ 缺货成本。由于缺货而紧急订货等支付的特别费用，或由于缺货而造成销售损失，以及造成信誉损失所产生的不良后果等。

要理解订货成本和库存维持成本之间的关系，需要理解一点，即平均库存等于订货量的一半。订货量越大，平均库存也就越多，库存维持成本也越高。然而，订货量越大，每个计划期内需要订货的次数越少，总的订货成本随之越低。它们之间的关系如图 9-7 所示。其中，订货成本和库存维持成本之和的最低点代表最低的总成本。

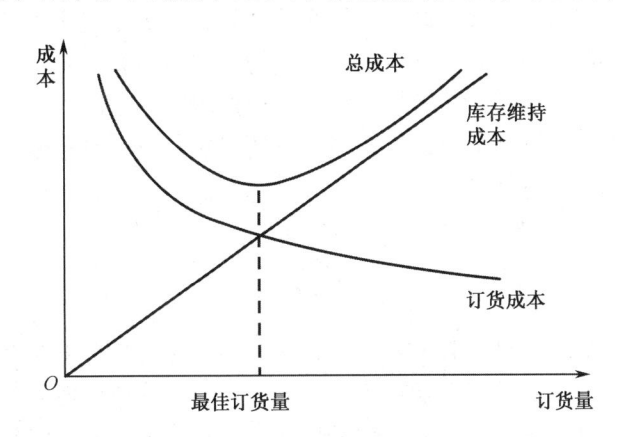

图 9-7 库存维持成本与订货量的关系

为达到库存维持成本与订货成本之和最小，最佳订货量（Economic Order Quantity, EOQ）

模型被提出。EOQ 模型的基本假设如下：需求已知，并且是常数；补给运作周期即提前期为一个已知的常量；产品价格是确定的常数，它不会受到订货数量和时间的影响；不允许缺货，所有需求都可以得到满足；没有数量折扣。在相关假设下，EOQ 模型下随时间变化的库存水平如图 9-8 所示。

最佳订货量反映了库存持有成本与订货成本之间的权衡。年持有成本等于库存平均持有量与单位持有成本的乘积，库存持有量从 Q 单位降至 0 单位，因此其平均数是 $\frac{Q}{2}$。假定计划期为 1 年，年需求量为 D，订货量为 Q，每次订货的成本为 C，货物的单价为 P，每单位库存的年持有成本为 H。此时，年订货次数为 $\frac{D}{Q}$，平均库存量为 $\frac{Q}{2}$。年订货成本可以表示为 $\frac{DC}{Q}$；年库存持有成本可以表示为 $\frac{HQ}{2}$，库存总成本 TC 为年订货成本与年库存持有成本之和：$\frac{DC}{Q}+\frac{HQ}{2}$。为使库存总成本最小，对库存总成本函数求关于 Q 的一阶导数，并令其为 0，可以得到最佳订货量为：

$$Q=\sqrt{\frac{2DC}{H}}$$

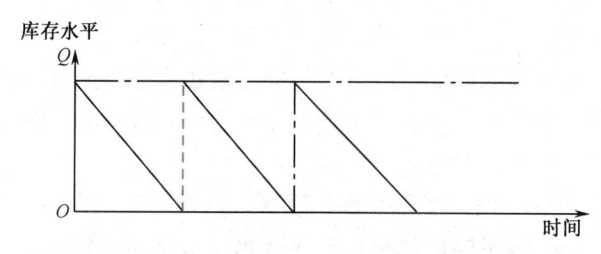

图 9-8 EOQ 模型下随时间变化的库存水平

3. 确定安全库存

企业维持安全库存的目的在于应对市场需求不确定、运作周期不稳定、企业自身生产运营不稳定及零部件供应商的零部件供货不稳定的影响。例如，在补货周期的末期，当不确定因素导致实际需求高于预计需求，或实际的运作周期比预计的运作周期长，企业就需要安全库存。企业在确定订货点时，除要考虑市场需求外，还要考虑设置缓冲库存以应对不确定因素的影响。

本章小结

供应链库存管理不是简单的需求预测与补给，而是通过库存管理获得用户服务与利润的优化。供应链"牛鞭效应"即需求信息放大效应，其基本思想是当供应链节点企业只根据来自其相邻的下游企业的需求信息进行生产或供应决策时，需求信息的不真实性会沿着供应链逆流而上，产生逐级放大的现象。从需求放大现象中可以看到，供应链库存与供应链的不确定性有很密切的关系。供应链中的不确定性表现形式有衔接不确定性和运行不确定性两种。供应商管理库存是指上游供应商基于其下游客户的生产经营、库存信息，对下游客户的库存进行管理与控制。联合库存管理是一种在VMI的基础上发展起来的上游企业和下游企业权利责任平衡和风险共担的库存管理模式。协同式供应链库存管理的目标是通过对供应链上游企业间的协作来实现供应链的有效快速运作，满足下游客户的需求。供应商管理库存、联合库存管理和协同式供应链库存管理均是基于协调中心的库存管理方式，是一种对供应链的局部优化控制，而要进行供应链的全局性优化与控制，则必须采用多级库存优化与控制方法。

课后思考

1. 名词解释

供应商管理库存，联合库存管理，牛鞭效应，最佳订货量

2. 简答题

（1）简述供应链"牛鞭效应"和供应链不确定性。
（2）什么是供应商管理库存？
（3）比较分析联合库存管理与供应商管理库存。
（4）供应链多级库存优化与控制需要考虑哪些问题？

案例讨论

雀巢和家乐福合作实施VMI

食品工业在世界经济中一直占有举足轻重的地位，全球采购策略、突出品牌战略、不断扩展终端等战略部署使雀巢、联合利华、卡夫、达能等在各自的产品市场确定寡头垄断地位，并向更加全球化方向发展。雀巢总部位于瑞士韦威市，通过上百年时间的扩张、并购、投资，雀巢奠定了自己在全球食品行业中的领军地位。作为全球国际化零售连锁集团，法国家乐福公司经过几十年的不断发展和壮大，业务范围遍及世界众多个国家和地区。

雀巢与家乐福公司合作建立VMI示范计划的整体运作机制，总目标是增加商品的供应率，降低家乐福库存天数，缩短订货前置时间及降低双方物流作业成本。具体指标包括：雀巢对家乐福物流中心的产品到货率达90%，家乐福物流中心对零售店面的产品到货率达95%，家乐福物流中心库存天数下降至预设标准，以及家乐福对雀巢的建议订货单修改率下降至10%等具体目标。另外，雀巢也希望将新建立的模式扩展至其他销售渠道上加以运用，以加强掌控能力并获得更大规模效益，而家乐福也会与更多的重点供应商进行相关合作。

雀巢公司与家乐福公司在确立了亲密伙伴关系的基础上，采用各种信息技术，由雀巢为家乐福管理它所生产产品的库存。雀巢为此专门引进了一套VMI信息管理系统，家乐福也及时为雀巢提供其产品销售的POS数据和库存情况，通过集成双方的管理信息系统，及时掌握客户的真实需求。在计划的实际执行上，除有两大计划阶段外，还可细分至5个子计划阶段，具体如下：

① 评估双方的运作方式与系统在合作上的可行性：合作前双方评估各自的运作能力、系统整合与信息实时程度，以及彼此配合的步调是否一致等，判定合作的可行性。

② 高层主管承诺与团队建立：双方在最高主管的认可下，由部门主管出面协议细节及取得内部投入的承诺，并且建立初步合作的范畴和对应的窗口，开始进行合作。

③ 密切的沟通与系统建立：双方合作的人员开始进行至少每周一次的密集会议，讨论具体细节，并且逐步建置合作方式与系统，包括补货依据、时间、决定方式、评量表建立、系统选择与建置等。

④ 同步化系统与自动化流程：不断地测试，使双方系统、作业方式与程序趋于稳定，成为每日例行性工作，并针对特定问题做处理。

⑤ 持续性训练与改进：回到合作计划的本身，除使相关作业人员熟练作业方式和不断改进作业程序外，对库存的管理与策略也不断思考问题根本性以求改进，而长期不断进行下去，进一步针对促销性产品做策略研订。

家乐福的订货业务情况为：每天 9:30 以前，家乐福将货物售出与现有库存的信息用电子形式传送给雀巢公司；9:30—10:30，雀巢公司将收到的数据合并至供应链管理 SCM 系统中，并产生预估的订货需求，系统将此需求量传输到后端的 ERP 系统中，依实际库存量计算出可行的订货量，产生建议订单；10:30，雀巢公司再将该建议订单用电子形式传送给家乐福；10:30—11:00，家乐福公司确认订单并对数量与产品项目进行必要的修改后回传至雀巢公司；11:00—11:30，雀巢公司依照确认后的订单进行拣货与出货，并按照订单规定的时间交货。由于及时共享了信息，上游供应商对下游客户的需求了如指掌，无须再放大订货量，有效地消除了"牛鞭效应"。

除建设一套 VMI 运作系统与方式外，在具体目标方面也达成了显著成果。雀巢对家乐福物流中心的产品到货率由原来的 80%提升至 95%；家乐福物流中心对零售店面的产品到货率也由 70%提升至 90%，而且仍在继续改善中；库存天数由原来的 25 天左右下降至目标值以下；在订单修改率方面也由 60%~70%的修改率下降至 10%以下。

除了在具体成果的展现上，对雀巢来说最大的收获是与家乐福合作的关系，过去与家乐福是单向的买卖关系，客户要什么就给什么，甚至尽可能地推销产品，彼此都忽略了真正的市场需求，导致卖得好的商品经常缺货，而不畅销的商品却有很高的库存量。经过这次合作让双方更为相互了解，也愿意共同解决问题，并使原本各项问题的症结点——地浮现，有利于根本性改进供应链的整体效率。另外，雀巢也开始推动了将 VMI 系统运用到供应商的计划，在原来与家乐福的 VMI 计划方面也进一步考虑针对各店降低缺货率，以及促销合作等计划的可行性。

（案例来源：中国物流与采购网，有改动）

? 思考

1. 雀巢与家乐福实施 VMI 的目的是什么？
2. 雀巢与家乐福合作进行 VMI，具体是如何实现的？

第10章 供应链物流管理

思政导学

以保国为民、团队协作精神为课程思政目标,结合灾情期间应急物流提供支援保障的案例,将专业素养、共同协作、一方有难八方支援等精神融入对供应链物流的特征、供应链物流管理战略等知识点的理解中。

◇ 学习要点 ◇

- 掌握供应链物流管理的概念
- 了解供应链物流管理的战略目标
- 熟悉供应链物流管理的主要模式

● 关键术语

绿色物流,大规模定制物流,精益物流,物流延迟战略,运输集中战略,数字化物流,智慧物流

导入案例

亚马逊的供应链物流管理

物流已成为决定电子商务效益的关键因素。在电子商务供应链中,如果物流滞后、效率低、质量差,则电子商务经济、方便、快捷的优势不复存在。所以,完善的供应链物流系统是决定电子商务生存与发展的命脉。众多电子商务企业经营失败,在很大程度上源于物流上的失败。亚马逊正是由于有完善、优化的供应链物流系统作为保障,才能将物流作为促销的手段,并有能力严格地控制物流成本,有效地进行物流过程的组织运作,进而促进了亚马逊的发展。亚马逊的供应链物流系统具有以下5个方面的特点。

1. 配送外包方式

亚马逊将其在美国的配送业务委托给美国邮政和美国联合包裹运送服务公司(United Parcel Service,Inc.,UPS),将其国际物流委托给国际海运公司等专业物流公司,自己则集中精力发展主营业务和核心业务。这样既可以减少投资,降低经营风险,又能充分利用专业物流公司的优势,降低物流成本。

2. 实行零库存运转

亚马逊通过与供应商建立良好的合作关系，实现了对库存的有效控制。亚马逊的库存图书很少，维持库存的只有 200 种最受欢迎的畅销书。一般情况下，亚马逊在客户下了订单后，才从出版商进货。由于保持了低库存，亚马逊的库存周转速度很快。

3. 降低退货比率

虽然亚马逊经营的商品种类很多，但由于对商品品种选择适当、价格合理、商品质量和配送服务等能满足客户需要，因此其保持了很低的退货比率。这样的退货比率不仅降低了企业的退货成本，也使企业保持了较高的服务水平，取得了良好的商业信誉。

4. 按商品类别设立配送中心

亚马逊的配送中心按商品类别设立，不同的商品由不同的配送中心进行配送。这样做有利于提高配送中心的专业化作业程度，使作业组织简单化、规范化，既能提高配送中心的作业效率，又可减少配送中心的管理成本和运转费用。

5. 采取"组合包装"技术

当客户在亚马逊的网站上确认订单后，可以立即看到亚马逊销售系统根据客户所订商品发出的订单是否有现货，以及选择的发运方式、估计的发货日期和送货日期等信息。

在经营发展中将物流作为企业的战略组成部分，合理地规划企业的供应链物流系统，制定正确的物流目标，有效地进行物流的组织和运作，是十分必要的。

（资料来源：中国物流与采购网，有改动）

? 思考

亚马逊的供应链物流有何特点？

解析

结合供应链物流的特点、供应链物流战略进行分析。

10.1 供应链下的物流管理概述

10.1.1 物流发展的新理念

物流是供应链活动的一部分，是为满足客户需要而对商品、服务消费及相关信息从产地到消费地的高效、低成本流动和储存进行的规划、实施与控制的过程。物流是一个控制原材料、制成品、产成品和信息的系统，从供应开始经各种中间环节的转让及拥有而到达最终客户手中的实物运动，以此实现组织的明确目标。随着经济社会的不断发展，出现了新的物流发展理念，主要有以下 4 种。

1. 绿色物流

绿色物流是指在物流过程中降低物流对环境造成的危害，同时实现对物流环境的净化，使物流资源得到最充分的利用。它包括物流作业环节和物流管理全过程的绿色化。从物流作业环节来看，主要包括绿色运输、绿色包装、绿色流通加工等。从物流管理过程来看，主要从环境保护和节约资源的目标出发，改进物流体系，既要考虑正向物流环节的绿色化，又要考虑供应链上的逆向物流体系的绿色化。绿色物流的最终目标是可持续发展，实现该目标的准则是经济利益、社会利益和环境利益的统一。绿色物流体系结构包含了绿色供应物流、绿色生产物流和绿色销售物流。企业从供应商处购买原材料经过生产加工，进入流通领域，将产品销售给消费者。在基于绿色物流的角度，再从消费市场中收集、选择可回收的材料，进行再次加工销售给二级市场，如图10-1所示。同时随着"低碳革命"的兴起，发展低碳经济势在必行，物流也必须走低碳化道路，着力发展低碳物流。

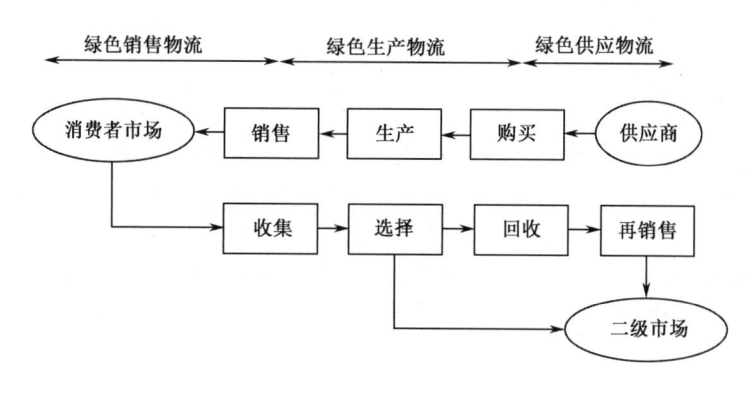

图 10-1 绿色物流体系结构

2. 大规模定制物流

既要满足客户不同的物流需求，又面临降低物流总成本、提高物流和供应链效率的挑战，要求探寻一种将规模经济效益运用到定制物流服务的新的物流模式。为此，将大规模物流与定制物流进行集成，可在两者中求得某种平衡，从而产生大规模定制物流。一般认为，大规模定制物流指的是根据客户的不同物流需求进行市场细分，运用现代物流技术和信息技术及先进的物流管理方法，通过物流功能的重新整合，实现以大规模物流的成本和效率为每个客户提供定制物流服务。除有效提供定制物流服务外，大规模定制物流还有利于企业扩大市场占有率、提高客户忠诚度、增加利润等。大规模定制物流具有以下4个主要特征。

（1）以客户需求为导向

大规模物流主要追求提高物流效率、降低物流成本，是一种推动型物流服务模式；而大规模定制物流旨在充分识别客户的物流需求，并根据需求特征进行市场细分，寻求差异化的物流战略，从而通过对物流功能的重组和物流操作的重构，提供客户化定制物流服务，是一种需求拉动型物流服务模式。

（2）以现代信息技术和物流技术为支持

大规模定制物流要在获得大规模经济效益的同时提供客户化定制物流服务，必须依靠现代信息技术和物流技术，这些技术使企业能采用先进的管理方法，如快速反应、有效客户反应、准时制生产方式；提供客户要求的供应商管理库存计划，提前运送通知，协同计划、预测与补货，上架准备等特定服务；支持工厂和仓库中新增的物流活动，如直接换装操作、运输调度及回程安排等。

（3）以物流需求细分为手段

大规模定制物流通过对物流需求的细分，划分出客户群，并根据每个客户群的需求特征确定物流服务水平，从而避免为单个客户定制物流服务水平的复杂性和低效率。在具体实施时，首先根据客户具体的物流服务需求，将客户细分为某个客户群，然后以该客户群对应的物流服务水平为基础，综合考虑客户的需求特征，对物流服务内容进行适当的增减，确定客户化定制物流方案。从产品角度进行的市场细分可以充分识别客户需求，进而确定目标市场，寻求差异化市场机会，为每个客户群提供所需要的产品。同样，从物流角度进行市场细分，可以明确各个客户群的物流需求，在此基础上实施差异化物流服务战略，提供客户所需要的物流服务。

（4）以物流功能模块化、标准化为基础

物流服务功能主要包括运输、保管、包装、装卸、配送、流通加工、信息处理等，各个功能可以视为物流服务的模块，并进行标准化。各模块功能的实现可通过自营或外购的方式获得，以每个组织的核心竞争力为依据确定自营功能模块，外购非核心能力的功能模块。在实现标准化的过程中，可以运用标杆瞄准方法，以该功能领域的领先者或竞争对手为标杆，实现物流设施设备、物流操作等的标准化。最后，根据具体的客户需求进行物流功能模块的组合，以物流服务总效益最大化为指导，实现各功能模块的协调。

3. 精益物流

精益物流的核心是追求消除包括库存在内的一切浪费，并围绕此目标发展的一系列具体方法。它是从精益生产的理念中蜕变而来的，是精益思想在物流管理中的应用。精益观念认为库存水平会导致很多问题，它掩盖了企业在质量管理（出废品）、设备管理（机器故障、设备能力不平衡、设备供应不上等）、人力资源（工人技能差、缺勤等）、采购等方面可能存在的各种问题，如图 10-2 所示。

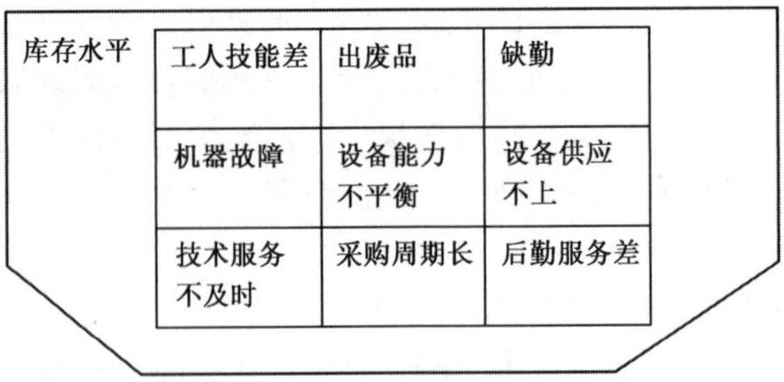

库存水平	工人技能差	出废品	缺勤
	机器故障	设备能力不平衡	设备供应不上
	技术服务不及时	采购周期长	后勤服务差

图 10-2 库存水平掩盖的管理问题

精益物流的目标可概括为企业在提供满意的客户服务水平的同时，把浪费降到最低限度。精益物流的基本原则为从客户的角度而不是从企业或职能部门的角度来研究什么可以产生价值；按整个价值流确定供应、生产和配送产品中所有必需的步骤和活动；创造无中断、无绕道、无等待、无回流的增值活动流；及时创造仅由客户拉动的价值；不断消除浪费，追求完善。

> **知识链接**
>
> **什么是精益思想**
>
> "精益"一词起初出自"精益生产",是美国麻省理工学院"国际汽车计划"的项目组的研究者 John Krafcik 对日本汽车工业的生产方式的赞誉之称,源于丰田汽车制造的流水线制造方法论。
>
> 精益中"精"表示精良、精确、精美;"益"表示利益、效益。其基本思想可以用一句话来概括,即准时制(Just In Time,JIT)。精益是一种减少浪费的企业管理哲学,按照"成本=售价-利润"的"利润中心型"经营思想,企业要通过降低成本获取利润,必须在材料、制品、成品数量、人工费用、设备购买及管理成本上下足功夫,并将各种浪费加以排除。因此,精益思想的核心可以概括为消除一切无效劳动和浪费,实现零库存和快速应对市场变化。精益思想的最终目标是企业利润的最大化,具体目标是通过消灭一切浪费来实现成本的最低化。

4. 云物流

云物流是面向各类物流企业、物流枢纽中心及各类综合型企业的物流部门的完整解决方案,它依靠大规模的云计算处理能力、标准的作业流程、灵活的业务覆盖、精确的环节控制、智能的决策支持及深入的信息共享来完成物流行业各环节所需要的信息化要求。在云平台上,所有的物流公司、代理服务商、设备制造商、行业协会、管理机构、行业媒体、法律机构等都集中并整合成资源池,各个资源相互展示和互动,按需交流,达成意向,从而降低成本,提高效率。

云物流服务模式是现代社会需求下产生的一种物流服务模式,它的出现满足了客户对专业化、个性化、定制化等的物流服务需求。在物联网和云计算等信息技术的支撑下,云物流服务模式将物流参与者的资源进行整合,通过构建智慧物流云平台来管理物流需求和物流服务资源,根据物流需求制订个性化、定制化的物流方案,实现物流服务与物流需求的智能匹配,以满足客户的需求。云物流服务模式的出现是为减少物流资源和需求的浪费,通过构建云物流服务平台,能够为客户提供高效率、低成本、个性化的物流解决方案,从而能够有效地提高物流服务资源的利用率。

云物流中的参与者主要包括物流服务承运商、云物流服务平台运营方和客户(物流服务的需求者)。物流服务承运商根据实际情况,将自身的物流资源进行虚拟化,以服务的形式在物流云平台上进行展示。注册后的客户能够登录云物流服务平台,根据需求情况,提出自己的物流需求。云物流服务平台根据服务请求迅速匹配满足条件的物流服务承运商,并结合客户的实际需求及条件,计算出最优的物流解决方案,将其提供给客户。客户和物流服务承运商能够通过云物流服务平台进行交互,并不断将信息及时反馈。

10.1.2 供应链物流的内涵

供应链物流是为顺利实现与经济活动有关的物流,协调运作生产、供应活动、销售活动和物流活动,进行综合性管理的战略机能。供应链物流以物流活动为核心,协调供应领域的生产和进货计划、销售领域的客户服务和订货处理业务,以及财务领域的库存控制等活动，包括涉及采购、外包、转化等过程的全部计划和管理活动及全部物流管理活动，更重要的是，它也包括了与渠道伙伴间的协调和协作，涉及供应商、中间商、第三方服务供应商和客户。供应链物流的一般组成如图 10-3 所示。

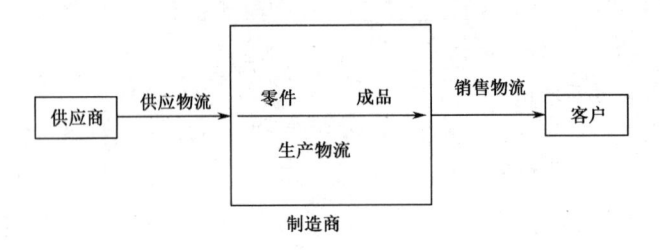

图 10-3　供应链物流的一般组成

根据协调运作生产、供应活动、销售活动和物流活动的机能的差异性，可以将供应链物流归纳成 3 种模式：批量物流、订单物流和准时物流。批量物流的协调基础是对客户需求的预测，生产企业的一切经济活动都是基于对客户需求预测而产生的。在预测前提下，生产企业的经济活动都是批量运营的，批量采购、批量生产和批量销售，这也必然伴随着批量物流。订单物流的协调基础是客户的订单，生产企业的经济活动是基于客户订单而产生的。在订单前提下，生产企业的经济活动都是围绕订单展开的，根据订单进行销售、生产和采购，而物流也根据客户订单产生的经济活动而形成。订单物流主要表现为两种模式，一是以最终客户的订单为前提的最终客户的订单驱动模式；二是以渠道客户的订单为前提的渠道客户订单驱动模式。准时物流是订单物流的一种特殊形式，是建立在准时制管理理念基础上的现代物流方式。准时物流能够达到在精确测定生产线各工艺环节效率的前提下，按订单准确计划，消除一切无效作业与浪费，如基于均衡生产和看板管理的丰田模式。

10.1.3　供应链物流的特征

供应链的总体特点使物流管理变得更加注重整体的稳定与科学。供应链物流需要协调各个供应链参与方，在一些具体的操作实务，如设置库存点、选择运输批量、设计运输环节等方面，均需要进行集约和协同，使供应链得以正常运行，同时降低供应链总体的物流费用，提高效益。供应链物流的主要特征如下。

① 供应链物流是一种系统的物流。具体来讲，就像生态系统中的生物链关系，属于大系统物流，它关系到大系统中的各个公司。与生物链上各生物的多样性类似，供应链上的这些公司类型不同、层次不一，但是彼此有紧密的联系，任何一个环节出现问题都会影响到供应链上其他物流活动的开展。例如，进行原材料供应的上游公司，进行生产的各个核心公司及下游的分销公司，分别属于供、产、销三种类型。它们之间有区别、有联系，形成一个完整的供应链系统。

② 供应链物流的核心是其核心公司。供应链上所有的物流活动，都要从核心公司的角度出发，本着为核心公司服务的理念，合理高效地组织各项物流活动，使供应链上各公司紧密配合核心公司的运作，从而恰当地满足核心公司的需要。

③ 供应链物流管理是对一个大家庭的管理，这个大家庭中的每个公司都有自己的优势项目。供应链物流管理可以在更大的范围内合理地配置供应链上各公司的资源，不断优化

供应链物流的效益。

④ 供应链物流涉及的各公司的关系和一般的公司间的关系不同,运营供应链物流的公司之间互相信任、互相支持、互利共赢,彼此都是战略合作伙伴关系。

⑤ 供应链公司之间的信息是共享的,通过建立计算机信息网络传输信息,共享销售信息和库存信息等。在组织物流活动的过程中,可以充分利用这一有利条件。

10.2 供应链物流战略

供应链物流战略要结合供应链物流的特点,综合采用各种物流手段,实现物资实体的有效移动,既保障供应链正常运行所需的物资需要,又保障整个供应链的总物流费用最省、整体效益最高。

10.2.1 供应链物流战略的地位与目标

1. 供应链物流战略的地位

供应链物流战略是指寻求企业可持续发展,就供应链物流发展目标以及达成目标的途径与手段而制定的长远性、全局性的规划与谋略。供应链物流战略的宗旨是以最小的成本来实现最高的物流服务水平,从而提高企业的整体竞争力。

2. 供应链物流战略的目标

对于供应链物流战略来说,要达到的目标主要包括降低成本,减少资本占用和改进服务。

降低成本是指将运输和库存相关的变动成本降到最低。当寻求成本最小化时,系统的服务水平必须保证不变,在一定的服务水平下力求成本的最小化。

减少资本占用是指对物流系统的直接投资最小化,该战略的出发点是取得最大的投资回报。例如,采用对客户的直接供货法可以免去库存环节,也可考虑请第三方提供物流服务,这样可以大大减少对硬件设施的投资。与投资大的方案比,变动成本会上升,其增加值如果超过投资的减少值则得不偿失,所以投资回报是一个重要的评价指标。

改进服务是指企业收入取决于所提供的物流服务水平。提高物流服务水平会使成本大大提高,但最终的评价指标是企业的年收入。权衡的方法可以从高物流服务水平是否带来更大的年收入进行评价。

10.2.2 供应链物流战略的环境分析

企业物流管理决策层的一项重要工作是制定物流战略。供应链物流战略计划是一项包含支持货物配送、生产制造和采购运作的具体财务及人力资源计划。供应链物流战略计划的目的是提出战略政策,并部署物流设施、设备及运作系统,使之能以最低成本支出完成目标。供应链物流战略计划对以下方面提供指导:配送仓库的配备数量、类型和选址;每个配送仓库中存货的种类;采购的理念和实施;运输如何进行及如何被整合进其他领域;物料搬运方法;处理订货的方法。

供应链物流战略计划的基本要求是对各个系统进行专业的设计,使它们在物流运作中得以协调。供应链物流战略计划要认识影响绩效的内在及外在因素。企业的外部环境会限制供应链物流战略的灵活性。供应链物流战略计划需要对环境变化进行观察与评价，在制定物流战略时，通常要考虑的环境因素有行业竞争性评价、地区市场特征、技术评价、渠道结构、经济活动与社会预测、物流服务产业趋势与法规环境变化等。

1. 行业竞争性评价

行业竞争性评价主要包括对企业所在行业的机会和潜力的系统评价，如市场规模、成长率、盈利潜力、关键成功因素等问题。

2. 地区市场特征

企业的物流设施网络结构与客户及供应商的位置有关。地理区域的人口密度、交通状况及人口变动都影响物流设施选址。所有公司必须从这些地区市场特征考虑最有市场潜力的商场的位置。

3. 技术评价

在技术领域中对物流系统最具影响力的是信息、运输、物料管理及包装等各种技术。例如，计算机、卫星、扫描、条形码和数据库等均对物流实施具有革命性的影响。及时准确的信息流是企业成功的关键，能够跟踪货物运动的整合的数据库已经被用来改进实时管理控制及决策支持。多式联运、集装箱等改变了运输技术。机器人、自动导向搬运系统的使用，影响了物料搬运技术。包装上的创新，包括使用更坚固的材料、可返回的重叠式集装箱、改进的托盘及识别技术改变了包装技术。现在大多数上述的创新技术已经具有商业使用价值。

4. 渠道结构

供应链物流战略部分是由渠道结构决定的，所有的企业必须在一定的业务联系间迅速实施其物流运作。供应链由买、卖及提供服务的关系所组成，企业必须适应渠道结构和变化。在许多情况下，如果物流绩效能够改进，企业物流经理应积极地促进改变。

5. 经济活动与社会预测

经济活动的水平及其变化与社会变化对物流有重要的影响，例如，运输的总需求是直接与国内生产总值相关的，利率的改变直接影响存货战略，社会发展趋势与生活方式等影响物流要求等，因此，制定供应链物流战略需要对经济活动与社会发展进行预测。

6. 物流服务产业趋势

为了增加服务的灵活性和减少固定成本，越来越多的企业选择将物流服务进行外包，与物流服务相关的运输、仓储、物流设备、物流信息化等产业不断发展变革，对供应链物流战略的制定产生较大的影响。

7. 法规环境变化

包括数字供应链、智慧物流、无车承运人（网络货运）、供应链物流金融、电子商务物流等领域的政策法规软环境发生变化，给供应链物流战略的制定也带来更多的不确定性。

10.2.3 供应链物流战略计划

供应链物流战略计划必须与其他的组成部分相互衔接与平衡，其涉及 3 个层面：战略层面、战术层面和操作层面。它们之间的主要区别在于计划的时间跨度。战略层面的计划是长期的，时间跨度通常超过一年。战术层面的计划是中期的，时间跨度一般短于一年。操作层面的计划是短期决策，是每小时或每天都要频繁进行的决策。决策的重点在于如何利用战略性计划的物流渠道快速、有效地运送产品。

由于时间跨度长，供应链物流战略计划使用的数据常常是不完整、不精确的，数据也可能经过平均，一般只要在合理范围内接近最优就认为规划达到要求了。而供应链物流运作计划则要使用非常精确的数据，计划的方法应该既能处理大量数据，又能得出合理的计划。例如，战略计划可能是整个企业的所有库存不超过一定的金额或达到一定的库存周转率，而库存的操作计划要求对每类产品分别管理。供应链物流战略计划主要解决客户服务需求的目标、设施选址战略、存货战略和运输战略 4 个方面的问题。

1. 客户服务需求的目标

客户服务水平的决策比任何其他因素对系统设计的影响都要大。如果服务水平定得较低，可以在较少的存储地点集中存货，利用较廉价的运输方式；服务水平定得高则相反。但当服务水平接近上限时，物流成本的上升比服务水平上升更快。因此，供应链物流战略计划的首要任务是确定客户服务水平。

2. 设施选址战略

战略存货地点及供货地点的地理分布构成物流战略计划的基本框架。其内容主要包括：确定设施的数量、地理位置、规模，并分配各设施所服务的市场范围，这样就确定了产品到市场之间的线路。好的设施选址应考虑所有的产品移动过程及相关成本，包括从工厂、供货商或港口经中途储存点，然后到达客户所在地的产品移动过程及成本。采用不同渠道满足客户需求，其总的物流成本是不同的，如直接由工厂供货、供货商或港口供货，或经选定的储存点供货等方法，物流成本是有差别的。寻求成本最低的配送方案或利润最高的配送方案是选址战略的核心所在。

3. 存货战略

存货战略指存货管理的方式，基本上可以分为将存货分配（推动）到储存点与通过补货自发拉动库存两种战略。其他方面的决策内容还包括产品系列中的不同品种分别选在工厂、地区性仓库或基层仓库存放，以及运用各种方法来管理存货的库存水平。由于企业采用的具体政策将影响设施选址决策，所以必须在物流战略计划中予以考虑。

4. 运输战略

运输战略包括运输方式、运输批量、运输时间及路线的选择。这些决策受仓库与客户及仓库与工厂间距离的影响，反过来又会影响仓库选址决策。库存水平也会通过影响运输批量影响运输决策。

客户服务需求的目标、设施选址战略、库存战略和运输战略是物流战略计划的主要内容，因为这些决策都会影响企业的盈利能力、现金流和投资回报率。其中每个决策都与其他决策互相联系，计划时必须对彼此间存在的权衡关系予以考虑。

10.2.4 基于时间的供应链物流战略

由于信息与通信技术的发展及信息交换成本的下降，使基于时间的供应链物流战略得到广泛应用。企业物流管理人员开始利用信息与通信技术来提高物流运作的速度及准确性。例如，通过信息共享改进预测的准确性和降低对地区配送中心库存配置的依赖性，从而减少库存。因为企业物流经理能迅速地获取有关销售活动的准确信息，所以能对运作控制加以改进。

及时和广泛的信息提供了减少传统依赖安全库存的供应链物流战略设计。时间的价值是众所周知的，企业物流管理人员如果能够加快物流活动的运作，就可以降低资产占用的水平。快速的物流运作能压缩及控制从收到订单到发出货物的时间，从而加速库存周转。预测错误率和配送的不确定性减少，也能减少库存水平。

基于时间的供应链物流战略是指在适当的时间完成一定的物流作业，以减少物流总成本。例如，运输集中战略就是这样的例子。运输集中战略主要指为了获取运输的规模经济性，将同一地域不同的市场需求进行计划安排，尽量做到集中运输的一种物流战略。要做到集中运输，需要有准确的库存信息和足够的顾客数量，必要时需要同顾客沟通预定送货时间，或者利用第三方物流实现协同运输。从运作的角度看，有 3 种方法可以实现有效的集中运输：市场区域的集中、计划发送和协同配送。在日常运作中实施的程度，对于形成物流战略是至关重要的。

（1）市场区域的集中

集中运输的最基本形式是将同一个市场区域中不同客户的小批量运输结合起来，这种方法只是协调而不是打断货物的流动。当然，同一市场上有足够的客户是集中运输的基础。使用集中运输的难点是每日要有足够的客户数量。为弥补客户数量的不足，通常使用 3 种集中运输安排：① 将货物送到配送中心，货物在那里分装，再运到目的地；② 在特定日期，按计划将集运货物送至目的市场；③ 利用第三方物流公司实现小批量货物的集中运输。后两种方法需要特殊安排，将在下文中进行更详细的讲述。

（2）计划发送

计划发送是在固定日期将货物发运到特定市场。计划发送通常要与客户沟通，强调集中运输的互利性。公司向客户承诺，所有在某一日期前收到的订单都保证在预定之日送货。计划发送的方法也许会与客户决定送货时间的趋势不符合。客户决定送货时间意味着订单要在一个很短的时间内送货。物流的挑战在于满足这些要求的客户，同时还获得集运的好处。

（3）协同配送

协同配送是指通常由货运代理、仓储或运输公司为同一市场中的多个货主安排集中运输。提供协同配送的公司通常具有大批量长期的配送合同。

阅读拓展

无界物流战略的提出

无界物流以越来越便捷、极速的服务不断融入人们便捷的日常生活。根据客户的消费场景，对商品的消费频次、时效需求等情况的大数据预测，将商品提前放置到城市内广泛分布的"小仓"、站点等，实现产品先于订单发货，末端库存共享。无界物流打通线上线下库存、覆盖各类购物场景，实现客户线上下单、商品从线下各类零售业态门店就近发货。

> 无界物流以数字驱动、供应链计划协同、平台与品牌方战略协同为主要特征。无界物流基于数字驱动，进行柔性化、动态化、可视化的设计，所有业务流程在线，并与商家深度协同，实时共享生产、库存、销售等数据，使供应链各环节都能根据上下游需求进行精准的决策。无界物流基于全渠道海量客户需求数据，对产品销售渠道、销售量等进行预测，指导商家合理进行生产计划、销售计划、智能选品与分仓、智能补货等，实现生产、库存、销售的精准匹配。
>
> 无界物流战略的本质是对供应链的"链路"进行重构，通过不断优化网络布局、升级供应链，并基于智能技术实现数字化运营，提升智能化的供应链管理能力。同时，基于网络协同和一体化、全链条的服务，使链条上各个节点串联互通，从而能够做到整体最优的决策。在供应链将始终保持灵活、高效运作的状态下，即便在渠道无限分散、管理 SKU 无限加大的情形下，仍能够实现最优的管理，有效降低库存冗余，使库存成本最低。

10.3 数字化物流与智慧物流

未来的物流一定是从数字化到智慧化——数智世界将是即将面临的时代。数智的价值体现，不仅是既有物流链上各参与者简单的信息化，而是用户需求驱动下全新的，协同、一体化的供应链物流网络。无论是数字化物流还是智慧物流，都是在物流信息化发展基础上的不断演进。

10.3.1 物流信息化的发展阶段

大体上看，物流信息化的发展主要有以下 4 个阶段。

1. 物流信息交换阶段

现代意义上的物流信息化，大体上可以从 20 世纪六七十年代的电子数据交换算起。当时一些发达国家和地区的大企业为提高企业之间的商贸、物流效率，采用了 EDI 技术，实现企业与企业间的信息交流。主要有两大措施：一是建立第三方信息交换机构——EDI 中心，企业间不必建立两两通信线路，只需与 EDI 中心交换信息即可；二是建立一套交换数据的标准，各企业把需要交换的数据按此标准转换后即可与外部交换，不会影响内部数据的安全。EDI 将贸易、运输、保险、银行和海关等行业的信息，用一种国际公认的标准格式，通过计算机通信网络传递，使各有关部门、公司和企业间进行数据交换和处理，并完成以贸易为中心的全部业务过程。由于 EDI 的使用可以完全取代传统的纸张文件的交换，因此也有人称它为"无纸贸易"或"电子贸易"。

2. 企业物流系统阶段

计算机和局域网技术的普及，推动物流信息化进入一个新的发展阶段，企业的物流信息化以管好各企业自身的网络资源和作业流程为目标，形成各种以订单管理系统、运输管理系统、仓储管理系统、配送管理系统、自动订货系统为核心的物流信息系统。不过这一时期，物流信息化主要还是局限在企业内部的物流作业。20 世纪 90 年代后期，部分企业建立了一整套的物流管理系统，涵盖了从订单管理、自动订货、运输管理、仓储管理、配送管理业务流程系统等，海尔物流管理系统就是其中的典型。

3. 物流信息平台阶段

在互联网技术的推动下，物流信息化的方向再次转向信息的交换与共享，其背后的驱动力是企业希望突破自身的网络和流程的限制，开始考虑社会资源的整合、合作伙伴的协同。这一阶段，地方政府和企业开始构建物流信息平台，整合社会分散运力以实现车源和货源对接。物流信息平台一般提供车源和货源对接服务，并运用算法来优化匹配的效率。同时，物流信息平台中的交易一般是一次性交易。

4. 物流全流程可视化阶段

供应链中的物流运输活动大多处于不可见的状态，导致供应链全程运输信息不透明，运输管理效率低下。将供应链运输环节中的货主、第三方物流公司、运输公司、司机和收货方集成在一个平台上，形成透明且开放的运输协同平台，将会极大地提升供应链运输全流程的运作效率。不同于物流信息平台的一次性货运交易，物流全流程可视化平台的交易大都是重复交易，甚至是长期合作关系。供应链核心企业加入平台后，一般也要求上下游企业加入平台，相当于将供应链的运输信息化环节移植到提供软件应用服务的平台。

10.3.2 数字化物流的概念与特点

在大数据、云计算、IoT 等新兴信息技术的催促下，传统供应链已无法满足企业发展需求，企业变革、创新升级势在必行，智慧化、数字化、可视化的供应链成为行业发展主赛道。随着物流技术不断进化、物流功能不断细化，物流产业各方的界限逐步模糊，对物流生态链上各方而言，数字化在行业竞争中扮演更加重要的角色，甚至可以说，它们的核心竞争力将从物流能力转向信息技术。事实上，无论是需求还是技术，均已经为物流行业这一波数字化浪潮奠定了基础：电商 4.0 驱动物流商业升级，跨境电子商务、定制生产、无人零售等生产消费新趋势对物流行业产业升级提出新需求；云计算、大数据、物联网和人工智能等技术的飞速进步，成为物流行业高速发展的基础设施平台。

1. 数字化物流的概念

数字化物流是指在仿真和虚拟现实、计算智能、计算机网络、数据库、多媒体和信息等新兴技术的支持下，应用数字技术对物流所涉及的对象和活动进行表达、处理和控制，具有信息化、网络化、智能化、集成化和可视化等特征的物流系统。数字化物流实际上是对物流的整个过程进行数字化的描述，从而使物流系统更高效、可靠地处理复杂问题，为人们提供方便、快捷的物流服务，以此表现物流体系精确、及时和高效的特征，进而达到物流操作数字化、物流商务电子化、物流经营网络化。

数字化物流与传统物流的构成并无本质区别，都是由采购、运输、储存、装卸搬运和配送等各环节组成的，它们各自成为物流的子系统。不同之处就在于数字化物流突出强调一系列电子化、机械化、自动化工具的应用及准确、及时的物流信息对物流过程的监督，更加强调物流运作速度、物流系统信息的通畅和整个物流系统的合理化。随着电子商务交易过程中实物的流动过程，拥有畅通的信息流把相应的采购、运输、仓储、配送等业务活动联系起来，使之协调一致，是提高数字化物流整体运作效率的必要途径。在电子商务环境下，客户在网上的购买行为与传统的购买行为有所不同，因此决定了数字化物流服务形式、手段的特殊性。在网上购物的客户希望在网上商店寻觅到所需的特定物品，并且希望得到实时的信息反馈，诸如是否有存货、何时能够收到货物等实时的信息，同时他们也十分关注如果在网上选购的物品不甚理想或物品在运输途中受损是否能够及时、便利地办理退货等。新兴的数字化物流服务是由具备实力的服务商来提供最大限度地满足客户需要的外包服务。数字化物流服务与传统物流服务的区别如下所述。

（1）商品物流和承运的类型不同

在传统的物流形式下，物流是对不同地理位置的客户进行基于传统形式的大批量运作或批量式的空间移动，货物的追踪不是通过单件或包裹，而是完全通过集装箱、托盘或其他包装单元来进行的，制造商、零售商或批发商提供货运支持，将货物用卡车运抵码头或车站，然后依靠供应链的最后一环将货物交付给最终客户。通常，供应链各环节间的可见性是有限的，在传统的物流环境下，一件货物从制造商到客户，其可见性实际上是不存在的。在数字化物流状况下情况则不同，借助各种信息技术和互联网，物流运作或管理的单元不是大件货物，而每个客户所需的单件商品，虽然其运输也是以集运的形式进行的，但是客户在任一给定时间都可以沿着供应链追踪货物的位置。

（2）客户的类型不同

在传统的物流形式下，物流服务的对象是既定的，物流服务提供商能够明确掌握客户的类型及其所要求的服务和产品。但随着数字化的到来，物流正发生着根本性的变化，数字化要求快捷、高速、划分细致的物流方式，典型的数字化客户是一个未知的实体，他们根据自己的愿望、季节需求、价格及便利性，以个人形式进行产品订购。

（3）物流运作的模式不同

传统的物流是一种典型的推式经营，制造商将产品生产出来后，为克服商品转移空间和时间上的障碍，利用物流将商品送达市场或客户手中，显然，在这一过程中，商流和物流都是推动式的，从某种意义上讲，物流在整个商品运动过程中只起到支持的作用，本身并不创造价值。数字化物流则不同，由于商品生产、分销及仓储、配送等活动都根据客户的订单来进行，因此，所有的活动包括商流、物流、资金流都是围绕市场展开的，数字化物流不仅为商品流动提供了有力的保障，而且因为其活动本身就构成了客户服务的组成部分而同时创造了价值。

（4）库存、订单流不同

在传统的物流运作下，库存和订单流是单向的，买卖双方没有互动和沟通的过程；但是在数字化物流条件下，由于客户可以定制订单和库存，因此，其流程是双向互动的，客户可以定制和监控甚至修改其库存和订单，而制造商、分销商同样也可以随时根据客户的需要及时调查库存和订单，以使物流运作实现绩效最大化。

（5）物流的目的地不一样

传统的物流由于不能及时掌握商品流动过程中的信息，尤其是分散化客户的信息，加上个性化服务能力不足，因此，它只能实现集中批量化的运输和无差异性服务，其运输的目的地是集中的。但数字化物流不同，它完全根据个性化客户的要求来组织商品的流动，这种物流不仅要通过集运来实现运输成本的最低化，同时也需要借助差异化的配送实现高质量的服务，所以其目的地是分散化的。

（6）物流管理的要求不一致

由传统物流的特点所决定，在管理的过程中，传统的物流强调的是物流过程的稳定、一致，否则物流活动就会出现混乱，任何物流运作过程中出现的波动和变化都有可能造成上下游企业的巨大损失。数字化物流管理却不同，由于其物流需求本身是差异化的，此时的物流是建立在高度信息管理基础上的增值活动，因此，物流必定会出现高度的季节性和不连续性，这就要求企业管理物流活动必须按照及时应对、高质服务及总体成本最优的原则来进行。

（7）物流管理的责任不同

在传统物流的运作环境下，企业只对其所承担的环节负责，如运输企业只负责有效运输和相应的成本，仓储企业只负责仓储不出现差错并实现成本最低等，物流各运作环节之间往往没有明确的责任人，物流经营活动是分散的，结果往往出现局部最优，但整体绩效很差的情况。数字化物流则不同，它强调物流管理是一种流程性管理，要求企业站在整个供应链的角度来实施商品物流过程及相应的成本管理。

2. 数字化物流的技术支持

数字化物流技术的构成主要分为基础技术、系统技术、应用技术和安全技术4个方面，数字物流的运营需要大量的信息技术支持。物流是一个连续的节点作业，物流管理者更多关注的是货物流通的速度和货物的物流情况。在物流过程中，每个环节都可以看作互相联系又相对独立的节点，要运用现代信息技术来推动现代物流的发展和进步，主要体现在以下几个方面。

（1）卫星定位系统和库存跟踪系统

卫星定位系统一般是利用分布在高空的多颗卫星对地面上特定移动目标的位置进行精确定位的一种信息系统。在物流中利用GPS，可以随时掌握特定货物所在的状态，如货物所在的位置、行进速度、质量变化等，也可在物流运输的过程中对货物的运输、仓储、装卸、传递等各个环节的问题进行解决和规划，或对运输车辆的路线选择、车辆跟踪进行综合决策分析。同时，实行库存跟踪系统对货物进行实时监控，使仓库和车间之间的管理步骤进行了简化，这在一定程度上减少了失误，并提高了工作人员的工作效率，为数字化物流提供了基础支持。

（2）条码技术

在数字化物流的发展中，条码技术的运用为数字化物流缩短了统计信息、了解内容的过程，减少了运输管理时间，是数字化物流中不可或缺的技术。条码技术能够通过黑白线和空格的排列来输入货物的信息内容，它是在计算机应用中产生的一种自动识别技术。在管理过程中，通过自动扫描而得到货物的内容，这种技术能够快速、准确而可靠地采集数据，了解信息。条码技术在物流行业中的广泛应用为数据录入和数据采集提供了途径。条码技术的使用提高了分拣运输的效率，简化了分拣流程。

（3）自动识别技术

在物流运输中由于货物众多，导致货物的识别、分类、选择有很大的困难，自动识别技术可以对各种实体物品进行唯一有效的标识，如集装箱、货运包装等物品的识别，这种技术有利于货物信息的统计，有利于减少出错率，有利于仓库的管理、运输的管理、货物的跟踪等，提高了数字化物流的运输效率。

（4）动态信息的采集技术

数字化物流的发展需要各种信息的整合。全球供应链不断发展，供应链管理已经成为现代管理的代名词。而物流是全球供应链管理的纽带，供应链的发展必须依靠高效运作的物流系统，从而达到企业运营中所需原料和产品的供应、运输、缓存、生产及销售等。数字化物流为供应链管理提供了保证，避免了一些衔接的失误、运输的风险。同时，企业对物流信息的透明化要求高，掌握物流的动态信息已经成为企业盈利的重要保证。

（5）信息分类编码技术

信息分类编码技术是物流走向信息化的标志，目前数字化物流迅速发展，信息分类编码不能再单纯地进行信息区分，应该进一步丰富与完善，使用计算机技术对信息分类编码中所含的信息进行处理分析并存储,同时将自然语言转化成数字信息,由计算机进行识别、接收、存储，简化数字化物流的储存步骤，推动物流信息的更新效率。

（6）电子数据交换技术

电子数据交换技术是简化订单流程的一个重要技术，该技术的运用，有利于数字化物流的快速发展。电子数据交换技术是支持订单传输、发票打印等作业性流程运转的一项信息技术，它能够利用各种行业信息，利用标准化的格式，实现数据的交换与运输。这项技术是数字化物流行业中一种新型的电子化贸易工具，为数字化物流提供现代化的信息管理技术。

3. 数字化物流的主要特点

（1）物流信息的数字化

物流信息的数字化使人机互动能以多媒体形式实现，而符号化的物流信息则可在不同软件平台上进行存储、处理并通过协议进行传递。所有这些都将物流信息的表述、处理、传递、存储、重组、更新和应用提高到一个新的水平，朝着不断自行改进的纵深物流方向发展。

（2）物流信息的知识化

将物流全过程中的数据和资料等经过处理，可以形成辅助人们决策的具有很高价值的信息形态——知识，它是使企业投入增值的新动力。在科学技术和生产力高度发达的今天，提高企业运作水平和产品的知识含量，增值效果特别明显，知识成为企业创造价值的源泉之一。物流企业的知识管理主要指协助员工对拥有的知识进行反思，促进员工运用知识进行交流，并发展相应的管理技术，改善企业的组织结构。物流企业知识的编码化是指将企业的知识进行分类整理，采用格式化描述，实行规范化管理的过程。物流企业通过编制企业质量管理手册、工作流程、工作指南、工作记录等文件，将显性知识实现编码化。因存在于企业员工头脑中的隐性知识大多没有进行格式化描述，因此，物流企业隐性知识的编码化管理重点，主要是将隐性知识转化为可以交流和共享的显性知识。对显性知识和专家的隐性知识进行收集和编码化，可为企业发展智能化物流奠定基础。

（3）GPS/GIS技术与数字物流的结合

GPS/GIS技术融于数字物流中，主要是指通过GIS地理数据功能和GPS全球定位功能来完善物流分析技术，利用集成车辆路线模型、最短路径模型、网络物流模型、分配集合模型和设施定位模型等来实现运输路线的选择、仓库位置的设置、仓库容量的确定、装卸策略的制定、运输车辆的调度、投递路线的优化及配送车辆的自定位、跟踪调度、陆地救援等。现代信息技术发展已趋成熟，信息资源的共享为物流GIS的建设提供了基础和保障，同时，现代物流自身的发展也需要充分利用数字化技术进入新的阶段。现代物流GIS的发展正向三维可视地理信息系统过渡。融合三维可视化技术与虚拟现实技术，完全再现管理环境的真实情况，把所有管理对象都置于一个真实的三维世界里，充分实现管理意义上的"所见即所得"，是科技发展的必然趋势。

（4）电子商务与数字物流的结合

电子商务对物流的数字化进程起着极大的推进作用，电子商务是未来商务活动发展的主要方向，研究物流活动的电子商务不仅可以促进物流系统自身的高效率运作，而且物流作为电子商务活动的重要中介，研究两者的结合对电子商务的发展也起到重要的推动作用。在信息化的今天，物流与电子商务必须紧密结合，相互协作，才能共同快速发展。

（5）信息技术与数字物流的结合

信息技术是数字物流得以正常和高效运作的重要支撑，单纯的、不依赖信息技术的物流过程已不复存在。研究如何将现有的各种信息技术（如计算机网络技术、通信技术、条码技术及人工智能和自动控制技术等）与数字物流结合起来，设计具体的应用方案，解决统一标准、接口、规范和安全等问题是目前的紧迫任务。

（6）系统的综合一体化集成

在数字物流时代，物流信息的发展注定要向系统的综合一体化集成方向发展。强调系统的综合集成，既可确保信息资源的最大利用率，又便于对系统内部的日常信息进行处理，其内涵是十分丰富的。在数据的处理中，要达到信息采集的在线化、信息存储的大型化、信息传播的网络化、信息处理的智能化、信息输出的图形化等。

10.3.3 智慧物流的内涵和应用

1. 智慧物流的概念

目前对智慧物流的研究仍处于起步阶段，企业界与学术界对智慧物流的概念、体系结构、实施框架的研究尚不成熟，还没有形成一个普遍的定义。大体上，所谓智慧物流是指以互联网为依托，广泛引用物联网、传感网、大数据、人工智能和云计算等信息技术，通过精细、动态、科学的管理，实现物流的自动化、可视化、可控化、智能化、网络化，使物流系统能模仿人的智能，具有思维、感知、学习、推理判断和自行解决物流中某些问题的能力。

2. 智慧物流的发展阶段

总体来看，智慧物流经历了以下3个发展阶段。

（1）物流信息化阶段

在这一阶段，企业通过建立运输管理系统、仓储管理系统、配送管理系统和物流管理系统，对运输、仓储、配送等相关物流信息进行收集、加工、传输、存储和利用，使物流信息从分散到集中，从无序到有序，从产生、传播到利用，同时对涉及物流信息活动的各个要素（包括人员、技术、工具）进行管理，实现资源的合理配置。例如，企业通过自动识别技术（如物流条码技术）实现货物信息的有效采集并与物流信息系统对接；通过自动化立体技术对库内的物资进行调动，提高库内作业的准确性和仓储管理的效率。在物流信息化阶段，主要是运用各种先进技术获取运输、仓储、包装、装卸搬运、流通加工、配送、信息服务等各个环节的大量信息，实现实时数据收集，使各方能准确掌握货物、车辆和仓库等信息，初步实现感知智慧。

（2）物流智能化阶段

物流智能化的特征就是自动化，体现了自动执行，其执行任务可能来自上一个机构或自动控制的程序设定，还不具备"智慧"的功能。以电商物流为例，当收到客户的网购订单后，订单需要在仓配中心进行分拣，仓配中心会给智能化分拣系统下达分拣命令，智能化分拣系统通过智能分析来执行命令，机器化决策分拣的次序和流程。在物流智能化阶段，物流的局部流程运转是自动化的，例如，物流机器人、物流无人机和自动化输送分拣连接物流的下单、收发、包装、运输、仓储、装卸、分拣、配送等各个环节，提升了物流局部流程的运作效率。但是，物流智能化只体现在物流作业的局部流程，且本身缺乏大数据的处理能力和运算能力，其功能主要是自动执行命令。

（3）物流智慧化阶段

物流智慧化就是使物流具备类似人一样的思考能力和决策思维。大数据时代，物流智慧化的"智慧"可以利用大数据、机器学习等技术预测需求，甚至是特定产品在特定区域的需求，协助商家及物流公司进行智能分仓，实现提前分仓备货，并能结合特定需求（如物流成本、响应时间、服务、碳排放和其他标准）评估基于概率的风险，进行预测分析，协同制定决策，提出合理有效的物流解决方案。智慧物流的特征有大数据驱动、自动化及供应链整合。所谓供应链整合，就是智慧物流需要具有连接生产和消费的功能，通过大数据需求预测来引导企业的物流及生产制造和采购运营的一体化。

3. 智慧物流的作用

智慧物流的作用主要体现在以下4个方面。

（1）加速物流产业的融合发展，推动物流行业"降本增效"

智慧物流通过互联网、大数据和人工智能等新兴技术，让货与车、车与仓库、仓库与仓库、仓库与客户的连接更加有序化，优化配送社会物流资源，如货运车辆、仓库、人力等资源，发挥整体优势和规模优势，加速物流产业的融合发展，推动物流行业"降本增效"。

（2）降低企业物流运营成本，提高企业利润

在智慧物流的推动下，企业可以选择将物流外包，实现比自身物流运作更高的效率。一方面，物流效率的提升带来消费的增长；另一方面，可有效降低物流运营成本，提高企业利润。

（3）推动企业产、供、销等环节的融合，提升企业经营的智慧化

随着RFID、传感器及物联网技术的发展，物与物之间进一步互联互通，将给企业的物流系统、生产系统、采购系统与销售系统的智能融合打下基础，必将产生智慧生产与智慧供应链的融合，企业物流完全智慧地融入企业经营中，打破工序、流程界限，推动企业产、供、销等环节的融合，提升企业经营的智慧化。

（4）提供商品源头查询和跟踪服务，促进消费

智慧物流通过提供货物源头自助查询和跟踪等多种服务，尤其是对食品类货物的源头

查询，能够让客户买得放心，吃得放心，增加客户的购买信心，促进消费，最终对整体市场产生良性影响。

4. 智慧物流的应用场景

智慧物流在物流数字化的基础上，通过智能软硬件、物联网、大数据等智慧化技术手段，实现物流各环节精细化、动态化、可视化管理，提高物流系统智能化分析决策和自动化操作执行能力，提升物流运作效率。智慧物流主要应用在智能仓储、智能分仓、智慧物流配送体系优化以及车货匹配等场景。

（1）智能仓储

智能仓储就是使仓库的入库、保管、分拣、打包和出库作业流程数据化和智能化，提升仓储运作效率。智能仓储的作用主要表现在以下5个方面：提升仓库货位利用效率；减少对操作人员经验的依赖，转变为以信息系统提供操作指令；降低作业人员劳动强度；提升仓库内货物周转效率，降低库存水平；改善仓储的作业效率，提高订单准确率和履行率。

在智慧物流仓库的体验中，可以发现诸多大数据的具体应用，如利用大数据对商品进行分仓，打印订单条码，利用算法规划路径等。通过大量的数据模拟配送行为和数百亿的历史地址库，就可以为包裹做出最优路线预测。

（2）智能分仓

智能分仓就是利用大数据技术对特定区域的需求做出预测，并将货物分配到不同的仓库中，就近发货给客户。智能分仓已经成为仓库网络规划的趋势和重心，为迎合客户的需求，各大电商企业和传统门店及O2O门店在考虑仓库的规划时，将仓库建在客户的附近，就近备货，这会涉及特定区域商品的市场需求品类和需求预测。通过大数据分析特定区域客户的需求，客户在下订单前，物品已经提前通过运输配送到区域站点，当客户下订单后，直接从区域站点库房送货给客户。

（3）智慧物流配送体系优化

智慧物流配送体系是一种以互联网、物联网、云计算、大数据等新兴信息技术为支撑，在智慧物流的仓储、配送、流通加工、信息服务等各个环节实现系统感知、全面分析、及时处理和自我调整等功能的现代综合性物流系统，具有自动化、智能化、可视化、网络化、柔性化等特点。智慧物流配送体系主要对配送工作时效性、动态信息共享、方案动态调整等方面的工作进行研究，最终实现配送路径动态优化的目标。智慧物流配送路径优化研究工作对减少配送成本、提高配送工作效率等具有重要意义，并且能够更好地满足客户需求。在考虑信息动态变更因素的基础上，能够对各个时刻路况、新订单生成等进行了解，之后借助GIS将动态数据发送至配送调度部门，并通过算法完成车辆调度系统相关的路径优化工作，由管理系统负责方案传输及车辆派遣命令。

（4）车货匹配

由于存在信息不对称，大量的货源找不到车源、大量的车源找不到货源，车货匹配效率低下。目前，基于车货匹配的"互联网+"平台大量涌现，包括基于干线运输的"互联网+运输平台"、基于城市配送的"互联网+配送平台"。不同于滴滴打车，车货匹配平台要匹配的是货运车辆和需求方，而要让货运车辆的吨位、大小、适合的物品类型与个性化的货运需求匹配起来，离不开一些优化算法，并能根据车源、需求方的变化进行动态优化。

本章小结

供应链物流是为顺利实现与经济活动有关的物流，协调运作生产、供应活动、销售活动和物流活动，进行综合性管理的战略机能。物流战略是企业总体战略的组成部分，物流战略要达到的目标主要包括降低成本，减少资本占用和改进服务。战略性物流计划需要对环境变化进行观察与评价，在制定物流战略时，通常要考虑的环境因素有行业竞争性评价、地区市场特征、技术评价、渠道结构、经济与社会预测、物流服务产业趋势、法规等。供应链物流战略计划主要解决客户服务需求的目标、设施选址战略、存货战略和运输战略 4 个方面的问题。基于时间的物流战略是指在适当的时间完成一定的作业，以减少物流总成本，包括物流延迟战略和运输集中战略。数字化物流是指在仿真和虚拟现实、计算智能、计算机网络、数据库、多媒体和信息等支撑技术的支持下，应用数字技术对物流所涉及的对象和活动进行表达、处理和控制，具有信息化、网络化、智能化、集成化和可视化等特征的物流系统。智慧物流是指以互联网为依托，广泛引用物联网、传感网、大数据、人工智能和云计算等信息技术，通过精细、动态、科学的管理，实现物流的自动化、可视化、可控化、智能化、网络化，使物流系统能模仿人的智能，具有思维、感知、学习、推理判断和自行解决物流中某些问题的能力。

课后思考

1. 名词解释

绿色物流，精益物流，数字化物流，智慧物流

2. 简答题

（1）大规模定制物流具有哪些主要特征？
（2）现代物流呈现了哪几方面的特征？
（3）数字化物流主要有哪些特点和发展趋势？
（4）结合具体行业，论述智慧物流的应用场景。

案例讨论

京东物流供应链模式

历史名臣曾国藩带领湘军打仗，喜欢"结硬寨，打呆仗"，结下硬寨后，进可攻、退可守，"制人而不制于人"，从而取胜。在企业运营中，"结硬寨，打呆仗"也是一种实用逻辑。京东曾凭借"短链触达"型物流，有力地助推自身从电商林立中突围。如今，京东对这一护城河进行了强力加筑：京东供应链、京东快递、京东冷链、京东快运、京东跨境、京东云仓将组成全新一体化产品体系，并重点打造全球智能供应链。

1. 合六为一直指运营效率升级

电商物流竞争要素的核心在于运营效率，而京东物流仓配模式之高效，挑战了国内传统的网络模式江湖。京东物流拥有国内领先的物流基础设施与仓配网络，京东物流的仓配

一体化模式,主要能够节省仓储成本和运输成本,提高存货周转率,经历十余年发展,越来越多的客户愿意为这种高效的配送服务买单。

供应链、快递、冷链、快运、跨境、云仓等产品整合进一个体系中,意味着物流配送能够为不同消费需求、消费场景提供全方位、一体化的解决方案。京东物流这六大产品各自已形成火候,具体来说,京东供应链产品基于品牌商的不同痛点提供定制化的服务。围绕不同品类、不同行业,兼顾标准化与个性化的商家需求,打造了以服饰、消费品、3C、汽车后市场四大行业为核心的不同供应链解决方案。除食品外,京东还将挖掘(如汽车零部件、汽车维修等)新的场景,思考如何通过快速的网络送达,让汽车行业的物流发生根本性的变化。

京东物流产品围绕传统的货物寄递业务,以包裹重量30kg为区分,打造出京东快递和京东快运两个产品,为用户提供快速、精准、个性化的配送及多种增值服务。京东云仓接近共享经济模式,输出的是技术、标准和品牌。京东物流将仓储管理的系统、数据产品服务与运营经验等输出给商家和合作伙伴,建设物流与商流相融合的云物流基础设施平台。云仓模式使社会闲置空间资源得到有效利用,并提高了参与者的收入。

京东物流现在已经建成全国领先的生鲜电商冷链宅配平台,并打造出相对成熟的跨境服务,商业模式已经得到部分验证。京东物流与日本知名电商平台 Rakuten 的合作从保税备货扩展到跨境直邮、再到跨境双通,全球最大零售商沃尔玛投资的英国连锁超市 ASDA 和山姆会员店分别入驻京东跨境物流开放平台,它们目前在京东全球购平台上售卖的商品均由京东跨境物流进行统一存储、调拨、分拣。

京东物流在整合六大产品后,整体运营效率将具备更强大的竞争力,在电商与物流互为彼此成就的趋势更为明显的当下,电商品牌影响力也将更进一步扩大。

2. 从物流思维升级为供应链思维

对于京东物流而言,在业务整合外,也正在进行一场思维迭代:从简单追求点到点货物的搬运次数减少,到从预测、采购、生产、物流、交付的全链条优化。以不同要素驱动的供应链管理是许多企业的战略核心,新的市场主体,依托新的基础设施,通过新的协作分工体系,重新构造的供应链是对传统产业价值链的一种重塑和颠覆,将释放巨大的价值。"得供应链者得天下"是行业普识。

随着我国经济已由高速增长阶段转向高质量发展阶段,处于转变发展方式、优化经济结构、转换增长动力的攻关期,一个服务于现代化经济体系的基础设施网络与供应链形态至关重要。国际上,在全球经济一体化趋势下,供应链水平成为影响企业乃至国家在全球范围竞争力的关键因素。在这个"质变"时代,客户需求的变化与技术在各场景的融合,都要求企业以成本、效率、体验为出发点,从物流视角升级为供应链视角。要推动全链路降本提速,智能技术的运用将起到最为关键的作用,京东物流正在加大自研,并将无人机、无人车、无人仓等无人科技和智能技术进行大面积应用。其中,京东无人机已在陕西、江苏、海南等6省内实现常态化运营;配送机器人触达北京、西安、雄安等全国20多个城市;27个不同层级的无人仓已分布在全国多地,涵盖家用电器、美妆个护、电脑办公、服饰内衣、医疗保健等仓储场景,建立了无人仓的世界级标准。

此外,京东物流牵头投资了几十家物流技术公司,帮助物流企业不断快速发展,使效率得到很好的提升。

3. 京东物流的供应链模式欲出海

京东物流向外界清晰了其希望把优质供应链模式输出给全球商家与客户的目标，六大产品的通力合作正是实现该目标的基础。京东物流正全力搭建全球智能供应链基础网络，并以此为愿景，在全球范围内进行采购、生产、设计、物流等全链条的优化，主要将从实体的通路网络与智能平台两个建设点着力，依靠技术和模式创新贯通商流、物流、资金流、信息流等，携手更多伙伴致力于提升整个社会的供应链效率，节约供应链成本，将社会物流成本降到5%以内。

京东的供应链是一体化的开放，一体化的供应链管理采购、仓储、配送，满足了当初京东的崛起，而面对开放的趋势，除了向客户开放，还要向全社会、全品类开放，除了给别人赋能，还要接受别的能力进来，在相互融通中形成更好的能力，从而构建全社会零售的基础设施。实际上，甚至很多发达国家，物流的时效仍处于低位，引领全球物流时效和服务创新成为先行者的责任。中国供应链场景的复杂与多元让中国物流企业在模式创新及科技的应用上具备了显著优势。此外，如何在世界范围内组合和配置资源，畅通中国制造通向全球、全球商品进入中国的双向网络，成为企业未来竞争的关键。

京东物流已在印度尼西亚、泰国、马来西亚、美国等国家落地。京东将印度尼西亚原来需要一周以上的物流时间压缩到85%的订单可以在次日到达；在曼谷开通211限时达服务，当地客户也可享受到"上午下单，下午送达"；在泰国建立了京东的仓储中心，预测一年以内，泰国当地的货物也能实现48小时到达。同时，京东与各个航空公司也有多种模式的合作，确保了通关顺利。除了航空，京东物流还寻求与铁路、海运、仓储、配送等各界合作伙伴一同推进全球智能供应链基础网络的建设，打造针对不同产品的仓配、快递、快运、分钟级的即时物流等服务。

京东同时将向海外输出全链路数字化的智慧系统、应用于无人仓等领域的无人技术。通过供应链的一体化和开放，京东等企业在全域、全链路、全渠道、全品类进行整合和重构，最终会沉淀为消费品产业链的基础设施。

（案例来源：中国物流与采购网，有改动）

? 思考

1. 简述京东物流的供应链管理思维。
2. 京东物流的供应链模式是如何运作的？

第 11 章

供应链风险管理

思政导学

以忧患意识、责任意识、担当精神为课程思政目标,结合辩证的观点看待事物发展、分清主要矛盾与次要矛盾的思维,将未雨绸缪、大局观、全局观、勇担责任、不畏艰难等精神融入对供应链风险管理策略、弹性供应链等知识点的理解中。

◇ 学习要点 ◇

- 掌握供应链风险和供应链风险管理的概念
- 熟悉供应链风险管理的过程
- 掌握供应链风险管理策略
- 理解弹性供应链的构建

● 关键术语

供应链风险,供应链风险管理,风险识别,风险估测,风险控制,
供应链弹性

导入案例

马钢的绿色供应链风险管理

作为我国知名的大型钢铁企业之一,马钢一边借鉴国外绿色供应链的实施方法,一边摸索一套适合自身企业发展的绿色供应链体系。钢铁行业的绿色供应链存在的风险主要来源包括企业内部风险和外部风险,外部风险主要体现在钢铁企业的外部市场竞争环境、企业供应链条上的其他企业及外部市场经济体制的变化,内部风险体现在企业内部各生产加工工序部门间的信息不透明化和企业的生产技术、设备的先进性和智能化等,需要通过建立完善的绿色供应链风险控制管理体制,来降低各种突如其来的风险对于钢铁企业绿色供应链的影响。具体而言,马钢的绿色供应链风险主要分析如下。

1. 外部风险

（1）市场风险

由于市场环境的不稳定性，导致企业自身制订的生产计划和销售计划不切实际，钢铁行业随着产能的高居不下，不得不依靠企业转型、合并升级等方法来改变目前的困境。钢铁是国家的能源行业，一直被国家所掌控，因此钢铁行业进出的壁垒很高，企业难以退出当前的行业，只能依靠自身的发展和改变来推动着国内钢铁行业的发展、市场份额的固定，导致企业的竞争日益加剧，给企业带来的风险也随之增加。马钢核心竞争力的提升归根到底在于其绿色供应链的稳定性，加强与链条上其他企业的合作及采取方法稳固绿色供应链才能减少风险对马钢集团造成的影响。

（2）自然环境风险

自然环境风险主要包括一些人们难以控制的风险因素，马钢无法预测这类风险发生的时间及计算出会造成企业多大程度上的损失。自然环境风险包括海啸、地震、火山喷发等不可控制的自然因素。企业存在大量的固定设施设备，一旦受到自然环境灾害的影响，会危害、影响员工的生命财产安全和厂房及设施，不可避免会造成供应链的中断，供应链的上下游企业也会因此受到经济损失，给企业带来难以挽回的后果。这些风险都应该被企业所洞察，以保证在发生这些自然环境灾害时，能够采取有效措施将伤害降到最低，保证供应链运行。

（3）经济风险

马钢的绿色供应链在经济上也容易受到影响，如汇率的变动、通货膨胀、税收和政府政策等方面。经济环境的不稳定，导致企业在原材料采购和废弃物回收方面产生问题，企业会出现原材料采购的花费超出预期的情况。马钢的原材料供应商遍布国内外，汇率的波动影响着原材料采购的数量，这给企业的仓储环节和销售环节带来困难。而且像马钢这样的大型企业的原材料供应一旦发生短缺或中断供应，不仅会影响企业绿色供应链正常生产运行，供应链上的其他上下游企业也会受到极大的波及，因而造成的损失是无法估量的。

2. 内部风险

（1）供应风险

马钢绿色供应链所遇到的风险包括在钢铁原材料的采购上企业不能够得到稳定的供应，而且马钢自身的生产加工部门也会因为决策的不正确出现意外，导致钢铁在正常生产作业中出现中断等情况。例如，产品交货周期的延迟、成品质量不合格等问题会直接影响供应链的正常运行，原材料的供应直接影响生产加工环节任务的执行。客户所购买钢材等商品的及时供应关乎着马钢生存的命脉，只有通过对客户、分销商订单的及时、快速响应等方法来维持马钢与客户间长期稳定合作的关系，从而提升马钢自身生产的产品在市场上的份额占比，与此同时，通过上述方法帮助企业增加收益和扩大利润源。在当前钢铁行业日益险峻的竞争环境下，对于马钢而言，依靠钢材的稳定和持续的供应来赢得客户的信赖是一个非常重要的手段。

（2）需求风险

由于钢铁市场需求预测的差异性，马钢在预测下一季的销售情况时，会参照本周

> 期集团内部各个销售部门的业绩情况。而需求往往是不确定的，产品的需求会随着供应链的传递性产生逐级放大现象。这会造成企业为保障供应的稳定而采取扩大产能的措施，势必导致库存的积压，从而影响企业资金和商品的流通。随着产品更新换代速度的加快，一些传统商品很难与现在的高新技术产品竞争，更多的客户需要企业提供差异化和个性化的服务。企业如不能对市场的需求信息进行准确的捕捉及企业内部信息不能够及时共享，势必导致风险因素对企业造成的巨大损害。
>
> （资料来源：陈杰，等.钢铁行业绿色供应链风险管理初探——以马钢集团为例[J].物流科技，2020，43(10):121-125，有改动）
>
> **思考**
> 马钢发展绿色供应链主要存在哪些风险？
>
> **解析**
> 结合供应链风险定义、供应链风险分类等知识点进行分析。

11.1 供应链风险概述

在实践中，由于供应链上某个企业风险导致整个供应链上企业损失的案例已经较为常见。与企业经营管理风险相比，供应链风险不仅是由内部原因造成的，也会由供应链上的其他企业造成"多米诺骨牌效应"（即对供应链上下游企业带来一系列影响）。因此，如何对供应链风险进行有效识别、评估、分类，并采取有针对性的预防和解决措施已经成为降低企业经营风险的重要内容。

11.1.1 供应链风险的定义及特征

1. 风险的定义

风险的研究涉及统计学、社会科学、自然科学等诸多学科，各学科都在各自的研究领域有各自的定义。

① 从统计学、精算学、保险学角度，把风险定义为将一个事件造成破坏或伤害的概率或可能性。其数学表达式为风险（R）=伤害的程度（C）×发生的可能性（P）。该定义主要是从经济学的角度来考虑的，体现了收益与成本的色彩，而人们往往过于从"风险"的角度来考虑风险带来的伤害程度，很少考虑潜藏在风险中的收益。

② 从人类学、文化学角度，把风险定义为一个群体对危险的认知，认为风险是社会结构本身具有的功能，主要用于衡量目标对象在环境中的危险程度。

③ 从社会学角度，把风险定义为一种理解或认知的形式，认为风险是产生在20世纪晚期的一些全新的历史特点和问题，同时认为，风险具有很强的时间概念性。

综合上述定义，可以把风险定义为个人和群体在未来遇到伤害的可能性，以及对这种可能性的判断与认知。

2. 风险的特征

风险的基本特征主要有以下 5 个方面。

（1）风险是主观认知与客观存在的结合体

主观判断性与客观可能性是相辅相成的，主观认知是建立在客观可能性的基础上的，而人的主观认知能力影响着人们对风险认知的程序和范围，并决定着人们是否能够更有效地寻找到应对方法，但如果主观没有有效建立在客观认知的基础上，主观就会脱离客观，一旦风险被夸大，就会夸大人们对危险的认识，从而影响到人们正确地面对风险。

（2）风险具有双重来源

一方面大自然导致的风险，另一方面是人类的生产活动带来的风险，而风险产生的根本原因往往是后者，主要体现在以下两个方面：一是人类制度安排、技术发明及各种行动、各项决定都带有风险的可能，尽管人类这些活动的意图是要达到预防甚至消除风险；二是人类的活动作用于自然界后带来的风险。一方面人和物品的流动会扩散和转移自然灾害，如一些动植物的跨区域转移会给其新的生存环境造成较大的破坏；另一方面，人类的生产活动对自然规律和自然环境造成了非常大的破坏，从而引发了包括转基因食品、沙尘暴、赤潮、"温室效应"等问题。

（3）风险具有消极和积极双重效果

风险一方面会带来机遇，另一方面也会带来不确定性的危险，如果能够巧妙地利用风险，可以有效地获得潜藏在风险中的收益，但如果不能够有效地应对风险，就会带来较大的消极后果。

（4）风险具有不可衡量性和可衡量性

随着现代计算方法和测量工具的不断出现，人们已经在不断地采取各种方式来估算风险造成的损害及应补偿给风险的收益。可衡量性是一个现代意义上的概念，但可衡量性是有一定条件的，它体现了避免和控制风险的意图，风险补偿也并不会消除这种风险带来的损失，因此，从这个角度也可以说明风险具有不可衡量性。不可衡量性充分说明了风险发生后不可逆，伴随风险影响和规模的扩展，其不可衡量性的特征更加突出。只有承认风险的不可衡量性，才有助于人类不断地反思其所处的危险性，采取适当的措施来预防或弥补风险。

（5）风险具有空间维度

风险具有空间维度主要体现在空间扩展性上，其受两种因素决定：一是风险产生的客观实体本身在空间中扩展了，如某种本土性制度在全球范围的扩展，广泛应用了某种技术；二是在空间中传播风险认知。一种观点或理念的传播，使地域中不同阶层的人群对风险达成了共识。另一观点是风险具有较强的预见性，是未来指向的，这种可能性在将来是否能够实现决定了风险是否能够给现实带来破坏或伤害。

3. 供应链风险的定义

供应链风险是因供应链中存在多种不确定因素而导致的风险，如产品的转型升级、市场供需变化、自然灾害等。也可理解为企业在应对外部压力和挑战时，为实现最大化收益，通过实施各类有效手段来不断压缩运营成本空间、强化整体运行效率及效能，进而对供应量供求关系造成影响。一般认为，供应链风险产生的主要原因是各类可预见或不可预见的难以抵抗的因素所造成的供应链效率及效能减弱、成本及风险飙升的可能性，最终结果则反映在供应链管理目标与预期目标出现较大的偏差，能在一定程度上负面影响整个供应链，并造成效率低下，甚至出现崩溃等严重现象。

4. 供应链风险的特征

与一般的风险比较，供应链风险具有如下特征。

（1）客观性和必然性

无论是由于自然灾害导致的，还是人类社会引起的人文因素（如经济周期波动造成的系统风险），都不以人类的主观意志为转移而客观存在。因而，供应链风险的发生是一种本质的、必然和客观存在的现象，人们只能通过主观能动性不断地加强自身对供应链风险的认识，遵循供应链风险的规律，趋利避害，不断降低供应链风险。

（2）不稳定性

供应链系统是一个复杂的系统，包含的是从供应商到零售商，再到客户的整个动态网络结构。供应链的运营受到企业内外部各因素的影响。很多风险因素难以识别，但随着内外部环境和资源的变化，这种不确定因素会逐渐凸显出来。因此，供应链的风险往往伴随着企业的经营发展不断出现，具有较强的不稳定性。

（3）传递性

供应链风险在供应链节点企业间及供应链的各个环节间彼此依赖、相互影响，任何一个环节出现问题，都可能波及其他环节，影响整个供应链的正常运作。供应链中非常典型的"牛鞭效应"便是由这种传递性引起的。传递性会利用供应链系统中的依赖性，促使供应链风险对整个系统内的企业造成破坏，并将损失逐步蔓延到上下游企业。

（4）此消彼长性

各个风险之间往往是互相联系的，一种风险的消失很可能会造成另一种风险的加剧。如库存持有风险和缺货风险就是对此消彼长的风险，若库存持有过多就会造成物资的库存积压，占用过多的库存资金，但实践中经常出现企业由于缺货造成供应链中断，失去市场有利地位的行为。供应链风险的此消彼长性如表 11-1 所示。

表 11-1 供应链风险的此消彼长性

防范策略	采购风险	缺货风险	库存风险	生产能力风险
增加策略	上升	下降	上升	上升
增加供应商	下降	下降	上升	下降
增加产能	上升	下降	上升	上升

（5）复杂性和层次性

一方面，供应链中的企业是相互影响、相互依赖的，尤其是社会分工的专业化使企业与外部的联系更加紧密，导致供应链风险的来源呈现复杂性的特征；另一方面，供应链的结构呈现层次化，即供应链中企业的地位是呈现层次化的，整个系统中往往存在一个核心企业，其他相关企业都围绕着核心企业而进行运作，供应链风险的传递对不同层次的供应链成员造成的影响和损失也不同。

> **知识链接**
>
> ### 供应链风险存在于何处？
>
> 供应链风险不仅存在于供应链本身，如供应链中的信息交流不通畅，还可能存在于供应链外部，如自然灾害等。供应链最初的定义是从外部采购原材料和零部件，通过生产与销售的形式再传递到终端用户的过程，从传统的角度，供应链仅仅存在于企业的内部操作层面，资源利用效率是企业关注的重点。但是随着市场经济的快速发展，供应链的定义也逐步延伸到其他节点企业的关联上，围绕核心企业形成的网链，转变为网链关系的概念。供应链风险存在于企业经营与发展的全过程，现代化企业必须善于识别存在于供应链内部与外部的风险，发现供应链风险点特征，采取有效的方式防范风险，为企业的经营与发展营造出良好的环境条件，以此实现供应链的健康良好运作。

11.1.2 供应链风险的分类

有效的风险分类是企业进行供应链风险管理的前提条件，只有对风险进行有效的分类，企业才能对风险进行有效的识别。一般认为，供应链作为一个由多个组织共同构成的系统，供应链风险划分为外部风险、内部风险和网络风险，如图 11-1 所示。

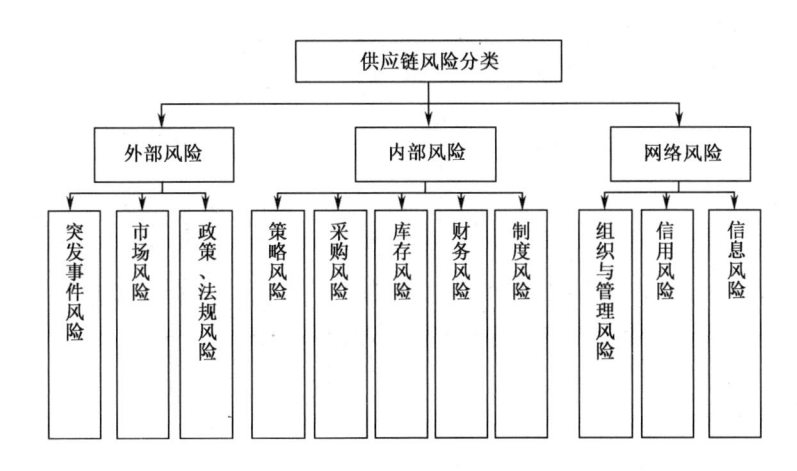

图 11-1 供应链风险的分类

1. 外部风险

（1）突发事件风险

突发事件风险以自然灾害为主。自然突发性灾害是指由于自然界形成的各种灾害给供应链系统带来的风险，主要有水灾、雪灾、火山爆发、山体滑坡、火灾、地震、闪电、雷击、风暴、陨石等。自然灾害往往具有较强的不可抗拒性，对于这类风险只能采取防范措施，尽量降低风险。例如，美国新墨西哥州飞利浦公司第 22 号芯片厂的车间发生了一起火灾，恢复生产需要几个星期，但由于该工厂为爱立信公司提供多种重要的零件芯片，爱立信未能采取有效的风险防范措施，导致这场火灾造成处于供应链下游的爱立信损失了4亿美元的销售额，市场份额也由一年前的12%降至9%。

> **阅读拓展**
>
> **苏伊士运河突发堵塞引发供应链风险**
>
> "长赐号"超级货轮在苏伊士运河突然搁浅，河道被严重堵塞，使得后续的450艘船只被堵塞在外海抛锚停泊，造成欧洲等地区供应链受阻，导致航运和能源市场出现大幅波动。多家欧洲家居、家电零售商表示，货物被堵在运河中将导致交付延迟，甚至物价上涨。特别是欧洲汽车零件供应商，因实行"准时制库存"不会大量囤积原材料，物流一旦受阻，可能导致生产中断。该事件令全球贸易每周损失60亿～100亿美元。苏伊士运河堵塞同时也给全球贸易单一供应商一个"风险提示"：不要"把鸡蛋放在同一个篮子里"。

（2）市场风险

市场风险是指由于产业变更、新技术的发展、客户需求的不确定性等因素带来的供应链风险，尤其伴随着科学技术的发展，产品更新换代的速度不断加快，客户个性化需求越来越强，若企业不能够提高产品创新能力，将受到较大的市场风险。

（3）政策、法规风险

政策、法规风险是指国家对企业宏观经济政策、法律法规等的调整从而造成供应链风险的发生。例如，当经济出现疲软时，国家会制定相对宽松的财政政策与货币政策，企业就会扩大再生产、增加相应的固定资产投资，刺激企业进行筹资活动，从而导致企业信贷风险的增加。

2. 内部风险

（1）策略风险

策略风险是在供应链的建立和合作中需要考虑的重大问题，例如，供应商选择策略（包括战略合作伙伴、重要合作伙伴关系、一般合作伙伴关系等）、采购策略（如采购方式的选择：招标管理、框架+订单采购、定向采购等）、下游分销商的选择策略（包括产品定价、渠道选择、促销策略等）等。

（2）采购风险

采购活动在供应链管理活动中起着至关重要的作用，企业必须以合适的成本、在合适的时间将产品或服务采购给需求部门，而采购的每个环节都包含着风险，例如，采购需求计划的审批若未结合企业库存和客户需求就会造成库存风险；若采购效率过低，不能按时将需求部门所需产品送达到指定地点，就会造成停工待料的风险。

（3）库存风险

库存风险包含两个方面，一方面是库存积压风险。若企业库存过多而库存周转率过低，会造成大量库存积压，不仅占用大量的库存资金，还会造成库存物资的过期、变质等，给企业造成较大损失。另一方面，若企业库存过少，容易造成需求物资短缺，尤其是面临需求多变的需求市场，若不能有效地满足客户需求，会极大地影响客户忠诚度，造成企业市场占有率的下降。

(4) 财务风险

供应链上的合作企业在实现成本、库存等方面的信息共享后,会降低企业的议价能力,同时也将风险分摊给供应链成员。例如,企业在推行 VMI 的过程中,生产企业要求供应商在制造基地附近建立相应的库存点并进行库存管理,这样就会增加供应商的管理成本,若制造商不给予供应商一定的盈利空间,或不能保证库存物资的有效流动性,都会给上游供应商带来库存风险和库存成本,不利于供应链合作关系的长期发展。

(5) 制度风险

供应链管理包含错综复杂的运作流程,必须有一套完备的制度流程规范对供应链管理活动进行约束,尤其在招标的组织、招标的决策等环节,若缺乏明确的规定,则极易发生供应链风险。另外,企业应加强供应链各环节流程间的接口管理,包括需求管理流程、采购流程、生产计划流程、出入库流程、发运流程、供应商管理流程等。

3. 网络风险

(1) 组织与管理风险

由于各个合作伙伴有各自不同的企业文化和管理模式,因此在相互协作中可能会出现一些管理和组织方面的冲突,这些冲突如果解决不好,有可能使组织协调失衡,管理失控,最终导致供应链组织的失败。同时,供应链模式要求在快速多变的供应链环境下,供应链成员企业能灵活地根据需要快速调整,如果供应链成员企业,特别是核心企业的组织结构不能与整个供应链的要求相适应,也将影响供应链组织的运作。

(2) 信用风险

供应链的成员间,尤其是一般性供应商往往具有较强的逐利性,供应链成员间主要是一种合同关系,若在供应商选择的过程中未能有效地识别供应商的资信水平,会导致供应链合作伙伴出现违约、弄虚作假、欺骗其他供应链成员或泄露合同机密等行为的发生,这些情况都将给供应链带来无法挽回的损失。

(3) 信息风险

当供应链上成员企业越来越多,网络结构会越来越复杂,会对供应链造成多重影响:① 信息传递的时效性和信息传递的准确性会受到较大的影响,用户的需求从下游企业不断地传递到上游企业的过程中,会造成各个环节需求信息的逐级放大,在供应链领域被称为"牛鞭效应"。在"牛鞭效应"的影响下,上游企业为满足下游企业的需求,总会持有比下游企业更多的库存,从而造成较大的库存风险。② 供应链信息接口风险。供应链成员企业要实现信息的有效传递和共享,必须建立统一的信息技术平台或信息接口,但在实际中,不同的供应链成员间使用的硬件、软件工具、信息技术标准等都存在较大差异,信息共享性较差。另外,在信息的传递过程中也会涉及数据的加密、解密及病毒防御等安全问题。

11.2 供应链风险管理内容

在制定供应链风险管理策略过程中,首先需要对风险进行识别,进而对风险进行评估,然后实施有效的风险管理策略。

11.2.1 供应链风险识别

在供应链风险识别中,借助相应方法科学分析引发供应链风险的要素,找出潜在风险。

1. 选择有效的风险识别技术

供应链风险识别方法通常有德尔菲法、风险问卷法、情景分析法、行业标杆对照法、历史事件分析法、流程分析法等方法,通过供应链风险识别,发现所有可能对供应链运营造成风险的因素。供应链风险识别方法主要有以下5种。

(1)德尔菲法

德尔菲法也称专家意见法,该方法最大的优点是简单实用,已经被广泛应用于企业经营活动中,它适用于问题原因复杂、缺少历史数据、无法定量预测的决策问题。主要包含以下程序。

① 明确供应链风险调研目的,制订风险点调研方案。

② 向企业内外部供应链管理专家发放调研问卷,由专家提出风险点意见。

③ 问卷的回收与整理,对各专家的调研问卷进行整理,并再次将专家的不同意见反馈给各位专家,由专家人员再次提出意见。

④ 重复上述步骤,多次反复向专家发放调研问卷,由供应链的风险管理人员根据实际需要决定在某点停止反复,得到基本趋于一致的结果,最后汇总分析。

(2)风险问卷法

风险问卷法是指运用系统论的思想和理念设计风险调研问卷,送给供应链各环节上相关企业和人员进行填写,由各问卷调查对象根据实际工作所面临的可能风险和风险因素进行填写。通常,参与风险调研的人员不仅由领导层构成,更应该由企业基础员工参与,管理人员通常对企业所面临的政策风险、策略风险等更熟悉,而基层人员往往亲自参与供应链管理的各个环节,更加熟悉供应链运作情况,对供应链实际操作的因素和环节更了解,能够为风险管理提供具体的、细节性的信息,因而通过设定企业组织层级的风险调研对象,更有利于实现风险的全面、有效识别。

(3)历史事件分析法

历史数据分析法是指通过分析总结企业内外部历史发生的风险事件,从而识别未来可能存在的风险。在通常情况下,应先收集本企业或相关企业的历史风险事件案例,然后对造成这些风险事件的风险因素进行归纳总结,并且该分析过程包含潜藏在实际中暂时没导致损失的事件的分析。历史事件分析法的缺点是企业的风险往往影响范围较小,并且缺乏日常信息的积累,因而对历史事件的收集显得尤为重要,不仅应对本企业的风险事件进行分析,还应对其他具有相同行业特点的供应链风险进行分析。同时,历史事件分析更不应拘泥于对过去事件的分析,而应识别未来可能发生的风险,尤其对于产品技术更新较强的供应链,应及时关注国际、国内相关行业信息动态来规避供应链管理风险。

(4)流程分析法

供应链流程是展现供应链相互关联的不同业务功能工作流的集合,完整的流程图应包含企业供应链活动从起点到终点的整个可供分析的流程,每个小的流程都是完成一个业务活动的具体步骤，因而必须明确流程活动的责任人、流程开展的原因等，同时流程与流程之间应具有清晰的逻辑关系。

① 明确供应链流程的主题。即该流程环节是做什么的，是否对供应链产生了增值作用，核查这种增值活动的完整性，通过流程环节主题的梳理，识别出那些并没有展示在现有流程中被遗漏的控制程序，避免因缺乏流程制度而造成供应链风险。

② 流程活动实施的原因。分析流程中哪些环节是必须要做的，哪些流程是影响供应链运行效率但非必需的环节，如采购决策。一方面，采购决策是一项必须执行的活动，若不进行审批，可能带来较大的风险；另一方面，若决策审批的流程过于复杂会造成较大的效率风险，因而可以根据实际企业的采购合同金额分布情况，制定合理的金额分布区域审批权限。

③ 流程活动执行的时间。供应链管理活动都是紧密联系在一起的，很多时候呈现的是串行结构，若一个环节出现问题，很可能导致整个供应链系统无法运转，因而需充分识别供应链管理各项活动的时间接口，明确在什么时间节点的情况下开始执行该项活动。

④ 核查流程责任人是否明确。是否具有清晰的责任归属是流程活动能否有效执行的前提，避免存在职责空白或职责归属不明确造成的风险，供应链流程的职责应包含所有的供应链活动。

⑤ 核查流程开展的地点是否合理。例如，供应链质量管理，产品质量检测既可以采取发货前的驻场检测，也可以采取到货接收检测，但根据物资属性的不同，若未有效区分两种不同检测方式，对必须实施驻场检测的物资实施的是到货验收检测，就会产生验收质量不合格造成的退货风险。

⑥ 如何开展流程活动。流程活动的具体执行步骤若不清晰，会造成供应链操作风险，例如，招标活动的组织、评标的标准、出入库的细则等，都需要进行严格的规范，若具体执行步骤不明确，会造成重大操作风险，给企业带来的损失将不可估量。

⑦ 流程各环节的输入与输出物是否明确。流程的上游环节的输出物将作为下游环节的输入物，若不能明确各环节的输出/输入物，会对供应链活动的执行造成风险。

（5）财务报表法

财务报表法是根据企业的财务资料来识别和分析企业每项财产和经营活动可能遭遇的风险。财务报表法在目前的企业风险管理中非常常见，也是最为有效的风险识别与分析方法，因为企业经营活动及经营效果的好坏最终体现在企业资金流上，由供应链风险所造成的各种费用都会呈现在财务报表中。因此，企业的资产负债表、损益表、财务状况变动表和各种详细附录就成为识别和分析各种风险的工具。供应链是由供应链成员共同组成的价值增值链，供应链风险的影响还会逐步传递到各成员企业中，并最终通过相应的财务报表反映出来。因此，可借助财务报表法来识别和分析各企业中存在的风险，并通过归纳总结得到供应链的整体风险。

2. 形成供应链风险列表

对风险进行系统识别后，应根据风险分类方式，对供应链管理风险进行描述，形成风险列表，风险列表应尽可能具体，能够为风险的评价提供科学的依据。风险列表应列出具体的供应链风险管理名称，具体参考形式如表11-2所示。

表 11-2 供应链风险梳理列表示例

供应链风险	风险类型	风险名称
外部供应链风险	自然风险	自然灾害风险
		偶发性事件风险
	市场风险	需求偏好预测不准风险
		市场竞争风险
……	……	……

11.2.2 供应链风险评估

供应链风险评估的目的是对风险识别出来的风险重要性进行评定,供应链风险的重要性一般可以从发生的可能性和影响程度两个方面进行评估,通过风险的评定实现对供应链风险的分类,为企业资源配置、实施差异化的风险管理奠定基础。供应链风险评估一般包含确定评估指标、确定评分标准、专家打分、供应链风险分析等步骤,如图 11-2 所示。

确定评估指标 → 确定评分标准 → 专家打分 → 供应链风险分析

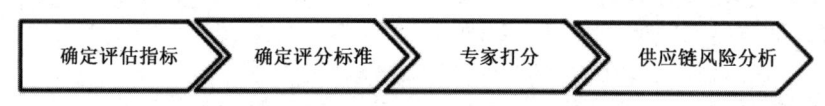

图 11-2 供应链风险评估步骤

1. 确定评估指标

在开展供应链风险评估时,首先要分别确定评估其发生可能性和影响程度的合适指标,能定量的情况下尽量选择定量指标。例如,对于资产安全风险,其发生可能性指标可以用发生概率,影响程度指标可以用影响税前利润。不同的供应链风险,衡量其发生可能性和影响程度的指标可能不同。常见的评估指标如表 11-3 所示。

表 11-3 供应链风险评估指标

指标类型	供应链风险的可能性	供应链风险影响程度
定性指标	发生的难易程度	影响企业社会形象、影响人身安全、影响日常运营
定量标准	发生概率、发生频率、发生数量	影响收入、影响税前利润

2. 确定评分标准

为减少不同的评估人员由于主观因素造成的评估偏差,针对供应链风险评估指标设定统一的评分标准,保障不同的评估人员得出的分数的可比性。可以采用统一的 5 分制风险度量标准,即 0 分代表发生可能性或影响程度最低,5 分代表发生可能性或影响程度最高,在 0~5 分的不同评分区间,各个指标的标准可能不同。在正式进行风险评估前,风险评估人员应该就每个风险的可能性指标和影响程度指标确定其评分标准。可能性指标的评分标准参考如表 11-4 所示。

表 11-4　供应链风险可能性指标的评分标准参考

		评分	0~1.0	1.1~2.0	2.1~3.0	3.1~4.0	4.1~5.0
风险可能性		等级划分	极低	低	中等	高	极高
	定性	文字描述	一般情况下不会发生	极少情况下才发生	某些情况下发生	较多情况下发生	频繁发生
	定量	一定时期供应链风险事件发生的频率	<20%	20%~40%	40%~60%	60%~80%	>80%
		供应链风险事件发生的频率	两年一次	一年一次	半年一次	三个月一次	一个月一次
		供应链风险事件的数量	<1	2~5	6~9	10~14	>15

影响程度指标的评分标准参考如表 11-5 所示。

表 11-5　供应链风险影响程度的评分标准参考

		评分	0~1	1~2	2~3	3~4	4~5
		供应链风险影响程度描述	极低	低	中等	高	极高
定性		对企业形象的影响程度	负面信息在企业内部流传，声誉影响小	负面信息在当地局部流传，声誉影响较小	负面信息在本省内流传，对声誉影响达到中等程度	负面信息在多个省流传，对企业声誉影响较大	负面信息在全国范围内流传，声誉影响恶劣
		安全方面的影响程度	短暂影响员工健康	严重影响一定员工的健康	严重影响多位员工的健康	导致一位员工死亡	导致多位员工死亡
		企业日常运营	不受影响	轻度影响	中度影响	严重影响	重大影响
定量		对收入的影响（本单位）	<0.05%	0.05%~0.5%	0.5%~1%	1%~2%	>2%
		损失或费用占税前利润比（本单位）	<0.1%	0.1%~1%	1%~3%	3%~5%	>5%

3. 专家打分

制定供应链风险评分表，并向风险评估人员发送，评估人员可以是外部专家，也可以是一线的员工。只要对风险发生的原因、流程及影响有一定的认识和判断的人员，都可以作为专家对风险进行打分。每个专家依据上述评分标准对每个风险的发生可能性和影响程度打分，然后将每个风险的所有专家打分进行算术平均，分别得到发生可能性总分和影响程度总分。专家打分表格式如表 11-6 所示。

表 11-6 专家打分表

日期:			公司:					部门:				
编号	风险名称	发生可能性						影响程度				
		专家1	专家2	专家3	专家4	…	平均	专家1	专家2	专家3	专家4	…	平均
1													
2													
…													

4. 供应链风险分析

将供应链风险发生可能性和风险影响程度作为两个维度建立风险评估模型（见图11-3）。与5分制评分标准相对应，供应链风险评估模型中的横轴、纵轴也分别按1分、2分、3分、4分、5分划分网格线，形成5×5的方块矩阵。从风险评估模型中可以清晰地识别出风险发生的可能性和影响程度大小，该模型将风险分为3种类别：最右边颜色区域为风险发生可能性和风险影响程度都较大的区域，为关键风险；中间区域为风险发生可能性与影响程度都一般的区域，为一般风险；左下方区域为风险发生可能性和风险影响程度都较小的区域，为低风险。

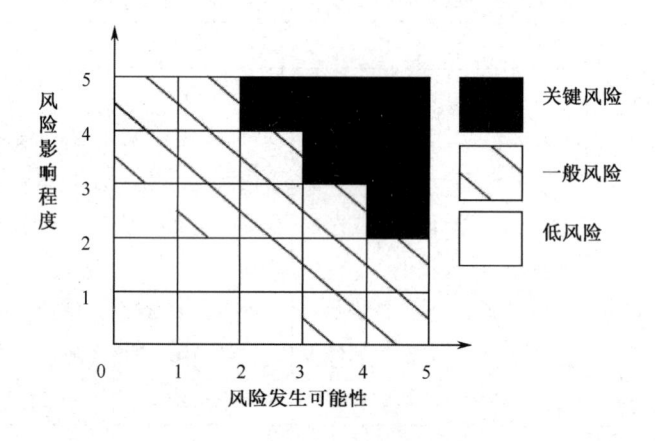

图 11-3 供应链风险评估模型

根据专家打分的结果，将各项供应链风险列表名称与供应链评估模型各类风险相对应。尤其是针对关键风险，企业应予以重点关注，基于谨慎性原则，往往认为供应链的关键风险应为2~5个，当专家打分评估出来的关键风险太少时，可以升级其他相对重要的风险进入关键风险；当关键风险之间相关程度非常密切时，可以对关键风险进行合并管理。在对风险进行分级后，还应对关键风险进行针对性的深入分析，主要分析其发生的流程环节、动因、影响、管理现状，提出有针对性的解决措施，包括应对风险态度、策略和具体解决方案，对风险管理状态进行持续性的监控与改进。具体的供应链风险分析内容与方法如表11-7所示。

表 11-7 供应链风险分析内容与方法

分析内容	分析方法	作用
动因分析	分析风险来源于哪个业务、流程、主要的责任人或责任部门、风险的动因或引发风险事件的关键因素等	使企业清晰完整地认识到这些风险为什么会产生,怎样产生,会在哪里产生,同时找到关键性驱动因素,对其进行重点管理,以持续提升风险管理水平
涉及流程	分析供应链风险产生于供应链运作中的哪个环节	便于将来将风险责任、改进职责落实到岗位及人员
风险的影响	分析风险对于公司战略目标、绩效考核指标、部门或流程等的影响和影响路线	作为判断该风险的重要程度的基础
风险管理现状	已经采取了哪些管理措施,效果如何	判断该风险应对效果,是否需要制定新的应对措施
初步解决方案	往往融合在具体业务方案中,也可以专门制订,需要明确风险偏好、承受度、管理策略、时间、资源、措施和期望的效果等	监督风险管理实施过程的依据

11.2.3 实施有效的风险管理策略

1. 企业风险偏好类型的确定

针对企业能够承受风险的程度,可以将企业风险偏好分为风险厌恶、风险中性和风险偏好 3 种类型,3 种类型在风险损益效用图中表现为 3 条曲线,如图 11-4 所示。

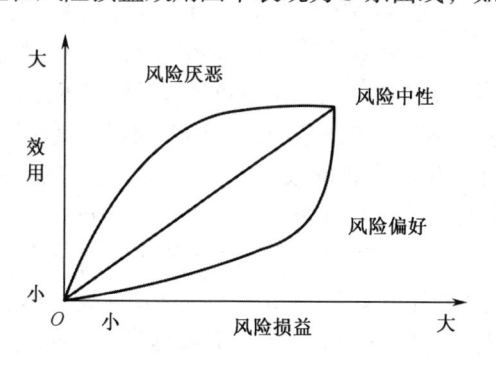

图 11-4 风险损益效用图

① 风险偏好企业:对于这种供应链企业来说,对风险的承受能力较强,尽管知道某项决策活动会造成较大的风险,但仍然选择执行。其风险效用函数是凸函数,期望效用小于期望损益的效用,即 $E(u(x))<u(E(x))$,其中,x 代表损益的变量,风险偏好企业更偏向于通过承担高风险来获得高收益。

② 风险厌恶企业:也称风险规避者。这种企业通常更愿意选择更加保守的决策方案。其风险效用函数随着风险的增多而递增,但递增速度越来越慢,即边际效用递减。与风险偏好企业相反,该类企业的期望效用大于期望收益的效用,即 $E(u(x))>u(E(x))$。风险厌恶意

味着失去一定数量的收入所减少的效用比增加同样数量的额外收入所增加的效用小，因此，该类企业更愿意对风险进行有效的规避。

③ 风险中性企业：这种企业是介于风险偏好与风险厌恶之间的，既不冒险也不保守。风险中性企业的期望效用与期望收益的效用是相等的，即 $E(u(x))=u(E(x))$。从效用曲线来看，其效用函数为斜率不变的线性函数，该类企业往往会选择承担适度的供应链风险。企业的风险偏好与风险承受度一般与企业所处行业、企业规模、企业性质等密切相关。通常而言，传统的制造、服务行业都偏向风险厌恶型，风险承受度较低；而对于金融、风险投资及高科技企业，一般倾向于风险偏好型，风险承受度也大。

除行业外，在企业内部，不同的业务、流程、岗位也会有不同的风险偏好和承受度。应根据企业风险偏好程度制定差异化的风险管理策略，常用的风险管理策略包括风险回避、风险控制、风险转移、风险承担与风险利用。企业针对供应链运作过程中的具体风险点，选择合理的风险管理策略。在一般情况下，对供应链内部风险和供应链网络风险（如策略风险、采购风险、库存风险、财务风险等）更多地应采取积极应对的方式，如风险承担、风险转换、风险控制等管理策略；而对外部风险（如自然风险、法律法规风险、市场风险等）应尽可能采用风险转移、风险回避策略。

2. 制定有针对性的风险管理措施

（1）外部风险管理措施

① 突发性事件风险管理。尽管现代科学技术和管理技术越来越发达，但由于自然灾害和社会突发性事件造成的风险，企业仍然无法避免，只能尽可能降低该类风险的损失。供应链企业应建立应急管理机制。首先，应根据发生或可能发生的突发性事件事先组建风险应急小组，研究应对计划和方案，制定供应链风险应急预案；其次，在风险事件出现后要有较强的时间观念，做到迅速收集各种信息，确保在事件发生后，第一时间开展应急救援工作，促使其尽快恢复；最后，要建立供应链成员间的协作机制，突发事件的发生不仅涉及一个企业，更多情况下都存在大范围、多领域的交叉，供应链企业内部各部门及供应链成员间都应该建立起良好的沟通与协作意识，共同应对供应链风险。

② 市场风险管理。加强市场信息的收集与分析，建立信息收集中心，开展对客户的需求调查，及时掌握客户需求的偏好和客户个性化需求，为市场提供有针对性的产品，满足不同类型的客户需求；另外，应加强对竞争对手的动态跟踪和分析，尤其在竞争性较强的传统领域，只有提供比竞争对手更好的产品，才能有效提高市场占有率。

③ 政策、法规风险管理。针对政策层面，应加强与信息机构和咨询机构合作，增强预见性；应加强与政府部门的沟通，增加社会和政府的支持和重视。充分利用对本企业发展有利的政策，预防和规避对本企业不利的政策。针对强制性法规，企业应树立较强的法律意识，一切供应链活动都应以遵守法律为前提，持续加强对合法合规性认识的宣贯与培训力度，使员工充分认识和理解合法合规性的重要，强化员工知法、遵法、守法意识，降低法律风险。

（2）供应链内部风险管理措施

① 供应链策略风险管理。通过制定年度采购策略，有效地应对风险。年度采购策略是指在企业每年年末时，结合企业业务发展需要和资源配置情况，针对采购需求、供应商管

理、物流等制定相应的策略，明确采购策略的重点。

　　a. 加强年度采购需求分析，通过有效承接前后端部门的专业规划、预算计划，掌握业务发展方向和重点，汇集历史采购数据，将业务需要转换为可能的物资需求，明确重点物资，明确年度工作重点，尤其是预计采购金额大的物资、需求量爆发式增长物资、新业务所需但从未采购过的物资，并实现采购需求的预测，包括采购需求数量估计、质量与技术要求、历年的采购情况、需求的波动情况等。

　　b. 开展供应市场分析，对需采购的物资开展供应市场分析，尤其是重要程度较高且供应风险较大的物资，通过供应市场分析，明确各类物资采购的风险程度，进行重点管控。供应市场分析应遵循"从大到小，由粗到精"的原则，分析内容如表 11-8 所示。

表 11-8　供应市场分析内容

分析范围	分析因素
宏观分析	产业生命周期、产业政策与发展方向、人工成本变化趋势、可能引起原材料价格变化的因素
中观分析	行业产能与效率、行业增长状态、市场供应结构、供应商的数量与分布等
微观分析	供应商行业地位、质量体系与水平、具体产能、交货周期与准时率、服务水平、成本结构与价格水平、产品研发能力等
内部因素分析	产品成熟程度、标准化程度、采购数量、采购市场份额、采购的时间延续性等

　　对供应市场分析后，应编制年度供应市场分析报告，年度供应市场分析报告得出的供应商情况、成本结构等结论作为供应商选择、采购价格确定的依据。对年度策略编制时未完成的分析，在具体工作中进一步开展分析。

　　c. 制定有效的采购策略。首先，应明确采购方式策略，区分哪些物资该采取公平招标、邀请招标、竞争性谈判及定向采购；其次，应制定有效的物资采购周期，对间隔宜短和宜长的物资制定差异化的采购周期策略；最后，应依据成本构成分析，明确定价机制，应用性能分析，优化价格组成。

　　d. 供应商寻源策略。根据供应市场分析结果，与新产品供应商进行寻源合作意向接触；对存在更优质供应商的产品引入新供应商；对产能短期不足的产品扩大寻源范围；对产能过剩的物资适度引入竞争性供应商，实施优胜劣汰；而对供应风险较大的物资应与供应商建立稳定的合作伙伴关系。

　　e. 制定合理的物流策略。加强物流资源管理，根据库存需求预测与库存策略规划仓储资源，包括仓储层级与仓储面积；加强库存策略管理，明确年度需开展供应商管理库存的产品；研究库存控制策略，减少物资库存。

　　② 采购风险管理。采购是企业内部供应链的起点，加强采购管理对提高供应链的运作效率、降低供应链成本具有重要的意义。同时，采购作为连接生产与供应的纽带，一旦发生风险，极易导致整个供应链风险向上下游的传递，因此必须加强采购风险管理。

　　一方面，加强采购需求管理。通过建立需求与采购联合预测机制，提高需求预测准确性；建立需求计划与采购计划、库存计划、交付计划的衔接协同机制，避免过大库存风险和停工待料风险；规范采购需求的申请与决策机制，提高需求的准确性；加大对需求准确性和需求变更的考核机制。另一方面，加强采购过程管理，包括以下几点。

a. 应加强采购组织规范性管理，对符合招标条件的必须采取招标，并严格按照《中华人民共和国招投标法》（以下简称《招投标法》）在公开渠道进行采购信息的发布，并组织科学合理的评标委员会，招标前进行完整备案，在谈判或评标的过程中应保持开标、评标过程的公开、公平、公正性，并在中标后对采购结果进行备案。

b. 需加强对采购结果的决策，对采购最终的价格、采购的供应商，都应该制定严格的审批决策权限与决策流程，采用公开招标的，严格按照《招投标法》，事前对方案进行决策，招标完成后，评标委员会对确定的中标结果进行采购。

c. 应加强合同环节的规范性管理，应制定统一规范的合同模板，制定规范的合同拟定、审批和备案制度，保证合同签订、审批版本的一致性。

d. 应加强采购订单的管理。受传统采购观念思想的影响，很多企业采购部门认为采购仅仅负责采购商务的谈判活动，在签订采购合同结束后不再负责采购订单的管理，因而容易出现采购订单职责难以落实的现象。企业应明确采购活动与物流活动的分界点，建立订单跟踪机制，实施有效的到货管理。

③ 库存风险管理

a. 库存过大风险管理。首先，应详细掌握企业各种库存的数量信息，避免后面盲目采购带来的压力；其次，企业应对市场做出科学的判断，制定有针对性的解决措施，若市场状况无法好转，应迅速处理库存积压，减轻资金压力带来的风险；最后，应该对现有的库存进行未来生产产品价值的预测，是迅速处理原料还是继续生产，是继续生产还是停产或减产，必须权衡利弊，迅速制订解决方案。

b. 缺货风险管理。一方面应制定好经济订货批量，尽可能降低采购费用，及时补货、避免缺货，推行供应商管理库存；另一方面应把握好市场形势，做好市场预测，市场管理人员应具备敏锐的市场判断力，加大对市场的拓展。

c. 建立科学高效的库存日常管理制度，并随着企业的发展不断完善。一方面，可以采用库存归口分级管理责任制，即制定指标部门应参照历史数据，结合本期实际情况，分解库存资金计划指标给企业各有关职能部门进行管理；另一方面，可制定科学的库存管理策略，实施定量订货与定期订货手段相结合的库存管理手段。

d. 加强库存信息的管理。通过库存信息系统的建立，实现对库存物资的实物监控，建立补货预警自动提醒，同时实现对库存数量和物资库存状态的监控；另外，需加强库存信息系统与采购信息系统、ER 系统、财务系统等系统的接口，实现库存信息的共享，为供应链整体运营决策提供参考。

④ 流程制度风险管理

通过科学的流程制度梳理方法，进行业务流程制度的优化，实现流程制度的完整性与科学性。所谓完整性是指供应链的业务流程制度应涵盖企业所涉及的一切供应链管理活动，实现供应链管理职责、业务活动与流程制度的全面对应。所谓科学性，是指企业的每一流程制度的责任人、执行的时间、业务活动的操作步骤等应科学合理。常见的业务流程优化方法有 PDCA 循环法、ECRS（取消、合并、重排、优化）方法等。PDCA 流程优化是一种制度流程的持续优化方法，主要分为4个环节。

a. 计划（Plan）：通过梳理现有流程，诊断流程制度中存在的问题，明确重点优化的流程，最后确定流程制度改进目标，实现对流程制度的有效指导。

b. 执行（Do）：流程优化的最终目的是流程制度的执行，因而流程优化完成后应对新的制度流程试运行。

c. 核查（Check）：对优化后的流程执行效果进行评估。

d. 行动（Action）：对执行效果较好的流程进行流程的规范化与标准化，供应链相关部门必须严格按照流程制度的规定执行，并建立流程制度执行考核方案，随着企业内外部环境的变化，流程制度必须不断地优化，对新出现的问题，再次进入PDCA循环。

ECRS（取消、合并、重排、优化）是一种有效提高制度流程效率的方法，其核心思想主要包含4个方面。

- 取消（Elimination）：取消所有无附加价值的流程、操作，减少流程的冗余程度。
- 合并（Combination）：两个或两个以上对象变成一个，可以有效地消除重复现象，能取得较大效果。
- 重排（Rearrangement）：通过改变工作程序，使工作的先后顺序重新组合，以达到改善工作的目的。
- 简化（Simplification）：经过取消、合并、重组后，再对现行方法尽量地简化，如串行改并行等。

（3）供应链网络风险管理

① 组织与管理。由于供应链成员企业通常来自不同的国家、不同的地域、具有不同的企业性质，因此企业文化背景存在较大差异，对待很多问题的观念不同，这些都会影响供应链体系的组织与管理。为克服这种差异，必须重构企业文化：一是加强供应链管理过程中的管理移植，将供应链内部或标杆企业的成功管理模式、管理思想与管理方法转移到供应链系统中，以达到类似的管理效果；二是建立虚拟企业，重构供应链文化，逐步实现供应链企业间的文化融合，相互吸收各自优秀的企业文化，形成虚拟的供应链系统文化，从而促进整个供应链企业的融合；三是提高合作伙伴的核心竞争力，核心竞争力的提高在很大程度上取决于人才的竞争，供应链企业间应通过不断的学习和交流，不断提高供应链企业人员的管理水平，提高人员的专业化技能，从而提升各自的核心竞争力。

② 有效的激励与监督机制。供应链的发展是一个互利共赢的合作性组织体系，供应链企业间应建立紧密的战略合作伙伴关系，以保证供应链体系的稳定性。通过战略合作伙伴关系建立企业间的利益联盟，从而实现企业间的信任。

a. 建立有效的激励机制。建立有效的激励机制的主要目的是防范"逆向选择"和道德风险现象的发生。通过该机制鼓励供应商提供优质的服务。常见的供应链激励机制有以下几种。

- 付款方式激励：采取预付款方式，提高付款及预付款上限优惠，缩短付款周期。
- 订单激励：通过签订长期契约的形式，建立长期的合作关系，提高战略合作伙伴关系的订单配额。
- 沟通激励：建立常态化沟通机制，实施高层互访机制。

- 新产品开发激励：邀请合作伙伴共同参与新产品开发。
- 培训激励：组织对供应链合作伙伴的培训，促进合作伙伴的共同成长。
- 信息激励：加强企业间的信息协同与共享。

b. 建立约束机制。在企业合作过程中，实现利益共享的同时，也应实现供应商、制造商、销售商的风险共担机制，由于供应链成员在签订合作协议时不可能完全预测合作过程中是否出现问题，当企业"损人利己"比其获得的收益更有吸引力时，就容易发生"逆向选择"和道德风险，因此必须建立相应的约束条款来约束各企业应承担的风险和责任等内容，如质量违约责任、供货不及时处罚措施等。

c. 建立供应链监督和风险防范机构。可以由各个企业人员或外部专家共同组成风险监督与防范机构，通过建立该机构，对供应链合作企业的行为进行监督，从而实现防范风险的目的。该机构应具备如下职责：第一，建立监督机制，加强供应链成员间的合作关系，协调企业之间的矛盾，规范企业间的行为；第二，根据供应链的风险现状，制定风险防范条例；第三，及时了解与供应链相关的外部因素，包括国家大政方针、经济状况等信息，通知供应链成员间及时做好相应的应对策略；第四，协助供应链企业做好风险防范工作。

③ 加强企业之间的信息共享。供应链成员间的信息共享对供应链的运作起着重要的作用，通过信息的高度共享，可以提高供应链企业间的协同性与合作效率，同时有利于及时识别上下游企业间的潜在风险，便于及时进行风险防范和风险控制。近年来，现代网络技术发展迅速，为企业信息共享提供了良好的技术基础。要实现信息共享，首先，供应链成员自身内部必须建立有效的内部管理信息系统，如企业资源信息系统、供应商管理系统、客户关系管理系统、物流协同平台等，实现内部物流、信息流、资金流的共享，如图 11-5 所示。此外，还需建立企业间的信息交换机制，通过 EDI 电子数据交换系统实现供应链成员间信息的无缝连接，增强企业间信息共享和透明度，将企业的需求计划、库存情况、供给情况、客户需求等信息共享，从而促进供应链上的供应商、生产商、零售商、分销商及相关合作伙伴能够在共同的信息指导下开展协同工作。同时，企业必须加强信息管理人才队伍的培养与建设，并保证信息管理人员的稳定性，从而保证信息系统的连续与高效运转。

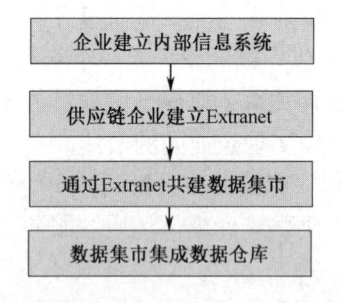

图 11-5 供应链数据仓库建立过程

> **阅读拓展**
>
> **诺基亚和爱立信的供应链风险管理策略比较**
>
> 美国新墨西哥州飞利浦公司第 22 号芯片厂的车间突发火灾,但飞利浦随后声明火灾损失较小,并承诺将在一周内恢复生产,并优先保证诺基亚和爱立信的芯片供应。诺基亚供应链管理团队非常重视这条信息,马上着手善后工作。一是和飞利浦的人员一起制订业务恢复计划,保证诺基亚手机生产所需的芯片供应。二是组织多名管理人员与工程师一起讨论替代解决方案,重新设计替代芯片方案。最终,飞利浦位于日本和美国的其他芯片工厂完成了数百万个芯片的生产任务,保证了供应链正常运行,诺基亚的手机生产线顺利进行。但是爱立信在收到飞利浦停产的简报后,认为火灾并不严重,且飞利浦承诺一周复产,所以没有采取相应的处置措施。两周后,飞利浦芯片厂仍无法正常运作,但爱立信库存芯片已所剩无几,手机生产难以为继,发生了供应链中断险情。爱立信采用的是单一战略供应商模式,没有其他供应商可以作为应急替代,致使手机生产线停产。
>
> 诺基亚由于对供应链风险反应及时,预案处置到位,其芯片供应未受到明显影响,保证了手机的正常生产。而爱立信由于反应迟缓,没有供应链风险预警和应急预案机制,供应链中断,被迫停工待料,手机业务受到严重影响,最终宣布退出了当时利润丰厚的手机市场。

11.3 弹性供应链构建

供应链风险管理作为供应链管理的有机组成部分,逐步把提高供应链的弹性当作其管理目标和管理手段,尤其当面对不确定因素无法甄别具体风险时。为应对供应链风险,构建弹性供应链是一个行之有效的途径之一。

11.3.1 弹性供应链需求分析

弹性是供应链的一项核心要素,在供应链构造过程中,它被越来越多地提出并运用到实践中。供应链的弹性不仅意味着在面对突发事件情况下,增强了管理风险的能力,更意味着能够比供应链上其他竞争对手处于更好的态势,甚至从中获得更大的竞争优势。同时在面对突发事件时,供应链中断是在供应链运作过程中常见的现象,在实际操作中,要想完全避免这种情况是不现实、不可能的。在同样受到突发事件冲击遇到中断风险或其他风险的情况下,一个拥有弹性供应链的企业,比供应链没有弹性的或弹性较弱的竞争对手能更迅捷地做出反应,从而更能获得其他企业没有的竞争优势。

供应链弹性是供应链的一个属性,由于供应链的弹性能够在一定程度上降低供应链的脆弱性,因此,一个供应链弹性水平的高低越来越深刻地影响到企业供应链运营质量的好坏。供应链风险管理与供应链弹性关系如图 11-6 所示。

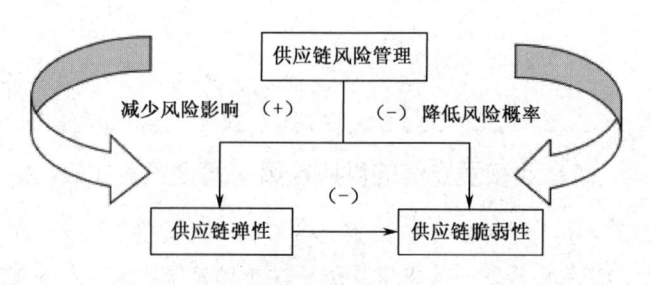

图 11-6　供应链风险管理与供应链弹性关系

供应链风险管理通过减弱风险的影响而增强供应链弹性，通过降低风险发生的概率来降低供应链的脆弱性，而供应链的弹性增强会进一步降低供应链的脆弱性。弹性供应链构建以应对突发事件的必要性主要体现在技术需求、稀缺资源需求和市场需求3个方面。

1. 技术需求

随着各种信息技术的日益成熟和普及，相关供应链节点上的企业能够更准确和高效地使用和传递供应链上下游物品流动的有关信息，在此基础上改善组织间协调和配合，同时能在全球范围内高效、低成本地配置各种资源。现在，资源供应不再是供应链发展的制约因素，随着突发事件的频繁出现，供应链比以往更易遭受中断风险，只有构建基于各种信息技术的弹性供应链管理系统，才能将更多的时间、精力放在发现和满足客户实际需求上，实现向供应链需求管理的转变。

通过各种现代化的信息技术，可以有效地协调供应商、经销商、零售商与物流配送中心的关系，努力降低成本、沟通信息，从而为客户创造更多的价值。另外，企业在遇到突发事件时，客户忠诚度对于确定服务客户所需要的供应链类型，以及决定为留住客户所需要的服务内容也是十分重要的。突发事件是一个公司必须考虑的问题，基于突发事件供应链管理系统的建立，是由公司提供的产品、服务及其向客户提供的各种价值决定的。因此在遇到突发事件时，公司任何产品的销售战略中，都需要考虑弹性供应链管理系统中的技术需求，而且它本身要能带来增加客户价值的竞争优势。

针对突发事件的供应链管理中还有一个很重要的问题，是为新产品的零部件选择合适的供应商。在传统情况下，这项工作在产品设计环节已经完成，并且是在制造工程师已经确定了最后设计的情况下进行的。现在，只有有了技术方面的支持，才能更好地使供应商参与产品设计以获得更大收益。在突发事件中供应链的技术因素，可以有效地使采购物料成本下降、开发的时间缩短、开发成本下降、生产成本下降，以及提升最终产品的技术水平。

2. 稀缺资源需求

随着我国市场经济体制的完善，市场的竞争逐渐激烈，会有更多的企业参与到国际市场和供应链体系的竞争。突发事件的不可避免性，要求企业在业务拓展、产品结构调整中增强供应链的应变能力。越来越多的资料证明，市场竞争不再局限于单个企业之间，而是呈现企业群体间、产业链之间的合作与竞争并存的局面，同时，行业内也因为避免突发事件带来的影响而出现诸如"动态企业联盟""经济资源联合体"之类的合作实体。这种实体可以通过供需关系将单个企业的资源有效地整合利用，为市场提供更加优质的商品和服务，发挥出单个企业所不能承担的市场功能。由于单个企业的资源稀缺性，在最终用户需求的牵引下，为共同应对突发事件，由多个企业纵向联合成一个合作组织，通过各种方法将这些企业连接成一个供应链。

在经济全球化和现代技术条件下，企业间的分工更加细化，协作增强，社会化的资源供应网络应运而生。在这种情况下，原属于单个企业独占的设计、制造、运输等能力和资源都变成由整个市场提供的一种"商品"，并变得相对过剩。在面对突发事件时，客户对企业而言却是相对短缺的，因此在非一般情况下，供应链上的企业能不能抓住客户已成为企业生死攸关的问题。只有那些能够满足客户需求的企业才能生存，因此，面临不可预期的突发事件冲击时，只有具有弹性的供应链才能在最短的时间里调配到稀缺资源，并寻求到相关的专业化企业的协助，及时地从干扰中恢复正常运营，照常为客户提供服务。

3. 市场需求

在剧烈变化的环境中，在预防突发事件的过程中，供应链管理是获得集体竞争力的有效方法。供应链管理是指对供应链管理系统进行计划、协调、控制和优化的各种活动和过程。在应对突发事件过程中，弹性供应链的管理，能拓宽供应链企业实际可以利用的资源范围，同时它使相关企业在遇到突发事件时，能够在保持核心能力的同时，通过将原来属于企业边界内的环节交由外部协作伙伴完成，以更低的成本拥有必要的辅助功能。此外，遇到突发事件的各种风险也被相应分摊，从而有助于企业增强降低成本并充分抵御风险的能力。对于不是处于核心地位的企业而言，弹性供应链有如下两点优势：① 有助于增强它们抵御风险的能力，走进一步专业化的道路；② 既可以给它们带来更多的战略调整机会，又便于其向协作伙伴学习，从而获得更广泛的知识，分享相关的技术能力等。

在遇到突发事件的情况下，尽管采用了最新工艺技术并实施有效管理，但是企业如果忽视客户必将导致灾难。因此，企业供应链管理必然向网络经济时代弹性供应链需求管理转变，供应链管理中的供应商管理已逐步市场化运作，供应链管理的重心已越来越强调客户这一端。而满足客户需求是一切商业活动的中心目标，是市场营销的主要目的。所有信息都清楚地表明，供应链上相关企业越注意研究客户实际需求，就越容易从各种交易活动中获得回报。因此，供应链上相关企业在突发情况下，合理采用着眼于特定客户群并满足其需求的弹性供应链管理，有利于获得新市场并赢得客户，而弹性供应链管理在很多行业已被看成创造实际竞争优势的最有力工具。

11.3.2 弹性供应链设计原则与总体架构

在一般情况下，很多企业在设计和构建面对突发事件的供应链时，都只是考虑成本和服务水平的相关因素，而忽视供应链的弹性问题。但由于在应对突发事件过程中，供应链的失效风险越来越大，而且很多突发事件，无论采取什么方法预测都是难以完全规避的，所以在供应链设计时，必须充分地考虑供应链弹性。同时，把弹性根植于供应链网络设计和构建过程中，也是提高相关企业供应链网络弹性最重要、最有效的方法之一。

1. 弹性供应链设计原则

弹性供应链的有效运作，依赖于信息共享，并要求能够准确、及时地将信息传递给供应链中各个节点企业。在供应链管理环境下的物流信息系统在遭遇突发事件时，应具有能够随时与不同的供应链上节点企业集成、业务流程和组织结构不断重组的动态特性，这样在面对突发事件时，对供应链的弹性、易集成性提出了更高的要求。因此，在弹性供应链设计和构建过程中，必须遵循以下4个原则。

（1）实用性原则

首要的原则是使弹性供应链管理机制在由愿景向协作实施转化前，在组织内适当建立和运作。这一步确保企业管理者实施承诺，例如，他们已确定大局的风险政策、已指派风险管理团队、已建立和测试必要的系统、拥有顺畅的信息流、内部风险登记已设计、程序已测试等。只有当一切在内部开始运作后，企业管理者们才真正扩展到考虑链条的其他成员。另一种相反的观点认为，企业管理者们可以通过与他人合作来学到有价值的东西，所以他们不可能很好地定义他们的贸易伙伴，但是他们可以有一种开拓的精神。最好的想法是从合作理念、联合想法和经验中出现的，这样他们就可以学习新的思想和方法以在组织内部运用。可能最好的答案是介于这两者之间的。企业管理者们通过他们自己的风险管理获得进步，然后通过组织实践来寻求提高和巩固他们自己的技能的方法。

（2）完整性原则

当企业管理者们不能成功地为供应链制订计划时，他们必须清楚地理解自己学习的是什么。

同时，弹性供应链构建的完整性原则还包括功能的完整性和开发过程的完整性两个方面。弹性供应链的功能完整性是指，在遇到突发事件的情况下，企业要根据物流过程中的实际需要，制定的管理系统要能满足物流管理的信息化要求。弹性供应链的系统开发完整性是指在遇到突发事件的情况下，为保证系统开发和操作的完整性和可持续性，相关企业能够制定出相应的管理规范。

（3）安全性原则

供应链上的企业应清楚地将遇到突发事件的相应风险所造成的影响考虑在他们的决策中。如果这些企业忽略了这些风险，只会将注意力集中在效益、效率或其他目标上。最好的设计需要在弹性和正常衡量效率两者之间达到一种平衡。避免这种风险的办法就是设计一个平行路径的链条，那么流程就可以绕开断开的路径而通过正常工作的路径。例如，在供应链中通过任意一点的单一路径会产生一个脆弱点，而如果在这一点上发生任何事情都会导致整个链条处于风险中。

在设计和应用弹性供应链管理系统时，面对突发事件，需要制定统一的安全策略来抵御相关的风险。特别是在面对突发事件的情况下，更要学会使用可靠的安全机制、安全技术及管理手段。伴随着信息技术的发展，物流服务的很多业务需要通过互联网来实现，风险问题对物流信息系统来说越来越重要。

（4）物流信息标准化原则

为实现供应链上企业的信息共享，在遇到突发事件情况下，传递物品流动的信息也要有统一的标准。没有统一的信息标准，就无法保障在供应链上传递的相关信息能够准确及时地采集、传输、整理和运用，同时，以现代通信技术为手段的现代物流更无法实现，真正意义上的物流就难以实现。在信息时代，由于有了信息通信技术的支撑，供应链上的企业通过各种信息技术，如网络技术和即时通信工具，使制造商、供应商、代理商及客户有机地联系起来，对货物的供给和销售情况进行实时跟踪、动态管理和有效控制，可以最大限度地优化采购环节和配送环节，使物资流通速度进一步加快，效率进一步提高，成本进一步降低，甚至实现零库存，这就是现代物流的真正意义。

2．弹性供应链设计总体架构

弹性供应链管理系统设计体系中，总体框架包括以下4个方面。

（1）弹性供应链的主体——企业

弹性供应链的主体是企业，企业是指把人的要素和物的要素结合起来的、自主地从事经济活动的、具有营利性的经济组织。企业不仅是知识的创造者、使用者和传播者，还是知识能动的载体。我们根据主体在供应链中所处的位置，将企业分为4种角色：处于弹性供应链节点企业中的个人、弹性供应链中的节点企业、供应链的客户及合作伙伴。

（2）弹性供应链的客体——知识

在针对突发事件的弹性供应链构建过程中，根据知识在弹性供应链的共享范围不同，可以将知识划分为3类：企业内部知识、供应链上的知识及供应链外部知识。在弹性供应链管理系统中，企业内部知识是由供应链上相关企业内部的员工，在针对突发事件避免风险的过程中，利用企业的各种资源，通过收集资料、整理分析、调查研究、试验研究或经验总结所创造出来的知识。供应链上的知识是指在针对突发事件的弹性供应链系统中，由弹性供应链上单个企业或多个企业创造或吸收的、最终属于供应链上的知识。供应链外部知识指的是在针对突发事件的弹性供应链系统中，围绕供应链的科研单位、竞争对手或政府部门所拥有的知识。这3类知识虽然在来源和共享的范围上有所不同，但是在针对突发事件的弹性供应链系统中，由于知识本身的特性，它们之间没有绝对明确的界限，只是一种模糊划分，并存在动态重叠的部分，且随着知识不断传播而不断变动。

（3）知识服务体系得以实现的重要工具——技术

在针对突发事件的弹性供应链系统中，在信息技术和管理系统的支持下，知识服务的核心是知识的发现、编码、转化、创新和应用，而现代信息技术正好提供了相应的功能。在针对突发事件的弹性供应链系统中，通过数据挖掘、信息检索技术实现知识的发现，通过网络技术实现知识的共享，通过文件系统、数据库技术可以实现知识存储，通过专家系统、决策支持系统等实现知识的创新。可以说，在针对突发事件的弹性供应链系统中，信息技术是将完整的知识服务体系联结起来的桥梁工具，在知识服务中起着非常重要的作用。随着各种信息技术的发展及应用，在针对突发事件的弹性供应链系统中，在大大提高供应链上知识服务效率的同时，也使一些原本复杂的弹性供应链构建方案得以实现。

（4）弹性供应链实现的途径——过程

在弹性供应链体系中，各个环节间相互关联，共同组成弹性供应链的过程架构。在针对突发事件的弹性供应链系统中，弹性供应链知识的认知过程应包括知识发现、知识编码、知识转化、知识创新与知识应用5个阶段。知识发现是指从大量隐含的信息中进行有价值的知识提取；知识编码是指将个体、群体和组织的零散知识以成文的形式呈现；知识转化能力是指将获得的新知识与现有知识相结合的能力；知识创新是指通过科学研究获得新的自然科学和技术科学知识的过程；知识应用是指将掌握的知识应用于需要完成的任务中。其中，弹性供应链上知识的发现与编码是知识转化与创新的前提，而通过知识创新、应用，提高整条弹性供应链的核心竞争力，是面向弹性供应链服务体系的目标。

11.3.3 弹性供应链集成模式

弹性供应链集成模式管理水平的高低和能力的强弱，直接影响着供应链整体竞争力。弹性供应链集成模式主要包括以下内容。

1. 业务重组——选择合适的供应链合作伙伴

供应链上相关供应商的选择是企业的一个重要决策，虽然一条供应链上的企业总是扮演着不同的角色，而且随着节点的变化，自身的定位和职能也会发生变化，但一个好的供应商在应对突发事件的供应链弹性构建中，一定是在遇到突发事件也能获得利润的同时提供有竞争力的产品的企业。在应对突发事件的供应链弹性下选择合适的供应商对于增强供应链的整体竞争能力具有重要意义。在选择合作伙伴时，要从供应链上的供应商的产品质量、产品价格、售后服务、供应能力、交货情况等方面来衡量。

2. 过程控制——协调各成员企业间的关系

在应对突发事件时，弹性供应链管理系统的运营应该是基于合作的，合作才能减少风险，同时可提高整个供应链及物流过程的效率，并在此过程中减少浪费和重复努力。在应对突发事件时，一般风险都是不确定的并具有偶然性，供应链内各节点企业间需要通过信息技术手段达到信息共享，减少物流、信息与资金流动的障碍，从而降低弹性供应链内部的成本消耗，达到优化供应链的目的。因此，协调合作各成员企业间的关系，是弹性供应链管理系统构建最重要的主题之一，弹性供应链中相关的企业要在合作中形成合作伙伴关系。弹性供应链管理系统构建的集成化计划也是所有节点企业的群体决策，每个节点企业都应该参与其中，而集成化计划达到信息共享的出发点也是提高弹性供应链的整体效率。

3. 信息共享——加强信息管理，减少信息失真

从传统意义上讲，供应链的上游企业在进行供求关系预测时，总是将大部分精力放在下游的需求信息上，并将此作为自己企业内部需求关系预测的依据，并在此基础上，安排自己企业的生产计划或供求计划。这一获取需求信息的过程是导致"牛鞭效应"发生的主要原因。"牛鞭效应"会造成供应链上企业低质量的客户服务、货物短缺或积压、低效运输及产品需求预测错误等问题，严重影响供应链的绩效。针对突发事件的弹性供应链管理系统的构建，必须确保相关合作伙伴间货物及信息流通的通畅，为组成动态联盟的企业间的信息管理提供支持，如复杂资源计划、调度算法，以及物资、能力、客户、供应商等相关经营依赖关系变化而引起的信息管理变化。

4. 客户化需求——全面提升客户价值

弹性供应链作为连接生产与消费、生产与再生产的桥梁和纽带，要有很强的客户价值观念。同时，弹性供应链的核心观念是服务理念。要学习先进的供应链管理和运作的流程，首先，应该以全面提升客户价值作为物流服务的目标。通过分析在弹性供应链中是否切实为客户创造了价值、是否真正提高了客户的经济效益，以及是否用较少的成本扩大了附加价值，来评价一个供应链的优劣。其次，必须掌握先进的物流理念。寻求客户最强烈的需求愿望是决定物流水平的基本方法，通过运用客户服务的理念或客户价值的理念，例如，与客户面谈、客户需求调查、第三方调查等方法，以此了解客户的需求。

5. 供应链服务向其他方向延伸

① 由供应链功能服务向管理服务延伸。在应对突发事件的弹性供应链构建上，供应链服务不是在客户的需求下承担多个相应的物流功能，而是通过参与客户的物流管理，针对其对供应链各过程的各种要求，将各个物流功能通过信息共享等技术有机地衔接起来，从而提高效率，实现高效的物流系统运作。因此，企业在开发应对突发事件的弹性供应链管理系统时，要在供应链管理层面的服务内容和功能上下功夫，为客户提供一体化、全方位的供应链解决方案，包括客户供应链系统优化、供应链业务流程再造、客户服务供应商协调等，从而实现对客户的"一站式"服务。

② 由供应链上的基本服务向供应链增值服务延伸。在应对突发事件的弹性供应链管理系统构建过程中，供应链服务应实时根据客户需求，不断发展综合服务、一体化服务，并在此基础上强化发展增值服务，以个性化服务内容，在自身的弹性供应链基础上表现出与市场同质竞争者的差异性。要以客户增值体验为服务宗旨，以服务质量创效益。

③ 由供应链上的实物服务向信息流、资金流服务延伸。应对突发事件的弹性供应链管理的基础是信息技术的共享和合作，是用信息流来控制实物流的流动，因此，供应链上的物品服务必须在提供实物服务的同时提供信息流服务。在供应链上，企业是承担物流功能的主体，企业要与客户及其他供应链节点上的企业形成战略伙伴关系，参与客户的供应链管理，实现产品流、资金流与信息流的协同运作。

本章小结

供应链风险是因供应链中存在多种不确定因素而导致的风险，是企业在应对外部压力和挑战时，为实现最大化收益，通过实施各类有效手段来不断压缩运营成本空间、强化整体运行效率及效能，进而对供应量供求关系造成影响。供应链风险管理是指运用风险管理方法和工具，采取有效的识别、评估、监控、防范、化解风险等管理措施，协调供应链上各成员，在平衡成本、效率等绩效基础上，力图降低供应链风险事件或不确定性发生的概率和不利影响，或在风险发生后最大限度地减少损失并尽快恢复到原状。供应链风险分为外部供应链风险、内部供应链风险和供应链网络风险。供应链风险管理过程分为供应链风险识别、供应链风险估测、供应链风险评价、制订供应链风险管理方案和风险监督与改进5个环节。在供应链风险识别中，借助相应方法科学分析引发供应链风险的要素，找出潜在风险。供应链风险评估的目的是对识别出来的风险重要性进行评定。实施有效的风险管理策略有根据企业风险偏好程度制定差异化的风险管理策略和制定有针对性的风险管理措施。供应链弹性是供应链的一个属性，在弹性供应链设计和构建过程中必须遵循实用性原则、完整性原则、安全性原则和物流信息标准化原则。弹性供应链管理系统设计体系总体框架包括供应链管理系统的主体、客体、技术和过程4个方面。弹性供应链集成模式主要包括业务重组、过程控制、信息共享、客户化需求和供应链服务向其他方向延伸。

课后思考

1. 名词解释

供应链风险，供应链弹性，供应链风险识别，供应链风险评估

2. 简答题

（1）供应链风险具有哪些特征？
（2）供应链风险可以分为哪几种类型？
（3）简述供应链风险管理的策略。
（4）简述弹性供应链设计原则与总体架构。

案例讨论

海底捞的供应链风险分析

海底捞作为大型直营餐饮企业，其主营业务是门店经营和外卖、调味品、食材的销售，虽然海底捞布局的领域众多，餐厅门店经营仍是其最主要的收入来源。由于新冠病毒感染的反复和门店食品质量问题频发，餐厅门店经营收入不稳定，给海底捞的收入增长带来许多不确定性。

1. 原材料成本上涨，推动行业性提价

在海底捞供应链上游，火锅食材、速冻食品的价格都有所上涨。速冻行业整体毛利率较低，原材料和包装材料成本占总成本的比重较高。其中，鱼糜、猪肉和鸡肉是冷冻食品的重要原料，合计占原料的71%。由于原料价格大幅上涨，加大了上游供应链原材料成本，速冻食品企业持续提价。上游供应链原材料价格的上升，推动了火锅行业的菜系涨价。在餐饮环境极度不景气的新冠病毒感染防控期间，海底捞为了补齐盈利缺口，试图通过全线菜系涨价来增加盈利。在遭遇网络的情绪反弹后，海底捞又采取变相涨价的方式，部分门店将牛肉粒换成大豆素肉制品"味伴侣"，涨价使海底捞的客单价迅速上涨，但得到的更多是客户的负面评价，这对于本来就日渐下降的用户满意度来说无疑是雪上加霜。虽然客单价的提高能够增加门店收入，改善盈利情况，但用餐费提高的同时，体验感却还停留在原地，就有可能造成海底捞口碑的下降。同时，主要竞争者应对危机的创新努力，也使海底捞的竞争压力加大。海底捞客单价的不断提高造成了一定数量的客户流失，门店翻台率逐渐下降，其近年来营收增速明显放缓，可见原材料端的风险传导效应会波及下游，对企业整体盈利造成负面影响。

2. 议价能力减弱，上游供应商"去海底捞"化

海底捞能短时间内进行快速的门店扩张，主要是在上游建立了强大的供应链管理平台。但部分供应商大力推进"去海底捞化"，使原本与海底捞上游供应深度捆绑的体系逐步瓦解。例如，作为供应商之一的颐海国际，2020年向海底捞和关联方销售火锅底料、调味料产品的收入下降了15.3%。从整体业务看，关联方占公司销售收入的比重也从2019年的38.8%下降至2020年的26.6%。颐海国际针对除火锅底料外的调味品，统一采用了新品牌"筷手小厨"，一旦颐海国际经营布局发生变化，对于海底捞上游火锅底料和调味料的

供应将造成巨大冲击。另外,关联方蜀海供应链脱胎于海底捞,其中央厨房与冷链技术成熟,形成了"重资产+供应链"模式。虽然目前蜀海与海底捞是深度绑定的关系,但随着蜀海的企业中央厨房标准化、生产冷链运输效率提升,其话语权会不断增强,海底捞在上游的议价能力将相对减弱,这会加大其原材料供应风险。

3. 下游门店翻台率下降,营收虽涨但利润承压

下游的火锅餐饮业在整个火锅产业链中所占市场规模是最高的,是产业链发展中最重要的一环。但海底捞下游供应链的火锅门店翻台率却在不断下降,虽然客单价因为菜价上涨的缘故有了一定的提高,但一、二线城市门店的整体盈利水平在下降。一方面,海底捞的开店速度基本符合市场预估,且下沉市场(三线及以下城市)的收入规模有可观的同比增长。另一方面,从净利润水平来看,虽然因为连锁扩张导致营收有了一定增长,但其净利润与以往相比仍处于较低水平。逆势扩张导致相关支出增加,同时新开业门店达到首次盈亏平衡并实现现金投资回报时间长于往期,部分门店仍受新冠病毒感染防控影响,利润端未见起色。海底捞不断增加新店数量能为其带来的边际改善正在减弱。其实,海底捞在一、二线城市的收入仍占主导地位,但这些城市餐厅店面的翻台率逐步下跌,同店销售额出现负增长。从这方面看,海底捞在一、二线城市的门店营收增长已经达到"天花板",只能依靠不断在下沉市场开店来提升整体营收水平。而近两年火锅餐厅的规模不断扩张,各品牌纷纷向三、四线城市下沉。要想在竞争日趋白热化的火锅行业中保持领先地位绝非易事。速食自热火锅——自嗨锅等产品的出现,使火锅的替代品多样化。除经营火锅店外,下游市场的新业态也不断涌现,火锅市场呈现出一些新趋势:一是利用自身火锅品牌的影响力,不断向火锅周边产品和服务拓展。例如,火锅和O2O新零售相结合,延长消费时间并扩大消费范围。二是利用火锅的社交特性,着力打造社交平台,出现了多样化的食材和锅底,以及火锅新文化。三是利用现代化科技手段,提升客户体验。身处激烈的火锅赛道,海底捞需要构筑自身竞争壁垒,防范供应链风险。

4. 逆势扩张举债经营,供应链财务风险大

由于下游竞争激烈,海底捞在新冠病毒感染防控期间不但没有停止连锁化的步伐,反而利用政策补贴加速开店,受口碑下滑影响,海底捞新店面资金回收期不断拉长,给企业现金流带来不小压力。海底捞不得不举债经营,以维持自身发展。这种逆势扩张的经营管理决策不但给海底捞自身带来财务方面的损失,甚至给其上下游供应链成员企业的财务状况也带来了不确定性。从报表层面看,海底捞租赁产生的利息和银行贷款利息不断增加,加之过高的负债比率,增大了企业资金链断裂的风险。新冠病毒感染防控期间因扩张带来大量举债,无疑极大增加了公司的债务违约风险,不利于海底捞的平稳发展,对整个供应链的财务状况都带来一定的风险。

5. 存货周转率下降,存货积压风险增大

海底捞的原材料主要包括生肉类、速冻食品和一些保质期较短的新鲜蔬菜等。海底捞的存货周转率随客流量、客户口味的改变而改变。公司为确保食材新鲜,一般不会保有大量库存,存货周转率保持在较高水平。但近年来受到口碑下滑的影响,翻台率和客流量均大幅下滑,这导致海底捞存货周转率食品安全事件频发,对于主打口碑和服务的海底捞影响巨大。同时,由于餐饮业的库存多为新鲜食材和速冻食品,保有大量库存不利于其品质

的维持，这给火锅店面的营收造成进一步风险。存货周转率的下降也说明海底捞在食材、原材料的流动性、存货的资金占用方面存在一定的不合理性，生产经营的连续性存在风险。

6. 质量问题频发，对品牌口碑影响大

近几年来，海底捞的食品安全事件频发，其在2020年因食品安全问题未得到妥善解决而屡次登上微博热搜，这对于主打口碑和服务的海底捞影响巨大。一方面，质量问题的产生不禁会让人们质疑海底捞供应链上游质量不稳定；另一方面，原材料在供应链环节出现问题确实会对海底捞的食品安全造成一定风险。

（资料来源：唐艳，胡桐.落入红海还能"海底捞"吗？——基于海底捞的供应链风险分析及优化[J].企业管理，2021(11):39-44.）

思考

1. 海底捞的供应链风险有什么特点？
2. 海底捞应该如何防范和控制供应链风险？

第 12 章

供应链绩效管理

思政导学

以诚信、友善、爱岗敬业的理念为课程思政目标,结合精益求精的工匠精神,严于律己、一丝不苟的工作精神,将敬业、乐业、追求卓越的情怀融入对供应链绩效管理指标、供应链管理绩效评价等知识点理解中。

◇ 学习要点 ◇

- 了解供应链绩效管理的概念
- 熟悉供应链绩效管理指标
- 掌握供应链管理绩效评价

● 关键术语

绩效管理,供应链绩效评价,供应链运作参考模型,平衡记分卡

导入案例

生产企业 A 的供应链绩效管理

生产环节是支持企业 A 经营发展的核心环节,企业 A 的生产部以前只是单独对本部门的员工做绩效指标,从未有针对性地对直接影响生产效率的供应链绩效水平的业务指标做过评估,此次通过生产管理绩效考核指标的确定与优化,能够进一步提升企业 A 的生产效率,控制资源浪费情况,使企业 A 的供应链绩效管理水平提升。

企业 A 的供应链绩效管理需要从以下 4 个方面进行完善。

① 通过供应链管理水平提升,使企业 A 从拉动式生产模式升级为推动式生产模式,生产部根据每批工单计算采购物料的到货及时率。对于生产计划中或过程中发现的异常问题及时与采购部沟通解决方案,以保证按计划生产发货。

② 企业 A 是一个半自动化的工厂,设备的高精度离不开按时保质的保养工作,每月设备 100%的按时点检率为产品质量稳定性打下基础,做到全员设备点检,最大限度地避免了年久失修带来的设备隐患及维修费用投入。

③ 对生产管理过程的质量控制,实现产品质量保障。在生产过程中,对于遇到

的来料问题应及时收集信息进行反馈，提升处置能力，进一步提高生产效率。

④ 要求各个岗位工作人员结合供应链绩效管理优化的需求，积极对工艺流程进行完善与改进。鼓励全公司员工提出合理化建议，特别在生产过程中通过工艺优化，节省材料费用的建议需要被合理地采纳。企业 A 还要根据合理化建议的年节省总额，奖励 3%~5%给员工作为奖励。

根据以上方面，企业 A 设计供应链绩效管理的关键指标与评定方法如表 12-1 所示。

表 12-1　企业 A 设计供应链绩效管理的关键指标与评定方法

定义	关键绩效	评定方法
生产使用的直接性物料在生产开工前一天配套齐全	直接物料及时率	物料需求计划根据客户交付计划转化为生产工单开工计划，所有物料按照物料清单（Bill of Material，BOM）在开工前一天必须配套齐全，有一项缺料视为不达标，从而分析来料延迟率或配送延迟
所有生产涉及的设备仪器，除维修班组的定期保养外，所有操作员工都需要做到日常养护工作	设备点检率	设备责任到人，维修班根据每台设备各项属性，制定日、周、月度的日常维护手册，员工需按照手册内容，当月按时完成所有养护点检项
生产过程中的物料 PPM 反映出质量管理在原材料端过程管控的落实	产线用料 PPM	根据产线每日质量问题分析，筛选出制造缺陷及来料缺陷，根据来料缺陷统计出当月产线用料 PPM，与物料入库 PPM 不重复，是对物料入库 PPM 漏检的补充
任何节约成本、提升效率、改善现场的提议及合理化建议形成持续改善	采购部持续改善数量	对制造过程起到降本增效且审核评估通过的改善视为合格的现场改善

（资料来源：罗显玺. I 仪表公司供应链绩效管理优化研究[D].南京：东南大学，2020，有改动）

思考

企业 A 供应链绩效管理指标的设计有何特点？

解析

结合供应链绩效管理、供应链绩效评价体系等知识点进行分析。

12.1 供应链绩效管理概述

绩效是一种多维建构，测量的因素不同，其结果也会不同。因此，要想测量和管理绩效，必须先对其进行界定，弄清楚其确切内涵。

12.1.1 供应链绩效管理的内涵

1. 绩效与绩效管理

一般可以从组织、团体和个体3个层面对绩效下定义，层面不同，绩效包含的内容、影响因素及其测量方法也不同。就个体层面来讲，人们给绩效下的定义尚未达成共识。目前主要有两种观点：一种观点认为绩效是结果，另一种观点认为绩效是行为。"绩效是结果"的观点认为，绩效的工作所达到的结果，是一个人的工作成绩的记录。表示绩效结果的相关概念有职责、关键结果领域、结果、责任、任务及事务、目的、目标、生产量、关键成功因素等。不同的绩效结果界定，可用于表示不同类型或水平的工作要求，在设计绩效目标时应注意区分。

现在，人们对绩效是工作成绩、目标实现、结果、生产量的观点提出了挑战，普遍接受绩效的行为观点，即"绩效是行为"。绩效是与一个人在其工作的组织或组织单元的目标有关的一组行为。绩效不是行为后果或结果，而是行为本身。绩效由个体控制下的与目标相关的行为组成，不论这些是认知的、生理的、心智活动的或人际的。在绩效管理的具体实践中，应采用较为宽泛的绩效概念，即包括行为和结果两个方面，行为是达到绩效结果的条件之一。绩效管理是一种管理过程，通过对企业人员和运作过程的监测、考核、评价、反馈和改进，来完成企业的战略目标。绩效管理的结果就是企业所体现出来的相对竞争优势，例如，良好的质量、合适的价格、快速的响应能力、良好的利润率等。

绩效管理是事前计划、事中管理和事后考核所形成的三位一体的系统，而绩效考核是指考评主体对照工作目标或绩效的标准，采用科学的考评方法，评定员工的工作任务完成情况、员工的工作职责履行程度和员工的发展情况，并将评定结果反馈给员工的过程。由此可见，绩效管理与绩效考核有着明显的不同，绩效考核只是绩效管理过程中的一个环节，不能用绩效考核来替代绩效管理。绩效管理在企业的管理活动中处于核心地位，是人力资源管理与开发的中枢和关键。员工的培训与配置要以绩效管理为依据；员工的绩效评价与报酬要以绩效管理为依据；员工的晋升、转岗和调动要以绩效管理为依据。科学的绩效管理在人力资源管理中具有导向作用、激励作用、教育培训作用、反馈控制作用和沟通作用。绩效管理反映企业的战略，绩效管理与企业的成败息息相关。绩效管理从广义上说，包括绩效管理的基础性工作（目标管理和工作分析）、绩效指标的设定、绩效计划、绩效实施与管理、绩效考核、绩效反馈和绩效考核结果的利用等几个环节；从狭义上说，绩效管理通常被看作一个循环，这个循环的周期分为4个步骤，即绩效计划、绩效实施与管理、绩效考核及绩效反馈面谈。绩效管理的根本目的是持续改善组织和个人的绩效，使企业和员工共同发展，最终实现企业的战略目标。

2. 供应链绩效管理

供应链绩效的含义就是某一供应链在实际活动过程中取得的效果，可以从两个角度进行说明：从过程来看，对链条上涉及的众多参与者、业务流程进行管理，进而达成供应链绩效；从结果来看，供应链绩效的最终目的是能够为组织带来明确的利益。

供应链绩效管理是对供应链的运营状况进行监测、考核、评价、反馈和改进的过程，目的在于实现供应链的整体目标，同时满足供应链个体的意义。基于约束理论的供应链绩效管理，注重将供应链作为一个系统来看待，系统能量的增加，有效产出的提高，是衡量供应链绩效的重要标准。同时也强调供应链的竞争因素，绩效管理的终极目的是提高供应链的竞争能力，实现供应链的战略目标。

供应链绩效管理的基础是供应链实现了一定程度的协同，具有自己的协调企业，并具有共同的战略目标和具体策略，能够在管理上建立联系。毕竟供应链绩效管理不同于企业绩效管理，前者的协调难度更大，对管理水平和信息基础设施的要求更高。

供应链绩效管理的基本理念是将供应链的经营战略分解为一系列可度量的指标，实现对供应链运营状况掌控。供应链绩效管理者的决策必须依靠精确的信息和数字，以准确地把握供应链的脉搏，以便对供应链绩效进行管理。供应链绩效管理要能够解决供应链管理过程中的如下问题。

（1）对整个供应链的运行绩效进行管理

在这里主要考虑供应链与供应链之间的竞争，通过对整个供应链的运行绩效进行管理，以提高供应链的竞争能力。

（2）对供应链节点企业的绩效进行管理

管理供应链各节点企业的运营绩效，以便激励成员企业，吸引优秀企业加盟，剔除不良企业。对供应链节点企业的绩效管理如图12-1所示。

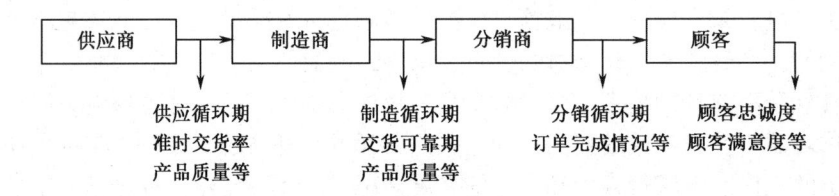

```
供应商 → 制造商 → 分销商 → 顾客
  ↓         ↓         ↓         ↓
供应循环期  制造循环期  分销循环期  顾客忠诚度
准时交货率  交货可靠期  订单完成情况等  顾客满意度等
产品质量等  产品质量等
```

图12-1　对供应链节点企业的绩效管理

在进行供应链绩效管理时，要考虑如下几点。

（1）兼顾供应链各节点企业及相关利益者的利益

供应链的利益相关者包括供应链各节点的企业及与这些企业相关的股东、经营者、员工、客户、国家等，评价一条供应链的绩效好坏到底谁说了算呢？股东关心企业能否利润最大；经营者关心能否完成受托管理企业的职责并获得可观的个人收入；员工关心能否得到工资奖金、能否工作愉快并不断进步；客户关心商品能否价廉物美、能否得到应有的尊重；国家关心企业能否纳税并承担相应的社会责任……

谈到绩效，人们总是习惯地把它同盈利能力（财务指标）联系在一起，从以上对供应链的利益相关者的分析可看出，供应链的绩效并不仅仅等于供应链的盈利能力，不仅要考虑股东的利益，还要考虑客户的利益，考虑是否满足了客户的需要？客户的满意度如何？还要考虑到员工的利益，员工是否工作愉快？是否有成就感？

（2）从客户的角度进行牵引

当今的市场有两大特点：一是客户的嗜好多样化，商品更新周期短；二是社会日趋成熟，经济增长变缓，导致供给过剩。在商品呈现少量多品种化的过程中，畅销品大量销售的倾向极为明显。企业如果不能适应畅销品时代的变化而进行生产，就可能造成产品大量积压。

在这样的竞争环境下，企业的营销方式和思路也应逐渐随着时代的变化而变化，降低库存和缩短供货周期成为重要的指标。经营上也要求重视现金流量。综上所述，在商品供大于求的时代，企业的一切经营都应以客户为出发点。对供应链来说也由制造商主导转向客户主导。因此，供应链在进行绩效管理时，也要以客户的需求为出发点。

（3）要以不断创新为动力

企业自身需要通过创新不断调整战略来应对竞争。寻找新的竞争策略的过程就是不断创新的过程。创新包括产品创新、流程创新和管理创新。创新已被公认为是影响企业绩效的关键因素之一。

12.1.2 供应链绩效管理的内容

供应链绩效管理涉及绩效计划、绩效控制、绩效评价和绩效改进等，一般包括确定基准，涉及绩效指标、度量绩效；检查绩效指标完成情况；分析供应链流程存在的问题；制定改进措施和建立供应链绩效激励措施等。通过对供应链流程的监控和管理，协调各个关节成员企业的利益分配，不断提高供应链及其成员企业运作的效率和效益，不断改善供应链性能和绩效水平。

1. 供应链绩效管理的原则

① 供应链绩效评价指标与企业的竞争战略相一致。
② 供应链绩效评价指标具有全面性与平衡性。
③ 以内外部标杆作为设定供应链绩效目标的基础。
④ 供应链绩效目标具有积极性与可行性。
⑤ 供应链绩效评价指标高度可视化，受到员工监督。
⑥ 供应链绩效评价指标成为企业持续改进的工具。

供应链绩效管理可以从3个角度来衡量其好坏。

① 横向比较：标杆管理法，通过和企业的竞争者或行业领导型企业进行比较。
② 纵向比较：时间序列分析法，通过与本公司隶属数据比较，分析发展趋势，指出发展计划和改进措施。
③ 目标比较：企业根据战略计划制定发展目标，按照目标实施后，将实际结果与目标进行比较分析，以便进一步改善。

2. 供应链绩效管理的过程

完善的供应链绩效管理包含以下4个步骤：供应链绩效计划的制订、供应链绩效实施、供应链绩效评价、供应链绩效反馈，它们之间紧密相连，相互影响。4个步骤对于任何一个优秀的组织来讲都是缺一不可的。供应链绩效管理的过程如图12-2所示。

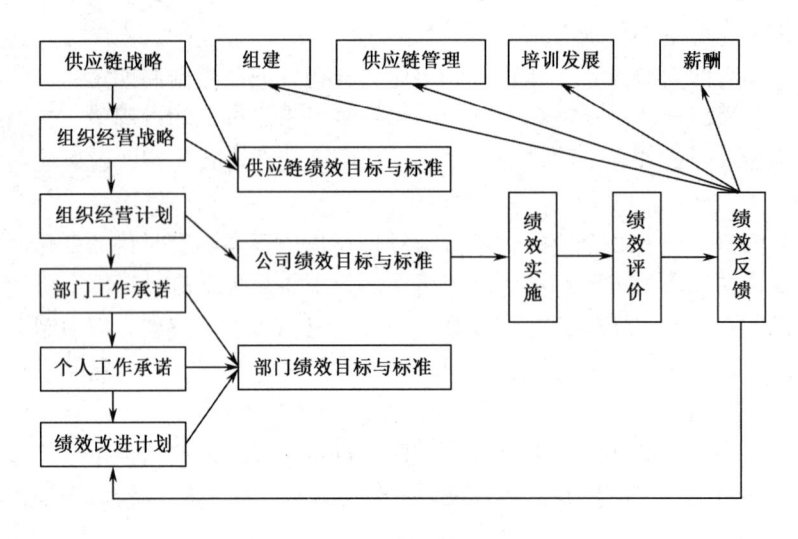

图 12-2　供应链绩效管理的过程

（1）供应链绩效计划的制订

这一阶段是供应链绩效管理过程的开始，主要任务是供应链企业间通过商讨，确定供应链绩效目标和评价周期。其中，绩效目标是指供应链企业在绩效评价期间的工作任务和要求，包括绩效考核要素和绩效考核标准两个方面。绩效计划必须清楚地说明期望供应链企业达到的结果，以及达到结果期望所表现出来的行为和技能。

（2）供应链绩效实施

制订了供应链绩效计划后，供应链企业开始按照计划开展工作，为供应链绩效实施过程。供应链绩效实施在整个供应链绩效管理中处于中间过程，也是供应链绩效管理的循环中耗时最长、最关键的环节，这个过程的好坏直接影响供应链绩效管理的成败。供应链绩效实施过程包括了持续的绩效沟通与供应链数据、资料、信息的收集与分析。

（3）供应链绩效评价

供应链绩效评价的目的有两个：一是判断绩效计划实施是否在各自约束条件下达到预定目标；二是分析绩效计划与实际结果的差距及原因，为进一步改进绩效奠定基础。

（4）供应链绩效反馈

供应链绩效反馈就是为改进供应链企业工作绩效，是供应链管理人员获得相关信息，制订改进计划，提高绩效管理有效性的过程。绩效改进计划是采取一系列的措施改进供应链的工作绩效。制订绩效改进计划有助于提高客户满意度，激发成员改善绩效的动力。

阅读拓展

企业应不断尝试绩效管理模式的改革

在传统绩效管理过程中，管理者往往对结果进行预设，并通过绩效管理确保员工遵循设定的目标行事：根据预设的结果给定具体的绩效指标，并通过指标的完成情况计算员工绩效。使用这种传统的绩效管理方式，员工往往过分关注各项指标的完成情况，从而忽视企业真正的目标，导致个人的工作成果和企业目标脱节。

> 一些企业不断尝试绩效评估模式改革，如 Adobe 率先提出"敏捷宣言"，取消年度绩效评估。该公司认为年度目标与实际运营脱节，需要用更符合业务自然周期的、频繁的非正式沟通反馈代替年度评估流程。德勤（Deloitte）在面对外部环境转变、内部各级员工对传统绩效管理方式存在异议的时间节点时，也开始着手重塑绩效管理系统。为弥补传统绩效管理过程耗时巨大、评分不公平、看重年度目标等缺点，德勤以"发展"为绩效管理侧重点，构建了"没有一连串目标、没有年度总结、没有 360 度评估"的新系统，不断尝试优化绩效管理模式。
>
> 未来的绩效管理应该用概念更宽泛的"目标"，代替传统的、具体的绩效指标。例如，目标与关键成果法（Objectives and Key Results，OKR）关注组织目标和关键结果，更适用于创新型企业和开放型组织。目标与关键成果法不是与关键绩效指标法（Key Performance Indicator，KPI）对立存在的，都只是绩效管理的工具而已。KPI 更流程化、系统化；而 OKR 则更为关注流程参与者的目标和利益是否与组织利益紧密相连。两者没有好坏之分，只是 OKR 在创新需求的复杂环境下，似乎更容易在未来被频繁利用。

12.2 供应链绩效评价体系与方法

通过供应链绩效评价可以让管理者直观地感受到组织供应链运行的状况，帮助企业不断地完善自身的管理、实现自身业务流程标准化、利于管理者对企业的管控。另外，供应链绩效评价还有其他的功能，例如，对供应链上参与方的贡献进行统计，依据贡献度合理分配利益，促进供应链上各个参与方间的协作，进而提高供应链的运行水平，更精准地与行业内竞争者供应链绩效进行比较，寻找企业进步的方向。

12.2.1 供应链绩效评价体系

供应链中企业规模大小不同，其在供应链所处的地位和发挥的作用也不同，都会影响供应链绩效。例如，在供应链运作过程中，不同位置的企业对供应链运作绩效评价不同，供应商侧重交付质量和交货可靠性，区域分销商侧重产品种类和价格，当地分销商侧重送货速度和服务水平，如图 12-3 所示。

1. 供应链绩效评价体系构成

供应链绩效评价体系要解决谁来评价、评价什么、如何评价、评价结果等方面的问题，完整的评价体系由以下几个方面构成。

① 评价的目的。供应链绩效评价的目的就是衡量供应链战略的执行效果，为优化改善供应链提供依据。

② 评价的主体与客体。绩效评价的主体是负责领导和指挥所有评价活动的组织，一般都以供应链核心为发起者，由其他关键业务伙伴参与构成，绩效评价的客体（评价对象）为整个企业的供应链及成员企业。

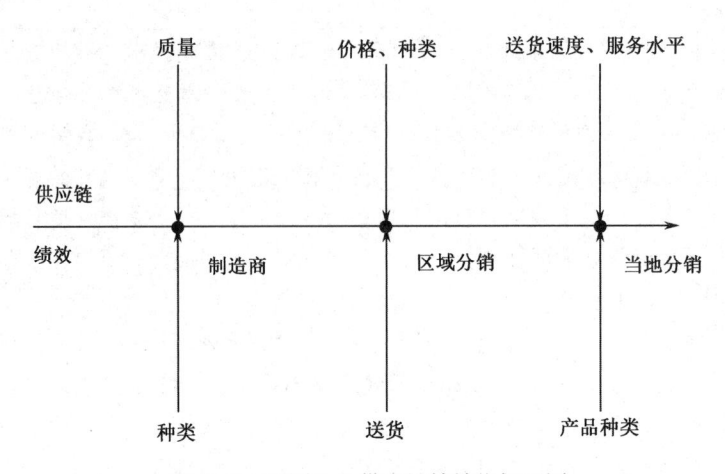

图 12-3　不同企业供应链绩效指标不同

③ 绩效评价目标。供应链评价的目标是根据主体需要确定的，是整个绩效评价的指南。

④ 绩效评价指标。供应链评价指标设立的目的是明确绩效评价的内容。客体本身有多方面特性，根据客体的特性和系统目标，选择合适的评价指标并组成指标体系，才能有效地进行供应链绩效评价。

⑤ 绩效评价标准。绩效评价标准是各个绩效指标应该达到的水平，它是评价客观绩效状态的标准。

⑥ 绩效评价方法。行业特性不同，评价方法不同，是利用科学的评价方法得出正确的结论。

⑦ 绩效评价报告。通过绩效评价形成结论性文件，是供应链实施激励措施和绩效改进的主要依据。

⑧ 激励与改进。评价的目标在于激励组织行为和改进绩效。对激励客体的良好行为进行强化，是对良好的绩效创造所付出努力和所承担风险的补偿。

2. 供应链绩效评价范围

供应链绩效评价的范围分为内部绩效评价与外部绩效评价。

① 内部绩效评价的绩效度量主要是对供应链上的企业内部绩效进行评价，常见的有成本、客户服务、生产率、资产、管理和质量等方面的指标。

② 外部绩效评价的绩效度量主要是对供应链在企业间的运行状况进行评价，常见的有用户满意度、准时交货率、交货可靠性等方面的指标。

12.2.2　供应链管理绩效评价方法

如果要得出客观且全面的供应链管理绩效，必须选择适当的绩效评价方法。比较具有代表性的绩效评价方法有数据包络分析法、关键绩效指标法、模糊综合评价法等。

1. 数据包络分析法

以数据包络分析（Data Envelopment Analysis，DEA）法展开绩效评价时，主要使用数学规划中的线性规划模型，综合评价决策单元的多个输入或输出，得出各个评价对象相对效率的数量指标，以判断 DEA 是否有效。从本质上讲，供应链是由生产商、供应商及其他成员组合而成的复杂关系网，需要各个成员互相配合才能维持正常的运转状态。供应链系统以输入与输出保持运营，这一点与 DEA 原理相差无几。另外，DEA 计算出的相对效率，代表由决策单位比较后得出的绩效评价结果，而这些存在一定关系的决策单元中，会有一个或一个以上决策单位的 DEA 是有效的，可将其作为该评价供应链中的标杆供应链。其他供应链与标杆供应链进行对比时，可找出自身的不足，再通过针对性的解决策略即可解决问题，进而获得持续发展。由此过程不难看出，DEA 法和供应链管理绩效评价之间具有突出的相容性。

近年来，越来越多的学者在解决内、外部标杆问题时，都以 DEA 法得出结论。由此可以看出，该方法确实可用于衡量效率，无论任何行为的标杆，都是对某一效率做出衡量后得出的结果。换言之，在选择标杆时，需要先测试效率，再按照测试结果做出比较排序。这也从侧面证实了 DEA 模型可作用于供应链管理绩效评价中。

2. 关键绩效指标法

关键绩效指标法的特点是在多个指标中选出关键指标，再通过衡量、取样、计算分析的方式进行绩效评价，即将企业的战略目标细分成多个可行性较高的小任务，经常作用于企业的绩效评价中。实际上，关键绩效指标法是将帕累托定律（20/80 定律）及目标管理（Management by Objective，MBO）充分融合后演变而成的绩效考核法，其能将企业战略目标加以分解，在多个因素中找寻出可实现企业战略目标的关键因素，再以此为基础，提取出企业、各部门、各岗位的关键绩效指标。该考核方法的核心在于将 20%的关键指标作为引导因素，实现 80%的绩效。简单地说，企业应该抓住其中的关键因素，将考核重点定为 20%的关键绩效指标。但在此过程中，需以 SMART（具体的、可测量的、可实现的、实际的、有时间限制的）原则为依据，设置出包含财务、内部业务、客户与市场在内的绩效指标。

3. 模糊综合评价法

模糊综合评价法（Fuzzy Comprehensive Evaluation method，FCE）是以模糊隶属度理论为基础，把定性评价转变为定量评价的评价方式。该评价方法具有全面、综合等特性。简单地说，其将普通集合的绝对隶属关系所对应的非此即彼特性，作用在单位区间[0,1]的任何数值中。如此一来，便可将原先的定性评价转化为定量测试，还可将不确定性问题中的模糊性质加以描述。也就是利用模糊数学法评价被多个因素约束的事物或对象。在企业展开供应链管理绩效评价时，与之相对应的指标含有定量及定性指标，若采取多层次的模糊综合评价法，就可以将不同指标相结合，进而得出更加全面、科学的绩效评价结果。

以该方法进行供应链管理绩效评价，可得出清晰易懂的分析结果，其系统性也非常明显，可于短时间内将模糊或无法量化的问题解决，适合作用于非确定性因素较多的问题。且该评价结果涉及多种信息，能对被评价对象做出精准描述，企业还能在深入分析后了解与之相关的信息。但即便如此，该方法也存在某些不足，具体表现为计算过程难度系数较高，且其明确指标权重的方法也过于主观。在进行模糊评价时，无法将由于相关性而造成的评价信息重复问题完全解决。加权向量相加之后等于 1，就会造成一定限制。另外，其评价指标集合数目过多时，相对隶属度及权重系数也会偏小，此时无法得出与之相匹配的权重向量，更不能建立准确的模糊矩阵，很难从中找出比较高的隶属度，如此一来，评价结果的真实性也很难保障；多数模糊综合评价的指标权重是由人制定而成的，其主观性或随意性较强，很难基于客观角度反映出真实情况。

12.2.3 基于 BSC 的供应链绩效评价

将平衡记分卡（Balanced Score Card，BSC）通过扩展应用到供应链上，从 4 个角度（客户角度，流程角度，财务角度，学习与创新角度）构建供应链平衡记分卡评价模型，如图 12-4 所示。

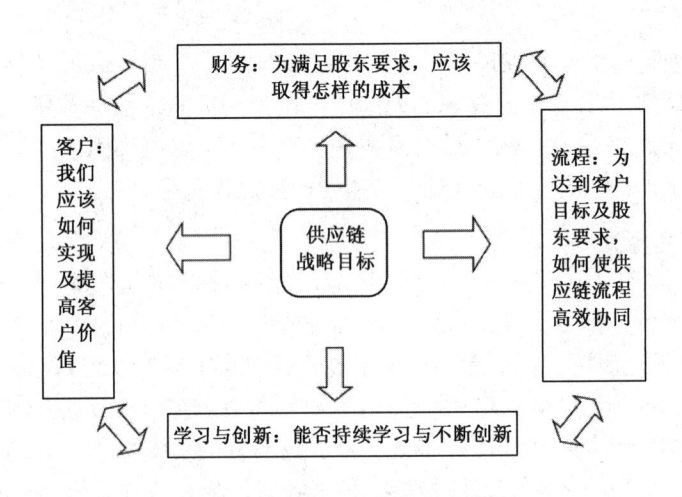

图 12-4 供应链平衡记分卡模型

从以上 4 个角度出发设计的供应链绩效评价模型，各角度间其实存在着一定的因果关系，财务指标是供应链各成员企业最终追求的目标，也是供应链成员企业存亡的根本；而要提高企业的利润水平，必须以客户为中心，满足客户需求，提高客户满意度；要满足客户，必须加强自身建设，提高企业内部的运营效率；提高企业内部效率的前提是企业及员工的学习与发展。供应链平衡记分卡各角度因果关系如图 12-5 所示，基于平衡记分卡的供应链绩效评价指标体系如表 12-2 所示。

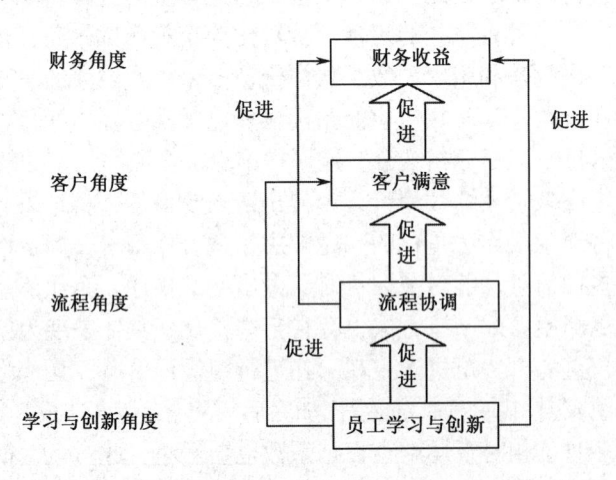

图 12-5 供应链平衡记分卡各角度因果关系

表 12-2 基于平衡记分卡的供应链绩效评价指标体系

评价角度	评价指标
客户角度	客户满意度,平均单位订单完成周期,交货准时率,对客户的柔性响应程度,客户对产品所创造价值的认同感
流程角度	供应链的生产柔性,供应链的成本,供应链有效提前期
财务角度	客户销售增长及利润,供应链库存天数,现金周转率,供应链资本收益率
学习创新与角度	新产品开发周期,新产品销售比率,流程改进效率

基于平衡记分卡的供应链三层次,如图 12-6 所示。

图 12-6 基于平衡记分卡的供应链三层次

基于平衡记分卡的供应链的 6 个维度如表 12-3 所示。

表 12-3 基于平衡记分卡的供应链的 6 个维度

6 个维度	供应链管理目标	关键成功要素
客户维度	稳定收益	改进服务,缩短时间,增加客户忠诚度,提高客户价值
内部流程维度	减少浪费,压缩时间,降低成本	新产品顺利开发与上市,提高供应链价值水平,消除非增值活动时间,提高产品质量
持续发展维度	改进产品,流程创新,伙伴关系管理	确保目标与战略的协调一致,加强团队参与程度,持续开发和转化知识
财务价值维度	供应链伙伴对供应链整体财务的贡献能力,高额利润,现金流增长,高的资产回报率	增加利润,提高资本效率
信息技术维度	降低成本,提高服务水平	信息系统先进性,信息传递效率,信息传递质量,信息共享深度

续表

6个维度	供应链管理目标	关键成功要素
供应商关系维度	使供应链交易成本最小化、收益最大化，建立稳定的供应商关系，实现供应商之间的紧密合作，共担风险、共享利益	降低产品成本，完善激励机制，提高适时交付能力，实现供应商伙伴关系

> **知识链接**
>
> **应用平衡记分卡的优劣势**
>
> 平衡记分卡法，要求企业从客户角度、内部角度、创新和学习角度、财务角度测评运营绩效，将绩效远景、绩效维度和绩效测度融入全球化的经营环境中，从而从战略层面实现整体运营内部和外部、财务和非财务合作与竞争、整合与离散的平衡。其基本设计逻辑是从相关的战略绩效远景出发（如客户、员工、创新、财务或资源配置层面），从企业战略的决策者对于全球供应链中因果关系的认识，引出最为重要的绩效维度（关键成功因素，如效率、质量等）；然后为前述绩效维度设立具体目标，即评估绩效维度实现和控制情况的一系列绩效测度指标。
>
> 平衡记分卡为管理人员提供了更为开阔的绩效管理视角，从而更有利于企业供应链决策。然而在实践中，许多企业只将平衡记分卡用于静态管理，从而使在改进供应链绩效过程中的成效不明显，例如，① 平衡记分卡多为财务部门制定，因而企业高度关注财务信息而忽略了同样重要的非财务信息和定性信息；② 人工归集的信息易产生错漏和滞延；③ 信息采集频率低，存在人为篡改数据的隐患；④ 制定战略的高级管理层和策略层、操作层分离，使管理层在绩效衡量中面临着不确定性因素；⑤ 平衡记分卡无法分析决策与绩效的因果联系，管理人员无法凭经验改进供应链绩效；⑥ 平衡记分卡无法衡量供应链跨组织间的协作（企业与上、下游企业的协作）。

12.2.4 基于SCOR的供应链绩效评价

SCOR是目前影响最大、应用面最广的参考模型，它能测评和改善企业内、外部业务流程，使战略性企业管理（Strategic Enterprise Management，SEM）成为可能。SCOR使企业间能够准确地交流供应链问题，客观地评测其性能，确定性能改进的目标，并影响今后供应链管理软件的开发。流程参考模型通常包括一整套流程定义、测量指标和比较基准，以帮助企业开发流程改进的策略。SCOR不是第一个流程参考模型，而是第一个标准的供应链参考模型。SCOR模型主要由4个部分组成：供应链管理流程的一般定义、对应于流程性能的指标基准、供应链"最佳实施"的描述及选择供应链软件产品的信息。

SCOR模型把业务流程重组、标杆比较和流程评测等著名的概念集成到一个跨功能的框架中。SCOR是一个为供应链伙伴间有效沟通而设计的流程参考模型，是一个帮助管理者聚焦管理问题的标准语言。作为行业标准，SCOR帮助管理者关注企业内部供应链。SCOR

用于描述、量度、评价供应链配置；规范的 SCOR 流程实际上允许任何供应链配置；规范的 SCOR 量度能促进供应链绩效和标杆的良性比较；供应链配置可以被评估，以支持连续的改进和战略计划编制。

1. SCOR 模型流程

SCOR 模型按流程定义可分为 3 个层次，每一层都可用于分析企业供应链的运作。在第三层以下还可以有第四、第五、第六等更详细的属于各企业所特有的流程描述层次，这些层次中的流程定义不包括在 SCOR 模型中。SCOR 模型的第一层描述了 5 个基本流程：计划、采购、生产、发运和退货，如图 12-7 所示。它定义了供应链运作参考模型的范围和内容，并确定了企业竞争性能目标的基础。企业通过对第一层 SCOR 模型的分析，可根据下列供应链运作性能指标做出基本的战略决策。

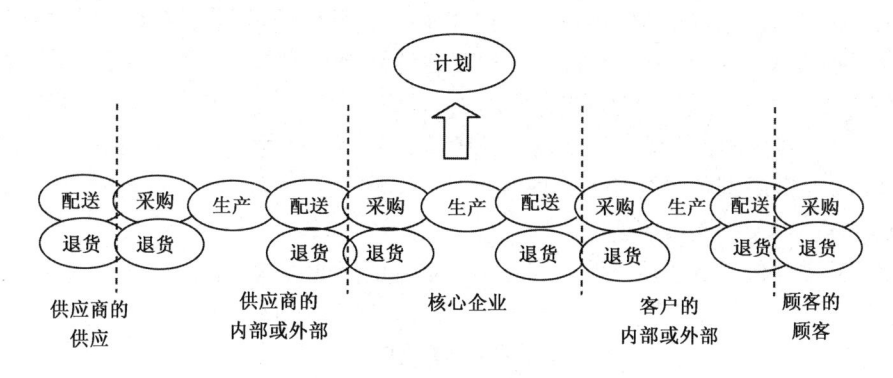

图 12-7　SCOR 模型流程

SCOR 模型建立在如下 5 个不同的管理流程之上。

① 计划。需求/供应计划。评估企业整体生产能力、总体需求计划及针对产品分销渠道制订库存计划、分销计划、生产计划、物料及生产能力的计划；制造或采购决策的制定、供应链结构设计、长期生产能力与资源规划、企业计划、产品生命周期的决定、生产正常运营的过渡期管理、产品衰退期的管理与产品线的管理等。

② 采购。寻找供应商/物料收取。获得、接收、检验、拒收与发送物料；供应商评估、采购运输管理、采购品质管理、采购合约管理、进货运费条件管理、采购零部件的规格管理；原材料仓库管理（原材料运送和安装管理）；运输管理、付款条件管理及安装进度管理；采购支持业务（采购业务规则管理、原材料存货管理）。

③ 生产。生产运作：申请及领取物料、产品制造和测试、包装出货等；工程变更、生产状况掌握、产品质量管理、现场生产进度制定、短期生产能力计划与现场设备管理；在制品运输；生产支持业务（制造业务规格管理、在制品库存管理）。

④ 配送。订单管理：订单输入、报价、客户资料维护、订单分配、产品价格资料维护、应收账款管理、授信、收款与开立发票等；产品库存管理；存储、拣货、按包装明细将产品装入箱、制作客户特殊要求的包装与标签、整理确认订单、运送货物；产品运输安装管理（运输方式安排、出货运费调教管理、货品安装进度安排、安装与产品试运行）；配送支持业务（配送渠道的决策制定、配送存货管理、配送品质的掌握和产品的进出口业务）。

⑤ 退货。原料退回：退还原料给供应商，包括与供应商的沟通、准备好文件资料及物

料实体的返还及运送；产品退回：包括接收并处理从客户处返回的产品，包括与客户的沟通、准备好文件资料及物料实体的返还及接收和处理。

2. SCOR 模型层次

（1）第一层：绩效衡量指标

反映供应链性能特征，高层绩效测量可能涵盖多个不同层次的 SCOR 流程。衡量供应链的表现与理解其运作都是必要的，衡量工作必须结合企业的目标；衡量工作要有可重复性；衡量工作必须能为更有效地管理供应链提供帮助；衡量一定要适于所评测的流程活动。

（2）第二层：配置层

配置层由 26 种核心流程类型组成。企业可选用该层中定义的标准流程单元构建它们的供应链，每种产品或产品型号都可以有其自己的供应链，每一个 SCOR 流程都分为 3 种流程元素进行详细描述：① 计划元素——调整预期的资源以满足预期需求量，计划流程要达到总需求平衡及覆盖整个规划周期，定期编制计划流程有利于供应链反应时间的确定；② 执行元素——由于计划或实际的需求引起产品形式变化，需要执行的流程包括进度和先后顺序的排定、原材料及服务的转变及产品搬运；③ 支持元素——计划和执行过程所依赖的信息和内外联系的准备、维护和管理。

（3）第三层：流程元素层

流程元素主要包括流程流、输入和输出、输入的采购和输出目的地等。

本章小结

供应链绩效是某一供应链在实际活动过程中取得的效果，可以从两个角度进行说明。从过程来看，对链条上涉及的众多参与者、业务流程进行管理，进而达成供应链绩效；从结果来看，供应链绩效的最终目的是能够为组织带来明确的利益。供应链绩效管理是对供应链的运营状况进行监测、考核、评价、反馈和改进的过程，目的在于实现供应链的整体目标，同时满足供应链个体的意义。完善的供应链绩效管理包含以下 4 个步骤：供应链绩效计划的制订、供应链绩效实施、供应链绩效评价、供应链绩效反馈，它们之间紧密相连，相互影响。供应链绩效评价体系由评价的目的、评价的主体与客体、绩效评价目标、绩效评价指标、绩效评价标准、绩效评价方法、绩效评价报告、激励与改进等方面构成。具有代表性的绩效评价方法有数据包络分析法、关键绩效指标法、模糊综合评价法，以及基于 BSC 的供应链绩效评价和基于 SCOR 的供应链绩效评价等。

课后思考

1. 名词解释

绩效，供应链绩效管理，供应链绩效评价，SCOR，平衡记分卡

2. 简答题

（1）简述供应链绩效管理的原则。

（2）简述供应链绩效管理的过程。

（3）简述供应链绩效评价的方法。

（4）简述基于 SCOR 和平衡记分卡的供应链绩效评价特点。

案例讨论

服装企业 E 的供应链绩效评价

E 企业是一家经营运动服饰、装备及各种创意类运动品的零售企业，目前在全球 19 个国家设置生产供应中心。近年来，E 企业的生产采购不断向我国内陆城市及东南亚国家转移，上海生产供应中心的绝对优势逐步丧失。为此，借助供应链绩效评价帮助企业确定优化方向。

1. 细化指标确立与评价体系构建

依据层次分析法（Analytic Hierarchy Process，AHP）将与决策有关的因素分解成目标层、准则层及相应的指标层，细化指标，确立 E 企业的供应链绩效评价体系，如表 12-4 所示。

表 12-4　E 企业的供应链绩效评价体系

目标层	准则层	指标层	指标计算与说明	绩效评价方式
服装生产供应链绩效评价 A	可靠性水平 B_1	面辅料准时交货率 C_{11}	面辅料准时交货量/面辅料总交货量×100%	定量计算
		成衣准时交货率 C_{12}	成衣准时交货量/成衣总交货量×100%	
		退货率 C_{13}	退货量/交货总量×100%	
		缺货率 C_{14}	缺货次数/订货总次数×100%	
		合作伙伴关系 C_{15}	生产供应链中企业与企业间的合作关系	专家评价
		预测可靠性水平 C_{16}	预测销售量−实际出货量	
	响应能力 B_2	产品企划周期 C_{21}	企划开发新产品的时间（按天计算）	专家评价
		面辅料供应周期 C_{22}	供应面辅料的时间（按天计算）	
		首单供应周期 C_{23}	生产商首单供应时间（按天计算）	
		翻单供应周期 C_{24}	生产商翻单供应时间（按天计算）	
		运输周期 C_{25}	运输货品的时间（按天计算）	
	柔性 B_3	时间柔性 C_{31}	当交货时间改变时，生产供应链的应对能力	专家评价
		数量柔性 C_{32}	当交货数量改变时，生产供应链的应对能力	
		产品柔性 C_{33}	一段时间内，新产品的供应比率	

续表

目标层	准则层	指标层	指标计算与说明	绩效评价方式
服装生产供应链绩效评价 A	信息化水平 B_4	信息共享程度 C_{41}	信息在供应链各节点的传递反馈及共享程度	专家评价
		信息精确程度 C_{42}	关于生产供应链运营和管理等方面信息的精确化程度	
		信息处理能力 C_{43}	对信息数据的处理分析能力	
		信息覆盖程度 C_{44}	供应链管理体系对信息技术的应用水平	
	成本 B_5	作业成本 C_{51}	与产品生产和交付直接或间接相关的成本构成,涉及产品企划、采购、生产、仓储、配送等环节的成本	定量计算
		交易成本 C_{52}	除交易对象成本外,达成交易所花费的成本,如搜寻信息、协商与决策、契约、监督、执行与转换等各项成本	专家评价
		时间成本 C_{53}	为增强生产供应链响应能力在管理上花费的成本	
	资产管理 B_6	销售金额增长率 C_{61}	(当年销售额−上年销售额)/上年销售额×100%	定量计算
		销售数量增长率 C_{62}	(当年销售量−上年销售量)/上年销售量×100%	
		库存周转时间 C_{63}	库存总金额/店铺日平均销售额	

2. 基于AHP的指标权重计算

根据E企业的供应链绩效评价体系,设计AHP指标权重调查问卷。选取E企业的供应链管理主管、产品开发主管、供应链财务主管、生产主管、面料供应链主管等为调查对象,以面对面访谈方式采集数据信息。数据处理主要包括层次单排序、层次总排序及各层次指标权重,评价体系指标权重分布如表12-5所示。

表12-5 E企业的供应链绩效评价指标权重

目标层	准则层权重		指标层权重			最终权重	总排序
	准则	权重	指标	权重	排序		
E企业供应链绩效评价	B_1	0.255 6	C_{11}	0.230 7	1	0.059 0	4
			C_{12}	0.164 2	4	0.042 0	11
			C_{13}	0.189 2	2	0.048 4	7
			C_{14}	0.097 1	6	0.024 8	18
			C_{15}	0.168 2	3	0.043 0	10
			C_{16}	0.150 6	5	0.038 5	12

续表

目标层	准则层权重		指标层权重			最终权重	总排序
	准则	权重	指标	权重	排序		
E企业供应链绩效评价	B_2	0.150 7	C_{21}	0.075 6	5	0.011 4	24
			C_{22}	0.226 9	2	0.034 2	14
			C_{23}	0.197 2	3	0.029 7	16
			C_{24}	0.303 9	1	0.045 8	9
			C_{25}	0.196 4	4	0.029 6	17
	B_3	0.123 3	C_{31}	0.399 9	1	0.049 4	5
			C_{32}	0.399 8	2	0.049 3	6
			C_{33}	0.200 3	3	0.024 7	19
	B_4	0.110 3	C_{41}	0.107 1	4	0.011 8	23
			C_{42}	0.432 4	1	0.047 7	8
			C_{43}	0.289 2	2	0.031 9	15
			C_{44}	0.171 3	3	0.018 9	20
	B_5	0.286 6	C_{51}	0.500 0	1	0.143 3	1
			C_{52}	0.249 8	3	0.071 6	3
			C_{53}	0.250 2	2	0.071 7	2
	B_6	0.073 5	C_{61}	0.251 7	2	0.018 5	21
			C_{62}	0.250 2	3	0.018 4	22
			C_{63}	0.498 1	1	0.036 6	13

① 生产供应链成本 B_5 权值最高，所对应的 3 项细分指标在层次总排序中居于前 3 位，说明 E 企业在生产供应链管理中对成本最为关注。

② 可靠性水平 B_1 是该评价体系的第二大要素，是 E 企业的供应链管理中需要关注的重点考核指标。

③ 响应能力 B_2 体现了 E 企业的供应链为满足客户需求在业务流程各环节所花费的时间，权重排序位于第 3。

④ 柔性 B_3 反映了 E 企业的供应链快速响应环境变化的能力，权重较高。

⑤ 信息化水平 B_4 权值较低，尤其是信息共享能力和信息覆盖程度在层次总排序中排列靠后，而信息精准程度 C_{42} 位于第 8，关注程度较高。

⑥ 资产管理 B_6 显示了 E 企业的供应链对固定资本和运营资本的管理能力，其中，企业对库存周转时间 C_{63} 的关注程度较高。

综上分析得出，E 企业的供应链绩效评价体系准则层各维度的重要程度排序为 $B_5>B_1>B_2>B_3>B_4>B_6$。

3. 供应链绩效模糊评价与分析

为最大限度地获得 E 企业的供应链绩效水平的客观评价，依据评价体系（见表 12-5）中 24 项细分指标的属性特征及 E 企业数据获得的难易与可靠程度分别选取定量核算方法和专家定性打分方法，完成指标评估。

（1）定量核算评价

C_{11}、C_{12}、C_{13}、C_{51}、C_{61}、C_{62}、C_{63} 7 项指标均为数值型数据，通过 E 企业实践获取，采用定量核算法进行计算，计算公式为

$$\beta = \frac{f(x) - \inf(f)}{\sup(f) - \inf(f)}$$

式中：$f(x)$ 为本期指标实际值；$\inf(f)$ 为上期实际值；$\sup(f)$ 为本期目标值；β 为7项指标相比上一年度的改善程度，以此作为E企业的供应链绩效评价定量核算结果。为使定量核算和专家打分结果一致，基于模糊综合评价法建立绩效评价定量指标评分等级对应如表12-6所示。

表12-6　绩效评价定量指标评分等级对应表

项目	优	良	一般	差	极差
β值	[0.8, 1.0]	[0.6, 0.8]	[0.4, 0.6]	[0.2, 0.4]	[0, 0.2]
评分中值	90	70	50	30	10

（2）模糊综合评价

① 一级模糊综合评价。

以可靠性水平 B_1 的打分结果为例，进行一级模糊综合评价计算。依据评价数据，可得到E企业的供应链可靠性维度综合评价结果，如表12-7所示。

表12-7　E企业的供应链可靠性维度综合评价结果

目标层	准则层B	指标层C	优	良	一般	差	极差
目标层A	B_1	C_{11}				1	
		C_{12}					1
		C_{13}					1
		C_{14}	1/4	1/2	1/8	1/8	
		C_{15}		1/4	5/8	1/8	
		C_{16}		1/8	3/8	1/2	

注：评价等级分数表示选择相应评价等级的人数与被调查者总数的比值。

通过评价体系指标层的单层指标权重向量与相应评判矩阵的矩阵运算，对上一层准则层的一级模糊综合评价，计算公式为

$$B_i = W_i \otimes R_i \quad (i = 1, 2, \cdots, k)$$

式中：W_i 为与某一准则层元素相对应的指标层各元素的单层权重向量，根据表12-4得

$$W_1 = (0.2307, 0.1642, 0.1892, 0.0971, 0.1682, 0.1506)$$

R_i 为各评价等级隶属度行向量构成的评价矩阵，通过建立模糊映射 $f : B_i \to \xi(V)$，可得

$$R_i = \begin{pmatrix} r_{11} & \cdots & r_{1n} \\ \vdots & \ddots & \vdots \\ r_{m1} & \cdots & r_{mn} \end{pmatrix}$$

根据评价结果统计，得

$$R_1 = \begin{pmatrix} 0 & 0 & 0 & 1 & 0 \\ 0 & 0 & 0 & 0 & 1 \\ 0 & 0 & 0 & 0 & 1 \\ \frac{1}{4} & \frac{1}{2} & \frac{1}{8} & \frac{1}{8} & 0 \\ 0 & \frac{1}{4} & \frac{5}{8} & \frac{1}{8} & 0 \\ 0 & \frac{1}{8} & \frac{3}{8} & \frac{1}{2} & 0 \end{pmatrix}$$

即 $B_1 = W_1 \otimes R_1 = (0.0243, 0.1094, 0.1737, 0.3392, 0.3534)$。

同理，可计算出 $B_1, B_2, B_3, B_4, B_5, B_6$ 的一级模糊综合评价结果。

② 二级模糊综合评价。

对准则层元素集合 $R = (B_1, B_2, B_3, B_4, B_5, B_6)$ 进行二级模糊综合评价。表 12-7 准则层中 6 个关键绩效指标的权重构成权重向量 W，根据 W 和 R 可得综合评价矩阵 G 为

$$G = W \otimes R = (0.2556, 0.1507, 0.1233, 0.1103, 0.2866, 0.0735) \otimes$$

$$\begin{pmatrix} 0.0243 & 0.1094 & 0.1737 & 0.3392 & 0.3534 \\ 0.0626 & 0.3394 & 0.3824 & 0.1531 & 0.625 \\ 0.1750 & 0.5499 & 0.2501 & 0.0250 & 0 \\ 0 & 0.0990 & 0.4326 & 0.4343 & 0.361 \\ 0 & 0.6562 & 0.2813 & 0.0625 & 0 \\ 0.5019 & 0 & 0.4981 & 0 & 0 \end{pmatrix} =$$

$$(0.0741, 0.3459, 0.2978, 0.1785, 0.1037)$$

（3）E 企业的供应链绩效评价综合得分

① 目标层 A 综合得分。由二级模糊综合评价得到的综合评价矩阵 G 和表 12-5 中评分中值构成的向量 $D = (90, 70, 50, 30, 10)$，计算 E 企业的供应链绩效综合评价结果 S 为

$$S = G \otimes D^T = (0.0741, 0.3459, 0.2978, 0.1785, 0.1037) \otimes (90, 70, 50, 30, 10)^T = 52.16$$

② 准则层 B 综合得分。以可靠性水平 B 为例，评价结果为

$$S_1 = B_1 \otimes D^T = (0.0243, 0.1094, 0.1737, 0.3392, 0.3534) \otimes (90, 70, 50, 30, 10)^T = 32.24$$

③ 指标层 C 综合得分。以面料准时交货率 C_{11} 为例，评价结果为

$$S_{11} = (0, 0, 0, 1, 0) \otimes (90, 70, 50, 30, 10)^T = 30$$

同理，可得其他准则层和指标层得分。汇总的定量定性评价结果即 E 企业的供应链绩效评价指标得分汇总表，如表 12-8 所示。

表 12-8　E 企业的供应链绩效评价指标得分汇总表

A 层次	B 层次 准则层	得分	C 层次 指标层	得分	对应 5 级评分
目标层 52.16	B_1	32.24	C_{11}	30	差
			C_{12}	10	极差
			C_{13}	10	极差
			C_{14}	67.5	良
			C_{15}	42.5	一般
			C_{16}	52.5	一般
	B_2	53.73	C_{21}	45	一般
			C_{22}	42.5	一般
			C_{23}	37.5	差
			C_{24}	67.5	良
			C_{25}	47.5	一般
	B_3	67.50	C_{31}	70	良
			C_{32}	70	良
			C_{33}	57.5	一般
	B_4	41.89	C_{41}	42.5	一般
			C_{42}	37.5	差
			C_{43}	37.5	差
			C_{44}	60	良
	B_5	61.87	C_{51}	70	良
			C_{52}	55	一般
			C_{53}	52.5	一般
	B_6	70.08	C_{61}	90	优
			C_{62}	90	优
			C_{63}	50	一般

注：C 层指标得分数值小数点后有数字的指标得分为专家打分核算结果，其他为定量核算结果。

4. 问题分析与优化方向

E 企业的供应链绩效评价综合得分为 52.16，按照上述等级划分可认为其处于"一般"水平，优化和升级空间较大。E 企业的供应链绩效评价得分雷达图如图 12-8 所示，可以看出，E 企业的供应链绩效评价准则层中的可靠性水平（B_1=32.24 分）、信息化水平（B_4=41.89 分）和响应能力（B_2=53.73 分）3 项指标得分居后，E 企业应对此予以重视，有针对性地制订切实可行的改进方案并严格执行和监管。

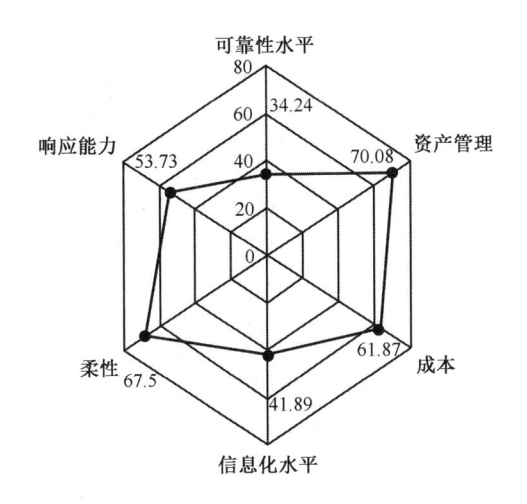

图 12-8　E 企业的供应链绩效评价得分雷达图

根据上述分析结果，主要从以下 4 个方面提出优化建议。

(1) 面向供应链协同的信息服务优化

E 企业部门间的信息共享程度（C_{41}=42.5 分）表现一般，对企划开发周期（C_{21}=45.0 分）造成影响。同时，信息在供应链各节点的传递反馈及共享程度、精准程度（C_{42}=37.5 分）和对信息数据的处理分析能力（C_{43}=37.5 分）得分较差。

为提高生产供应链伙伴间的战略协同和信息化共享水平，可构建面向服务的体系结构（Service-Oriented Architecture，SOA）。它提供的应用集成功能，可将信息管理平台的不同功能单元封装成可共享服务，使这些异构系统如 ERP、CRM、HR 等的数据信息能以一种统一和通用的方式进行交互、重用和配置，从而消除"信息孤岛"，实现供应链上各个节点企业或部门的数据集成和异步调用，降低数据处理难度，提高信息精准与共享程度。

(2) 供应商协同管理优化

E 企业的供应链可靠性受退货率（C_{13}=10.0 分）影响较大。与成衣生产商进行沟通后发现，成衣出仓时，生产商仅抽检 30% 的货品，并未遵循出货进行 100% 检验的标准；此外，成衣生产商对成品检验后的包装入库、出库检验等一系列规范化作业流程并未严格按照标准执行。成衣生产商是 E 企业提升生产供应链可靠性及响应水平的主要合作伙伴。因此，针对供应链各环节管控的薄弱部分，E 企业可通过与成衣生产商共建项目合作小组的方式，带动生产供应商积极参与并有效落实，将战略性目标分解成具有可操作性的实施方案。

(3) 供应链工作流程优化

导致 E 企业生产供应链可靠性表现差的另一个重要原因是企业主要参考销售预测数据进行面辅料的提前备货，但因市场需求的不确定性及生产提前期较长，预测准确度不高（C_{15}=42.5 分），使面辅料准时交货率（C_{11}=30.0 分）、成衣准时交货率（C_{12}=10.0 分）表现欠佳。因此在商品销售初期，运营部门应及时、定期收集销售数据，迅速反馈到生产供应链以调整生产计划。若商品的市场反应良好，需立即向生产供应商进行追单补货；若商品的市场反应不佳，应随即减少或暂停成衣生产，避免造成更多的库存。

（4）"精益生产"项目实施

为加快生产供应链响应、提高准时交货率并降低总成本，E企业可实施"精益生产"改进项目。以往成衣环节国内翻单的生产供应周期为37天，海外为77天。基于对生产供应链的绩效评价结果与分析，采取供应商协同管理、缩短面辅料供应周期、提高成衣生产效率、工厂成本最优、保证供货、减少库存、降低退货率等改进措施。

（资料来源：陈美，等. 服装生产供应链绩效评价体系构建与案例探析[J].毛纺科技，2018，46(12):6-12，有改动）

? 思考

1. E企业的供应链绩效评价主要考虑了哪些因素？
2. E企业为何选择综合模糊评价的供应链绩效评价方法？

参考文献

[1] 马士华，林勇. 供应链管理［M］.6 版. 北京：机械工业出版社，2020.
[2] 唐隆基，潘永刚. 数字化供应链［M］. 北京：人民邮电出版社，2021.
[3] 缪兴锋，别文群. 数字供应链管理实务［M］. 北京：中国轻工业出版社，2021.
[4] 文丹枫，周鹏辉. 智慧供应链［M］. 北京：电子工业出版社，2019.
[5] 霍艳芳，齐二石. 智慧物流与智慧供应链［M］. 北京：清华大学出版社，2020.
[6] 陈苏明. 全球供应链管理与国际贸易安全［M］. 上海：上海人民出版社，2016.
[7] ［美］帕拉格·康纳. 超级版图：全球供应链、超级城市与新商业文明的崛起［M］. 崔传刚，周大昕，译. 北京：中信出版社，2016.
[8] 单靖，张乔楠. 中欧班列：全球供应链变革的试验场［M］. 北京：中信出版社，2019.
[9] 顾穗珊. 物流与供应链管理［M］. 北京：机械工业出版社，2019.
[10] 霍明奎，封伟毅. 物流与供应链管理［M］. 北京：电子工业出版社，2020.
[11] 毛敏，王坤. 供应链管理理论与案例解析［M］. 成都：西南交通大学出版社，2017.
[12] ［美］罗伯特·M.蒙茨卡，罗伯特·B.汉德菲尔德，拉里·C.吉尼皮尔. 采购与供应链管理［M］. 刘亮，冯婧，石学刚，译.6 版. 北京：清华大学出版社，2021.
[13] 李海燕，翟佳，赵宏. 供应链采购与库存管理［M］. 北京：科学出版社，2020.
[14] 蒋振盈. 采购供应链管理：供应链环境下的采购管理［M］. 北京：中国经济出版社，2015.
[15] 薄洪光. 制造供应链快速响应影响机理与绩效提升［M］. 北京：科学出版社，2021.
[16] 王道平，侯美玲. 供应链库存管理与控制［M］. 北京：北京大学出版社，2021.
[17] 柳荣，杨克亮，包立莉. 库存控制与供应链管理实务［M］. 北京：人民邮电出版社，2021.
[18] 周兴建等. 现代仓储管理与实务［M］.3 版. 北京：北京大学出版社，2021.
[19] 罗春燕，曹红梅，赵博. 物流与供应链管理［M］. 北京：清华大学出版社，2020.
[20] 施先亮. 智慧物流与现代供应链［M］. 北京：机械工业出版社，2020.
[21] ［美］约翰·J.科伊尔，C.小约翰·兰利，罗伯特·A.诺华克. 供应链管理：物流视角［M］. 宋华，王岚，译.10 版. 北京：清华大学出版社，2021.
[22] 周兴建，蔡丽华. "互联网+物流"原理：基于价值链的解析［M］. 北京：北京大学出版社，2020.
[23] 供应链管理专业协会（CSCMP）. 供应链管理流程标准［M］.2 版. 北京：清华大学出版社，2020.
[24] 邱映贵. 供应链风险传递及其控制研究［M］. 北京：科学出版社，2021.
[25] 柳荣，雷蕾. 供应链风险管理实战［M］. 北京：人民邮电出版社，2021.
[26] 王国文. 供应链绩效管理实战［M］. 北京：人民邮电出版社，2021.

欢迎广大院校师生**免费**注册应用

华信SPOC官方公众号

www.hxspoc.cn

华信SPOC在线学习平台
专注教学

- 数百门精品课
- 数万种教学资源
- 教学课件 师生实时同步
- 多种在线工具 轻松翻转课堂
- 电脑端和手机端（微信）使用
- 测试、讨论、投票、弹幕…… 互动手段多样
- 一键引用，快捷开课 自主上传，个性建课
- 教学数据全记录 专业分析，便捷导出

登录 www.hxspoc.cn 检索 华信SPOC 使用教程 获取更多

华信SPOC宣传片

教学服务QQ群：1042940196
教学服务电话：010-88254578/010-88254481
教学服务邮箱：hxspoc@phei.com.cn

电子工业出版社　华信教育研究所